Von Philipp Vandenberg sind bei Bastei Lübbe Taschenbücher lieferbar:

Bd.-Nr. 26 372 Der König von Luxor
Bd.-Nr. 11 686 Sixtinische Verschwörung
Bd.-Nr. 12 276 Das fünfte Evangelium
Bd.-Nr. 15 381 Die Akte Golgatha
Bd.-Nr. 11 366 Der Pompejaner

Über den Autor:

Philipp Vandenberg, geboren 1941 in Breslau, landete gleich mit seinem ersten Buch einen Welterfolg: »Der Fluch der Pharaonen« war der phänomenale Auftakt zu vielen spannenden Thrillern und Sachbüchern, die oft einen archäologischen Hintergrund haben. Vandenberg zählt zu den erfolgreichsten Schriftstellern Deutschlands. Seine Bücher wurden in 33 Sprachen übersetzt. Der Autor lebt mit seiner Frau Evelyn in einem tausend Jahre alten Dorf zwischen Starnberger und Tegernsee oder im Folterturm von Deutschlands längster Burganlage in Burghausen.

Philipp Vandenberg

Die Frühstücksfrau des Kaisers

Vom Schicksal der Geliebten

BASTEI LÜBBE TASCHENBUCH
Band 64 221

1. Auflage: Februar 2007

Bastei Lübbe Taschenbücher in der Verlagsgruppe Lübbe

Originalausgabe
© 2007 by Verlagsgruppe Lübbe GmbH & Co. KG,
Bergisch Gladbach
Lektorat: Daniela Bentele-Hendricks
Umschlaggestaltung: Gisela Kullowatz
Titelbild: © Interfoto – Archiv
Satz: Textverarbeitung Garbe, Köln
Druck und Verarbeitung: GGP Media GmbH, Pößneck
Printed in Germany
ISBN 978-3-404-64221-2

Sie finden uns im Internet unter
www.luebbe.de

Der Preis dieses Bandes versteht sich einschließlich
der gesetzlichen Mehrwertsteuer.

Inhalt

Die Rolle der Geliebten in der Geschichte 7
   I Die tödliche Liebe der Mary Vetsera 29
  II Wilhelmine von Lichtenau und ihre Geister 83
 III Rivalinnen: Charlotte von Stein und Christiane
      Vulpius 154
 IV Teresa und der Vater von Maigret 182
  V Lola Montez: Der König und die Tänzerin 189
 VI Konstanze von Cosel, die vergessene Geliebte 259
VII Das Geheimnis der Marquise de Pompadour 276
VIII Jeanne Du Barry – ein grausames Mätressen-
      schicksal 339
 IX Die lasterhaften Frauen Napoleons III. 347
  X Katharina Schratt – die Frühstücksfrau
      des Kaisers 362

Literaturhinweise 411

Die Rolle der Geliebten in der Geschichte

Premiere im Pariser Théâtre Français am 28. November 1802. Das Publikum tobte vor Begeisterung, der Applaus wollte nicht enden. Vor allem galt der Jubel der graziösen Mademoiselle George, der Darstellerin der Klytämnestra in dem Stück *Iphigenie in Aulis*. Blumen wurden auf die Bühne geworfen, und die schöne Schauspielerin in dem lang wallenden, durchsichtig schimmernden Gewand musste sich ein um das andere Mal verneigen. Sie war gerade sechzehn. In der Königsloge winkte der kleine, wie stets in grünen Samt gekleidete Herr seinen Diener Constant herbei, flüsterte ihm etwas ins Ohr; der Diener verschwand, noch ehe der Beifall geendet hatte.

Am nächsten Morgen stand eine grüne Equipage vor der Wohnung der gefeierten Schauspielerin. Mademoiselle George stieg ein. Sie trug ein rosafarbenes Kleid mit tiefem Dekolleté, einen Schal und einen Schleier. Dann ging die Fahrt durch die Stadt in Richtung Saint Cloud. Vor dem Schloss wurde die Sechzehnjährige schon erwartet. Ein Kammerdiener führte sie durch die Orangerie, dann durch eine leere Zimmerflucht mit Kandelabern und brennenden Kerzen. Es sah aus, als wäre alles zu einem festlichen Ball vorbereitet. In einem großen Boudoir, dessen Fenster den Blick freigaben auf Terrasse und Park, und das von einem großen Bett und einem noch größeren Diwan beherrscht wurde, bat der Kammerdiener die aufgeregte Besucherin um einen Augenblick Geduld. Aber noch bevor Mademoiselle George Gelegenheit hatte, sich in dem märchenhaften Zimmer umzusehen, ging neben dem Kamin eine Tür auf, und er stand vor ihr: Napoleon Bonaparte, Erster Konsul der Franzosen, wie er sich damals nannte, auffallend klein und in grüner Uniform mit rotem Kragen und roten Ärmelaufschlägen; über seine Stirn hing eine verwegene Haarlocke.

»Madame«, sagte Napoleon zu dem hoch gewachsenen, schlanken Mädchen, »ich möchte Sie beglückwünschen, Sie waren wunderbar!« Und als er sah, wie sehr sein Kompliment die Schauspielerin in Verlegenheit brachte, fügte er hinzu: »Wie Sie vielleicht bemerken, bin ich netter und höflicher, als Sie es sind.«

»Aber wieso?«, stammelte Mademoiselle George verwirrt.

»Hatte ich Sie nicht schon einmal beklatscht? Hatte ich Ihnen nicht nach der Vorstellung 3000 Franc zukommen lassen? Haben Sie sich jemals dafür bedankt?«

»Aber ich wusste nicht ... ich dachte ... ich fürchtete ...«

»Sie hatten Angst?«

»Ja, Monsieur.«

»Vor mir?«

»Ja, Monsieur.«

Napoleon lachte, er lachte laut und herzlich, und da lachte auch das Mädchen. Sie lachten und lachten, bis sie sich schließlich in den Armen lagen. Mademoiselle George blieb den ganzen Tag und die ganze Nacht. Das Einzige, das sie dabei anbehielt, waren ihre Strümpfe.

Am nächsten Morgen erst bewunderte Napoleon ihre Garderobe, die über dem Stuhl hing. »Von meinem Geld?«, erkundigte er sich selbstsicher und in der Überzeugung, sie habe sich mit seiner Zuwendung neu eingekleidet.

Die Schauspielerin schüttelte den Kopf.

»Ein anderer Mann, Madame?«

Mademoiselle George nickte. »Fürst Sapieha aus Polen. Von ihm sind Schal und Schleier.«

Da nahm Napoleon die Kleidungsstücke und zerriss sie in tausend Fetzen. Als er sich beruhigt hatte, sagte der Erste Konsul ernst: »Sie sind ehrlich, Madame, das gefällt mir. Aber Sie dürfen nie mehr etwas tragen, was nicht von mir stammt.« Dann schickte er seinen Kammerdiener Constant zum Ankleidezimmer seiner Frau Josephine und ließ neue Garderobe holen.

Josephine Bonaparte, verwitwete Marquise de Beauharnais, Tochter eines Hafenkapitäns von der Insel Martinique und seit sechs Jahren mit General Napoleon verheiratet, musste nicht nur ihre Kleider teilen, sie teilte fortan auch den Ehemann – bis Januar 1805. So lange war Mademoiselle George die Zweitfrau Napoleon Bonapartes, geliebt, beneidet, vor allem aber gut bezahlt. Es geschah häufig, dass Napoleon seiner Geliebten größere Geldsummen zusteckte. Den 2. November 1803 behielt Mademoiselle George in besonderer Erinnerung: »An diesem Abend schob mir der Konsul ein dickes Bündel Banknoten in den Ausschnitt. Es waren 40 000 Franc.«

Es wäre falsch, Mademoiselle George in die Kategorie der Prostituierten einzureihen. Das war sie nicht, weder vor noch nach Napoleon, sie war eher flatterhaft wie die Midinetten vom Montmartre, eine leichtlebige Schauspielerin, deren Berufszweig bis zu Beginn des 20. Jahrhunderts in dem Ruf stand, für die Eugerasie – die »Altenpflege« des Adels – zuständig zu sein.

Nicht zufällig gehörten die meisten Zweitfrauen der Geschichte diesem Berufszweig an, und die zahlreichen Hoftheater, die selbst an kleineren Residenzen wie Weimar, Bayreuth oder Ansbach aus dem herzoglichen oder markgräflichen Boden gestampft wurden, werfen die Frage auf, ob hinter der Gründung solcher Liliputbühnen wirklich Thalia und Melpomene oder nicht vielmehr Venus und Aphrodite standen, ob sich nicht die Liebe zur Kunst der Leidenschaft finanzkräftiger Potentaten unterordnen musste.

So gesehen verdankt die Menschheit den priapeischen Gelüsten vieler Herrscher architektonische Kostbarkeiten von Rang, aber auch eine bittere Erkenntnis: Ein Herrscher, der Herz und Genitalien in die Geschichte einbringt, läuft immer Gefahr, sich lächerlich zu machen. Das ist zwar ungerecht, weil diese Organe zweifellos zum Angenehmsten gehören, das menschliche Regungen hervorruft und sogar bei Menschen wie du und ich nicht selten zu Problemen führen; doch wer auf dem Sockel der Geschichte steht, muss es sich nun einmal gefallen lassen, mit anderen Maßstäben gemessen zu werden.

Gewiss, es gibt Männer, die leben dreißig Jahre mit einer Zweitfrau, was – sagen wir es frei heraus – den Tatbestand der Misogynie erfüllt; aber wer würde glauben, dass sich hinter diesem Verhalten Seine Apostolische Majestät Kaiser Franz Joseph von Österreich-Ungarn verbirgt, der Heiligkeit und Tugend im Namen führte, ohne ehrlich davon Gebrauch zu machen. Er investierte in seine Zweitfrau, die Hofschauspielerin Katharina Schratt, umgerechnet gut 25 Millionen Euro, und das nur, weil er die resolute Dame auf andere Art und Weise liebte als seine Ehefrau, die Kaiserin Sisi. Ja, die eigenwillige Ehefrau war es sogar, die dem Kaiser die Schauspielerin zuführte, um ihren Einsamkeitskult und ihre Egozentrik besser leben zu können, ein Psychodrama auf höchster Ebene.

Schauspielerinnen waren es auch, die den englischen König Edward VII., einen Bonvivant mit Hang zu aufregenden Frauen und französischer Lebensart, um den Verstand brachten. Obwohl alles andere als ein schöner Mann, klein, dick und beinahe glatzköpfig, hatte Edward keine Schwierigkeit zu finden, was er suchte. Macht ist ein mächtiges Aphrodisiakum, es stimuliert Frauen wie Männer, selbst in England, wo null beim Tennis dieselbe Bezeichnung wie Liebe hat. Einer von Edwards Biographen brachte dessen Liebesleben auf einen einfachen Nenner: Edward zog ständig einen Schweif von verbotenem Samt und Atlas hinter sich her. Nachdem er sich einmal auf die Untreue eingelassen hatte, wurde der Prince of Wales von dieser überwältigt.

Nein, Edward VII. war nicht zu beneiden, denn bis es so weit war, bis er diesen Namen überhaupt tragen durfte, vergingen sechzig Jahre seines Lebens, und in einem Alter, in dem andere daran denken, sich aus den Regierungsgeschäften zurückzuziehen, konnte *er* damit erst beginnen. So lange blieb er der berufsmäßige Sohn Queen Viktorias, einer Witwe, die mit ihrem Puritanismus einem ganzen Zeitalter den Namen gab und damit den Jungen zum Hedonismus drängte. Es ist dies der gleiche Effekt, der Klosterschüler zu gottlosen Kommunisten und Seminaristen zu glühenden Antiklerikalen macht.

Obwohl seit 1863 glücklich verheiratet mit der attraktiven Alexandra von Dänemark, begann der Prince of Wales schon bald, seine Langeweile mit außerehelichen Affären zu kultivieren. Die Wohnsitze des Kronprinzenpaares, Marlborough House in London und Sandringham Hall in Norfolk, wurden zu Mittelpunkten des gesellschaftlichen Lebens in England und zur Anlaufstelle ehrgeiziger Mütter, die dem gierigen Prince of Wales ihre schönen Töchter – bei Bedarf auch sich selbst – ins Bett zu legen trachteten.

Zwei Damen der Gesellschaft spielten die Rolle der Zweitfrau des Prince of Wales und späteren Königs mit Bravour, und sie teilten sich dabei die drei letzten Jahrzehnte im Leben Edwards: Lily Langtry und Alice Keppel. Zwar lebte Edward in ständiger Geldnot, aber das hinderte ihn nicht, in die beiden Zweitfrauen ein Vermögen zu investieren, in Lily, die Schauspielerin, mehr als in Alice. Es kann aber auch sein, dass Lily mit der Freigebigkeit ihres Geliebten nur weniger diskret umging als ihre Nachfolgerin. Von Miss Langtry wissen wir jedenfalls, dass Edward ihr haufenweise Diamanten und den größten Rubin der Welt schenkte. Sie lag ihm dafür die achtziger und frühen neunziger Jahre des 19. Jahrhunderts zur Seite, so weit das ihre Schauspielerkarriere zuließ.

Alice Keppel übernahm Lily Langtrys Part mit neunundzwanzig, da war Edward schon siebenundfünfzig Jahre alt und ein wohlgesetzter älterer Herr, seine Frau Alexandra hatte sechs Kinder zur Welt gebracht, und Queen Viktoria regierte noch immer. Die südländische Erscheinung Alices und ihre dralle Kleinheit nahmen den Prince of Wales sogleich gefangen. Anders als die vorlaute Schauspielerin verlor Mrs Keppel nie ein Wort über ihr ungewöhnliches Verhältnis, sodass es lange Zeit unentdeckt und auch später tabu blieb. Edward VII. liebte Alice mit der gleichen Hingabe wie seine Frau Alexandra. Die jedoch, schwerhörig und vom Schicksal mit einem steifen Knie geschlagen, was beides in Salons und Ballsälen hinderlich war, sah mit seltener Großzügigkeit über die Eskapaden ihres Mannes hinweg, solange sie nicht öffentlich wurden.

Als »Baron Renfrew« reiste Edward VII. unzählige Male übers Wochenende nach Paris, wo er im Hôtel Bristol abzusteigen pflegte, während Alice nachkam und im nahen Hôtel Vendôme logierte. Die Schlafwagenschaffner und Bahnhofsvorsteher auf beiden Seiten des Kanals waren instruiert und besorgten diskret die anfallenden Pass- und Zollformalitäten. Es war ein ungeschriebenes Gesetz – das auch nie gebrochen wurde, dass das königliche Dreiecksverhältnis nicht in den Klatschspalten der Boulevardpresse und schon gar nicht in seriösen Publikationen erwähnt werden durfte.

Nach der Thronbesteigung Edwards VII. erwarteten viele Ladys und Lords, die schon lange wegen der Geliebten die Nase gerümpft hatten, das Ende der Liaison. Aber es zeigte sich bald, dass die für ihre Diskretion bekannte Mrs Keppel nicht nur dem König, sondern sogar seinen Beratern eine Stütze war. Freilich brachte das Dreiecksverhältnis Seiner Majestät auch Probleme. Der königliche Etat sorgte zwar für *eine* Ehefrau, aber für eine zweite war kein Budgetposten vorgesehen, und Edwards Privatschatulle war so gut wie leer.

In Anbetracht seiner großen Tat für König und Vaterland ließ sich Alices Mann, der Hon. George Keppel, der bisher von den Latifundien seines Vaters gelebt hatte, herbei, in die Niederungen eines Londoner Geschäftsmannes einzutauchen. Womit er handelte, wusste niemand, aber Alice trug immer die vornehmste Garderobe, nahm sich Lady Sarah Wilson als Hofdame, und George, der Gehörnte, durfte ab und zu bei Königs in Schloss Sandringham dinieren. Bisweilen schlug das Protokoll Purzelbäume, wenn König Edward mit zwei Frauen an Staatsbanketten teilnahm. Alice entledigte sich jedoch aller Verpflichtungen mit Bravour. Sie verstand es sogar, den deutschen Kaiser Wilhelm II., dem sie bei seinem England-Besuch im November 1902 als Tischdame beigegeben war, für sich einzunehmen.

Als Edward VII. nach nicht einmal zehnjähriger Regierung starb, wurde Sir Ernest Cassel, der deutschstämmige Bankier und Finanzberater des Königs, bei Mrs Keppel in ihrem Haus am Londoner Portman Square vorstellig und eröffnete ihr, Seine Majestät habe für sie großzügige finanzielle Verfügungen getroffen. Alice scheint das wohl nicht so recht geglaubt zu haben. Sie zog einen Monat später aus, »um Ruhe zu haben«, wie sie sagte, und »um den Gläubigern zu entgehen«.

Die Gesetze der Wahrscheinlichkeit, welche für die Mathematik und eine legale Ehe gelten, haben für Zweitfrauen keine Gültigkeit. Nur wenigen wie der Marquise de Pompadour (mit Ludwig XV.) oder der Hofschauspielerin Katharina Schratt (mit Kaiser Franz Joseph) gelang der große Wurf. Die meisten Zweitfrauen der Geschichte fielen tief, sehr tief. (Vom Kopf der Jeanne Du Barry, der im Korb des Henkers landete, wollen wir gar nicht reden). In jungen Jahren an der Seite eines bedeutenden Mannes mit Macht und Reichtum ausgestattet, standen sie oft nur kurze Zeit im Rampenlicht. Verglühte aber die Leidenschaft des Mannes, so drängte sie ihre Verzweiflung oft genug in den Wahnsinn, ihr Gefühl in bitterste Armut.

Contessa Virginia di Castiglione galt zu ihrer Zeit als schönste Frau Europas, der Marquis de Herfort soll ihr für eine einzige Liebesnacht eine Million Franc geboten haben, und sie war die Geliebte Napoleons III., *eine* der Geliebten, die sich der Neffe des großen Bonaparte leistete. Virginia konnte nicht fassen, dass Napoleon ihr den Laufpass gab; sie wurde damit nicht fertig, ihre Sinne spielten verrückt, und sie glaubte auf einmal, hässlich zu sein wie ein Monster; sie zerschlug alle Spiegel und lebte nur noch in Dunkelheit hinter geschlossenen Fensterläden. Ihr letzter Wunsch: Sie wollte in einem Nachthemd begraben werden, das sie beim kaiserlichen Beischlaf im Schloss Compiègne getragen hatte.

Neunundvierzig Jahre lebte Anna Konstanze Gräfin von Cosel auf der einsamen Festung Stolpen. Wahrscheinlich wusste sie in ihren späten Jahren selbst nicht mehr, warum sie seit beinahe einem halben Jahrhundert in einem heruntergekommenen Turmzimmer hauste, das sie schon mehrere Male bei dem Versuch zu heizen angezündet hatte. Wände und Decke waren rußgeschwärzt, es stank bestialisch, aber niemand kümmerte sich darum. Einmal eroberten Preußen die Festung, dann wieder Österreicher, doch das Gemäuer erschien niemandem besitzenswert – wer die verrückte Alte war, interessierte ohnehin nicht. Die älteren Leute aus der Umgebung kannten die Cosel zwar noch, aber sie durften nicht darüber reden. Die Älteren starben, und die Jüngeren verloren sie aus dem Gedächtnis. Auch der, dem sie dieses Leben zu verdanken hatte, Kurfürst Friedrich August von Sachsen, starb, und nun geriet sie in völlige Vergessenheit.

Dabei war sie einmal eine ebenso schöne wie mächtige Frau, die Zweitfrau August des Starken, dem dreihundertfünfundsechzig Kinder nachgesagt werden, so viel wie das Jahr Tage hat. Im Jahre 1699 hatte sie sich vom sächsischen Kabinettsminister Adolf Magnus von Hoym scheiden lassen, um mit ganzer Hingabe die Geliebte des sächsischen Potenzprotzes zu werden, und dreizehn Jahre hatte sie dieses »Amt« auch inne, legitimiert durch eine Art Ehevertrag, der ihr Exklusivitätsrechte an Seiner Majestät und eine Jahresapanage von 100 000 Talern zusicherte. Am Ende blieb ihr weder das eine noch das andere. Zweitfrauen haben keine Rechte.

Die Geschichtsschreibung hat sich nie mit dem Leben von Zweitfrauen beschäftigt (Lola Montez und die Marquise de Pompadour sind die große Ausnahme, weil sie selbst Geschichte gemacht haben). Der Grund: Zweitfrauen schlugen keine Schlachten und unterzeichneten keine Verträge. Dass ihre Bedeutung in vielen Fällen jedoch weit über ein Liebesverhältnis hinausgeht, wird in diesem Buch deutlich. Es zeigt die Hauptpersonen der Geschichte, von denen manche einem Zeitalter oder einer Epoche den Namen gaben, einmal als Nebenfiguren und aus einer höchst ungewöhnlichen Perspektive, nämlich aus der Perspektive der Zweitfrau.

Sigmund Freud, der mit einem wahren *furor biographicus* an die Analyse großer Charaktere heranging (und dabei nicht einmal vor dem biblischen Moses zurückschreckte), forderte für die Therapie der Gegenwart und wissenschaftliche Bearbeitung der Vergangenheit äußerste Indiskretion. Freud bedauerte: »Für gewöhnlich erfahren wir ja, dank ihrer eigenen Diskretion und der Verlogenheit ihrer Biographen, von unseren vorbildlichen großen Männern wenig Intimes.« Der dänische Philosoph Sören Kierkegaard, Meister in der Kunst der Lebensanalyse, kleidete das gesamte Problem in vier Worte: »Ohne Sexualität keine Geschichte.«

Die Aura des Schweigens, die Zweitfrauen zu Lebzeiten und in den meisten Fällen auch später umgab, hatte für die

Damen oft wenig erfreuliche Folgen. Viele gerieten vollkommen in Vergessenheit, weil sie es verabsäumten, gewinnbringend ihre Memoiren zu schreiben oder kompromittierende Briefe aufzubewahren. Dazu gehörten Maria Mancini, die ungekrönte Geliebte Ludwigs XIV., ebenso wie die Schwestern Louise, Pauline und Marie-Anne de Nesle, die, als Vorgängerinnen der Pompadour, Ludwig XV. die Regierungszeit vertrieben, oder Cora Pearl, die sich als Zweitfrau Edwards VII. versuchte, oder Cléo de Mérode, die Mätresse des Belgierkönigs Leopold II., eine Tänzerin, die bisweilen ihre Arbeitskleidung vergaß, oder Mlle. Gaby Deslys, die sich am portugiesischen König Emanuel II. versuchte.

Kein Mensch würde heute von Diane de Poitiers reden, der um achtzehn Jahre jüngeren Zweitfrau Heinrichs II. von Frankreich, hätte sie nicht die Maler ihrer Zeit in Verzückung versetzt. Die in jungen Jahren verwitwete Frau Groß-Seneschall der Normandie pflegte gewagte Kleider mit freien Brüsten zu tragen – darüber hinaus führte sie eine rege Korrespondenz mit ihrem Geliebten, die mindestens ebenso tief blicken ließ. Lola Montez, als Zweitfrau des Bayernkönigs Ludwig I. viel bekannter als dessen Ehefrau Therese, obwohl sie als dessen Geliebte nur zwei Jahre ihr Leben mit dem König teilte, wurde vor allem durch Zeitungsberichte und die spätere Herausgabe ihrer Memoiren bekannt.

Die stets schwarz gekleidete Lola, die statt einer Handtasche lieber eine symbolträchtige Reitpeitsche trug, verstand es, sich mit äußerster Raffinesse der damaligen Medien zu bedienen. Dazu gehörten Interviews, Vorträge und Leserbriefe ebenso wie ein eigenes Pressearchiv, das sie stets, auf mehrere Koffer verteilt, bei ihren Reisen begleitete. Ihre mehr als zweitausend Buchseiten umfassenden *Memoiren* sind das Werk eines oder mehrerer Ghostwriter. Sie erschienen 1851 und brachten ihr immerhin so viel Geld, dass sie damit ein neues Leben beginnen konnte.

Beinahe noch populärer als ihre autorisierten Memoiren, von denen nur ein Fünftel des Inhaltes einer objektiven Nachprüfung standhält, machten Lola Montez gefälschte Lebenserinnerungen von skandalträchtigem Inhalt. Ein Lohnschreiber namens August Papon, der bei der verstoßenen Zweitfrau für kurze Zeit die Stelle eines Sekretärs bekleidete und Einsicht in ihre Korrespondenz nehmen konnte, bot das Machwerk seiner ehemaligen Arbeitgeberin sogar zum Kauf an. Lola Montez besaß jedoch genug Selbstbewusstsein und ließ den miesen Erpresser gewähren.

Ähnlich erging es Wilhelmine Enke, geadelte Gräfin von Lichtenau, der Zweitfrau König Friedrich Wilhelms II. von Preußen. Kaum begann ihr Stern zu sinken, kaum hatte der Preußenkönig die Augen für immer geschlossen, da tauchten in Berlin und Potsdam gefälschte Memoiren und Schmähschriften auf, die ihren Herausgebern aus den Händen gerissen wurden: *Geheime Papiere der Gräfin Lichtenau*, *Bekenntnisse der Gräfin Lichtenau, ehemalige Madame Rietz*, *Biographische Skizze der Madame Rietz, jetzige Gräfin Lichtenau*, *Versuch einer Biographie der Gräfin von Lichtenau, einer berühmten Dame des vorigen Jahrhunderts*.

Aus der Feder Wilhelmines stammte keines dieser Werke. Sie selbst sah sich zehn Jahre später genötigt, eine *Apologie der Gräfin Lichtenau* herauszugeben, eine Verteidigungsschrift, eine Rechtfertigung. Aber zu dieser Zeit war Wilhelmine Enke, geadelte Gräfin Lichtenau, schon vergessen, und kaum jemand interessierte sich für die Wahrheit, wie es wirklich war, das Verhältnis zwischen ihr und dem Preußenkönig.

Was Kaiser Franz Joseph von Österreich-Ungarn drei Jahrzehnte für sich in Anspruch nahm, wollte er seinem designierten Nachfolger Kronprinz Rudolf in keiner Weise zugestehen: eine Zweitfrau. Nun waren Konkubinen im Hause Habsburg zwar schon immer eine Institution, aber eine Institution im Geheimen, ein Geheim-Dienst sozusagen, von dem die Ehefrauen durchaus Kenntnis hatten, aber nicht das Volk. Das eineinhalb Millionen Euro teure Konkubinat des verheirateten Kronprinzen mit der »Soubrette« Mizzi Caspar – so nannte man Ende des 19. Jahrhunderts in Wien eine Prostituierte der höheren Kreise – konnte der Märchenkaiser durchaus akzeptieren, erforderte es doch nur einen Bruchteil seiner eigenen extramatrimonialen Aktivitäten. Aber dass Rudolf eines Tages tot im Lotterbett mit einer ebenfalls toten siebzehnjährigen Baroness gefunden wurde, die er, bevor er Selbstmord beging, erschossen hatte, das war dem schockierten Kaiser zu viel. Er wies seine Geheimpolizei an, den Fall zu vertuschen. Zeugen, die die wahren Hintergründe der Tragödie von Mayerling kannten, wie Marie Gräfin Larisch oder die Mutter der beklagenswerten Baroness Vetsera, wurden geächtet und verbannt.

Da fragt man sich, was reizt eine Frau, den zweifelhaften Rang einer Zweitfrau einzunehmen? Für die abenteuerlustige, kindhafte Mary Vetsera mögen ihre siebzehn Lebensjahre und Rudolfs Stellung als Kronprinz Erklärung genug sein. Die meisten Geliebten gehen mit dem Ruf oder der Brieftasche des Angebeteten ins Bett. Tragisch wird es, wenn wahre Liebe im Spiel ist. Jede Geliebte hofft, einmal die Nummer eins zu werden, und dieser Hoffnung opfert sie alle Gefühle. Doch diese Hoffnung ist trügerisch. Männer vergessen schnell, selbst wenn sie der Geliebten das Eheversprechen mit dem eigenen Blut geschrieben haben wie Heinrich IV. von Frankreich. Es gibt nur wenige Beispiele dafür, dass die Geliebte zur Ehefrau wurde.

Manche Frauen würden es empört von sich weisen, je den Part einer Zweitfrau zu übernehmen, auf andere übt diese Rolle eine faszinierende Wirkung aus. Mit Treue oder Untreue hat das wenig zu tun – nicht vonseiten der Frau. Lola Montez, eine Frau, die es wissen muss, erklärte sich so: »Meine Natur gestattete es mir nicht, ein Weib der Gewohnheit, ein sozusagen traditionelles Weib zu sein, ein Weib, welches sein höchstes Glück darin sieht, dem Mann eine gute Brühe und ein freundliches Gesicht zu machen.« Lola Montez war drei Mal verheiratet. Wohlgefühlt hat sie sich nur in ihrer Rolle als Zweitfrau Ludwigs I.

Was den Begriff Treue betrifft, also das Festhalten an *einem* Partner, so hat sich die Auffassung darüber seit Adam und Eva mehrfach gewandelt. Seltsamerweise wird heute Untreue als viel verwerflicher angesehen als in früheren Zeiten, seltsam deshalb, weil viele glauben, unsere Gegenwart sei die moralisch verkommenste Zeit, die es je gab. Davon kann keine Rede sein. Karl der Große, der allzu gerne in den Zustand der Heiligkeit gerückt wird, war vier Mal verheiratet: mit der Langobardin Desiderata (die der »Heilige« in die Wüste schickte), mit der Alemannin Hildegard (die ihm vier Söhne und fünf Töchter gebar), mit der Fränkin Fastrada (von der er zwei Töchter bekam) und mit der Alemannin Liutgard (die seine Kaiserkrönung nicht mehr erlebte). Daneben zog Karl immer einen Pulk Zweitfrauen hinter sich her, mit denen er in so genannter Friedelehe lebte, einer Ehe mit einer freien Frau, die er ohne Verpflichtungen lösen konnte, wann immer es ihm beliebte. Und es beliebte häufig.

Im Mittelalter, ja bis ins 19. Jahrhundert hatten Ehe und Treue einen anderen Stellenwert als heute, vor allem wenn sich die Partner in erlauchten Kreisen bewegte, also von Adel waren. Ein König heiratete aus Gründen der Staatsräson eine Frau, die er meist noch nie gesehen hatte. Der Name genügte oder die Mitgift oder Macht- und Gebietsansprüche, die sich aus der Verbindung ergaben. Eine Zweitfrau, welche die erotischen, manchmal auch geistigen Bedürfnisse des Ehegatten befriedigte, war von vornherein eingeplant, provozierte also keinen Skandal – wie das heute der Fall ist.

Eine französische Autorin, die alle Herrscher Frankreichs unter die Lupe genommen hat, kam zu dem verblüffenden

Ergebnis, dass nur zwei von ihnen aus Liebe geheiratet haben. Aber *alle* hatten eine oder mehrere Zweitfrauen: Franz I. schenkte seine Gunst Françoise de Châteaubriand und der Herzogin von Étampes. Heinrich II. war Diane de Poitiers verfallen. Heinrich IV. liebte Gabrielle d'Estrées, Henriette d'Entragues und Charlotte de Montmorency. Ludwig XIV. brachte es auf vier Zweitfrauen: Maria Mancini, Louise de La Vallière, die Marquise de Montespan und die Marquise de Maintenon. Ludwig XV. war den Schwestern Louise, Pauline und Marie-Anne de Nesle verfallen, außerdem der Marquise de Pompadour und Madame Du Barry. Napoleon I. verfügte über Mademoiselle George und die Gräfin Marie Walewska, Napoleon III. über Harriet Howard, Marguerite Bellanger und Virginia di Castiglione. Nebenbei waren alle verheiratet.

Zweitfrauen begegnen wir nicht erst in der neueren Geschichte, in dieser Epoche hat ihnen das Christentum nur einen pikanteren Status verliehen. Von Zweitfrauen ist schon im Alten Testament die Rede und im Zusammenhang mit so honorigen Männern wie Abraham oder König David, und eigentlich ist dort auch schon die gesamte Problematik der Zweitfrau erklärt. Abrahams Zweitfrau Hagar verrichtete ihren Dienst mit Billigung von Ehefrau Sarah – bis Hagar ein Kind zur Welt brachte und Sarah von oben herab behandelte. So endete das Dreiecksverhältnis. Der biblische David war ein rechter Weiberheld mit mehreren Ehefrauen und einer Reihe Zweitfrauen, von denen Bathseba wohl die bekannteste ist, eine verheiratete Frau. Damit er ganz allein über sie verfügen konnte, stellte David ihren Ehemann Uria in die vorderste Schlachtreihe. Uria fiel, und Bathseba gebar einen Sohn, den berühmten Salomo. »Doch dem Herrn missfiel, was David getan hatte« (2. Kg, 11,27).

Im alten Griechenland hatten Zweitfrauen einen besonderen Namen, vorausgesetzt, sie bewegten sich in besseren Kreisen. Diese Zweitfrauen hießen Hetären, was soviel wie

Lebensgefährtin bedeutet, und sie standen – im Gegensatz zu heute – in hohem öffentlichen Ansehen. Viele waren hochgebildet und dienten einflussreichen verheirateten Männern sowohl als Bettgespielin wie als politische Beraterin. Die zwei bekanntesten Hetären sind Phryne und Aspasia.

Phryne gelang es, Praxiteles, dem bedeutendsten Bildhauergenie aller Zeiten, den Kopf zu verdrehen, als sie ihm Modell saß. Phryne, die nie Make-up auflegte und dennoch jede geschminkte Konkurrentin ausstach, hatte, noch bevor sie Praxiteles kennenlernte, mit Hingabe so viel Geld verdient, dass sie den Männern von Theben den Vorschlag machte, die von Alexander dem Großen zerstörte Stadt auf eigene Kosten wiederaufzubauen. Einzige Bedingung: Im Zentrum der Stadt sollte eine Tafel aufgestellt werden mit der folgenden Inschrift: »Alexander hat die Stadt zerstört, aufgebaut hat sie Phryne, die Hetäre.« Die Thebaner lehnten dankend ab.

Dennoch, ihr Selbstbewusstsein blieb ungebrochen. Den Athenern bot sie eine Wette an, den Philosophen Xenokrates, einen Schüler Platons, der mit der Philosophie verheiratet war (er pflegte seine Wirkungsstätte, die Athener Akademie, nur einmal im Jahr zu verlassen), mit ihren Reizen zu verführen. Xenokrates galt schlichtweg als unempfänglich für weibliche Reize, so sie nicht der göttlichen Erleuchtung dienten. Aber welche Frau mag das schon von ihren primären Geschlechtsmerkmalen behaupten – von den sekundären ganz zu schweigen. Trotzdem passte Phryne Xenokrates ab, als er gerade wieder einmal seine Studierstube verließ. Auf welche Weise sie dem Vergeistigten dabei gegenübertrat, überliefern weder Pausanias noch Plutarch, die sonst jeden Skandal breitgetreten haben; wir erfahren nur, dass Phryne die Wette verlor.

Der Reiz des Verbotenen fordert eben immer eine Portion Dummheit, und dennoch: Was wäre das Leben auf diesem Planeten ohne Dummheit? Nein, Phryne verlor zwar die

Wette gegen Xenokrates, aber sie gewann gegen die obersten Richter Athens, und dieser Sieg war von viel größerer Bedeutung; denn Phryne war der Asebie, der Gotteslästerung angeklagt, und darauf stand die Todesstrafe. Es sah nicht gut aus für sie in dem Prozess, aber in ausweglosen Situationen können Frauen immer auf zwei todsichere Mittel zurückgreifen: heiße Tränen und weibliche Reize. Also ließ Phryne erst ein paar Tränen, dann ihr Gewand zu Boden fallen, reckte den Richtern ihre Brüste entgegen und schluchzte in aller Unschuld: »Und so was wollt ihr in den Hades schicken?« Der Prozess endete mit einem Freispruch.

Nicht weniger Ruhm erntete Aspasia, eine Schönheit aus Milet. Sie kam in den vierziger Jahren des 5. Jahrhunderts vor der Zeitenwende nach Athen, um Perikles kennenzulernen, den größten Verehrer weiblicher Schönheit, Politiker und Feldherrn seiner Zeit – in dieser Reihenfolge. Perikles ist ein frühes Beispiel für ein Naturgesetz, nach dem die hässlichsten Männer die schönsten Frauen haben. Perikles hatte einen katastrophalen Eierkopf, und das war der Grund, warum er nie ohne Helm herumlief (behauptete schon Plutarch). Obwohl verheiratet mit einer Athenerin, wurde er von Frauen verfolgt und angebetet wie eine Statue des Phidias, und nicht selten erhörte Perikles die Gebete frommer Frauen. Er pflegte seine Geliebten auf ungewöhnliche Weise zu beschenken, der »Meerzwiebelkopf« – so sein Spitzname bei den Athenern – schenkte nicht etwa Gold oder Edelsteine, er schenkte jedes Mal einen Pfau. Zu diesem Zweck unterhielt Perikles eine Pfauenfarm.

Eine Frau wie Aspasia, deren Ruhm weit über die Grenzen des persischen Großkönigtums hinausging (selbst König Kyros nannte seine liebste Beischläferin Aspasia, obwohl sie Milto hieß), gab sich natürlich nicht mit einem Pfau zufrieden. Sie wollte Perikles, und zwar ganz. Aspasia ruhte nicht eher, bis der »Meerzwiebelkopf« sich von seiner Frau scheiden ließ und sie heiratete. Der Fall erregte in der Hauptstadt Athen großes Aufsehen. Honorige Männer schickten ihre noch honorigeren Ehefrauen zu Aspasia mit der Bitte, sie doch teilhaben zu lassen an ihren Künsten. Ob auch Xanthippe, die Frau des weisen Sokrates, unter den Klientinnen war, ist nicht überliefert; Plutarch weiß jedoch zu berichten, dass Sokrates durchaus zu Aspasias Verehrern gehörte und manchmal sogar seine Musterschüler mitbrachte, obwohl Aspasia »ein keineswegs ehrbares und anständiges Gewerbe trieb«. Neben ihrer Schönheit verfügte Aspasia über eine Reihe von Talenten, die bei Frauen des klassischen Altertums nur selten anzutreffen waren. Ihre Umgangsformen waren ebenso beispielhaft wie ihre Redegabe, eine Kunst, die den alten Griechen mehr bedeutete als alles andere, und dazu verfügte sie noch über eine politische Begabung. Perikles machte Aspasia nicht nur zur Bettgespielin, sie wurde auch seine engste Beraterin. Der Samische Krieg, heißt es, habe auf ihre Initiative hin stattgefunden.

Ungewöhnlich ist das Andenken, das die Athener Aspasia bewahrten. Es entspricht dem Gegenteil von der Regel. Gemeinhin finden Frauen vom Schlage Aspasias bei Dichtern Verständnis, bei Philosophen aber Verachtung. Bei Aspasia war es umgekehrt: Die Dichter Athens machten Aspasia in ihren Komödien lächerlich, nannten sie eine »hundsäugige Dirne« (was im Gegensatz zur kuhäugigen Athene ein Schimpfwort war), die Sokratiker aber schlossen sie noch Jahrzehnte lang in ihre hohen und edelmütigen Gedanken ein.

Künstler standen seit jeher den sexuellen Gewohnheiten des Adels in keiner Weise nach. Das Volk gestand ihnen Narrenfreiheit zu, und die galt auch im Hinblick auf eine Zweitfrau. Musiker, Maler und Dichter rechtfertigten ihre Geliebten als Musen zur Anregung der – künstlerischen! – Potenz, und nicht selten war das auch so. Johann Wolfgang von

Goethe, der gehemmte Spätentwickler und späte Ehemann, machte das Thema Zweitfrau zum Thema seines Lebens. Ehefrau Christiane, vom Dichter geliebt und begehrt, nimmt in seinen Werken nur Statistenrollen ein. Die Hauptrollen sind von seinen Geliebten besetzt, und der Dichter machte daraus kein Geheimnis: Seine Figuren, sagte er, seien alle erlebt.

Man muss keine großen Forschungen betreiben, um Charlotte von Stein als *Iphigenie* wiederzuerkennen, Friederike Brion als Marie im *Clavigo*, Marianne Willemer als Suleika im *Westöstlichen Diwan*, Minna Herzlieb als Ottilie in den *Wahlverwandtschaften* und die siebzehnjährige Altersliebe des Vierundsiebzigjährigen, Ulrike von Levetzow, als Pandora in der *Marienbader Elegie*. Sie war auch die einzige Frau, der Johann Wolfgang von Goethe spontan einen Heiratsantrag machte. Der abschlägige Bescheid hatte für beide katastrophale Folgen: Goethe zog sich in Depressionen und Einsamkeit zurück, Ulrike suchte das Vergessen im Kloster.

Mit den wenigsten Verhältnissen, die Goethe »angedichtet« werden, hat der Dichter auch geschlafen. Leidenschaft bedeutete für ihn in erster Linie Unerfülltsein, Sehnsucht. Und dieser Sehnsucht verdanken wir die aufregendsten Rollen in seinen Werken und die glutvollsten Texte. Seiner Dauergeliebten Charlotte von Stein, die er zwölf Jahre glühend verehrte, ohne auch nur einmal zum Ziel zu kommen, schrieb er 1800 Briefe, obwohl sie nur ein paar Häuser weiter lebte. Ehefrau Christiane musste sich mit 354 bescheiden.

Was ihren Hang zu Zweitfrauen betrifft, so werden Dichter nur noch von Musikern übertroffen, allerdings wurden ihre Affären weniger bekannt als die der Dichter. Denn während Dichter schon einen unverhofften Beischlaf in ein Theaterstück, zumindest aber ein Gedicht, umsetzen, schreiben Komponisten in der gleichen Situation nur selten eine Oper. Zu mehr als einem Lied ließ sich kaum ein Komponist hinreißen. Nur Johann Strauß, der große Charmeur und Walzerkönig, machte eine (un)rühmliche Ausnahme: Er schrieb eine *Helenen-*, *Cäcilien-*, *Elisen-* und *Olga-Polka*, einen *Adelen-Walzer*, *Josefinen-Tänze*, die *Annika-Quadrille* und den *Fanny-Marsch*, was voraussetzte, dass Strauß mit den betitelten Damen mehr als nur diniert hatte.

Strauß war drei Mal verheiratet und nahm weitere dreizehn Mal Anlauf zu einem solchen Unternehmen, jedenfalls bezeichneten sich dreizehn Damen als verlobt mit Strauß – seine kurzen Abenteuer wollen wir in diesem Zusammenhang gar nicht erwähnen. Wie Goethe war Strauß der geborene Junggeselle, und er blieb es auch, wenn er gerade wieder einmal verheiratet war. Als er mit siebenunddreißig diesen Schritt zum ersten Mal wagte, trugen die Wiener Madln Trauer. Warum ausgerechnet die?, fragten sie, eine sieben Jahre ältere Sängerin mit sieben (!) unehelichen Kindern, abgelegte Zweitfrau des Wiener Bankiers Moritz Todesco?

Jetty Treffz, so nannte sich die Auserwählte (richtig hieß sie Henriette Chalupetzky), hatte für Strauß die gleiche Bedeutung wie Christiane für Goethe, sie war ihm Mutter, Geliebte und Hausfrau und sah auch über alle Zweitfrauen hinweg, denen der Walzerkönig nach wie vor huldigte. Jetty starb nach sechzehn Jahren, und Strauß ging schon sechs Wochen später eine neue Ehe ein: Lily, ebenfalls Sängerin, aber um fünfundzwanzig Jahre jünger als der Hochzeiter, hielt es nur ein paar Wochen bei ihm aus, sodass Strauß es noch ein drittes Mal versuchte. Die Auserwählte hieß Adele, war einundzwanzig Jahre jünger, aber dennoch schon Witwe, und hieß, ohne verwandtschaftliche Zusammenhänge, ebenfalls Strauß. Um Adele Strauß heiraten zu können (die Gesetze der k.u.k. Monarchie verboten die Wiederverheiratung Geschiedener), wurde Johann Strauß evangelisch und Bürger von Sachsen-Coburg-Gotha. Er liebte Adele, aber auf andere Frauen wollte er deshalb nicht verzichten.

Zweitfrauen, immer wieder Zweitfrauen waren es, die Theaterdichter in abgründige Theatergeschichten verstrickten. Ihr Leben geriet bisweilen zur Posse, viel häufiger aber zur Tragödie. Johann Nestroy und Ferdinand Raimund ähneln sich nicht nur im literarischen Genre, auch ihr Schicksal trägt verwandte Züge (eigentlich zählte auch Franz Grillparzer zu dieser Kategorie, der Finanzverwaltungs-Archivdirektor mit seiner »ewigen Braut« Kathi Fröhlich; Grillparzer jedoch war nie verheiratet). Nestroy und seine Zweitfrau Marie Weiler fanden trotz vollzogener Scheidung des Bühnendichters kein Happy End, weil Nestroy als Geschiedener nicht mehr heiraten durfte und, statt Umwege über Sachsen-Coburg-Gotha zu machen wie Johann Strauß, lieber oberflächliche Zerstreuung suchte bei den süßen Wienerinnen, die dem gefeierten Bühnenstar zu Füßen lagen. Dass er in seinem Innersten unglücklich blieb und zum Satiriker und beißenden Kritiker des Biedermeier wurde, das verdanken wir in der Hauptsache seinen persönlichen Umständen.

Sein älterer Kollege Ferdinand Raimund sprach ganz offen aus, dass er dem heftigen Temperament seiner Zweitfrau Toni Wagner »die Geburten seiner Kunst« verdankte. Verheiratet war Raimund nur kurz und widerwillig, denn die Frau, die er eigentlich haben wollte, Toni Wagner, deren Vater ein reicher Kaffeehausbesitzer war, hatte dem hergelaufenen Komödianten kategorisch die Ehe verweigert. Deshalb stürzte sich Ferdinand in seiner Verzweiflung auf die minderjährige Schauspielerkollegin Luise Gleich, mit der er allabendlich auf der Bühne stand, und die Raimund-Posse nahm ihren Lauf.

Am Morgen des anberaumten Hochzeitstages kam es zum Streit zwischen den Ehestandskandidaten, und Luise biss Ferdinand in den Finger, was den unter einer Tollwutphobie leidenden Komödianten zu dem Ausruf: »Beißen auch noch!« und anschließender Flucht veranlasste. Das war am

4. April 1820. Am 5. April stand Raimund im Theater in der Leopoldstadt auf der Bühne und wurde ausgebuht, weil er die bissige Braut sitzengelassen hatte. Drei Tage später gab er schließlich doch noch sein Jawort, keine zwei Jahre später wurde die Ehe geschieden. Grund: »Unordentlicher Lebenswandel, Treulosigkeit, Misshandlungen und wiederholte Kränkungen nach Paragraph 109«.

Noch während seiner Ehe hatten sich Raimund und Toni Wagner regelmäßig im Haus Ankergasse 25 getroffen, wo ihnen eine Theaterfriseurswitwe ein Zimmer vermietete, und zum Schein ließ Toni sich jahrelang von Anton Collet, einem Hauptpostamtoffizial, ausführen, der ihr den Hof machte. Heiraten konnten und durften sie nicht, also spielten sie ein Leben lang Theater. Von Ferdinand Raimund glaubt man zu wissen, dass er nach seiner Scheidung Toni kein einziges Mal betrogen hat. Ob das auch für Toni Wagner gilt, ist keineswegs sicher. Und das stürzte den Komödianten in tiefe Unruhe, er wurde immer mehr zum Sonderling. Sein Stück *Der Alpenkönig und der Menschenfeind* trägt stark autobiographische Züge.

Raimund wurde selbst zum Menschenfeind, ging nie ohne Pistole auf die Straße und verrammelte sein Haus wie eine Festung. Seine Zweitfrau, die er liebend gerne zur Erstfrau gemacht hätte, überwachte er mit einer gewissen Hilflosigkeit. Das führte zu immer neuen Problemen zwischen den beiden. Vor allem beklagte Raimund Tonis sexuelle Reserviertheit.

Auf einer der ganz seltenen gemeinsamen Reisen im August 1836 kam es zur Katastrophe. Im Gasthof *Zum Hirschen* in Pottenstein, wo Ferdinand und Toni sich eingemietet hatten, steckte sich der schwierige Komödiant eine Pistole in den Mund und drückte ab. Es dauerte sechs Tage, bis er tot war. Angst vor Tollwut sei das Motiv gewesen, heißt es. Die Wahrheit kannte nur die von Raimund zur Universalerbin eingesetzte Antonie Wagner, aber die schwieg.

Wiener Ärzte nahmen im *Hirschen* die Obduktion der Leiche vor. Dabei wurde die Hirnschale abgespalten. Toni bewahrte sie dreiundvierzig Jahre in einem Kästchen auf. So lange überlebte sie Ferdinand Raimund.

Diese Geschichte ist ungewöhnlich. Denn im Dreiecksverhältnis Mann-Ehefrau-Zweitfrau trifft den Mann, den eigentlichen Urheber des Problems, das tragische Ende nur selten. In erster Linie ereilt es die Geliebte, seltener die Ehefrau, und das hat einen einfachen Grund: Zweitfrauen sind relativ leicht zu ersetzen, Ehefrauen nur unter hohem Aufwand.

Für den Mann ist die Geschichte der Geliebten kein Ruhmesblatt. August der Starke, Ludwig XV. von Frankreich, König Friedrich Wilhelm II. von Preußen, Ludwig I. von Bayern, Kaiser Franz Joseph von Österreich oder Johann Wolfgang von Goethe – sie alle haben ihre Meriten. Aber betrachtet man ihr Privatleben, das in Geschichtsbüchern keinen Eingang findet, so schwankt ihr Charakterbild in der Geschichte, und Goethe wird zum verklemmten Sexualneurotiker, Franz Joseph zum sabbernden Lustgreis, Ludwig I. zum Busenfetischisten, König Friedrich Wilhelm II. zum Peepshow-Besucher, Ludwig XV. zum Bordellbetreiber und August der Starke zum krankhaften Potenzprotz. »Ich erfahre es alle Tage«, sagte die Marquise de Pompadour, »dass es keine schlimmere Gesellschaft gibt als die gute.«

I
Die tödliche Liebe der Mary Vetsera

»Ein letzter Abschiedsgruß in Gedenken allen schönen Frauen Wiens, die ich so sehr geliebt ...«

Aus dem Testament Erzherzog Rudolfs,
Kronprinz von Österreich-Ungarn

Ein Fall für Sigmund Freud: Mann (30) erschießt nach dem Geschlechtsverkehr siebzehnjährige Geliebte, anschließend sich selbst. Selten finden Freuds Theorien der Psychoanalyse so eindeutige Bestätigung: Nach Freud ist die Libido der Hauptantrieb menschlichen Verhaltens, und eine gestörte Libido provoziert einen Todes- und Destruktionstrieb. Ja, sogar seine Theorie, dass zwischen dem ersten und fünften Lebensjahr das Schicksal des Einzelnen besiegelt wird, scheint hier Bestätigung zu finden.

Arzt und Patient wären – so sie sich jemals getroffen hätten – etwa gleich alt gewesen, und zeitweilig lebten sie nur wenige Gehminuten voneinander, aber zu einer Begegnung ist es nie gekommen. Denn als Freud seine revolutionären Erkenntnisse veröffentlichte, war der andere schon lange tot, erschossen, seinem Destruktionstrieb folgend.

Erzherzog Rudolf, Kronprinz von Österreich-Ungarn, war von Geburt ausersehen, Kaiser zu werden, und vermutlich wäre die Weltgeschichte anders verlaufen, hätte er nicht 1889 sein Leben im Bett mit einer Siebzehnjährigen und einer Pistole beendet. Das Mädchen wie die Pistole sind in diesem

Zusammenhang – auch das bestätigt Freud – nur Symbole. Das Mädchen kannte er wohl, er hatte mit ihm aber nur einmal geschlafen. Eigentlich hasste er Frauen (sein Verschleiß an Zweitfrauen ist ein Beweis dafür). Die Pistole erschien ihm als die schnellste und sauberste Sterbehilfe. Doch Rudolf wäre auch ohne den tödlichen Schuss vom 29. Januar 1889 vorzeitig aus dem Leben geschieden, dahingesiecht an Syphilis, am Suff und Morphium, ohnehin halbirre. Frauen, von denen er mehr verbrauchte als sein unsterblich scheinender Vater Kaiser Franz Joseph, waren nicht die Ursache für diese Entwicklung, aber sie waren ihm eine Hilfe bei seinem Selbstvernichtungstrieb. In der Tat ein Fall für die Psychoanalyse.

Rollen wir den Fall, der unter dem Codewort »Mayerling« in die Geschichte eingegangen ist, von hinten auf:

Kaiser Franz Joseph zitierte seinen Sohn und Thronfolger Rudolf am Sonntag, dem 27. Januar 1889, in die Hofburg. Grund der – wie später zu hören war – heftigen Unterredung: Seine Apostolische Majestät hatte auf Umwegen erfahren, dass sein eigener Sohn, der künftige Kaiser von Österreich-Ungarn, beim Papst um die Annullierung seiner Ehe angesucht habe. Rudolf hatte, um der Staatsräson zu genügen, im Mai 1881 die Tochter des wegen seiner Grausamkeit als Kolonialherr berüchtigten Belgierkönigs Leopold II., Stephanie, geheiratet, mit dieser aber, trotz anfänglicher Zuneigung, kein Glück gefunden, dafür aber ständige Schwierigkeiten wegen seiner zahllosen Liebschaften. Die Unterredung zwischen Vater (Kaiser) und Sohn (Feldmarschallleutnant, Generalinspekteur der Infanterie und Vizeadmiral) endete mit einem lautstarken Krach, in dessen Verlauf Franz Joseph seinen Sohn Rudolf anschrie, er werde alles in seiner Macht Stehende tun, um diese Scheidung zu verhindern, während Rudolf resigniert erwiderte, nun wisse er, was er zu tun habe.

Am Vormittag gegen zehn Uhr desselben Tages betrat Kronprinz Rudolf das Grand Hotel an der Wiener Ringstraße, um sich mit Marie Gräfin Larisch-Wallersee zu treffen. »Die Larisch«, wie sie allgemein genannt wurde, bewohnte samt Zofe Jenny und Hund in dem feinen Hotel die Zimmer 21, 23 und 28, um sich, wie sie hatte wissen lassen, in Wien einer Zahnbehandlung zu unterziehen. Das mag gestimmt haben oder nicht – den Zahnärzten im heimischen Pardubitz ging nicht der beste Ruf voraus, aber Marie war jedes Mittel recht, um der langweiligen Ehe mit dem Grafen Georg Larisch-Mönnich zu entkommen.

Alle wussten, dass Marie ein wilder Trieb am Stammbaum der Wittelsbacher war (weniger poetisch: Herzog Ludwig in Bayern hatte ein Techtelmechtel mit der Schauspielerin Henriette Mendel gehabt), aber als sie Georg heiratete, war sie längst geadelt und damit von der Unperson zu einer Persönlichkeit des öffentlichen Lebens geworden, die genug Gesprächsstoff hergab. Mehr als es ihrem Stand zukam, pflegte sie das gesellschaftliche Leben, und obwohl ihre Ehe alle Züge einer Tragödie trug, spielte sie mit ihrem Ehemann nach außen hin die immerwährende Komödie. Über Rudolfs Mutter Elisabeth, die aus Bayern stammte, waren der unglückliche Kronprinz und die erlebnishungrige Gräfin Cousin und Cousine, ein Umstand, den die Larisch vor allem nutzte, um den österreichischen Vetter um Geld anzupumpen.

Nun konnte die Cousine sich revanchieren. Nicht, dass er mit ihr ein Verhältnis anfangen wollte, Marie war nicht sehr hübsch, vor allem erfüllte sie nicht ein wesentliches Kriterium: Sie war weder wesentlich jünger noch wesentlich älter als Rudolf, sondern gleich alt; aber Frauen, die den dreißigjährigen Kronprinzen interessierten, mussten entweder älter sein oder naive junge Mädchen, und damit scheint der Fortgang der Geschichte vorgezeichnet.

Die Larisch war mit einem siebzehnjährigen Mädchen befreundet, das den Kronprinzen, von dem es wusste, dass dieser verheiratet, aber auch ein Schwerenöter war, glühend verehrte: Marie Alexandrine, genannt Mary Vetsera. Monatelang hatte Mary den Kronprinzen auf Schritt und Tritt verfolgt, ihm aufgelauert, wenn er mit der Kutsche durch die Stadt fuhr, im Theater das Opernglas auf seine Loge gerichtet statt auf die Bühne, und endlich hatte sie ihm einen Brief geschrieben, dessen Wortlaut wir nicht kennen, dessen Inhalt jedoch unschwer zu erraten ist: Mary Vetsera dürfte dem Kronprinzen ihre Liebe gestanden, vielleicht sogar einen »unsittlichen Antrag« gemacht haben.

Von besonderer Pikanterie war die Situation schon allein deshalb, weil Marys Mutter, die Baronin Helene Vetsera, geborene Baltazzi, eine Schönheit der Wiener Szene, verheiratet mit einem zweiundzwanzig Jahre älteren k.u.k. Diplomaten, dem Kronprinzen zehn Jahre zuvor auf ähnliche Weise nachgestellt hatte. Wie ihre Tochter hatte sie Rudolf lange Zeit auf Schritt und Tritt verfolgt. Sogar der Kaiser hatte sich darüber mokiert: »Was diese Frau mit Rudolf treibt, ist unglaublich!« Nicht selten zwingen Mütter ihren Töchtern das auf, was sie selbst nicht erreicht haben. Es ist daher denkbar, dass Baronin Helene hinter den Schwärmereien ihrer Tochter Mary stand, und Gräfin Larisch sollte in der Angelegenheit vermitteln.

Obwohl seit Jahren mit dem stadtbekannten »Callgirl« Mizzi Caspar verbandelt, zeigte Kronprinz Rudolf an dem Abenteuer mit einer Siebzehnjährigen größtes Interesse. Warum, wo Rudolf doch nicht klagen konnte, was einen schnellen Seitensprung betraf?

»Als ich das erste Mal Gelegenheit hatte, ihre Schönheit zu bewundern«, notierte Prinzessin Louise von Coburg in ihren Lebenserinnerungen, »habe ich wirklich beinahe die Fassung verloren.« Nun gibt es in Bezug auf die Schönheit einer Frau keine härteren Kritiker als Frauen. Mary Vetsera muss also wirklich unbeschreiblich schön gewesen sein; denn auch die Gräfin Larisch geriet ins Schwärmen und beschrieb Mary als so süß und lieblich, »dass jeder sie gern haben musste«. Sie sei vom Instinkt her kokett und unbewusst unmoralisch in ihren Neigungen gewesen, dabei sinnlich wie eine Orientalin.

Die Gräfin über die junge Baronesse: »Sie war nicht groß, ihre geschmeidige Gestalt und ihr voll entwickelter Busen ließen sie älter als achtzehn Jahre erscheinen. Ihr Teint war wunderbar zart, ihr kleiner roter Mund öffnete sich über kleinen weißen Zähnen, die ich Mäusezähne zu nennen pflegte, und niemals wieder habe ich solche beseelte Augen gesehen mit solch langen Wimpern und solch feingezogenen Brauen. Ihr dunkelbraunes Haar war sehr lang, die Hände und Füße klein. Ihr Gang war von einer verführerischen und unwiderstehlichen Grazie ...«

Photographische Darstellungen zeigen Mary schon als Fünfzehnjährige mit dem bemerkenswerten Aussehen einer Dreißigjährigen. Aber nicht nur in Pose und Toilette konnte es das Baronesserl aus dem 2. Wiener Gemeindebezirk mit jeder Prinzessin aufnehmen, Mary war ebenso gebildet, sprach Englisch und Französisch, konnte singen, tanzen und Klavier spielen, und gesellschaftliche Umgangsformen pflegte sie auf so vorbildliche Weise, dass das bei Gleichaltrigen nur Neid hervorrief. Trotz dieser Vorzüge blieb Mary ein Baronesserl und bedurfte, um beim Hochadel Zugang zu finden, starker Protektion.

Bälle, Empfänge, Theaterbesuche, vor allem aber exklusive Pferderennen, bei denen Marys drei Onkel mütterlicherseits, Alexander, Aristides und Hector Baltazzi, Triumphe feierten, brachten Mary nicht den erwünschten gesellschaftlichen Aufstieg. Mutter Helene hätte sicherlich mit Begeisterung zur Kenntnis genommen, dass ihr Idol, der Kronprinz, ein Auge auf Mary geworfen hatte. Später, nach der Katastrophe von Mayerling, die auch sie nicht vorhersehen konnte, wird Helene Vetsera behaupten, sie habe von den Zusammenkünften zwischen Kronprinz Rudolf und ihrer Tochter Mary nichts gewusst, andernfalls hätte sie diese verhindert.

Am 5. November 1888 hatten Rudolf und Mary sich zum ersten Mal getroffen. Gräfin Larisch spielte die Kupplerin, vor allem musste sie als Alibi gegenüber Marys Mutter herhalten. In aller Aufregung und Schwärmerei bemerkte Mary Vetsera nicht, dass ihr ein zerstörter, alkohol- und drogensüchtiger Mann gegenübertrat, der sich zu diesem Zeitpunkt längst mit dem Gedanken trug, aus dem Leben zu scheiden, und in seinem Destruktions- und Todestrieb nur eine Partnerin suchte, die ihn im Sterben begleitete.

Etwa zwanzig Mal begegneten sich der Kronprinz und das Baronesserl vor jenem verhängnisvollen 27. Januar 1889, wobei es erst relativ spät, am 13. Januar, zu Intimitäten gekommen zu sein scheint. Der 13. Januar war in Marys Kalender eingerahmt und mehrfach gekennzeichnet, und Bemerkungen, die Mary Vetsera an diesem Tag machte, lassen keinen anderen Schluss zu. Ihrer Kammerzofe sagte die Baronesse, sie gehöre nun nicht mehr sich selbst, sondern ihm, Rudolf, ganz allein. Und in einem Brief an ihre Vertraute Hermine Tobis, bei der sie regelmäßig Klavierstunden nahm, meinte sie in ähnlicher Formulierung, sie hätten beide den Kopf verloren, aber nun gehörten sie sich mit Leib und Seele. Eine Tabatière, die Mary dem Kronprinzen schenkte, trug die Widmung: »13. Januar. Dank dem Schicksal«.

Man kann nur darüber spekulieren, ob Kronprinz Rudolf an den von Mary herbeigesehnten Beischlaf die Bedingung knüpfte, sie müsse dafür bereit sein, mit ihm aus dem Leben zu scheiden. Die Wahrscheinlichkeit ist groß, denn wie wir noch sehen werden, befand sich Rudolf keineswegs in sexuellem Notstand. Die Umstände der Tragödie machen auch deutlich, dass der Kronprinz die Baronesse keineswegs geliebt hat, im Gegenteil, er hat sie auf perfide Weise missbraucht, nicht sexuell, sondern weil er nicht alleine sterben wollte.

Mit Hilfe der Gräfin Larisch-Wallersee gelang es Rudolf und Mary, sich am Nachmittag des 27. Januar im Prater zu treffen. Zwischen Mutter und Tochter Vetsera war es am Tag zuvor zu einer Auseinandersetzung gekommen. Die Baronin hatte bei Mary eine Zigarettendose mit dem Namenszug des Kronprinzen, Privatfotos und – was ihr zu denken gab – ein Testament der Siebzehnjährigen entdeckt. An diesem Nachmittag des 27. Januar im Prater fassten Rudolf und Mary den Entschluss, am folgenden Tag gemeinsam in den Tod zu gehen. Sie sahen sich noch einmal am selben Abend zu einem Geburtstagsempfang des deutschen Kaisers. Von dem Empfang in der Metternichgasse kehrte Mary nach Hause zurück, Rudolf nahm den Weg zu Mizzi Caspar, seiner Geliebten. Nach erfolgtem Beischlaf und der Erklärung, er werde sich am folgenden Tage umbringen (eine Drohung, die Mizzi Caspar nicht ernst nahm), kehrte Rudolf in den frühen Morgenstunden in seine Wohnung in der Hofburg zurück.

Am Montag, dem 28. Januar 1889, verlief alles wie von Kronprinz Rudolf geplant. Die politischen Geschäfte (eine militärische Lagebesprechung mit Oberstleutnant Albert Mayer und Pressegespräche mit Berthold Frischauer und Moritz Szeps vom *Neuen Wiener Tagblatt*) wurden in Kurzform abgehandelt, danach änderte Rudolf sein Testament und schrieb einige Abschiedsbriefe. Gegen elf Uhr trafen Gräfin Larisch und Baronesse Vetsera beim Kronprinzen in der Hofburg ein. Unbemerkt gelang es Mary, zusammen mit Josef Bratfisch, einem gelernten Fiaker, begeisterten Heurigensänger und seit gemeinsamen Saufgelagen in üblen Vorstadtkneipen zum Vertrauten des Kronprinzen avancierten Kraftpaket, in Richtung Mayerling zu verschwinden. Dort hatten sich beide für ihr gemeinsames Ende verabredet. Gegen Mittag trafen sich Rudolf, Mary und Bratfisch in einer Gaststätte außerhalb von Wien, um das letzte Stück gemeinsam zurückzulegen. Mayerling war das Jagdschloss des Kronprinzen. Es liegt im Wienerwald in der Gemeinde Alland, Bezirk Baden bei Wien. Unbemerkt gelang es Mary Vetsera, das Schloss durch das Südtor zu betreten. Nur Bratfisch und Kammerdiener Johann Loschek, an den Mary stets ihre Briefe für Rudolf adressiert hatte, wussten Bescheid, nicht jedoch das übrige Personal.

Dies war auch der Grund, warum Mary Vetsera das Schlafzimmer des Kronprinzen, in das sie Loschek heimlich gebracht hatte, nicht mehr verlassen durfte. Gemeinsam verbrachten sie die Nacht zum 29. Januar, einem Dienstag. Für den 29. Januar hatten sich Jagdfreunde angemeldet, Josef Graf Hoyos und Prinz Philipp von Sachsen-Coburg-Gotha. Rudolf frühstückte mit ihnen, ohne dass einer der Gäste Mary bemerkte. Der Kronprinz mimte eine Erkältung und bat Josl und Philipp, ohne ihn auf die Pirsch zu gehen.

Das unabänderliche Ziel vor Augen, hatte Rudolf an alles gedacht. Sogar die am 29. Januar vorgesehene Familienfeier bei Kaiser Franz Joseph war eingeplant. Im letzten Augenblick überbrachte Hofjäger Püchel Kronprinzessin Stephanie in Wien eine schriftliche Botschaft aus Mayerling: »Ich bitte Dich, schreibe Papa, dass ich gehorsamst um Verzeihung bitten lasse, dass ich zum Diner nicht erscheinen kann, aber ich möchte wegen starkem Schnupfen die Fahrt jetzt Nachmittag unterlassen und mit Josl Hoyos hier bleiben. Umarme Euch herzlichst – Rudolf.«

Diese letzten Zeilen spiegeln jene Eiseskälte, die Rudolf zeitlebens von seinen Eltern erfahren hatte.

Rudolf und Mary verbrachten den ganzen Tag im Schlafzimmer des Kronprinzen. Die meiste Zeit dürfte die Abfassung der Abschiedsbriefe in Anspruch genommen haben.

Von großer Sachlichkeit, beinahe geschäftsmäßig ist der Abschiedsbrief Rudolfs an seine Frau Stephanie.

»Liebe Stephanie!
Du bist von meiner Gegenwart und Plage befreit, werde glücklich auf Deine Art. Sei gut für die arme Kleine [Tochter Elisabeth Marie, geb. 2. September 1883], die das Einzige ist, was von mir übrigbleibt. Allen Bekannten, besonders Bombelles [Obersthofmeister Rudolfs], Spindler [sein Lehrer], Latour [Erzieher], Wowo [Rudolfs geliebte Amme Baronin Charlotte von Welden], Gisela [ältere Schwester], Leopold [Prinz von Bayern, Schwager] etc. etc. sage meine letzten Grüße. – Ich gehe ruhig in den Tod, der allein meinen guten Namen retten kann. – Dich herzlichst umarmend,
Dein Dich liebender Rudolf.«

Anders Mary Vetsera. Ihre Abschiedsbriefe an Bruder, Schwester und die Mutter Helene zeigen ein zutiefst aufgewühltes Mädchen, das im Zustand der Schwärmerei für den Kronprinzen den Kopf verloren hat. »Liebe Mutter«, schrieb Mary, »verzeiht mir, was ich getan, ich konnte der Liebe nicht widerstehen.« Ihr letzter Wunsch: Mary wollte auf dem Gemeindefriedhof von Alland neben Rudolf begraben sein – ein Wunsch, der nicht in Erfüllung gehen durfte. Und abschließend: »Ich bin glücklicher im Tode als im Leben.«

Zwielichtig erscheint die Rolle der beiden Jagdfreunde Coburg und Hoyos in dieser Situation, mit denen Rudolf am Nachmittag noch Tee trank und später zu Abend aß. Außer einer gewissen »Milde in seinem Urteil« wollen beide nicht bemerkt haben, was sich auf Schloss Mayerling anbahnte. Gegen 21 Uhr ließ der Kronprinz seine Freunde allein. Er bat seinen Freund Bratfisch ins Billardzimmer, Mary kam hinzu, und der Leibfiaker musste noch einmal seine Wienerlieder singen und pfeifen, wie er es so oft getan hatte. Danach zogen Rudolf und Mary sich ins Schlafzimmer zurück.

Zur selben Zeit fand in der Wiener Hofburg ein festliches Diner statt. Geplant war, während der Abendgesellschaft die Verlobung von Erzherzogin Marie Valerie und Erzherzog Franz Karl Salvator von Toskana bekanntzugeben. Marie Valerie war die jüngste Tochter von Kaiser Franz Joseph und Kaiserin Elisabeth und für Kronprinz Rudolf seit Kindertagen ständiger Anlass zur Eifersucht. Franz Salvator stammte aus der toskanischen Linie des Hauses Habsburg-Lothringen. Von der bevorstehenden Verlobung der beiden hatte Kronprinz Rudolf erst vier Wochen zuvor erfahren, und er hatte die kleine Schwester sogar beglückwünscht, obwohl ihm ganz anders zumute war. Sein Verhältnis zu Marie Valerie war komplexbeladen, er hasste sie sogar, und da seine eigene Ehe seit zwei Jahren nur noch auf dem Papier bestand, gönnte er ihr dieses Glück schon gar nicht.

Dass es an diesem Abend nicht zu der Verlobung kam, ist auf sonderbare Weise rätselhaft. Als hinge das drohende Unheil in der Luft, wollte schon beim Diner keine Freude aufkommen. Kronprinzessin Stephanie wedelte mit dem Brief ihres Gatten aus Mayerling, aber Kaiser Franz Joseph hoffte immer noch, Rudolf würde zu später Stunde erscheinen, und ließ dessen Gedeck nicht abräumen. Tatsächlich kam noch Besuch aus Schloss Mayerling, aber nicht Rudolf, sondern sein Freund Philipp von Sachsen-Coburg-Gotha, den der Kronprinz mit der Entschuldigung losgeschickt hatte, er selbst sei unpässlich wegen einer schweren Erkältung, die er sich im Wienerwald zugezogen habe. Und so zogen sich die Majestäten schon bald nach dem Diner in ihre Gemächer zurück.

Mittwoch, 30. Januar 1889. Kurz nach zehn Uhr morgens preschte eine Kutsche, von Schloss Mayerling kommend, in die Wiener Hofburg. Noch ehe der Kutscher die Pferde zum Stehen brachte, sprang Josef Graf Hoyos heraus, hetzte über die Küchenstiege zur Wohnung des Obersthofmeister Bombelles und rief außer Atem: »Der Kronprinz ist tot. Seine Hoheit wurde heute Morgen tot im Bett aufgefunden. Vermutlich vergiftet – Zyankali. An seiner Seite Baronesse Mary Vetsera, ebenfalls tot.«

Bombelles, »Charly« – wie Rudolf seinen Obersthofmeister immer genannt hatte, war geschockt. Er hatte mit dem Kronprinzen, den er von Kindertagen an kannte, alle Späße und Vergnügungen erlebt, die einem übermütigen Jüngling einfallen, aber er hatte mit seinem Schützling auch alle Leiden und Depressionen durchgemacht, die einen Charakter vom Schlage Rudolfs befallen. Und nun, gerade dreißig, sollte er tot sein? Der Thronfolger von Österreich-Ungarn?

Hektisch überlegten Bombelles und Hoyos, wer dem Kaiser die Schreckensnachricht überbringen sollte, schließlich entschieden sie sich für folgenden Weg: Sie informierten Franz Freiherr von Nopcsa, den Obersthofmeister der Kaiserin, und Eduard Graf Paar, den Generaladjutanten Kaiser Franz Josephs. Nopcsa gab die Nachricht an Elisabeth weiter. Paar rief Franz Joseph zur Kaiserin. Schließlich informierte Elisabeth Kaiser Franz Joseph. Es geschah während ihrer Griechischstunde.

Wie es zu der Fehlinformation kam, Rudolf sei mit Zyankali vergiftet worden, ist unklar, wie so vieles bei der Tragödie von Mayerling. Trotz der Aufregung, die in Mayerling bei der Entdeckung der Tat geherrscht haben mochte, konnte Graf Hoyos nicht entgangen sein, dass Rudolfs Schädel durch einen Schuss in die Stirn zertrümmert war. Eine naheliegende Erklärung wäre: Graf Hoyos verbreitete *bewusst* eine Falschinformation, um das Kaiserpaar in gewisser Weise zu schonen; denn Mord und anschließender Selbstmord waren eine Schande für einen Kronprinzen der k.u.k. Monarchie. In der Tat spricht vieles für diese Annahme, denn die erste Information, die der kaiserliche Hof zum Tode des Kronprinzen herausgab, lautete: Todesursache Herzschlag – ein »sauberer« Tod, der sich aber nicht lange aufrechterhalten ließ.

Innerhalb kurzer Zeit sickerte nämlich die ganze Wahrheit durch und – zumindest im Ergebnis – wurde bekannt, was sich im Jagdschloss des Kronprinzen wirklich zugetragen hatte, obwohl Kaiser Franz Joseph alles versucht hatte, dies zu vertuschen. Das Leben des Kronprinzen-Darstellers – nichts anderes war Rudolf von seinem ersten bis zum letzten Lebensjahr – durfte nicht so zu Ende gegangen sein. Ein Habsburger stirbt nicht mit einer Siebzehnjährigen im Bett. Also wurde die Leiche der Vetsera auf kaiserliche Anordnung umgehend in ein anderes Zimmer des Schlosses Mayerling gebracht, mit Kleidern zugedeckt und somit »aus der Welt geschafft«. Der Leichnam des Kronprinzen Rudolf wurde von Leibarzt Dr. Hermann Widerhofer untersucht und noch am selben Tag in die Wiener Hofburg überführt, wo man ihn in seinem Schlafgemach aufbahrte, mit einem Verband um die zerschossene Stirn.

Der harte oder besser: hart gewordene Kaiser, der ein Leben lang die Konvention über die eigenen Bedürfnisse gestellt hatte (wenigstens nach außen hin – aber das ist ja der Inhalt von Konventionen), sank zuerst auf die Knie und bekam einen Weinkrampf. Doch die Tränen waren nicht die Tränen eines Vaters, der den Sohn betrauerte, vielmehr beweinte der Kaiser von Österreich-Ungarn das Sich-aus-der-Verantwortung-Ziehen des Thronfolgers. Von seinem Schock erholt, fand Kaiser Franz Joseph nur abfällige Worte über den Freitod seines Sohnes: Er sei wie ein kleinbürgerlicher Schneider gestorben, kommentierte er hämisch.

Auf Schloss Mayerling kleideten Lakaien die Leiche der Baronesse Vetsera notdürftig an, schleppten sie in eine Kutsche, setzten sie auf die Rückbank und fuhren mit ihr in schneller Fahrt zur Leichenhalle des nahen Friedhofs Heiligenkreuz. Mit in der Kutsche saßen zwei Onkel Marys, der Reiter Alexander Baltazzi und Graf Georg Stockau. Die beiden hatten auch der Leichenbeschau des kaiserlichen Leibarztes Dr. Franz Auchenthaler beigewohnt und aus Unwissenheit, Gleichgültigkeit oder im Zustand ehrlicher Trauer nicht Einspruch erhoben, als dieser »Selbstmord durch Erschießen« feststellte. Die Folge dieses Gutachtens: Marie Alexandrine Freiin von Vetsera wurde einen Tag später, am 1. Februar 1889, auf dem Pfarrfriedhof Heiligenkreuz eingegraben – ohne den Segen eines Pfarrers und an einer Stelle, die weniger heilig und für Selbstmörder reserviert war.

In der Zwischenzeit wurde die Leiche Rudolfs von drei Ärzten obduziert. Das Ergebnis wurde zuerst dem Kaiser und der Ehefrau des Kronprinzen zur Kenntnis gebracht: »Seine k.u.k. Hoheit der durchlauchtigste Kronprinz ist zunächst an Zertrümmerung des Schädels und der vorderen Hirnpartien gestorben. Diese Zertrümmerung ist durch einen aus unmittelbarer Nähe gegen die rechte vordere Schläfengegend abgefeuerten Schuss veranlasst worden.« Und schließlich die für den Kaiser ernüchternde und deprimierende Feststellung: »Es unterliegt keinem Zweifel, dass seine k.u.k. Hoheit sich den Schuss selbst beigebracht hat und dass der Tod augenblicklich eingetreten ist.«

Davon abgesehen, dass der österreichische Thronfolger seine siebzehnjährige Geliebte ermordet hatte (das sollte für alle Zeiten verschwiegen werden), stellte sich nach dem erwiesenen Selbstmord für die Kirchenbehörden die Frage, ob Kronprinz Rudolf überhaupt mit dem Segen der Kirche bestattet werden durfte, ob ihm die Kapuzinergruft, die letzte Ruhestätte der Habsburger, zur Verfügung stand. Ein Selbstmörder hätte eigentlich, wie Mary Vetsera, irgendwo abseits verscharrt werden müssen.

Wohl aus diesem Grund nahmen die Leichenseziergeber ihre Aufgabe besonders genau. Sie untersuchten Schädel und Gehirn des Toten und entdeckten dabei »zufällig« gewisse anatomische Anomalien: »Die vorzeitige Verwachsung der Pfeil- und Kranznaht, die auffällige Tiefe der Schädelgrube und der so genannten ›fingerförmigen Eindrücke‹ an der inneren Fläche der Schädelknochen, die deutliche Abflachung der Hirnwindungen und die Erweiterung der Hirnkammer sind pathologische Befunde, welche erfahrungsgemäß mit abnormen Geisteszuständen einherzugehen pflegen und daher zur Annahme berechtigen, dass die Tat in einem Zustand von Geistesverwirrung geschehen ist.«

Diese Passage im Obduktionsbefund war für Kronprinz Rudolf, vor allem aber für die Hinterbliebenen, sein Passierschein in die Kapuzinergruft. Einem Thronfolger, der sein Leben im Zustand geistiger Umnachtung beendet hatte, stand ein kirchliches Begräbnis zu. Rudolf selbst hatte nicht daran geglaubt und sich eine Beerdigung im Friedhof Heiligenkreuz neben Mary Vetsera gewünscht. Aber das wäre gegen jede Konvention gewesen, und mit der stand Rudolf ein Leben lang auf Kriegsfuß.

Scheinbar abseits hielt sich in diesen Tagen die Kronprinzessin Stephanie. Sie benahm sich, registrierte Schwägerin Marie Valerie, als wäre überhaupt nichts geschehen. Und Kaiserin Elisabeth, die ihre Abneigung gegenüber der Schwiegertochter nie hatte verbergen können, meinte nun, kein Wunder, dass Rudolf Betäubung bei anderen gesucht habe, bei dieser Frau! Stephanie selbst nahm dazu erst viele Jahre später in ihren Memoiren Stellung. Der Tod Rudolfs, schrieb sie, habe sie von einem angstvollen, sorgenvollen und trostlosen Zusammenleben erlöst. Der Grund für seinen Freitod sei weder in erbbiologischen Mängeln noch in geistiger Umnachtung zu sehen, sondern einzig und allein in der Haltlosigkeit seines Wesens.

Ausgestattet mit einer Witwenrente von 150 000 Gulden jährlich musste sich Ihre Kaiserliche Hoheit, die durchlauchtigste Kronprinzessin-Witwe Erzherzogin Stephanie, um ihre Zukunft nicht sorgen. In ihrer Wohnung in der Hofburg beseitigte sie alle Hinterlassenschaft ihres Mannes, sie reiste viel und heiratete zehn Jahre später den protestantischen ungarischen Edelmann Elemér Lónyay. Dafür gab sie ihren Titel, die jährliche Apanage und jede Verbindung zum Kaiserhaus auf.

In den Geschichtsbüchern wurde versucht, die Hintergründe des Mordes und Selbstmordes von Mayerling politisch zu motivieren, schließlich sei Kronprinz Rudolf ein höchst politischer Mensch gewesen. Dies soll hier keinesfalls in Abrede gestellt werden. Die spätere Feindschaft zwischen Rudolf und Kaiser Franz Joseph rührte auch von den konträren politischen Ansichten zwischen Vater und Sohn, und natürlich hatte es seinen tiefen Grund, wenn Rudolf seinen Kammerdiener Loschek mit einem Abschiedsbrief bedachte, den eigenen Vater aber mit keiner Zeile.

»Es gibt viele ernste Staatsmänner«, schrieb Graf Ladislaus Szögyényi-Marich, Diplomat im Außenministerium in Wien und Vertrauter im Umgang mit dem Kronprinzen, »die das Unglück ausschließlich politischen Ursachen zuschreiben. Sie meinen, der Kronprinz habe sich durch seine immer mehr und mehr hervortretende Feindseligkeit gegenüber der aktuellen Politik des dermaligen Kabinetts so kompromittiert, seine Stellung zu Wilhelm II. und Deutschland habe sich so verschlechtert, dass er einsehen musste, dass er für sein Vaterland zu einer Quelle ernster Schwierigkeiten und sogar von Gefahren werden würde, falls er fortführe, diesem Wege zu folgen.«

Sogar von einer Verschwörung Rudolfs gegen seinen eigenen Vater war schon bald nach dem Drama die Rede. Zweifellos waren Franz Joseph und Rudolf politische Gegner, Franz Joseph der eingefleischte, verknöcherte Soldatenkaiser und Monarchist, Rudolf der progressive Republikaner, der

der Monarchie keine Chance mehr gab und seiner Schwester Marie Valerie empfahl auszuwandern.

Das Problem ist, dass Geschichte von Historikern geschrieben wird. Schuld daran sind natürlich die »Überhistoriker« der Antike, Herodot, Plutarch und Tacitus. Schon Pausanias bedeutete in dieser Hinsicht einen Gewinn, weil er die Geografie zur Erklärung der Geschichte mit einbrachte. Zöge man – aus heutiger Sicht – Soziologie und Psychoanalyse zur Erklärung der Geschichte hinzu, so würde vieles anders aussehen. Und damit sind wir wieder bei Kronprinz Rudolfs Zeitgenossen Sigmund Freud.

Der hatte sich gerade erst in Wien als Psychiater niedergelassen, und der Begriff der Psychoanalyse war noch nicht geboren (das Wort »Psychoanalyse« taucht bei Freud erstmals 1896 auf). Es ist auch fraglich, ob Freud dem Thronfolger hätte helfen können; dennoch entspricht Kronprinz Rudolf auf verblüffende Weise Freuds Lebensschema der Angst.

Freud ordnete jedem Lebensalter eine ganz bestimmte Angst zu: die Katastrophe der Geburt, die Furcht vor Liebesentzug durch die Mutter, die Drohung der Kastration, die Strenge des Über-Ich, die Furcht vor dem Tod. Rudolf durchlief alle fünf Phasen mit besonderer Intensität, und unter diesem Aspekt wirft das rätselhafte, tragische Leben Rudolfs weniger Fragen auf. Doch das seiner Geliebten erscheint in anderem Licht.

Kaiserin Elisabeth, die drei Kinder zur Welt brachte, durfte nie die Mutter sein, die sie hätte sein können. Sie gebar artig. Dann gingen die Kinder in die strenge Obhut der Schwiegermutter über. Stillen, Wickeln, Versorgen, Erziehen – das übernahmen andere. Zudem erschien das der Kaiserin nicht erstrebenswert. Vor allem die Schwangerschaft, die sie vier Mal über sich ergehen lassen musste, erzeugte in ihr ein Gefühl des Ekels. Eine Frau, die Elisabeth besser kannte als der eigene Mann – jedenfalls was ihre tiefsten Gefühle betraf –, die Gräfin Larisch-Wallersee, sagte über die junge Sisi:

»Ich liebte sie, sie bezauberte mich, und nach und nach machte sie mich zu ihrer Vertrauten und berichtete mir, wie schwer sie an ihrem Leben trug und wie sie den Pomp und das Gepränge hasste, die sie als Kaiserin von Österreich umgaben. ›Ich hasse die Zeremonien des Lebens‹, schrie sie auf. Etwas fiel mir peinlich auf zu Beginn unserer Intimität; das war die alles beherrschende leidenschaftliche Liebe meiner Tante zu ihrer Schönheit. Sie betete ihre Schönheit an wie ein Heide seinen Götzen und lag vor ihr auf den Knien. Der Anblick der Vollkommenheit ihres Körpers bereitete ihr einen ästhetischen Genuss; alles, was diese Vollkommenheit trübte, war ihr unkünstlerisch und zuwider. Sie erzählte mir mit fast peinlichem Freimut, wie sie die Zeiten ihrer Schwangerschaft verabscheute, die zeitweilig das Ebenmaß ihrer Figur entstellt hatten. ›O, wie entsetzlich ist es, alt zu werden!‹, rief sie aus. ›Zu fühlen, wie die Zeit die Hand auf unseren Körper legt, zu beobachten, wie die Haut runzelig wird, am Morgen mit Furcht vor dem Tageslicht zu erwachen und zu wissen, dass man nicht mehr begehrt wird! Ein Leben ohne Liebe hätte für mich jeden Reiz verloren.‹«

Was Kaiserin Elisabeth mit dem Wort »Liebe« umschrieb, war alles andere als Zuneigung. Unter »Liebe« verstand sie nichts anderes als Bewunderung ihrer selbst. Psychologen haben ihr später jede Art von Liebesfähigkeit abgesprochen, obwohl sie häufig das Wort »Liebe« im Munde führte. In dieser Hinsicht stand sie ihrem Ehemann Franz Joseph in keiner Weise nach. »Elisabeth«, sagte die Larisch an anderer Stelle, »war für mich ein Wesen aus der alten Götterwelt. Artemis war sie – kalt, herrlich und unnahbar.«

Einhunderteins Kanonenschüsse bei der Geburt waren für den Kronprinzen von geringem Nutzen, ein einziger Kuss von Mutter oder Vater hätte dem Kind mehr gebracht. Aber Zärtlichkeiten fanden äußerst selten und später nur noch schriftlich statt (sowohl Elisabeth als auch Franz Joseph verfassten ihre Briefe im Bewusstsein einer späteren literarischen Verwertung). Dafür legte der Kaiser seinem Thronfolger den Orden vom Goldenen Vlies in die Wiege, und per Dekret wurde Rudolf zum Oberst der k.u.k. Armee ernannt. Schwiegermutter Sophie übernahm die Erziehung. Seine Mutter sah Rudolf selten, einmal ganze fünf Monate nicht, als Sisi auf Madeira kurte, offiziell zur Ausheilung einer Lungenschwindsucht, in Wirklichkeit litt sie unter schweren Depressionen und psychosomatischen Störungen. Madeira, Korfu, Venedig, Bad Kissingen, Possenhofen – zu Hause zeigte sich Elisabeth selten, und wenn, nur kurz.

Kaiser Franz Joseph verpasste dem Thronfolger statt eines Spielhöschens, wie es einem Kleinkind zukam, eine Oberstuniform. Mit drei Jahren trat das Kind in diesem Aufzug vor »sein« Regiment. Statt kindgerechtem Spielzeug erhielt Klein-Rudolf Zinnsoldaten, Heerestrommeln und Holzgewehre. Als er vier war, bekam er einen Privatlehrer und erste Zustände von Angst vor tanzenden Soldaten »seines« Regiments, was der Kaiser, als er davon hörte, als »Schande« bezeichnete. Psychosomatischen Störungen des Kindes begegneten die Eltern mit Ratlosigkeit.

Als er sechs war, begann für Rudolf jener unbarmherzige militärische Drill, der schon Franz Josephs fragwürdigen Charakter geprägt hatte. Als Einpeitscher betätigte sich Generalmajor Leopold Graf Gondrecourt: exerzieren bis zum Umfallen, zur Abhärtung Güsse mit kaltem Wasser, zum Stählen der Nerven Pistolenschüsse neben dem Schlafenden. Auf Drängen Elisabeths wurde Graf Joseph Latour von Thurmberg zum neuen Erzieher bestellt, ein bürgerlich-liberal gesinnter und kluger Mann, dem Rudolf viel zu verdanken hatte – so es nicht schon zu spät war.

Mit zehn Jahren kam für Rudolf der nächste Schock. Im April 1868 brachte die Kaiserin im ungarischen Schloss Ofen noch ein Mädchen zur Welt, Marie Valerie. Zu ihr entwickelte

Elisabeth unerwartet eine beinahe hysterische Beziehung. Auch Franz Joseph, dessen erster Kommentar zum Thronfolger Rudolf »Schön ist er nicht!«, lautete, ergeht sich in einem Brief an Rudolf in Begeisterung über die Tochter: »Sie ist recht hübsch, hat große dunkelblaue Augen, eine noch etwas zu dicke Nase, einen sehr kleinen Mund, ungeheuer dicke Backen und so dichte dunkle Haare, dass man sie jetzt schon frisieren könnte.« Und weiter: »Sie schläft in Deinem Schlafzimmer und wird in Deinem Salon gewaschen …«

Die Folge: Der Zehnjährige steigerte sich in eine furchtbare Eifersucht. All das, was ihm von den Eltern vorenthalten wurde, schienen diese dem Nesthäkchen der Familie angedeihen zu lassen. Rudolfs Eifersucht wuchs sich zu Gereiztheit und Minderwertigkeitskomplexen aus, zu Angstgefühlen und Depressionen. Die Gräfin Larisch sah in jener Zeit Rudolf zum ersten Mal, und seine Unberechenbarkeit, die der eines Wolfes glich, flößte ihr schon damals Furcht ein. »Als er ins Zimmer trat«, schreibt sie in ihren Erinnerungen, »empfand ich ein unerklärliches Gefühl des Unbehagens. Vielleicht ahnte mein Unterbewusstsein die Gefahr, die mir Rudolf werden sollte; meine Unruhe wuchs, als ich bemerkte, dass er mich scharf aus den Winkeln seiner Augen beobachtete. Der Kronprinz war mein Tischnachbar und begann sofort, mich unbarmherzig zu necken. Obwohl er damals noch ein Knabe war, schien er mir die Intelligenz eines Mannes zu besitzen. Er war schön, doch ich zerbrach mir den Kopf darüber, an welches wilde Tier er mich gemahnte. Denn sein Blick hatte etwas Bestialisches. Plötzlich wusste ich es – Rudolf erinnerte mich an einen Wolf; in seinen Augen stand bisweilen ein grünes Funkeln, und sein Wesen hatte etwas Lauerndes. Ich grübelte darüber, ob er wohl auch so grausam sei wie ein Wolf, und da kroch ein eisiger Schauer mir das Rückgrat entlang in Erinnerung an die Worte der Kaiserin, die sie zu mir gesprochen hatte, als ich ihr vor Tisch mein hübsches Kleid zeigte. ›Marie‹, hatte sie gesagt, ›heute Abend wirst du Rudolf sehen. Ich warne dich vor ihm. Er ist gefährlich, wenn er zum Feinde wird.‹«

Dabei liebte und bewunderte Rudolf seine schöne Mutter abgöttisch, aber vergeblich. Ihr zuliebe wollte er so gut reiten lernen wie sie, aber das misslang. Sein Vater, der ihn zum Jäger machen wollte, war erfolgreicher. Mit neun schoss der Kronprinz seinen ersten Hirsch, und von da an ballerte er auf alles, was sich im Wald bewegte, eine Art Ersatzhandlung.

Die erste Liebe, oder besser: Leidenschaft entwickelte der fünfzehnjährige Kronprinz zu seiner nur wenige Jahre älteren, verheirateten Tante Marie Therese, einem rassigen, dunkeläugigen, dunkelhaarigen Frauenzimmer von jenem Aussehen, das Rudolf bevorzugte. Am Hof wurde über die Nachstellungen des Jünglings getuschelt, zumal Marie Thereses Ehemann Karl Ludwig, der Bruder des Kaisers, gut und gerne ihr Vater hätte sein können, aber Rudolf machte das Gerede nichts aus, wie es ihn überhaupt in den folgenden Jahren wenig kümmerte, was sich die Leute über seine Amouren erzählten.

Frauen machten es dem jungen Rudolf nicht schwer, wobei weniger sein Äußeres den Ausschlag gab denn sein Stand als Kronprinz der Donaumonarchie. Sein lichtes Haar, die hervortretende Stirn, vor allem aber sein kleiner Wuchs ließen den Thronfolger nicht gerade als Beau erscheinen, trotzdem gerieten seine nicht wenigen Verehrerinnen immer wieder ins Schwärmen, wenn es um das Erscheinungsbild des Thronfolgers ging. »Er war mehr als schön«, behauptete seine (platonische) Verehrerin und Schwägerin Louise Prinzessin von Coburg, »er war verführerisch«, und er sei, obwohl zart, sehr kräftig gewesen, dabei sensibel und flatterhaft, oftmals schwankend zwischen liebenswürdig und gemein; doch habe seine »mysteriöse Art zu sprechen« jeden Zuhörer gefesselt.

Anfangs zeigte sich Rudolf, was Frauen betraf, nicht wählerisch, und er unterschied sich darin nicht von Gleichaltrigen der »gehobenen Kreise«, die ihre ersten Erfahrungen in Liebesdingen mit Damen vom Theater oder solchen der Halbwelt zu machen pflegten. Die Burgschauspielerin Johanna Buska, mehr als elf Jahre älter als der junge Prinz, hatte es Rudolf besonders angetan. Sogar den Wiener Zeitungen fiel auf, dass der Thronfolger keine Vorstellung versäumte, in der Johanna auftrat. Man konnte ihr weder auffallende Schönheit noch Professionalität nachsagen, und Johanna Buska steht sogar im Verdacht, ihre Liaison mit Rudolf mit Bedacht eingefädelt zu haben, um am Hoftheater besser voranzukommen. Ihre Kollegin Katharina Schratt, die mit dem Kaiser persönlich liiert war, mag ihr dabei ein Vorbild gewesen sein. Das Verhältnis mit der Schauspielerin endete nach einem Jahr abrupt, als Rudolf zum Infanterieregiment Nr. 36 nach Prag versetzt wurde. (Johanna Buska heiratete bald darauf einen fünfunddreißig Jahre älteren Grafen, der nach vier Jahren Ehe starb; danach ging sie eine zweite Ehe mit einem Theaterdirektor ein.)

In Prag brachte der Kronprinz ein armes Mädchen um den Verstand. Angeblich starb es sogar an einem »Nervenfieber«, und Rudolf fiel vorübergehend in so tiefe Depressionen, dass der Psychiater und Elektrotherapeut Moritz Benedikt sich seiner annehmen musste. Die Episode war schnell vergessen, jedenfalls tröstete der Kronprinz sich mit anderen Frauen, wie Lina Stern (die neun Jahre später versuchen sollte, Rudolf mit dieser Affäre zu erpressen) oder Helene Vetsera (der elf Jahre älteren Mutter jener Mary Vetsera, die mit dem Thronfolger in Mayerling in den Tod ging), oder Josephine Glaser (einer Schauspielerin vom Wiener Carltheater, die ihn wohl an Johanna Buska erinnerte). Haltlos taumelte Rudolf von einer Frau zur anderen, sprunghaft und unberechenbar, wie er war, begann und beendete er immer neue Affären, unfähig, seine Schwärmereien in Liebe umzusetzen. »Es hat noch keine Frau gegeben, die mir widerstanden hätte«, prahlte er vor sich selbst, hilflos verstrickt in Gefühllosigkeit, und als er im Frühjahr 1879 sein erstes Testament niederlegte und zur Verwahrung im Obersthofmarschallamt ablegte, da enthielt es den denkwürdigen Satz: »Ein letzter Abschiedsgruß in Gedenken allen schönen Frauen Wiens, die ich so sehr geliebt ...«

Auf Anraten Latours drängte Kaiser Franz Joseph seinen Sohn und designierten Thronfolger zu einer frühen Heirat. Latour meinte es durchaus gut mit Rudolf, er glaubte, eine Ehe würde auf den schwärmerisch-flatterhaften Prinzen beruhigend wirken. Dass er mit diesem Plan Rudolf in die Katastrophe treiben würde, konnte der Oberst, den der Thronfolger mehr als seinen Vater verehrte, nicht ahnen. Obwohl es durchaus Planspiele an europäischen Fürstenhöfen gab, welche Prinzessin dem Erben der Donaumonarchie politisch am nützlichsten sein könnte, ließen Oberst Latour und Kaiser Franz Joseph Kronprinz Rudolf freie Hand bei der Auswahl seiner künftigen Ehefrau.

Ganz dem Zufall überlassen war es freilich nicht, als Rudolf ausgerechnet in Brüssel, am belgischen Königshof, fündig wurde. Die Auserwählte war noch keine sechzehn Jahre alt. Ihre Familie entstammte dem Hause Sachsen-Coburg-Gotha (eine Wittelsbacherin sollte schon deshalb ausscheiden, weil Wittelsbacher und Habsburger ohnehin vielfach verwandt und daher erblich gefährdet waren). Vor allem aber war die belgische Prinzessin Stephanie so jung und unbedarft, dass Rudolf keine Angst vor ihr haben musste. Auch wenn Rudolf noch so viele Erfahrungen mit Frauen gesammelt hatte, bedeutete jede Frau für ihn zunächst einmal ein Problem.

»In kindlicher Ehrfurcht«, schreibt Stephanie in ihren Lebenserinnerungen, »fügte ich mich in das Unvermeidliche, mit innerem Zagen, aber vollkommenem Vertrauen in die Weis-

heit meines Vaters. Ich ahnte nicht, wie schwer ich an den Ketten, an die er mich schmiedete, zu tragen haben würde. Ich konnte ja nicht ahnen, dass ich damals schon verraten war. Erst viel, viel später ließ man mich wissen, dass mein Bräutigam nicht allein nach Brüssel gekommen war, sondern dass seine Freundin, eine gewisse Frau F., ihn begleitet hatte.«
Allein diese auch von anderer Seite verbürgte Episode zeigt, mit welchem Zynismus Kronprinz Rudolf der Situation begegnete. Für ihn war die Verlobung Theater, nichts weiter, und Stephanie von allen Übeln, die man ihm andiente, das geringste – so jedenfalls die scharfzüngige Gräfin Larisch. Sie erinnerte sich:

»Als die ersten Bilder der erwählten Braut in Wien eintrafen, stutzte jeder über ihre reizlose Erscheinung. Die Eingeweihten, die Rudolfs Vergangenheit kannten, schüttelten ernst die Köpfe und meinten, sie wäre nicht die richtige Frau für den Kronprinzen.

Die zahlreichen Damen, die ihn kannten und liebten, waren überglücklich. Denn bei der Braut stand nicht zu befürchten, dass jemals ein vorbildlicher Ehemann aus ihm werden würde.«

Die Larisch sollte recht behalten. Schon das Jawort der beiden in der Augustinerkirche, der Hochzeits- und Begräbniskirche der Habsburger, schien programmatisch für den Verlauf der Ehe, die zwar rechtlich gültig (ein Ehevertrag regelte alles, vom Taschengeld bis zur Rente, von der Wohnung bis zum Essbesteck), aber doch immer nur eine Scheinehe war. Nach einer Tagebuchnotiz von Kaiserin Elisabeths Hofdame Gräfin Festetics sagte Rudolf sein »Ja« sehr leise, ernst und traurig. Stephanie schrie es beinahe wie einen Hilferuf heraus.

An der Seite des umschwärmten Ehemannes hatte Stephanie keinen leichten Stand. Beinahe alle Frauen – außer ihrer Schwester Louise von Sachsen-Coburg-Gotha, Ehefrau des

Prinzen Philipp – standen ihr feindselig gegenüber. Allen voran die Gräfin Larisch mit ihrem Lästermaul. Sie kommentierte die Trauung aus der ersten Reihe: »Die belgische Prinzessin sah in ihrem Brautkleid so unvorteilhaft wie möglich aus; ihre Arme waren rot, ihr stumpfes, gelbes Haar sehr unkleidsam frisiert. Sie war sehr groß und ihre Figur in jenen Tagen geradezu kläglich. Seitdem hat freilich andauernde Pflege und eine geschickte Corsetière manches gebessert. Sie hatte weder Augenbrauen noch Wimpern, und das einzig Schöne an ihr war ihr porzellanweißer Teint. Ich konnte mir sehr gut vorstellen, was Tante Sisi über Stephanie dachte; ein Blick in ihr Gesicht genügte. [Später nannte die Kaiserin ihre Schwiegertochter ›ein hässliches Trampeltier‹.] Rudolf sah aus wie ein Mann, der eine ruhmvolle Vergangenheit für eine fragwürdige Zukunft hingegeben hat.«

Kronprinz Rudolf und seine junge Frau Stephanie versuchten sich als Darsteller eines Ehetheaters; denn auch der Austausch von Freundlichkeiten und schriftlichen Liebesbeteuerungen darf nicht darüber hinwegtäuschen, dass diese Ehe von Anfang an auf tönernen Füßen stand. Da war der komplexbeladene Weiberheld, der seine Schwächen mit immer neuen Liebesabenteuern zu vertuschen suchte. Auf der anderen Seite stand ein absolut unerfahrenes Mädchen, für das, zum Beweis der Gebärfähigkeit, sogar die erste Menstruation abgewartet werden musste, bevor die Hochzeit stattfand.

»Welche Nacht! Welche Qual, welcher Abscheu!«, schrieb Stephanie über die Hochzeitsnacht. »Ich hatte nichts gewusst, man hatte mich als ahnungsloses Kind zum Altar geführt. Meine Illusionen, meine jugendlichen Träumereien waren vernichtet. Ich glaubte an meiner Enttäuschung sterben zu müssen. Mich fror, ich zitterte vor Kälte, Fieberschauer durchrieselten mich. Es herrschte ein schreckliches Wetter, Regen und Schnee schlugen an die Fenster – Schnee am

11. Mai, während in Belgien der Frühling siegreich Einzug hielt. Ein brennendes Heimweh bemächtigte sich meiner. Nur ein Gedanke beherrschte mich: Fort!«

Für das junge Paar waren vierzehn Räume in Schloss Laxenburg bei Wien reserviert, und die Zeitungen hatten wochenlang berichtet, wie schön alles renoviert worden sei. Doch Stephanie verschlug es den Atem, als sie zum ersten Mal ihr neues Zuhause betrat: Moder und eisige Kellerluft in allen Räumen, kein einziger Teppich, keine Pflanzen, kein Badezimmer, nicht einmal ein Toilettentisch. Betten, Matratzen und Vorhänge mindestens fünfundzwanzig Jahre alt. Kaum hatte Stephanie sich von diesem Schock erholt, versuchte sie – wie sie es ausdrückte – »freundschaftliche Beziehungen« zu ihrem Mann aufzubauen. Aber Rudolf machte ihr das nicht gerade leicht, ja unmöglich: »Ich hatte nur das zu tun, was mir vorgeschrieben wurde und was der Kronprinz anordnete. Es hieß, zu folgen und sich zu beugen … Ich lebte in einer Welt von Konventionen und äußerlichen Formen.«

Für kurze Zeit, zwischen dem dritten und fünften Jahr ihrer Ehe, muss es zwischen dem Kronprinzen und seiner Frau jedoch zu einer versöhnlichen Beziehung gekommen sein. Auch wenn Stephanie in ihren Memoiren davon (aus verständlichen Gründen) nichts wissen will, so lassen Zeugenaussagen von Graf Hoyos und Briefdokumente (»Teuerster Engel« – Rudolf an Stephanie, »Ich liebe Dich aus vollem Herzen« – Stephanie an Rudolf) durchaus diesen Schluss zu. In diese Zeit fällt auch die Geburt des einzigen Kindes. Aber dies gehört zu den vielen Ungereimtheiten im Leben und im Charakter des Kronprinzen Rudolf.

Gleichzeitig war der Kronprinz von der Angst befallen, irgendeiner der lebenslustigen, adeligen Kavaliere und Müßiggänger Wiens könnte ein Auge auf seine Frau werfen. Während er selbst für sich größtmögliche Freiheit beanspruchte, ließ er die Kronprinzessin ständig überwachen. Es gab einen

Befehl, keine männliche Person zu Stephanie vorzulassen, sobald Rudolf die gemeinsame Wohnung verlassen hatte. Das ging sogar so weit, dass die männliche Dienerschaft Stephanies Räume nur in Begleitung mindestens einer Kammerdienerin betreten durfte. War er zu Hause, so musste die Kronprinzessin sich in dem Zimmer aufhalten, das ihm selbst gerade genehm war, und sie durfte es auch nicht verlassen, wenn er Offiziere zur Lagebesprechung oder zu politischen Gesprächen empfing. Briefe, sogar an ihre Eltern, wurden vor dem Absenden von Rudolf gelesen.

Stephanie gewöhnte sich allmählich daran, dass ihr Mann sich, oft verkleidet als gewöhnlicher Bürger, nachts durch die Wiener Lokale soff, wobei ihm Bratfisch, der Leibfiaker und Heurigensänger, Gesellschaft leistete. Um zu begreifen, was denn dran sei an Rudolfs nächtlichen Exkursionen, begleitete die Kronprinzessin einmal ihren Mann, als einfaches Bürgermädel verkleidet, in die »verschiedenen Cafés chantants und andere fragwürdige Lokale in und außerhalb der Stadt«. Dort roch es nach Knoblauch, schlechtem Fett, nach saurem Wein, und der Rauch, der in Schwaden in der Luft hing, betäubte die junge Frau. Auf den schmutzigen Tischen tanzten Mädchen, und sie sangen immer wieder dieselben Schlager, von schlechtern Orchestern begleitet. »Gerne hätte ich mich darüber amüsiert«, erinnerte sich Stephanie, »aber den Aufenthalt in dieser verrauchten Kneipe fand ich zu abstoßend, unwürdig und noch dazu langweilig. Ich begriff nicht, was der Kronprinz darin fand.« Es war das erste und letzte Mal, dass die Kronprinzessin sich so etwas antat.

Sie hatte genug zu leiden unter den katastrophalen Wohnverhältnissen, die sie aus ihrer belgischen Heimat in keiner Weise gewöhnt war. Im Winter musste das Kronprinzenpaar von Schloss Laxenburg in die Wiener Hofburg umziehen, und Stephanie sah sich wieder vor die Aufgabe gestellt, ihrer Behausung »den Stempel schlechten Geschmacks zu nehmen, der all den Einrichtungen der kaiserlichen Schlösser anhaftete«.

Obwohl die Hofmobiliendepots überquollen von kostbaren, antiken Möbeln, Gemälden und Kunstgegenständen, sah man überall in den Privatgemächern der Hofburg nur die kitschigen, möglichst gedrechselten Möbel nach dem Geschmack der siebziger Jahre des 19. Jahrhunderts, weil der Kaiser dies so wollte. Wasserleitungen wie in den vornehmen Häusern des Großbürgertums gab es nicht, folglich auch kein Klosett. Man verrichtete auf einem Leibstuhl, der dann durch die Gänge vorbei an der Küche, aus der ständig der Speisengeruch drang, ins Freie getragen wurde. Eine Gummiwanne, die bei Bedarf ins Schlafzimmer getragen und mit Hilfe von Zinkeimern gefüllt und entleert wurde, diente zum Waschen. Petroleumlampen hinterließen in allen Räumen einen wahren Rußregen. Kaiser Franz Joseph empfand nun einmal wie ein Spartaner, und er verlangte, dass seine Familie so empfand wie er.

Kaiser wie Kronprinz lebten jedoch im Vorteil, weil sie die meiste Zeit außer Haus verbrachten. Forderten nicht Regierungs- oder Repräsentationsgeschäfte die Anwesenheit an irgendeinem Ort der Donaumonarchie, so gingen beide ihren Leidenschaften nach, den Frauen und der Jagd. Was den Kaiser betraf, so verstand er es trefflich, diese beiden Leidenschaften in Bad Ischl zu verbinden. Kronprinz Rudolf hingegen ging dem Jagdtrieb in der ganzen Donaumonarchie und im befreundeten Ausland nach, während er seinen Sexualtrieb ausschließlich in Wien befriedigte. Natürlich wusste Stephanie davon, aber was hätte sie tun sollen?

Außenstehende hatten schon lange bemerkt, dass mit Kronprinzessin Stephanie eine Veränderung vor sich ging. Die Kronprinzessin, bemerkte der österreichisch-ungarische Botschafter Graf Alexander Hübner, habe das Wesen und die Manieren ihres Mannes angenommen und bemühe sich mit

Erfolg, sich absolut unmöglich aufzuführen. Erzherzog Leopold Salvator charakterisierte Stephanie gar als »Vulkan, der von einer Eishaube bedeckt war«. Zweifellos machte die Geburt ihrer Tochter Elisabeth (»Erzsi«) aus Stephanie eine andere.

Sie hatte sich mit ihrem Schicksal abgefunden und war nun bereit, sich ihr eigenes Leben zu erkämpfen. Als sie nach Schwangerschaft und Geburt das Bett verließ und zum ersten Mal ihre alten Kleider anzog, registrierte sie mit Verwunderung, dass alle Kleider zu kurz waren. Und im April 1885, beim 50. Geburtstag ihres Vaters Leopold, stellte die Kronprinzessin fest: »Ich war gewachsen, meine Haltung war aufrecht und selbstbewusst geworden. Mein Gesicht hatte die kindliche Rundung verloren, die harte Hand des Lebens hatte es modelliert. Ich litt, aber meine Selbstbeherrschung ließ es nicht erkennen. Niemand ahnte, wie viel Leid die scheinbar so glückstrahlende junge Frau schon erlebt, welcher Kummer auf ihrem Herzen lag.«

Gerade das aber brachte neuen Konfliktstoff in die Ehe. Eine emanzipierte Frau machte Rudolf Angst. Stephanie hatte früh erkannt, dass sie die gemeinsame Tochter, die Erzherzogin Elisabeth, der Rudolf echte Zuneigung entgegenbrachte (sie war wohl überhaupt das einzige Wesen, das der Kronprinz zu lieben imstande war) als wirksames Druckmittel einsetzen konnte. Also entzog sie die Tochter dem Vater im gleichen Maße, wie sich der Ehemann seiner Frau entzog. Vorbei war die Zeit, in der sie jede Demütigung vonseiten ihres Mannes akzeptierte. »Es erscheint ... bedauerlich«, meinte die Gräfin Larisch in Bezug auf die neue Situation, »dass sie sich so stark von ihrer Schwester Louise von Coburg beeinflussen ließ, die ihre Eifersucht aufstachelte und ihr alle möglichen Geschichten von dem Kronprinzen erzählte, der das Leben an ihrer Seite allmählich unerträglich fand. Denn Stephanie machte ihm so tolle Eifersuchts- und Wutszenen, dass Tante

Sisi ihr Vorhaltungen über den Skandal, den solche Zwistigkeiten verursachten, machen musste. Die Kaiserin hatte als Braut schweigend zu dulden gelernt und erwartete infolgedessen das Gleiche von ihrer Schwiegertochter.«

Stephanie begegnete dem treulosen Verhalten ihres Mannes mit der wirksamsten Methode, sie verweigerte sich Rudolf. Sie selbst bestätigt das in ihren Memoiren nicht, aber Graf Hoyos, der bestinformierte Mann in der Umgebung des Kronprinzenpaares, berichtet, Rudolf habe auf dieses Verhalten seiner Frau mit Verbitterung reagiert, und erst dadurch sei er »auf schlimme Abwege« gebracht worden. Diese Ansicht ist natürlich parteiisch. Denn während Rudolf seiner Frau Winselbriefe schickte und sie anflehte, sie könnten doch »wieder einmal im Bett zusammen herumnutscherln«, hielt er sich längst eine Zweitfrau, Wiens teuerstes Freudenmädchen oder zumindest eines der teuersten, eine Soubrette – wie man das damals in Wien nannte, wenn eine Frau sich von Männern aushalten ließ. Ihr Name: Maria Kaspar, geboren am 28. September 1864 in Graz; seit ihrer Übersiedlung nach Wien im Jahre 1882 nannte Maria sich Mizzi Caspar. Das klang teuer.

Das »Geschäft« – um ein solches handelte es sich wirklich, wenn man bedenkt, dass Kronprinz Rudolf umgerechnet mehr als eineinhalb Millionen Euro für dieses Konkubinat ausgab – wurde auf Wunsch des Thronfolgers von einer »stadtbekannten Kupplerin« eingefädelt, und es heißt, Frau Wolf, so deren Name, die in Wien ein Etablissement der besonderen Note unterhielt, sei fürstlich belohnt worden. Die Wolf hatte Rudolf bereits mehrere edle Halbweltdamen vermittelt, keine hatte jedoch so nachhaltigen Eindruck hinterlassen wie Mizzi. Sie war nicht einmal besonders hübsch, auf jeden Fall aber drall, was ihre Oberweite betraf, und ausgestattet mit einer atemberaubend zierlichen Taille. Zu Hause in Graz hatte Mizzi tatsächlich einmal Theater gespielt, aber nur Kinderrollen, und etwas Kindliches hatte sie auch noch mit zwanzig an sich.

Das muss es wohl auch gewesen sein, was Rudolf so sehr an dem Mädchen faszinierte. Daneben war sie unkompliziert, ein Mädel aus dem Volk eben, fern jeder Etikette, auf die er nicht Rücksicht zu nehmen hatte, und die ihm keine Vorwürfe machen durfte. Bei Mizzi fühlte er sich wohl. Mizzi, Rudolf und Bratfisch ergötzten sich mit Vorliebe in den Lokalen der Halbwelt. Der k.u.k. Kronprinz textete seinem Betthupferl sogar ein Wienerlied, das Bratfisch öffentlich vortrug.

Es war die Regel, dass Rudolf morgens um drei volltrunken nach Hause kam, wo Ehefrau Stephanie ihn wütend in Empfang nahm. »Ich hatte mich ja längst darein gefunden«, schreibt sie in ihren Lebenserinnerungen, »dass die konventionelle Form unseres Zusammenlebens, insbesondere wie sie in seinen Briefen zum Ausdruck kam, in einem schroffen Widerspruch zu seinem tatsächlichen Verhalten stand. Aber jetzt war er oft überhaupt nicht wiederzuerkennen. Seine innere Zerrissenheit führte zu schrecklichen Heftigkeitsausbrüchen, zu unerträglichen und unwürdigen Szenen. Es war, als ob ihm mit dem inneren Halt auch die gute Form abhandengekommen sei. Bei einem dieser Auftritte scheute er sich nicht, mir gegenüber mit aller Offenheit über seine peinlichen Liebesabenteuer zu sprechen. Es kam schließlich so weit, dass er einmal sogar damit drohte, er werde allem ein Ende machen, indem er sich und mich erschieße. Grauen erfasste mich.«

Stephanies Bedenken waren nicht unberechtigt; denn auch mit anderen aus der Umgebung sprach der Kronprinz häufig über sein vorzeitiges Ableben. Dies geschah jedoch meist mit einem zynischen Unterton, der Rudolf ohnehin zu eigen war, sodass man nie wissen konnte, wie ernst er selbst seine Worte nahm. Vor allem fragten sich auch jene, die gut mit dem Thronfolger standen, immer mehr, ob denn das Schauspiel, das dieser im Zustand schwerer Depressionen oder übelster Trunkenheit abgab, noch als normal bezeichnet werden konnte. Kommentar des kaiserlichen Flügeladjutanten Albert von Margutti nach einer Frühjahrsparade im Jahre 1887: »Wohl ein gut gewachsener schöner Mann, dem die Generalsuniform glänzend stand; er hatte auch sein Vollblutpferd jederzeit in Gewalt, doch wirkte er ermüdet, gelangweilt und geistesabwesend ... Mit keinem Offiziere seines Stabes wechselte er ein Wort, auch mit keinem der anwesenden Generale, sondern er blickte meist interesselos ins Leere: Seine ganze Aufmerksamkeit widmete er unerwartet plötzlich für einige Minuten einzelnen Kotspritzern auf seinen Lackstiefeln – in der vorangegangenen Nacht hatte es stark geregnet. Ein Hofbereiter saß, auf sein Geheiß, vom Pferd ab und reinigte umständlich mit einem Sacktuch die glänzenden Schuhe und den Saum der Lampasshose. Nachdem dies geschehen, nahm der Kronprinz neuerdings die frühere, vielleicht gesucht lässige Haltung ein und starrte ins Weite. Wie dann Franz Joseph heranritt, welch ein Unterschied! Rudolf wirkte gegenüber seinem Vater wie ein verbrauchter Mann ...«

Während der eifersüchtige Rudolf seine Ehefrau Stephanie bespitzeln ließ, wusste er nicht, dass er selbst unter ständiger Beobachtung der k.u.k Geheimpolizei stand, ja dass seine »Hofleibbereiterin« Mizzi (so die despektierliche Bezeichnung eines kaiserlichen Hofbeamten) mit dem Wiener Polizeipräsidenten Baron Franz Krauß unter einer Decke steckte. Auftraggeber der Spitzelaktion, die sich bis zum letzten Lebenstag Rudolfs hinzog, war Kaiser Franz Joseph, dem der eigene Sohn längst entglitten war.

Zwei Hauptgründe haben den Kaiser dazu bewogen, dem Kronprinzen seine »Kieberer« auf den Hals zu hetzen: Franz Joseph sorgte sich um den Fortbestand der Monarchie, und Kronprinz Rudolf bot dafür keine Garantie. Er verfasste unter Pseudonym Zeitungsartikel, in denen er die reaktionäre Regierungspolitik des Ministerpräsidenten Eduard Graf Taaffe, eines Duzfreundes seines Vaters, scharf verurteilte, und machte keinen Hehl aus seiner Ansicht, dass die Jahre der Monarchie ohnehin gezählt seien. Andererseits fürchtete der Kaiser den Umgang, den sein Sohn pflegte, und die Überwachung sollte Rudolf gleichsam vor sich selbst schützen.

Im Wiener Polizeipräsidium existierte eine eigene »Akte Rudolf«. Darin wurde jede Bewegung außerhalb seines Wohnbereiches festgehalten. Die Schnüffelei machte aber auch vor seinem Intimbereich nicht halt. Mizzis Informationen an Baron Krauß und die k.u.k. Geheimpolizei geben Kenntnis von der psychischen Deformation des Thronfolgers seit 1886, dem Jahr, in dem sie sich zum ersten Mal trafen. So behauptete Mizzi, Rudolf sei eigentlich impotent gewesen und er habe diesen Zustand nur mit großen Mengen Champagner zu überwinden vermocht. Dies findet in einer Erwähnung Stephanies Bestätigung, die bei ihrem Mann etwa zur selben Zeit häufigen Champagnerkonsum feststellt. 1888 habe der Kronprinz – so Mizzi Caspar zur Geheimpolizei – ihr zum ersten Mal sein Ansinnen vorgetragen, mit ihr gemeinsam vor dem Husarentempel in Mödling aus dem Leben zu scheiden. Sein ernsthafter Vorschlag: Tod durch Erschießen.

Als der Geheimdienst von diesem unglaublichen Vorhaben erfuhr, nahm er es durchaus ernst und verstärkte die Überwachung Rudolfs. Agenten beobachteten von nun an sogar die Seitensprünge seiner kaiserlichen Majestät. So auch jenen letzten bei Mizzi Caspar vor der Tragödie von Mayerling. Geheimpolizist Florian Meissner in seinem letzten Rapport: »Montag, 28.1.1889 war E. R. bei Mizzi bis 3 Uhr morgens, trank sehr viel Champagner, gab dem Hausmeister 10 Gulden Sperrgeld. Als er sich von Mizzi empfahl, machte er ganz gegen seine Gewohnheit ihr an der Stirne das Kreuzzeichen. Von Mizzi fuhr er (direct?) nach Mayerling.«

Dem Protokoll ist zu entnehmen, dass Meissner, nachdem Erzherzog Rudolf das Haus verlassen hatte, sowohl mit Mizzi als auch mit dem Hausmeister Kontakt aufnahm, um an aktuelle Informationen zu gelangen. Ungeklärt ist bis heute die wahre Rolle der Gräfin Larisch in diesem Agentenspiel. »Er übte«, behauptete die Larisch später im Hinblick auf Kronprinz Rudolf, »eine hypnotische Gewalt über mich aus, und ich fühlte, dass ich ihm willenlos jeden Wunsch erfüllen musste.« Der Grund, warum sie dem Erzherzog so ergeben war, dürfte freilich weniger in dessen hypnotischen als in seinen finanziellen Fähigkeiten zu suchen sein. Marie Larisch hatte bei Rudolf hohe Schulden und war deshalb dem Kronprinzen sehr verpflichtet. Andererseits nahm sie, als Rudolf am 28. Januar 1889 mit Mary Vetsera aus Wien verschwand, sofort mit Polizeichef Krauß Kontakt auf. Nicht die Mutter der vermissten Baronesse, Baronin Helene Vetsera, sondern Gräfin Larisch erstattete Vermisstenanzeige. Dies lässt zweifellos den Schluss zu, dass Marie Gräfin Larisch mit Polizeichef Krauß in Verbindung stand, auch wenn sie das in ihren Lebenserinnerungen nicht zugab.

Zwar ahnte der Kronprinz, dass er im Auftrag seines kaiserlichen Vaters beschattet wurde, er glaubte jedoch, dies geschähe nur aus politischen Gründen – entsprechend sah er sich vor. Von den Spitzeldiensten seiner eigenen Cousine, vor allem von denen Mizzis, ahnte Rudolf nichts. An ihrer Seite ließ er sich gehen, ihr gegenüber hielt er sich auch mit seiner politischen Meinung nicht zurück. Aus dem Geheimdienstprotokoll: »Kronprinz Rudolf äußerte sich zu Mizzi: Er scheißt auf die Regierung, und der Franzl (Franz Ferdinand) solle die Geschichte fortmachen.« Man kann sich vorstellen, wie diese Aussage auf den Kaiser wirken musste.

Man hat immer wieder versucht, Rudolfs Mord an Mary Vetsera und seinen Selbstmord mit einem gescheiterten politischen Komplott gegen Kaiser Franz Joseph zu begründen.

Genährt wurden diese Spekulationen durch eine geheimnisvolle, in Stoff eingenähte Kassette mit Briefen und Dokumenten, die Rudolf der Gräfin Larisch noch am Sonntag vor seinem Freitod zur Aufbewahrung übergeben hatte. Die Gräfin sollte sie dem aushändigen, der sich bei ihr mit dem Code »R.I.U.O.« melde. Über die Bedeutung dieses Codes ist viel herumgerätselt worden, aber für keine der vorgeschlagenen Lösungsmöglichkeiten gibt es einen Beweis. Fest steht: Rudolf liebte derartige Rätselspiele. Der jungen Vetsera schenkte er einen eisernen Ehering mit der Gravierung I.L.V.B.I.D.T. Sogar Mary wusste zunächst nicht, was das hieß, teilte aber später ihrer Klavierlehrerin die Bedeutung mit: In Liebe vereint bis in den Tod.

Will man dem Bericht der Gräfin Larisch Glauben schenken – spätere Zeugenaussagen bestätigen die Existenz einer solchen Kassette –, so verbindet sich mit dieser eine äußerst mysteriöse Geschichte. Am Tage der Beerdigung des Kronprinzen in der Kapuzinergruft erhielt die Larisch durch Boten einen formlosen, mit Bleistift geschriebenen Brief ohne Absender: »Wenn Sie furchtlos und dem Worte, das Sie dem Toten gegeben haben, noch treu sind, bringen Sie das Ihnen ›Bekannte‹ heute Abend um halb elf auf die Promenade zwischen dem Schwarzenberg und der Heugasse. Schweigen Sie um seines Gedächtnisses willen. R.I.U.O.«

Marie Gräfin Larisch ließ sich von ihrem Kutscher zum Schwarzenbergplatz 5 fahren, stieg aus und gab Order, sie vor der Drogerie an der Ecke zum Ring zu erwarten. Wenig später sprach sie ein Mann an und nannte das Codewort. Marie übergab ihm wortlos die Kassette.

»Haben Sie jemals von dieser Kassette gesprochen?«, fragte der Fremde.

»Niemals«, erwiderte die Larisch.

»Hat ›Er‹ Ihnen von dem Geheimnis erzählt?«

»Nein, ich weiß nichts davon.«

»Es ist auch besser so, sonst könnte Ihr Leben auf dem Spiel stehen ...«

»Sie haben wohl keine Ahnung, wer ich bin?«

»Nein.«

Da nahm der Unbekannte den Hut vom Kopf und sah sie an. Die Gräfin wich zurück.

»Kaiserliche Hoheit!«, rief sie. Der Fremde war der Erzherzog Johann Salvator von Toskana.

Mit diesen Worten schilderte Marie Gräfin Larisch die Übergabe der mysteriösen Kassette, und sie fuhr fort: »Ich erinnerte mich der engen Freundschaft, die zwischen ihm und dem Kronprinzen bestanden hatte. Ich hatte auch gehört, dass der Erzherzog mit dem Kaiser schlecht stand und dass er wahrscheinlich Österreich bald verlassen würde.«

An diesem Abend, so die Gräfin, habe Erzherzog Johann angedeutet, dass Kaiser Franz Joseph, hätte er vom Inhalt der Kassette erfahren, den Kronprinzen vor ein Kriegsgericht gestellt hätte, und Rudolf wäre als Hochverräter verurteilt und erschossen worden. Dem sei der Thronfolger nur zuvorgekommen.

Auch er werde sterben, sagte Johann Salvator zum Abschied, jedoch ohne tot zu sein, denn er sei der Nichtigkeiten des Lebens müde und gedenke, eine andere Laufbahn einzuschlagen.

Er hielt sich daran. Wenig später verzichtete Erzherzog Johann Salvator vor dem Kaiser auf alle Rechte seines Standes, auf Rang und Titel und ging als Johann Orth (bekannt nach dem ihm zugewiesenen Schloss Orth bei Gmunden) auf eine Südamerikareise. Sein Segelschiff sank im Sturm vor Kap Tres Puntas im Juli 1890. Ein Jahr später wurde er für tot erklärt.

Mit dieser Schilderung, die zwar wahr, aber doch übertrieben gewesen sein mag, bemühte sich Marie Gräfin Larisch, ein politisches Komplott als Hauptgrund für Rudolfs Amoklauf zu motivieren. Der Grund ist einleuchtend, es ging ihr darum, von ihrer eigenen Mitschuld an der Tragödie abzulenken. Kaiser und Kaiserin hatten ihre eigene Nichte nach dem Tod Rudolfs und der Vetsera zur Person non grata erklärt, und es gab später mehrfache vergebliche Versöhnungsversuche von ihrer Seite.

Ein Komplott war keinesfalls der Grund für die Mayerling-Tragödie. Selbst wenn es ein solches gegeben hätte, wäre das nur einer von mehreren Faktoren gewesen, die den Thronfolger von Österreich-Ungarn zu seiner Verzweiflungstat veranlassten. Mayerling war keine politische Katastrophe, Mayerling war eine psychopathische Katastrophe. Rudolf hatte seinen Tod vorprogrammiert und lebte zielstrebig darauf zu. Weil niemand wusste, ob er gerade nüchtern war oder unter Morphium stand, nahm ihn keiner mehr ernst. Das aber isolierte ihn noch mehr, sodass er sich schließlich nur noch zwei Freuden hingab, dem Jagd- und dem Sexualtrieb. Von einer Erholungsreise auf dem kaiserlichen Schiff *Greif* in der Adria zurückgekehrt, stellte Stephanie mit Entsetzen fest: »Wie erschrak ich, als ich den Kronprinzen wiedersah. Nun war sein Verfall schon so weit fortgeschritten, dass er auch äußerlich stark auffiel. Ich fand den Kronprinzen erschreckend gealtert, seine Haut war fahl und schlaff, sein Blick flackernd, seine Gesichtszüge völlig verändert. Es war, als hätten seine Züge den inneren Halt, den ihnen der Wille geben muss, verloren, als lösten sie sich von innen her auf. Ein tiefes Mitleid überkam mich, und die bange Sorge: Wie soll solche Verheerung enden?«

Wie es scheint, hatte Kronprinz Rudolf schon im März 1887 mit seinem Leben abgeschlossen. Denn aus dieser Zeit datiert ein beim k.u.k. Hofmarschallamt hinterlegtes Testament des Thronfolgers, in dem Rudolf – wie Kronprinzessin Stephanie sarkastisch bemerkte – über Summen verfügte, die er gar nicht besaß.

Testament

Nachstehendes Testament habe ich bei vollkommen klarer Besonnenheit eigenhändig niedergeschrieben und bitte Seine Kaiserliche und Königliche Apostolische Majestät untertänigst, die Mühe als Testament-Exekutor gnädigst auf sich nehmen zu wollen; und auch die Vormundschaft über meine Tochter Elisabeth zu übernehmen. Zur Universalerbin meines beweglichen und unbeweglichen Vermögens bestimme ich meine Tochter Elisabeth; meiner Gemahlin Stephanie bestimme ich den lebenslänglichen Nutzgenuss des gesamten Vermögens. Im Falle ihrer Wiederverehelichung hört der Nutzgenuss auf und geht auf meine Tochter über. Im Falle der Verehelichung meiner Tochter wird der Nutzgenuss zwischen beiden geteilt.

Ferner bestimme ich:
1. *50 000 Fl. schenke ich dem Leiter meines Sekretariates Oberst von Spindler, im Falle seines Ablebens seinem Sohne, oder seiner Tochter, falls dieser nicht mehr lebt.*
2. *20 000 Fl. schenke ich dem Obersthofmeister Graf Carl Bombelles; im Falle er nicht mehr am Leben wäre, fällt dieser Betrag an die Universalerbin zurück.*
3. *30 000 Fl. sollen nach Angabe und Ermessen meiner Frau an meine Kammerdiener, Büchsenspanner, Stallpersonale und an jene Personen des Jagdpersonales im Wienerwald, Görgény, Laxenburg und den Donau-Auen verteilt werden, von denen sie weiß, dass sie mich besonders gut bedienten.*
4. *Der große Kasten mit den Aquarellen /: Hochzeitsgeschenk der Wiener Industriellen :/ vermache ich den Hofsammlungen.*
5. *Von meinen in Gebrauch habenden Säbeln und modernen Jagdwaffen, sowie auch von allen meinen Jagd-*

trophäen sollen an Bekannte und Verwandte nach Angabe meiner Frau Andenken verteilt werden; was erübrigt, vermache ich meinen Kammerdienern und Büchsenspannern.

6. *Alle meine Jagd- und Luxushunde vermache ich meinen Jägern sowie Büchsenspannern, als auch dem Personale im Wienerwald und in den Donau-Auen.*
7. *Alle meine Kleider, Wäsche, Schuhe vermache ich meinen Kammerdienern.*
8. *Meine naturhistorischen Sammlungen vermache ich Wiener Unterrichtsanstalten, nach Ermessen meiner Frau. Ich befehle ferner, dass die bestehenden Jagdpachtungen in Görgény Szt. Imre, Liptau und im Wienerwalde nach meinem Ableben augenblicklich aufgelassen sind, desgleichen nach Ausräumung meines Besitzes die Pachtung des Schlosses Görgény Szt. Imre.*
Meine Schreibtische in Wien und Laxenburg sollen in Gegenwart meiner Frau vom Sektionschef im Ministerium des Äußeren Herrn Ladislaus von Szögyényi-Marich aufgemacht und die Schriften nach seinem Ermessen teils vertilgt, teils aufgehoben werden.

Dass diese eigenhändig von mir geschriebene Anordnung mein freier Wille ist, bestätige ich mit meiner Unterschrift und meinem Siegel.

*Wien, 2. März 1887.
Kronprinz Erzherzog Rudolf Fmlt.
[Feldmarschallleutnant]*

Geld und Zahlen waren nie Rudolfs Sache, darin eiferte er seinem Vater nach. Dabei war sein Lebensaufwand alles andere als niedrig. Es gab Historiker, die nach Einsicht in seine Bücher zu dem Schluss kamen, Rudolf habe sich aufgrund seiner aussichtslosen Finanzlage erschossen. Das ist natürlich übertrieben.

Tatsache aber ist, dass sich der Thronfolger das Verhältnis mit Mizzi Caspar sehr viel kosten ließ. Bereits 1887 kaufte Rudolf seiner Geliebten ein dreistöckiges Stadthaus, Heumühlgasse 10, das den beiden als Refugium für gemeinsame Stunden diente. Nach Angaben des »K.K. Polizei-Agenten-Instituts« soll dieses Haus 60 000 Gulden gekostet haben, eine Summe, die dem Kronprinzen zum Zeitpunkt des Kaufes zwar nicht zur Verfügung stand, aber für derartige Notsituationen hatte er seinen Freund Moritz von Hirsch, einen Bankier und Finanzier, der vornehmlich für Aristokraten arbeitete. Seine Kontakte und seine Diskretion verschafften Hirsch Zugang zu den höchsten Kreisen in Europa und hatten ihm schon 1869 den käuflichen Erwerb eines Barontitels ermöglicht. Bei Hirsch soll der Kronprinz bei seinem Tode 300 000 Gulden Schulden gehabt haben. Diese und noch andere ausstehende Gelder wurden von Kaiser Franz Joseph stillschweigend bezahlt.

Nach den Akten des Geheimdienstes kassierte Mizzi Caspar im Juni 1888 80 000 Gulden in bar, über deren Verwendung keine weiteren Angaben gemacht werden. Der Schmuck, den Rudolf seiner Zweitfrau für geleistete Dienste schenkte (in der Hauptsache von Juwelier Rutzky am Mehlmarkt), soll 50 000 Gulden wert gewesen sein. In einem Umschlag in Rudolfs Schreibtisch mit der Aufschrift »100 000 Gulden für Mizzi Caspar« sollen nur noch 30 000 Gulden vorhanden gewesen sein. Zusammen ergibt das die Summe von 220 000 Gulden oder einem Gegenwert von über 1,5 Millionen Euro.

Mizzi Caspar hat den Tod des Kronprinzen ebenso wenig betrauert wie Kronprinzessin Stephanie. Mizzi hat Rudolf nie geliebt, ihr Verhältnis war wie gesagt ein Geschäft. Schon bald nach dem Drama von Mayerling trat Mizzi eine

Paris-Reise an. In Wien kursierte das Gerücht, nach Kronprinz Rudolf habe es die Halbweltdame auf König Umberto von Italien abgesehen. Aber vielleicht war das nur ein Zweckgerücht der Kupplerin Wolf, um den Preis ihres Schützlings in die Höhe zu treiben.

Drei Jahre nach dem Tod Rudolfs verkaufte Mizzi Caspar das Haus Heumühlgasse 10. Sie brachte ein Kind zur Welt, über dessen Vater sie keine Angaben machte. In einer Wohnung Paniglgasse 19, nahe ihrem früheren Stadthaus, starb sie am 29. Januar 1907 im Alter von zweiundvierzig Jahren. Die offizielle Todesursache lautete auf »Rückenmarksverhärtung«. In Wahrheit hatte sie Syphilis, mit der sie auch Kronprinz Rudolf infiziert hatte.

Rudolf wusste das. Die Lustseuche als Grund für seinen Todesdrang zu nennen wäre jedoch ebenso falsch wie die Geldnot-Theorie. All dies waren nur Mosaiksteine im Gesamtbild seiner psychischen Verfassung. »Die Wurzel zu allem späteren Unheil«, schrieb seine Frau Stephanie, »liegt wohl schon in der Erziehung des Kronprinzen, ihn für den Beruf des Herrschers zu drillen, wie man einen Rekruten zum Soldaten ausbildet. Für sein Wissen, seine Studien wurde nichts verabsäumt. Aber an eines dachte man nicht: dass das Wichtigste für einen jungen Menschen die Seelenbildung ist.«

Was den Mord an Mary Vetsera betrifft, so sind die Tat und ihre Folgen kein Ruhmesblatt in der Geschichte der Habsburger. Zu einfach machten es sich Kaiser Franz Joseph und Kaiserin Elisabeth bei der Bewältigung des Geschehens, so einfach, wie sie schon die Erziehung des Kronprinzen gestaltet hatten. Die Kaiserin beschränkte sich auf das Tragen schwarzer Kleidung bis an ihr Lebensende, der Kaiser auf die Begleichung der Schulden seines Sohnes und den Umbau der Todesstätte Mayerling in eine Kapelle samt Kloster. Eigene

Schuld empfanden weder Elisabeth noch Franz Joseph, im Gegenteil, sie glaubten, der Gräfin Larisch und Marys Mutter Helene Vetsera die Schuld an der Tragödie zuweisen zu können. Nach dem Wunsch des Kaiserpaares sollte niemand erfahren, dass der durchlauchtigste Thronfolger der Donaumonarchie vor dem eigenen Selbstmord seine siebzehnjährige Geliebte ermordet hatte; und dazu war dem Hof jedes Mittel recht.

Der Name Mary Vetsera wurde zum Tabu erklärt, er durfte nicht genannt werden. Österreichische Zeitungen unterlagen, was Mayerling betraf, der Pressezensur, ausländische Blätter wurden noch bis zum Jahre 1918 auf Berichte über Kronprinz Rudolf und Mary Vetsera kontrolliert und beschlagnahmt, sobald die Zensoren fündig wurden. Tatzeugen gab es ohnehin nicht, und jene Zeugen, die über die näheren Umstände der Tragödie unterrichtet waren, wurden entweder »fürstlich« abgefunden, damit sie schwiegen (Fiakerfahrer Bratfisch und Kammerdiener Loschek), oder sie wurden geächtet und verbannt (Marys Mutter Helene Vetsera und Marie Gräfin Larisch). So kam es, dass zu Zeiten der Donaumonarchie zwar viele Gerüchte umherschwirrten, dass aber nur sehr wenige Privilegierte wussten, was in Mayerling wirklich geschehen war.

Kaiser Franz Joseph hatte seinen Freund Eduard Graf Taaffe, den Ministerpräsidenten, mit der Erledigung der unliebsamen Angelegenheit beauftragt, und Taaffe kam dem Ansinnen des Monarchen mit bemerkenswerter Gelassenheit und Kühle nach. Die Erschießung der jungen Mary Vetsera durch Kronprinz Rudolf erfüllte den Tatbestand des Mordes, sie musste nach dem Gesetz zur Anzeige gebracht und mit einer gerichtlichen Untersuchung verfolgt werden. Um diesen Vorgang, der die Tat öffentlich gemacht hätte, zu unterbinden, musste der wahre Ablauf der Geschehnisse verfälscht werden. Das erfüllte an sich einen weiteren Straftatbestand, doch wo kein Kläger, da kein Richter.

Nach der Entdeckung der beiden Leichen am 30. Januar 1889 gegen acht Uhr morgens (Rudolf hatte die Tür versperrt, und Loschek schaffte sich, als auf sein Klopfen nicht geöffnet wurde, mit einem Beil Zutritt) rief der Kammerdiener Graf Hoyos, der in Mayerling übernachtet hatte, und Prinz Coburg, der gerade aus Wien zurückkam, zu Hilfe. Als sie erkannten, was in der Nacht geschehen war, suchten sie zuallererst einen Skandal zu vermeiden, das heißt, die Wahrheit zu vertuschen. Niemand, auch nicht das Schlosspersonal von Mayerling, durfte Tatzeuge werden. Dazu sperrte Loschek beide Türen des Entréezimmers ab, das je einen Zugang von Hof und Garten hatte und von dem aus man in das kleine Dienstzimmer des Kammerdieners und das quadratische, gut vierzig Quadratmeter große Schlafzimmer des Kronprinzen gelangte. Beide Leichen lagen auf dem relativ schmalen, zwischen einem Waschtisch und einem Nachtkästchen, mit der Schmalseite zur Wand stehenden Bett links neben der Tür.

Die erste Handlung der Männer galt der Beseitigung von Marys Leiche. Sie entschieden sich für das angrenzende Zimmer des Kammerdieners Loschek als »Zwischenlager«. Dorthin trugen sie Mary, sie legten sie auf das Bett rechts neben der Tür, deckten sie mit Kleidern des Kammerdieners zu und versperrten und verriegelten die Tür. Erst danach gaben sie bekannt, dass Kronprinz Rudolf tot war.

Sogar die eingesetzte Hofkommission beschäftigte sich zunächst nur mit dem Tod und der Leiche des designierten Thronfolgers. Ein Beerdigungsinstitut aus Baden wurde mit dem Leichentransport beauftragt. Leichenbestatter Niesl musste den eilends herbeigeschafften Sarg in der Vorhalle, die zum Entréezimmer führte, abstellen. Loschek, Hoyos und Mitglieder der Untersuchungskommission übernahmen es, Rudolfs

Leiche in den Transportsarg zu betten, in dem er in die Wiener Hofburg gebracht wurde. Dies geschah unter so perfekter Geheimhaltung, dass angeblich nicht einmal das anwesende Hauspersonal bemerkte, was wirklich geschehen war.

Doch da gab es noch die Leiche der Mary Vetsera. Aufgeschreckt durch die Vorfälle um den Tod des Bayernkönigs Ludwig II., bei dem eine verfehlte Informationspolitik die peinlichsten Gerüchte schürte, entschloss sich der Hof zur Geheimhaltungsstufe 1 in Sachen Baronesse Vetsera. Die Beseitigung Marys war besser organisiert als das Staatsbegräbnis des Thronfolgers. Während Rudolf in der Wiener Hofburg aufgebahrt wurde, erhielt Dr. Heinrich Slatin, Hofsekretär im Oberstmarschallamt, den Befehl, zusammen mit Rudolfs Leibarzt Dr. Franz Auchenthaler nach Schloss Mayerling zu fahren, um einen »weiblichen Leichnam fortzuschaffen«. Dr. Slatin: »Es war mir bekannt, dass die Ausführung dieses Befehls den gesetzlichen Vorschriften nicht entsprechen würde.« Zugleich trafen in Mayerling Marys angeheirateter Onkel Georg Graf Stockau und ihr Vormund und Onkel Alexander Baltazzi ein.

Gemeinsam betraten sie gegen Abend des 31. Januar 1889, also beinahe zwei volle Tage nach Eintritt des Todes, das bis dahin versiegelte Dienstzimmer Loscheks. Das dabei erstellte Protokoll gibt nicht den wahren Sachverhalt wieder, ist jedoch, da es sich bei dem Unterzeichner Dr. Slatin um einen Beamten der Gerichtsbehörde des Hofes handelte, ein Freibrief für das weitere Vorgehen. Slatin war über Polizeichef Kraus und Ministerpräsident Taaffe über den wahren Sachverhalt informiert worden, und sein Auftrag lautete, Mary Vetseras Leiche so unbemerkt wie nur irgend möglich verschwinden zu lassen. Marys Mutter Helene hätte dabei nur gestört. Als ihr Vormund war Baltazzi zeichnungsberechtigt, konnte also ordnungsgemäß bestimmen, wo die Baronesse beerdigt werden sollte.

Der Wortlaut des Protokolls:

Protokoll vom 31. Januar 1889

Aufgenommen vom Obersthofmarschallamte Seiner k.u.k Apostolischen Majestät im Schlosse weiland Seiner k.u.k. Hoheit des durchlauchtigsten Herrn Kronprinzen Erzherzogs Rudolf zu Mayerling.
    Gegenwärtig
    Die Gefertigten

Am 30. Jänner 1889 morgens wurde im Gemeindegebiet Mayerling ein weiblicher Leichnam aufgefunden. Der Herr Leibarzt Dr. Franz Auchenthaler konstatiert zweifellos Selbstmord mittels Schusswaffe. (Min. Vdg. vom 28. Jänner 1885. R.G.B. 26:3) An dem linken Stirnwandbeine befindet sich ein 5 cm langer, 3 cm breiter lappiger Substanzverlust der Haut, in dessen Umgebung die Haare versengt sind; es ist dies also die Eintrittöffnung des Projektils. Der Schusskanal geht quer durch das Gehirn und endet 2 cm ober dem äußeren rechten Gehörgang, hier eine schmale kantige Ausschussöffnung bildend. Die Knochen um Ein- und Ausschuss sind ringsherum zersplittert, ebenso auch die Schädeldecke. Sonst ist keine Verletzung wahrzunehmen. Die Verletzung ist absolut tödlich und musste der Tod augenblicklich eingetreten sein. Am Rücken und an den unteren Extremitäten befinden sich zahlreiche Totenflecken.
    Der mitgefertigte Herr Georg Graf Stockau sowie der gleichfalls mitgefertigte Herr Alexander Baltazzi agnoszieren den Leichnam als jenen ihrer Nichte, der am 19. März 1871 in Wien geborenen Marie Alexandrine Freiin von Vetsera, Tochter des seither verstorbenen Herrn Albin Freiherrn von Vetsera und der Frau Helene Freiin von Vetsera, geb. Baltazzi.

Sohin wird der Leichnam über Ansuchen des Vertreters der Familie Grafen Stockau fortgeführt und dieses Protokoll der politischen Behörde zur weiteren Amtshandlung übergeben.

*Dr. Heinrich Slatin,
Hofsekretär im Obersthofmarschallamt Seiner k.u.k Apost. Majestät
Dr. Franz Auchenthaler, k.k. Leibarzt
Georg Graf Stockau
Alexander Baltazzi*

Dieser Bericht hält nicht der einfachsten kriminalistischen Untersuchung stand. In der gebotenen Eile versäumten die Tatfälscher nämlich, ein wesentliches Faktum ebenfalls zu fälschen: Ein Rechtshänder erschießt sich nie mit der Linken. Mary war Rechtshänderin; laut Protokoll findet sich die Einschussöffnung jedoch auf ihrer *linken* Stirnseite.

Dennoch nahmen alle später ausgestellten amtlichen Papiere Bezug auf dieses fragwürdige Dokument, einschließlich des von Pater Malachias Dedič ausgefertigten Totenscheines für das pfarrliche Sterberegister der Pfarrei Heiligenkreuz, Dekanat Baden, Erzdiözese Wien. Unter »Ort des Sterbens« ist »Mayerling, Pf. Alland«, angegeben, unter »Todesart« – »Schussverletzung laut amtlicher Todesanzeige«, unter »Ort des Begräbnisses« – »Heiligenkreuz, der pfarrliche Friedhof«, unter »Anmerkung« – »ist mit Genehmigung der k.k. Bezirkshauptmannschaft Baden ... hierher zur Beerdigung überführt worden«.

Der Zynismus in dieser Anmerkung ist kaum zu überbieten. In Wirklichkeit spielte sich in der Nacht vom 31. Januar zum 1. Februar 1889 Folgendes ab: Loschek, Stockau und Baltazzi versuchten, die Leiche Marys, bei der längst Totenstarre eingetreten war, zu bekleiden.

»Mary wurden die Unterwäsche und das Korsett angezogen; die seidenen Strümpfe und zierlichen Stiefelchen wurden ihr übergestreift, dann legte man ihr das hübsche Kleid an, das sie an jenem Unglückstage in der Hofburg getragen hatte. Man setzte ihr den Hut auf den Kopf und band ihr den Schleier vor, dann hob man sie auf einen Stuhl, bis die Oheime sich so weit erholt hatten, sie in den Sealskinmantel hüllen zu können.«

So beschreibt die Gräfin Larisch in ihren Memoiren die nächtliche Szene in Schloss Mayerling – nach Augenzeugenberichten, wie sie betont. Und sie fährt fort: »Es war eine grausame Qual für die beiden Männer, die diese letzte Toilette Mary Vetseras vollzogen. Und als die Herren ihr gerade den Mantel anziehen wollten, sank der Kopf schwer auf die Brust nieder. So konnte man sie natürlich nicht fortschaffen.

Der Polizist aber wusste sofort Rat. Er stieß dem toten Mädchen einen Spazierstock in den Rücken und band den Hals mit einem Taschentuche dran. Graf Stockau und Alexander Baltazzi zogen ihr dann den Pelz an und hoben den Leichnam von dem Stuhle.

Die beiden Männer führten den Körper ihrer Nichte zwischen sich und trugen und schleiften ihn halb aus dem Zimmer, den matt erleuchteten Korridor entlang und die Haupttreppe hinab zu dem harrenden Wagen.

Das tote Mädchen wurde auf den Rücksitz gesetzt, die beiden Herren saßen ihr gegenüber. Graf Stockau erzählte mir, dass das Schütteln des Wagens Mary mehrmals auf sie warf, und er beteuerte, dass diese enge Berührung mit der Toten während der schaurigen Fahrt schier unerträglich war.«

Zur selben Zeit trafen in der Zisterzienserabtei Heiligenkreuz Bezirkshauptmann Ernst Oser ein, der junge Statthalterei-Praktikant Dr. Albert Novotny-Managetta und drei Kommissare der Wiener Polizeidirektion, Joseph Wyslouzil, Johann Habrda und Gorup von Bezánez, um den Abt Heinrich Grünbeck, den Klosterkämmerer Alberich Wilfing und den Prior der Stiftspfarrkirche Malachias Dedič in das bevorstehende Begräbnis einer hochgestellten Selbstmörderin einzuweihen. Der allerhöchste Wunsch Seiner Apostolischen Majestät des Kaisers Franz Joseph öffnete die Herzen der frommen Brüder und verschloss ihren Mund für Fragen nach dem Grund für die nächtlichen Heimlichkeiten. Abt Grünbeck stimmte sogar zu, dass der Stiftstischler in Eile eine sargähnliche Holzkiste zimmerte und Hobelspäne bereithielt für die letzte Ruhe der Verblichenen; dann wurde die Sargkiste zu dem außerhalb auf einer Anhöhe gelegenen Pfarrfriedhof von Heiligenkreuz gebracht, wo der Totengräber Johann Eder abseits an der Friedhofsmauer im Laternenschein bemüht war, ein Loch in den gefrorenen Boden zu schaufeln.

Ein Telegramm, das nach 22 Uhr im Stift Heiligenkreuz eintraf, meldete die baldige Ankunft der Leiche und den Weg der Kutsche über Sattelbach. Wie verabredet ging Oberkommissar Habrda dem Leichenwagen entgegen, um ihn auf kürzestem Weg am Dorf vorbei zum Friedhof von Heiligenkreuz zu lotsen. Totengräber Eder brauchte für die Aushebung des Grabes länger als veranschlagt, deshalb musste Marys Leiche in der Friedhofskammer neben dem Eingangstor zwischengelagert werden. Baltazzi schnitt ihr, zur Erinnerung für die Mutter, noch eine Locke ab, und da kein Kissen vorhanden war, um den Kopf aufzurichten, zerknüllte er ihren Hut und schob ihn unter ihren Kopf. Dann wurde der Sarg zugenagelt. Schon graute der Morgen, aber Eder hatte sich noch immer nicht in die vorgeschriebene Tiefe geschaufelt. Endlich, gegen neun Uhr morgens, war es so weit. Der Sarg wurde in die Erde gelassen, und alle Anwesenden halfen mit, das Grab mit gefrorenen Erdschollen aufzufüllen.

Um 10.10 Uhr ging von der Poststelle Heiligenkreuz an das Wiener Polizeipräsidium ein Telegramm ab. Es bestand nur aus zwei Wörtern und der Unterschrift: »Alles abgetan.

Habrda«. Das Problem Mary Vetsera war aus der Welt geschafft, die Ehre des Hauses Habsburg wiederhergestellt.
 Wirklich?

Die Vertuschung der Tragödie von Mayerling sollte sich viele Jahre später als großes Verhängnis erweisen mit dem Ergebnis, dass bis heute Mutmaßungen in Umlauf sind, was damals am 30. Januar 1889 im Schloss geschehen sein könnte. Vor allem aber wurde Mayerling für drei Frauen zu einer lebenslangen Last, für Rudolfs Ehefrau Stephanie, für Marys Mutter Helene Vetsera und für Marie Gräfin Larisch.

Am besten wurde die betrogene Ehefrau mit dem Problem fertig. Es scheint, als habe sie von dem jahrelangen Verhältnis zu Mizzi Caspar nichts gewusst, jedenfalls nahm sie nie öffentlich dazu Stellung. Anders die Affäre mit Mary Vetsera. Zehn Jahre vor ihrem Tod fand Stephanie in ihren Lebenserinnerungen unter dem Titel *Ich sollte Kaiserin werden* ungewöhnlich wohlwollende Worte für Baronesse Vetsera. Mag sein, dass ihr dabei der Abstand von mehr als fünfundvierzig Jahren zur Tat die Feder führte, vielleicht aber auch die Einsicht, dass ihr eigenes Leben ohne Mayerling und ohne das Mädchen Mary ganz anders verlaufen wäre, keinesfalls so glücklich wie mit ihrem zweiten Mann, dem Fürsten Elemér von Lónyay.

Stephanie über Mary Vetsera: »Es scheint, dass der Kronprinz sich schon länger mit dem Gedanken beschäftigt hatte, nicht allein aus dem Leben zu scheiden. Da er niemand fand, der sich opfern wollte, benützte er die Leidenschaft Mary Vetseras, um die furchtbare Bitte an sie zu richten. Sie gewährte sie blindlings. Mary Vetsera war der Typ ihrer Rasse, wie man ihn häufig im Orient findet; es gab in Wien unzählige, viel anziehendere Erscheinungen von wirklich auffallender Schönheit, und der Kronprinz war gewohnt, dass ihm kein weibliches Wesen widerstand. Er hat Mary

Vetsera nicht geliebt, sie war ihm nur eine von vielen. Sie aber hat ihn wirklich geliebt und ist angesichts der unabsehbaren Konflikte, die daraus entstehen mussten, freudig mit ihm in den Tod gegangen. Diese Feststellung, dass die Liebe Mary Vetseras zum Kronprinzen tief und echt gewesen ist, sei die Blume, die ich, die betrogene Frau, verzeihend dem beklagenswerten verblendeten Mädchen auf die Ruhestätte lege.«

Stephanies Verhalten nach Rudolfs Tod ließ keinen Zweifel darüber, dass sie den Tod des Thronfolgers am allerwenigsten beweinte, ja man könnte meinen, die Tragödie wirkte auf sie wie eine Erlösung. Am Wiener Hof und in Kreisen des Adels nahm man das der ehemaligen Kronprinzessin sehr übel, führte es natürlich auf das fragwürdige Verhalten Rudolfs zurück, ohne zu wissen, dass Stephanie seit einem Jahr unsterblich verliebt war. Nur ein einziger Mensch war in das Geheimnis eingeweiht, Stephanies Schwester Louise von Sachsen-Coburg-Gotha. In ihren Briefen nannte sie ihn »Hamlet«. »Ophelia« war ihrem »Hamlet« bei einem Kuraufenthalt in Abbazia (heute Opatja), vielleicht aber auch schon 1887 bei einer Reise mit Kronprinz Rudolf nach Galizien begegnet, in Abbazia trafen sich die Verliebten seither, so oft es ihre Zeit erlaubte. Knapp vier Wochen vor den Todesschüssen von Mayerling schrieb Stephanie ihrer Schwester Louise: »Hier ist das Wetter herrlich, die Luft köstlich, das Meer superb, das Leben charmant ... die Versuchung, in Abbazia zu bleiben, gewachsen, die Angst vor der Rückkehr furchtbar, die Vorliebe für diesen Ort verdoppelt, die Sehnsucht nach ›Hamlet‹ unbeschreiblich ... ich fange an, den Verstand zu verlieren.«

Louise fungierte zu dieser Zeit, aber auch noch Monate nach Rudolfs Tod als Bote und Überbringer von Liebesschwüren und Nachrichten. Während die Briefe zwischen den Schwestern in französischer Sprache abgefasst waren, gebrauchte Stephanie in ihren ein einziges deutsches Wort: *Sehnsucht*, Sehnsucht nach ›Hamlet‹.

Wer war ›Hamlet‹?

»Hamlet« hieß Arthur Potocki, war gräflichen Geschlechts und residierte in mehreren Schlössern Galiziens am nördlichen Abhang der Karpaten, einer Landschaft, die damals zu Österreich-Ungarn gehörte. Graf Potocki war acht Jahre älter als Rudolf, verwitwet und Vater zweier Töchter im Kindesalter – nicht gerade der ideale Liebhaber für eine enttäuschte Frau. Dennoch muss er die Ex-Kronprinzessin mit seinem Charme, der ihm von allen Seiten nachgesagt wurde, beinahe um den Verstand gebracht haben, jedenfalls ließ sie nichts unversucht, um ihn zu treffen. Dies war nicht ohne Probleme während des Trauerjahres, in dem Stephanie unter Beobachtung stand, wo immer sie auftauchte.

Für Stephanie brach eine Welt zusammen, als sie erfuhr, dass ihr »Hamlet« an einer unheilbaren Krankheit litt: Zungenkrebs. »Mir blutet das Herz«, schrieb sie an ihre Schwester. Und obwohl sie von der Aussichtslosigkeit ihrer Liebe wusste, fieberte sie um den Geliebten: »Jedes Telegramm, jede Türe, die sich öffnet, wenn man mir die Zeitungen bringt, lässt mir das Herz bis zum Hals schlagen …« Das Furchtbarste in dieser Situation war für Stephanie, dass sie ihre Ängste und ihren Schmerz nicht zeigen durfte. Über ein Jahr quälte sie sich, allein mit ihren Gefühlen. Am 26. März 1890 starb Graf Arthur Potocki auf seinem Schloss Krzeszowice bei Krakau. Der Ex-Kronprinzessin war es versagt, an seiner Beerdigung teilzunehmen. Sie schickte einen Kranz mit weißen Rosen und roten Kamelien.

Nach Ablauf des Trauerjahres für Rudolf, an dessen erstem Todestag Stephanie demonstrativ nicht in Wien weilte, verbrachte »Ihre kaiserliche und königliche Hoheit, die durchlauchtigste Kronprinzessin-Witwe« – so ihr offizieller, vom Kaiser persönlich verliehener Titel – die meiste Zeit auf Reisen.

Dazu standen ihr 100 000 Gulden vom Wiener Hof und weitere 50 000 aus der Schatulle ihres Vaters Leopold zur Verfügung.

Auf einer dieser Reisen lernte Stephanie einen Mann kennen, der »seit der gesegneten Stunde unserer Verbindung nie aufgehört hat, mich durch seine Seelengröße, seinen Edelsinn, seine hohe Begabung und seine rührende Sorgfalt mit dem reinsten und vollkommensten Glück zu überschütten«. Diese überschwänglichen Worte fand Stephanie in ihren Lebenserinnerungen für Fürst Elemér von Lónyay, ihren zweiten Ehemann. Überraschenderweise gab Kaiser Franz Joseph seine Einwilligung zu der Verbindung, schließlich war Graf Elemér der Kronprinzessin-Witwe keineswegs ebenbürtig, und – was noch schlimmer war – er war Calvinist. Der Kaiser hatte ihn erst vier Jahre zuvor in den Grafenstand erhoben, er war gelernter Jurist und für Österreich-Ungarn in diplomatischen Diensten tätig, unter anderem in Bukarest, Rom, London, Petersburg und Paris, und – er war von einnehmendem Äußeren.

Stephanies Eltern stellten sich gegen die unstandesgemäße Heirat, und Leopold kürzte seiner Tochter sogar die zugesicherte Apanage. Kaiser Franz Joseph machte Auflagen (so durfte zum Beispiel Stephanies Tochter »Erzsi«, die kaiserliche Enkelin, nicht an der Trauung in Schloss Miramare teilnehmen), dennoch fand die Hochzeit am 22. März 1900 statt. Unter den Gästen befand sich weder ein Mitglied des belgischen Hofes noch eines der kaiserlichen Familie in Wien. Sie betrachteten es als Schande, dass die Frau, die einmal Kaiserin von Österreich-Ungarn werden sollte, nun eine einfache Gräfin Lónyay geworden war. Die Lónyays ließen sich auf Gut Karlburg in der Nähe von Pressburg nieder, das den Namen Oroszvár erhielt, und führten eine ungewöhnlich glückliche Ehe.

Zu Opfern der Tragödie von Mayerling wurden hingegen Marys Mutter Baronin Helene Vetsera und die Gräfin Larisch.

Baronin Vetsera musste auf Anweisung des Hofes Wien noch am 31. Januar 1889 verlassen. Sie fuhr mit ihren beiden Kindern Hanna und Féry mit dem Morgenzug nach Venedig. Von dort kehrte sie erst im Frühjahr nach Wien zurück, um zum ersten Mal das Grab ihrer ermordeten Tochter Mary zu sehen. Sie ließ den Sarg exhumieren, die Leiche in einen Kupfersarg umbetten und in einem würdigen Grabmal beisetzen. Dieses Grabmal wurde in den letzten Kriegstagen des Jahres 1945 von den Russen geplündert. Marys Mutter, der in Wien eine Mitschuld am Verhängnis ihrer Tochter mit dem Kronprinzen nachgesagt wurde, versuchte sich krampfhaft zu rechtfertigen. Das Kaiserpaar lehnte jede Unterredung ab. Deshalb schrieb Baronin Helene Vetsera ihre Rechtfertigung nieder und ließ sie drucken. Der Druck wurde beschlagnahmt, die Baronin gesellschaftlich gemieden. 1925 starb sie einsam in Wien.

Auch Marie Gräfin Larisch ist mit der Tragödie von Mayerling nie richtig fertig geworden. Ihr langes Leben – sie starb hochbetagt am 4. Juli 1940 im Servatiusstift in Augsburg, ihrer Geburtsstadt – stand unter dem Motto »Mayerling«. Schuld daran war ein an sie adressierter Abschiedsbrief, den Mary Vetsera auf Rudolfs Nachttisch in seinem Schlafzimmer hinterlegt hatte. Das kurze Schreiben wurde ihr drei Wochen nach der Tat, nach Auswertung durch die Geheimpolizei, zugestellt und hatte folgenden Wortlaut:

»Liebe Marie!
Vergib mir all das Leid, das ich über Dich gebracht habe. Ich danke Dir herzlich für alles, was Du an mir getan hast. Wenn das Leben schwer für Dich werden sollte, und ich fürchte, das wird es werden, nach dem, was wir getan haben, so folge uns. Es ist das Beste, was Du tun kannst.
Deine Mary.«

Der Brief der Siebzehnjährigen, im Angesicht des Todes geschrieben, lässt unterschiedliche Deutungen zu. Kaiser Franz Joseph und seine Frau Elisabeth erkannten in dem Nebensatz »was wir getan haben« ein Komplott von Mary und Gräfin Larisch, die Gräfin habe von dem bevorstehenden Mord und Selbstmord der beiden gewusst und nichts unternommen, um das Drama zu verhindern. Auf ausdrücklichen Wunsch des Kaisers wurde ihr sogar die Teilnahme am Begräbnis des Kronprinzen untersagt, und Sisi lehnte es ab, mit ihr, die ihr jahrelang eine intime Vertraute gewesen war, auch nur ein einziges Wort zu wechseln. Sie hat das Kaiserpaar, das ihr zur Hochzeit eine komplette Aussteuer geschenkt hatte, nie mehr gesehen.

Die Larisch rächte sich für die Ächtung durch den Hof, die ihr schwer zu schaffen machte, auf ihre Weise, indem sie fragwürdige Presseberichte veröffentlichte und Interna ausplauderte, die sie besser für sich behalten hätte. Sie floh aus Wien an die Riviera, wo sie mit ihrem Mann Georg Graf Larisch den Winter verbrachte. Die Ehe zerbrach und wurde am 4. Dezember 1896 vor der 1. Zivilkammer beim Landgericht München geschieden. Fortan nannte sich Marie Frau von Wallersee-Larisch (Wallersee war der angenommene Adelsname ihrer Mutter, der Schauspielerin Henriette Mendel), aber schon ein Jahr später wurde die Larisch bürgerlich, indem sie den ehemaligen Paukenschläger an der Berliner Oper, späteren Posaunisten bei den Wiener Philharmonikern und damals Sänger an der Bayerischen Hofoper Otto Brucks ehelichte. Zwar »ohne neunzackige Krone, dafür aber mit gegenseitiger Würdigung« kommentierte Frau Brucks die Verbindung, die zwanzig Jahre währte; 1916 starb Brucks.

Der Erste Weltkrieg und die Weltwirtschaftskrise der zwanziger Jahre machten die Larisch, die sich lange Zeit mit dem Verfassen von Mayerling-Berichten und Kitschromanen über Wasser hielt, zur armen Frau. In Berlin nahm sie schließlich die Stellung einer Haushaltshilfe an, und sie brachte die Geschichte »Von der Nichte der Kaiserin Sisi zum Stubenmädchen« zu Papier. Eine amerikanische Agentur vermittelte den Abdruck in einer New Yorker Zeitung. Der Artikel machte Furore, zumal die Larisch jedem Amerikaner ihre Hand anbot, der ihre Überfahrt zu finanzieren bereit war. Es meldete sich ein Grundstücksmakler belgischer Abstammung aus Melbourne in Florida. Der vierundsechzigjährige William Meyers schickte zwei Tickets für den Norddeutschen Lloyd, für sie und den Sohn Karl. Meyers und die Larisch heirateten am 2. September 1924 in Elizabeth, New Jersey.

Meyers besaß an der Ostküste Floridas zwar weite Ländereien, aber die wollte damals niemand haben, und so diente dem Ehepaar eine Bretterbude mit zwei Zimmern als Wohnung. Marie Meyers schrieb nun Mayerling-Storys für den amerikanischen Markt. Mit den Honoraren musste sie ihren Ehemann erhalten. Nach einem halben Jahr war die Ehe gescheitert, alles Geld verbraucht, die Larisch musste betteln gehen. Meyers hatte eine geschiedene Frau, für die er zahlen musste, und fünf Kinder – sonst nichts. Die Larisch: »Ich werde behandelt wie ein Hund!« Sie floh. Eine amerikanische Wohltätigkeitsorganisation zahlte ihr 1929 die Überfahrt nach Deutschland. Von William Herbert Meyers, mit dem sie bis zu ihrem Tod verheiratet war, hat man nie wieder gehört.

Marie Meyers ließ sich in Augsburg nieder, wo sie sich in der Hauptsache dem Schreiben widmete: Artikel, Bücher, Radiosendungen, Drehbücher. Das einzige Thema, worum es dabei ging, bedarf wohl keiner besonderen Erwähnung.

II

Wilhelmine von Lichtenau und ihre Geister

»Sie sind eben wie die alten Helden, die es so gut verstanden, den Krieg und die Liebe zu vereinigen ...«

Wilhelmine Gräfin von Lichtenau
zu König Friedrich Wilhelm II. von Preußen

Jedes Mal, wenn Wilhelmine Enke, verheiratete Rietz, geadelte Gräfin Lichtenau, Paskels Handschuhgeschäft am Charlottenburger Schlossplatz betrat – was ziemlich häufig vorkam –, setzte sich eine geheimnisvolle Melderstaffette in Bewegung, und in kurzer Zeit füllte sich der Laden mit besseren Herrn jeden Alters, die verlegen nach Rüschen, Bändern und Spitzen suchten. In Wahrheit galt das Interesse der Herren nicht den Paskelschen Kurzwaren, sondern den schneeweißen Armen der schönen Wilhelmine, die diese bei der Handschuhprobe zu entblößen pflegte. Dann glotzten sich die geilen Laffen die Augen aus dem Kopf, und ihre Lust wurde noch dadurch gesteigert, dass der sündhafte Anblick nicht einen Taler kostete, während Friedrich Wilhelm, ihr allergnädigster König, dieser Frau Häuser, Juwelen und Geldzuwendungen von mehreren Millionen übereignen musste.

Sie war schon ein Teufelsweib, diese Wilhelmine. Hunderte von *adorateurs* lagen ihr zu Füßen. Die meisten ließ sie liegen, wie den königlichen Rat Schmidts, auch »Dicker Adonis« genannt, wegen seiner enormen Leibesfülle und des

Ansturms auf ihre Tugend. Sie hatte dem heißblütigen Falstaff einen Kuss auf den Mund versprochen, wenn er sie – was, wie man sich denken kann, ein physisches Problem darstellte – fußfällig darum bitten würde. Schmidts zwang seine fünf Zentner zu Boden, flehte um den ersehnten Kuss. Doch dann erwies sich die Schwerkraft der Erde stärker als das Versprechen des Himmels. Schmidts blieb liegen, und Wilhelmine verschwand. Der König selbst soll den Dicken Adonis so vorgefunden und aufzurichten geholfen haben.

Man könnte meinen, Friedrich Wilhelm II. von Preußen – um diesen Herrn handelte es sich bei dem Helfer – habe Wichtigeres zu tun gehabt, als lästige Verehrer seiner Zweitfrau Wilhelmine vom Boden aufzusammeln, aber dann erinnert man sich an eine Bemerkung des Alten Fritz, seines bitterbösen Vorgängers, der 1785 bei seiner letzten Parade in Schlesien dem Grafen Hoym, dem Minister dieser Provinz, zugeraunt hatte: »Ich werde ihm sagen, wie es nach meinem Tode gehen wird. Es wird ein lustiges Leben bei Hofe werden. Mein Neffe wird den Schatz verschwenden, die Armee ausarten lassen. Die Weiber werden regieren, der Staat wird zugrunde gehen.« Friedrich der Große, welch ein Prophet!

Nun gut, Preußen ging nicht zugrunde, noch nicht, auch wenn Friedrich Wilhelm II. dem Staatsleben keine nachhaltigen Impulse zu geben vermochte. Die Regierung überließ er den Premierministern Hertzberg und Bischoffwerder. Aber dass der Nachfolger des Alten Fritz den Staat in Schulden stürzte, daran besteht ebenso wenig Zweifel wie an der Tatsache, dass während seiner elfjährigen Regierung Mätressenwirtschaft, Mystizismus und Spiritismus regierten, eine seltsame, ziemlich einmalige Anhäufung in der Geschichte. Mit einem Augenzwinkern präsentiert sich die Epoche Friedrich Wilhelms II. als die Rache des galanten Zeitalters an der Sittenstrenge des Soldatenkönigs. Es fiele schwer, über den Nachfolger Friedrichs des Großen Worte zu verlieren, wäre da nicht jene Wilhelmine gewesen, die Zweitfrau des Königs, die ihn ein Leben lang begleitete und die auch nicht von seiner Seite wich, als der Preußenkönig in mystischer Schwärmerei ein Keuschheitsgelübde ablegte oder nacheinander zwei »Gemahlinnen zur linken Hand« aufnahm. Wilhelmine besiegte Keuschheitsgelübde und Rivalinnen in gleicher Weise, und sie kam dabei ihrem Ruf nach, sie habe in ihrem Leben tausend Verehrer und hundert Heiratsanträge zurückgewiesen – alle aus bestem Hause, versteht sich.

Als Wilhelmine und Friedrich Wilhelm sich zum ersten Mal begegneten – den genauen Zeitpunkt weiß niemand zu nennen –, war das Mädchen neun oder zehn Jahre alt, man schrieb also etwa das Jahr 1764. Linchen kam in Dessau zur Welt, wo ihr Vater bei der Prinzessin Anna Wilhelmine als Waldhornist engagiert war, ein ebenso angesehener wie einträglicher Beruf zu jener Zeit. In ihrer Geburtsurkunde heißt es: »Schloss- und Stadtkirche St. Marien zu Dessau, Jahrgang 1753, Nr. 68. *Diderica Wilhelmina Friderica Bernhardina*, Herrn Johann Elias Enkens, Waldhornist bei Ihrer H. D. der Prinzessin Anna Wilhelmine zu Anhalt pp., und seiner Ehefrau, Marie Susanne Schutzern, Tochter ist geboren den 19ten Decbr., mittwochs Vormittag, um 11 Uhr, und den 23.XII. von Herrn Archi-Diac Herrn de Marées in der Schloss- und Stadtkirche getauft worden.« Es folgen die Namen von acht Paten, darunter Prinzessin Anna Wilhelmine, die ihr auch den Namen gab.

Der Zugang zu höheren Kreisen hatte seine Ursache in der Abstammung mütterlicherseits. Marie Susanne Enke oder Encke (eine einheitliche Schreibweise gab es damals noch nicht) konnte sich hochwohlgeborener Verwandtschaft rühmen, des Barons von Grechtler und des Feldmarschalls Freiherr von Bender. Die Legende vom armen Trompeterstöchterlein, das barfuß dem Kronprinzen begegnet, ist also wirklich eine Legende. Vielmehr verhielt es sich so: Linchens älteste Schwester Christiane, angeblich noch schöner als die jüngere, bekleidete bei der Italienischen Oper in Berlin, wohin Vater Elias inzwischen verzogen war, die Stelle einer »Figurantin«, einer Statistin also. »Bekleidete« ist insofern das falsche Wort, als sich Figurantinnen eher durch spärliche Kleidung auszeichneten, was, wie man sich denken kann, viele, vor allem bessere Herren, zum Anlass nahmen, Damen dieser Art wie Freiwild zu verfolgen. Um dem zu entgehen, hatte Christiane einen russischen Adeligen namens Matuschkyn geheiratet, den zwar keiner kannte und dessen Namen niemand schreiben konnte – nicht einmal Ehefrau Christiane –, aber dafür hatte er Geld.

Bei den Matuschkyns wurden berühmte Feste gefeiert, und während einer solchen Gesellschaft meinte Graf von Anhalt-Dessau, einer der acht Paten Linchens, zu dem anwesenden Kronprinzen: »Ich empfehle diese Kleine Ihrer Gnade.« Wilhelmine später: »Der Kronprinz nahm mich dann auch auf den Arm und versprach, wenn ich älter werden würde, für mich zu sorgen.«

Ob der lüsterne Kronprinz, dem auch ein Verhältnis mit Christiane bis zu deren Eheschließung nachgesagt wird, schon damals ein Auge auf Linchen geworfen hatte, ist nicht mit Bestimmtheit zu sagen, weniger, weil Seine königliche Hoheit sich aus Gründen der Staatsräson gerade erst mit Elisabeth Christine Ulrike von Braunschweig vermählt hatte, als wegen Linchens Jugend. Friedrich Wilhelms Ehe wurde eine Horrorehe, über die der Alte Fritz sagte: »Sie halten sich keinen Tag die Treue.« Sie wurde 1769 geschieden. Während dieser Zeit sahen Wilhelmine und Friedrich Wilhelm sich häufig. Die Enkes wohnten von der Wohnung des Kronprinzen am Neuen Markt in Potsdam nur ein paar Häuser weiter: Schlossstraße 9.

Linchen war ein frühreifes Kind und schon mit fünfzehn voll entwickelt. Dabei strahlte sie eine Sinnlichkeit aus, die nicht nur den Kronprinzen in Unruhe versetzte. »Ihr Busen«, bemerkte ein Zeitzeuge, »war voll und rund, seine Weiße übertraf den Alabaster, ihr Auge war feurig und blau, ihr Wuchs ganz zur griechischen Wollust geschaffen...« Und ein anderer: »Sie ist groß von Person, munter von Aussehen, nachlässig in ihrer Kleidung und gewährt eine wahrhaftige Vorstellung von einer vollkommenen Bacchantin.« Ist es ein Wunder, wenn sich der unglücklich verheiratete Kronprinz diesem aufregenden Geschöpf in die Arme warf?

Von nun an verfolgte Friedrich Wilhelm den Gedanken, Wilhelmine Enke zu seiner Zweitfrau zu machen. Er ließ ihr auf seine Kosten eine teure Erziehung angedeihen, stellte ihr eine gebildete Gesellschafterin und betätigte sich sogar selbst als Dozent für Geschichte und Geographie. Linchen lernte Homer und Vergil (die sie in späteren Jahren oft zitierte) und beschäftigte sich mit Voltaire und Rousseau – alles Friedrich Wilhelm zuliebe.

Wilhelmine liebte den Kronprinzen wirklich. »Es ist keine Prahlerei«, schreibt sie in ihrer *Apologie*, einer späten Rechtfertigung für ihr Verhalten, »wenn ich sage, dass unter tausend Geliebten der Fürsten, welche die Geschichte aufweist, vielleicht nicht eine ist, die sich in einer Art mit mir vergleichen lässt. Sie können mich an Reizen des Körpers, an Vorzügen des Geistes bei Weitem übertroffen haben, aber ihr Geist war nicht durch den Geliebten selbst gebildet.« Sogar nach Paris schickte Friedrich Wilhelm Linchen, zusammen mit ihrer Schwester, der Sprache und des Tanzes wegen, und wir dürfen davon ausgehen, dass Wilhelmine es verstand, auch in höheren Kreisen vortrefflichen Umgang zu pflegen.

Freilich scheint sie in dieser Zeit in Paris auch Kenntnis erworben zu haben im Umgang mit Männern, vor allem in der Kunst, diese an sich zu binden. Dafür stehen die Namen berühmter Bonvivants im Paris jener Zeit wie der russischen Prinzen Baratinski und Bellasinski, des Grafen Butterlin und des Barons Schuwaloff.

Friedrich Wilhelm indes schlug, wenn er gerade wieder einmal von einem Seitensprung seiner Frau Elisabeth erfuhr, alles kurz und klein. Sein Jähzorn war gefürchtet. Ein erstes Scheidungsersuchen an den Onkel lehnte Friedrich der Große ab mit dem Vorschlag, der Neffe solle seine Ehe zum Schein aufrechterhalten, dann habe er gegen Wilhelmine Enke als Zweitfrau nichts einzuwenden. Das kam Friedrich Wilhelm nicht ungelegen, hatte doch der Alte Fritz seine außerehelichen Umtriebe bisher mit galligen Bemerkungen begleitet, weniger aus moralischen Gründen – da musste Friedrich II. vor der eigenen Tür kehren – denn aus Gründen der Staatsräson, die einen Thronfolger forderte. Doch der Kronprinz und die Braunschweigerin lebten inzwischen von Tisch und Bett getrennt, und der besorgte König erkannte als letztes Mittel einen genealogischen Betrug: Ein fescher Leutnant seiner berühmten Leibgarde sollte zur Kronprinzessin ins Bett steigen, das dem Ehemann verwehrt war, und so für Nachwuchs sorgen.

Also wurde ein alter Kammerherr, dem Friedrich der Große in dieser delikaten Situation trauen konnte, zu Elisabeth von Braunschweig geschickt, um das Ansinnen des Königs vorzubringen. König Friedrich kannte seine Nichte, die sich ohne Skrupel durch die Betten von Potsdam und Berlin liebte, und er war sicher, dass sie seinem Wunsch nachkommen würde. Offenbar kannte er sie nicht gut genug. Elisabeth fühlte sich zu Recht entwürdigt, und sie herrschte den alten Kammerherrn, der mit Engelszungen auf sie eingeredet hatte, an: »Mein Herr, wenn Sie es wagen, eine Unterhaltung fortzusetzen, die mich so sehr verletzt, dann werde ich *Ihnen* auf der Stelle befehlen, für den Thronfolger zu sorgen, den der König begehrt.« Unsicher ob der Ernsthaftigkeit dieser Forderung, floh der alte Kammerherr und berichtete Friedrich dem Großen von seiner erfolglosen Mission. Der willigte nun in die Scheidung ein. Sie wurde 1769 vollzogen.

Was Engländer und Franzosen betraf, vor allem die schönen Frauen von beiden, so hörte der Alte Fritz das Gras wachsen. Er witterte hinter jeder attraktiven Engländerin eine Spionin, hinter jeder Französin eine Dame in Spitzeldiensten. Aus diesem Grund sah er es lieber, wenn sein Thronfolger mit Wilhelmine Enke Umgang pflegte, die über jeden Spionageverdacht erhaben war. Zwanzigtausend Taler war Friedrich dem Großen diese Gewissheit wert. Mit dem Geld wurde ein Landgut in Charlottenburg erworben und fürstlich eingerichtet, sodass Friedrich Wilhelm seinen Seitensprüngen standesgemäß nachkommen konnte. Zudem erhielt die Zweitfrau eine Apanage von 30 000 Talern – ziemlich großzügig für einen Mann, der in ständigen Schulden lebte.

Aber Friedrich Wilhelm liebte Wilhelmine nun einmal und führte mit ihr eine Zweitehe, wie sie besser nicht sein konnte, obwohl er zwischendurch offiziell wieder geheiratet hatte. Die Auserwählte hieß Friederike Luise und war die Tochter des Landgrafen Ludwig IX. von Hessen-Darmstadt. Aber das Verhältnis zwischen dem Kronprinzen und Wilhelmine sollte nicht darunter leiden.

Zu ihrem einundzwanzigsten Geburtstag, von dem Friedrich Wilhelm annahm, es sei der zwanzigste, schickte ihr der Kronprinz folgenden Brief (das zum Teil kaum verständliche Deutsch ist zugunsten einer besseren Lesbarkeit korrigiert): »Empfangen Sie, göttlichste Freundin, meinen zärtlichen und aufrichtigen Glückwunsch am heutigen Tage, an dem Gott vor zwanzig Jahren den besten Engel in die Welt setzte, zu meinem Trost und meiner Glückseligkeit ... Hier schildere ich Ihnen, bestes Mädchen, meine Gedanken; aber meine Feder ist zu schwach, meine ganze Liebe in ihrer ganzen Stärke zu beschreiben. Auch [der Schriftsteller Christian Fürchtegott] Gellert wäre dazu nicht in der Lage gewesen. Nehmen Sie mit Güte mein Bouquet an, das ich Ihnen zu meinem großen Bedauern nicht selbst zu Füßen legen kann, – es kommt von Herzen. Kleider habe ich Ihnen nicht offeriert; ich weiß, dass Sie damit reichlich versehen sind. Ich nehme mir die Freiheit, Ihnen 30 000 Taler zu geben. Nehmen Sie sie zur Beruhigung meiner Seele, ich habe sonst keinen ruhigen Augenblick, denn ich bin sterblich. Über die Platzierung des Geldes werden wir morgen sprechen.

Unterhalten Sie sich gut, mein Engel, aber ziehen Sie sich, sobald Sie geschwitzt haben, in der warmen Stube ein weißes Hemd an und tupfen Sie sich mit warmen Servietten den Schweiß vom ganzen Leib. Aber dabei muss die Schlafkammer heute, wenn Leute da sind, abgeschlossen sein.

Adieu, mein Engel, leben Sie wohl. Ich freue mich halb tot, Sie morgen wieder zu sehen, und ich küsse Sie viele tausend Mal.«

Der Alte Fritz hatte wohl nicht damit gerechnet, dass das vordergründig sexuelle Verhältnis seines Thronfolgers mit der Tochter seines Waldhornbläsers Enke zu einer echten Liebesbeziehung werden könnte. Nun versuchte er alles, um die beiden wieder auseinanderzubringen. Im Schlosspark Sanssouci kam es zu einer unliebsamen Begegnung zwischen Friedrich dem Großen und der Geliebten seines Thronfolgers, in deren Verlauf der König die Mätresse auf unfeine Weise beschimpfte und ihr den Befehl gab, den nächstbesten Mann zu heiraten.

Weder Wilhelmine noch der Kronprinz, dessen Ruf Friedrich II. bei diesem königlichen Befehl vor allem im Auge hatte, sahen darin ein größeres Problem. Im Gegenteil, damit konnte das Fräulein Wilhelmine nur an gesellschaftlichem Ansehen gewinnen – vorausgesetzt, man fände den geeigneten Mann für sie. Geeignet hieß in diesem Fall, er sollte das Verhältnis zu Friedrich Wilhelm dulden und andererseits nicht auf seinen Rechten als Ehemann bestehen. Ein Mann, der diese Forderungen erfüllte, musste ein Trottel sein – was dem Ansehen Wilhelmines wenig förderlich gewesen wäre –

oder aber ein Freund Friedrich Wilhelms, noch besser ein Abhängiger des Thronfolgers.

In der Umgebung des Königs lebte ein Mann, der war beides, Freund und Abhängiger. Obendrein hatte er, der Sohn eines Gärtners, schon lange den Ehrgeiz, nach oben zu kommen. Sein Name: Johann Friedrich Rietz. Beruf: Kammerdiener des Kronprinzen. Sein Charakter: korrupt und skrupellos, mit deutlichen Anzeichen von Masochismus. Einer, der Rietz gut kannte, der preußische Kriegsrat Friedrich von Cölln, beschreibt den erwählten Ehemann Wilhelmines auf folgende Weise: »Der Kämmerer Rietz war ein ganz gemeiner Mensch. Als Bedienter des Königs, als dieser noch Kronprinz war, ertrug er alle Launen desselben. Friedrich Wilhelm II. war jähzornig und misshandelte oft seine Leute. So ließ sich Rietz von seinem Herrn Ohrfeigen, Stockprügel, Fußtritte und Misshandlungen jeder Art gefallen, weil er wusste, dass er als geduldiges Instrument am besten auf seine Rechnung kam. Auch entschädigte er sich dadurch, dass er die ihm untergebenen Bediensteten ebenso misshandelte, wie er vom Prinzen misshandelt wurde. Wie er endlich für seinen Herrn, zum Deckmantel seiner Gelüste, zum Ehemann für seine Mätresse sich hergeben musste, da saß er fest auf seinem Posten, solange jene in Ansehen stand. Dies war das einzige Band, welches ihn an seine Frau Gemahlin fesselte.«

Die Scheinehe wurde 1782 geschlossen. Zunächst bekam sie allen an dem Dreiecksverhältnis Beteiligten gut. Wilhelmine trug nun nach außen hin den Namen Rietz, sie war, wie man zu sagen pflegte, unter der Haube und daher nicht mehr Freiwild für fragwürdige Lebemänner. Viele Jahre beteuerte sie, nie mit Rietz unter einem Dach gelebt zu haben, von ehelichem Umgang ganz zu schweigen. Rietz selbst hatte mit diesem Schritt den Kronprinzen in Abhängigkeit versetzt und konnte nun seinerseits in besseren Kreisen verkehren, wenn auch stets ohne seine Ehefrau. Und der Kronprinz durfte sein Verhältnis bedenkenlos weiter pflegen, denn nach außen war die Liaison beendet, schließlich hatte seine ehemalige Geliebte geheiratet. Insgesamt ein kompliziertes Verwirrspiel, das noch groteske Züge annehmen sollte.

Bei Hofe und in Adelskreisen wusste man natürlich von der Fortsetzung des Verhältnisses. Die Meinungen darüber waren geteilt. Vor allem bei den Damen war Wilhelmine nicht wohl gelitten, weil sie allen Männern den Kopf verdrehte. Das führte sogar so weit, dass Rietz bestochen wurde, Wilhelmines Terminkalender, ihre gesellschaftlichen Verpflichtungen der nächsten Tage, ja sogar den Weg, den sie dabei voraussichtlich nahm, zu verraten, nur, damit die Betreffenden mit der Angebeteten ins Gespräch kommen könnten. Denn nicht nur Friedrich Wilhelm war Wachs in ihren Händen, die schöne Wilhelmine flirtete gerne und ausgiebig, was den jähzornigen Kronprinzen an den Rand des Wahnsinns brachte.

Er tobte und schickte seiner Zweitfrau böse Briefe, die er wenig später bereute und winselnd revidierte. Von Zeit zu Zeit verkehrten die beiden nur schriftlich, wobei jedoch meist nur die Briefe des Kronprinzen erhalten sind.

»Aus Ihrem Brief«, wetterte Friedrich Wilhelm, »ziehe ich zwei Schlüsse, nämlich, Sie sind so grausam wie ein Geier und wollen mir wie ein Geier mein Leben und das Herz aus dem Leibe kratzen. Ich soll wohl schon auf Erden einen Vorgeschmack auf die Höllenpein erfahren, obwohl es gewiss eine barmherzigere Art gäbe, mich ins Grab zu schicken. Da Sie es aber nun einmal darauf angelegt haben, so könnte es auch durch ein Döschen Gift im Tee oder in der Milch geschehen, wenn ich zu Ihnen komme, um mir ein Vergnügen zu machen. Sie können mir aber auch, wenn ich in Ihrem Bette schlafe, ein Rasiermesser an die Gurgel setzen oder ein Kügelchen in den Kopf jagen. Das wären promptere und zugleich menschlichere Mittel zu Ihrem Ziel. Lassen Sie diesen Brief, wie es Ihre Gewohnheit ist, ruhig auf dem Tisch herumliegen, damit ihn die ganze Welt lesen kann. Tun Sie es nur, Sie werden damit noch einen Nagel in meinen Sarg schlagen ...«

Aber auch das war Friedrich Wilhelm: »Mein allerliebster Engel. Ihre Antwort auf meinen Brief habe ich gestern bekommen. Ich bin recht unruhig, solange ich nicht weiß, wie es ist mit Ihren Sachen. Zwei Monate, schreiben Sie, sind sie ausgeblieben, Sie haben sie zuletzt am 14. August gehabt. Wenn Sie schwanger wären, so müsste es erst seit drei Wochen sein, denn es werden ungefähr drei Wochen, dass wir uns zum ersten Mal genähert haben seit Ihrer Krankheit ... Adieu, mein schönster, allerliebster Engel. Seien Sie immer versichert, dass ich Ihnen über alles in der Welt gut bin. Adieu, leben Sie wohl, und nehmen Sie sich in Acht und werden Sie nicht wieder krank. Ich verbleibe Ihr getreuester Freund bis zum Tode – Friedrich Wilhelm.«

Wilhelmine brachte während der Liaison mit Friedrich Wilhelm zwischen 1770 und 1785 sieben Kinder zur Welt, von denen vier das erste Jahr nicht überlebten. Die ersten drei Kinder waren Töchter, alle starben. Das vierte Kind, ein Sohn, erhielt 1778 den Namen Friedrich Wilhelm Moritz Alexander. Der Kronprinz war vernarrt in das Kind und adelte es bereits in jungen Jahren zum Grafen von der Mark, aber erst nach seinem frühen Tod mit neun Jahren sollte Alexander, wie wir noch hören werden, zu unerwarteter Bedeutung kommen. Als fünftes Kind kam 1780 Friederike Diderica zur Welt. Sie wurde zur Gräfin von der Mark, und obwohl ihr nur vierunddreißig Lebensjahre beschieden waren, war sie drei Mal verheiratet. Die Kinder sechs und sieben wurden von Friedrich Wilhelm nicht als die seinen anerkannt. Offenbar hatte sich das geschäftsmäßige Verhältnis, die Scheinehe mit Johann Friedrich Rietz, doch in ein sexuelles verwandelt; denn Rietz gilt als Vater eines 1783 im Kindbett gestorbenen »ungetauften« Sohnes und des 1785 geborenen Friedrich Wilhelm.

Friedrich Wilhelm, der trotz seines auf die Vaterschaft des Kronprinzen hinweisenden Vornamens den Namen Rietz erhielt, wurde zum Stammvater derer von Rietz-Lichtenau. Zwar beteuerten sowohl Wilhelmine als auch Friedrich Wilhelm in Briefen und Dokumenten, dass ihr Verhältnis nach der Geburt Didericas im Jahre 1780 ein rein freundschaftliches gewesen sei, aber gerade diese Jahre sind die verwirrendsten in Wilhelmines Leben, und die Frage sei erlaubt, ob ein so intensives Verhältnis überhaupt von einem Tag auf den anderen zu beenden ist.

Wie viele Zweitfrauen in der Geschichte versuchte Wilhelmine Rietz den geliebten Kronprinzen mit Hilfe ihres gemeinsamen Sohnes Alexander mehr an sich zu binden, als es ihrer Rolle als Mätresse zukam. Und wie viele Herrscherpersönlichkeiten in der Geschichte beantwortete Friedrich Wilhelm diesen Versuch mit einem wahren Geldsegen. Für Alexanders Erziehung wurden der Mutter monatlich 100 Dukaten überstellt. Neben dem bereits vorhandenen Landhaus in Charlottenburg bekam Wilhelmine ein Stadthaus in der Berliner Mohrenstraße. Die schöne Geliebte pendelte zwischen den Wohnsitzen in einer vom Kronprinz gestellten Equipage. Sie verfügte über Kutscher, Stallmeister, Lakai und genügend Hauspersonal. Über die Soupérs und Orgien im Hause Rietz redete man nur hinter vorgehaltener Hand. Da soll es Gelage mit Kaviar und Kiebitzeiern, Krametzvögeln, Fasanen, Reb- und Haselhühnern, Trüffelpastete und Hecht in Austernsoße gegeben haben, wie sie am Hof von Versailles nicht aufwändiger gezaubert wurden. Und zum Nachtisch, so erzählte man sich, hätten fünf entkleidete Mädchen, »deren Taille, Teint und Fleisch unvergleichlich waren«, auf den Tischen getanzt.

Wenn das Friedrich der Große erlebt hätte! Er starb 1786 und mit ihm ein Großteil preußischer Zucht und Ordnung, Askese und Disziplin, soldatischer Tradition und fragwürdiger Kriegsethik. Friedrich Wilhelm II. liebte mehr den Gläserklang als den der Schwerter, Frauen in Abendtoilette gefielen ihm besser als »Lange Kerls« in blauen Uniformen, der Offiziersstand kam in Misskredit, Wissenschaft und Künste erhielten einen noch größeren Stellenwert. Hatte es der Alte Fritz auf der Flöte zur Meisterschaft gebracht, so strich Friedrich Wilhelm zwei Stunden täglich das Cello. Er liebte Mozart und Beethoven, Händel, Gluck und Haydn, insbesondere die Oper. Er residierte, notierte ein Zeitgenosse, wie ein asiatischer Fürst, der sich in das Innere seines Serails zurückgezogen hat, die Regierungsgeschäfte aber seinen Wesiren überlässt. In der Tat setzte Friedrich Wilhelm mit einer Gondel über die Spree und gelangte so am anderen Ufer zum Landhaus der Geliebten. Für Wilhelmines Kinder erwarb der König Landgüter in Lichtenau, Breitenwerder und Rosswiese in der Neumark mit Einkünften von 4800 Talern jährlich.

Wenn Reichtum Macht bedeutet, dann war Wilhelmine gewiss mächtig, politischen Einfluss übte sie jedoch nie aus. »Der Keim einer Pompadour und Du Barry«, sagt sie über sich selbst, »hat nie in mir gelegen.« Wenn sie an einer Postenvergabe beteiligt war, dann aus purem Egoismus, nicht in politischer Absicht: »Nicht einmal mittelmäßige oder kleine Posten, außer etwa ein paar Lakaien, die ich bei Hofe anbrachte, habe ich vergeben, nicht vergeben können, nicht vergeben wollen, weil es gänzlich gegen meine Grundsätze war, mich damit zu befassen.«

Das ist natürlich eine gewollte Untertreibung. Denn mag sich Wilhelmine auch zu fein gewesen sein, sich an so profanen Dingen wie der Einsetzung von Beamten oder Ehrenposten zu beteiligen, so übte sie allein durch ihre Funktion im Vorzimmer des Königs Macht aus. Es stand durchaus in ihrem Ermessen, wer beim König ein- und ausging, und auf diese Weise schaffte sich die Favoritin des Königs viele Feinde, die sich später, nach ihrem Sturz, mit bitterbösen Schmähschriften revanchierten. Vor allem der Aufwand, den sie in ihrer Haushaltsführung betrieb und der den König letztlich zu Schuldanleihen in Frankfurt und Holland veranlasste, war vielen ein Dorn im Auge.

Für preußische Verhältnisse ging Wilhelmine aber auch zu weit, als sie nach dem Tode »Anderchens«, wie der Sohn Alexander von seinen Eltern genannt wurde, im Palais Unter den Linden, das der König seinem Sohn zugedacht hatte, ein intimes Theater für Privatvorstellungen geladener Gäste einrichtete. Und weil nur wenige in den Genuss solcher Theaterabende kamen, erzählte man sich in Berlin von gar schrecklichen Dingen, die auf dieser Bühne aufgeführt wurden. Der Sinnlichkeit, hieß es, werde dort gehuldigt, und eine Venus sei aufgetreten, in nichts gekleidet als einen einzigen seidenen Strumpf. Das alles erinnerte doch auf beklemmende Weise an das Treiben der Madame de Pompadour am Hofe Ludwigs XV., des verachteten Erzfeindes.

Der Tod Anderchens war es schließlich, der dem Verhältnis des Königs zu Wilhelmine Rietz eine unerwartete Wendung gab. In ehrlicher Zuneigung hatte Friedrich Wilhelm den Jungen zur Erziehung nach Potsdam geholt, um ihn in seiner Nähe zu haben. Er weinte bittere Tränen, als der aufgeweckte Junge 1787 völlig unerwartet starb. »Am Gallenfieber«, hieß es, einer fragwürdigen Diagnose bei einem noch nicht zehnjährigen Jungen, und die Gerüchte, Alexander sei in Wahrheit vergiftet worden, wollten nicht verstummen. Die Phantastereien, seinen toten Sohn betreffend, könnten ein Hinweis sein, dass der König mehr wusste, als die offizielle Sprachregelung verlauten ließ.

Drei Tage nach dem Tod des Kindes kam Schwester Diderica gelaufen und rief Friedrich Wilhelm zu, sie habe Anderchen rufen gehört. Die kindliche Mitteilung versetzte den König in einen Zustand mystischer Verzückung. Er war überzeugt, auch noch nach seinem Tod mit Alexander in Verbindung treten zu können.

Schon in jungen Jahren hatte der König sich für Spiritismus und die Geheimniskrämerei verschiedener Logen interessiert. 1781 war er dem Orden der Rosenkreuzer beigetreten, einer dubiosen Organisation theosophischer, magischer und kabbalistischer Kulte. Mit dem Ordensnamen Ormesus hatte Friedrich Wilhelm sich bis zum fünften Grad der »Minores« hochgedient und dabei das Versprechen abgegeben, ein tugendhaftes leben zu führen und der satanischen Leidenschaft zu entsagen. Diese Forderung richtete sich vor allem gegen Wilhelmine Rietz, von der Friedrich Wilhelm sich zwei Jahre später distanzierte, zumindest für eine gewisse Zeit.

Als Hauptantreiber in allen spiritistischen Angelegenheiten am preußischen Hofe fungierte der Kabinettsminister Bischoffwerder, einst Stallmeister und Kammerherr, nun die rechte Hand des Königs. Mit Wilhelmine war Bischoffwerder verfeindet, weil sie dessen hinterhältiges Spiel längst durchschaut und dem Geliebten geraten hatte, den Spiritistenklüngel um diesen Mann fortzujagen. Das hatte manchen Streit provoziert zwischen den beiden sowie den höchstköniglichen Befehl, den Namen Bischoffwerder nicht mehr in den Mund zu nehmen.

Friedrich Wilhelm hing der Frömmelei und jeder Art von Mystizismus an, vor allem wenn dieser das Leben nach dem Tode zum Thema hatte. Geistererscheinungen häuften sich in Potsdam auf rätselhafte Weise, seit der König eine Geisterloge mit Séancen an regelmäßigen Terminen eingerichtet hatte. Auf diese Weise fanden sich in Potsdam Gaius Julius Caesar und Heinrich IV. ein, Letzterer noch blutend aus der Wunde, die ihm sein Mörder beigebracht hatte – Friedrich der Große mag sich im Grab umgedreht haben. Friedrich Wilhelms Lieblingsgeist, der seines Sohnes Alexander, sprach beim ersten Mal mahnende Worte, der König möge doch seiner

Mutter die Treue und sie finanziell nicht so knapp halten. Und da der billige Taschenspielertrick Wirkung zeigte, kam Wilhelmine Rietz auf eine ebenso einfach wie geniale Idee. Sie selbst behauptete, Anderchen erscheine ihr bei unterschiedlichen Gelegenheiten und übermittle ihr dabei Botschaften aus dem Jenseits.

Es bedurfte schon einer ungewöhnlichen Naivität und Verblendung – vor allem für einen preußischen König –, dass Friedrich Wilhelm II. diesem Schabernack auf den Leim ging. Der König war wie elektrisiert und verlangte von Wilhelmine, sie solle noch am selben Tag alle Botschaften aus dem Jenseits in ein kleines blaues Buch eintragen. Verstrickt in seine spiritistischen Schwärmereien, wollte er nicht wahrnehmen, in welche Abhängigkeit er sich begab. Das kleine blaue Buch mit 75 handschriftlichen Eintragungen Wilhelmines wurde im Nachlass des Königs gefunden, bevor es im brandenburgischen Geheimarchiv verschwand. Einige von diesen Pseudobotschaften sind nur kurz, gerade drei Zeilen, andere erzählen eine ganze Geschichte, allen gemeinsam ist jedoch ein bewundernswertes Einfühlungsvermögen in die Seele eines Psychopathen:

»Seite 1: *Wer in der rechten Gestalt vom dreieinigen Gotte erscheint, der wird ... zu allen Zeiten angenommen werden; möchte er seinem Herzen folgen. Das ist gut. Seine Sinne taugen nichts, Unglück wird ihm zu mehrerem Licht, Glück zur Liebe des Vaters führen. Vieles Blut wird vergossen werden. Das muss so sein, nichts erschreckt den Getreuen des Herrn, dann seyd treu. Gelobt sei Gott! Wann heute ein warmes Lüftchen um Ihnen ist, das bin ich!* (den 27. Mai 1790)
Seite 4: *Ich ward den 5.9., als ich an meinen Freund [Friedrich Wilhelm] im Kabinett schrieb, unterbrochen um neun Uhr. Es war warm wie gewöhnlich; die liebe Stim-*

me ließ sich hören: ›Montag um sieben musst Du hier sein. Mein Vater muss aufgerichtet werden.‹ Ich schloss den Brief und wartete in Demut, was kommen wird.
Seite 5: *Mein Vater hat bis jetzt in seinem Berufe recht getan ... Nur muss er das Böse bekämpfen. Nur Kampf bringt Lohn. Freien Willen habt Ihr alle. Das muss er gleich wissen, was hier gesagt ist ... geschrieben den 6.9., morgens um neun Uhr.*
Seite 13: *5.9.1790 um ½ ? Uhr am zweiten Adventssonntag: Sage meinem Vater: Kömmt Zeit, kömmt Stunde. Er soll aber nicht zu viel darauf denken. Er weiß, was ich meine. Gelobt sei der Dreieinige.*
Seite 23: *Mein Vater hat Kummer; sage ihm: Wer führte Noah aufs trockene Land? Wer gab mir Seligkeit, wer mir unterrichtete Engel, mich fortlaufend zu begleiten, zu belehren? Wer das kann, wird auch meinen Vater führen.«*

Botschaften und Antworten sind exakt in der Diktion spiritistischer Sitzungen gehalten. Das machte es dem König leicht, nicht an ihnen zu zweifeln. Bisweilen erfand Wilhelmine aber auch grandiose Schauergeschichten wie auf Seite 29 ihres kleinen blauen Büchleins, die das Datum des 21. August 1791 trägt:

»*Um 12 Uhr vormittags kam ich in die Kirche; alles war still. Ich ging und lehnte mich an das eiserne Gitter, welches um das Grab [Alexanders] ist, und betete. Dann nahm ich den Schlüssel, schloss und ging auf das Mausoleum zu, stand zehn Minuten still. Auf einmal eine fremde Stimme. Ich wende die Augen nach dem Grabe. Die ganze Kirche ward blendend hell. Die schönsten Töne waren zu hören, die Harmonie ist nicht zu beschreiben. Nach dem Grabe zu aber war es so finster, dass ich kaum sehen konnte. Ich rief laut auf, ach Gott, was ist das dunkel. ›Du sollst es sehen, hören.‹ Dies war die Stimme unseres Geistes. Das Grab öffnete sich mit einem Geräusch. Tief unten lag unser Kind, schon ganz aufgelöst, aber die sterbende Miene, wie wir es sahen. Ich wollte tot umsinken, aber von allen Seiten hielt mich eine Macht, die stärker war. Meine Augen wollte ich wegwenden, aber unmöglich, sie mussten starr auf das Grab sehen. Millionen Würmer, wie durch ein Mikroskop, krochen herum. Der weiße Atlas [der Sargauskleidung] sah aus wie neu. Auf der linken Seite ein Fleck wie ein Kreuz. Darauf waren Buchstaben, die ich nicht lesen konnte. Schrecklich der Anblick. ›So war alles, was im Fleische war, so wird alles sein, was im Fleische ist. Du hast geseufzt einige Nächte um mein Wegsein. Es geschah zu Deinem Besten, Du wärst sonst in Schwermut gefallen. Siehe hierher.‹ Millionen solcher Gestalten, wie ich die Nacht sah zum ersten August [Alexanders Todestag] ... so lieblich, wie er unsern Geist ansah, seinen Mund öffnete und eine Stimme wie Harmonica...: ›Ich war von Anfang [an] zum Schutzengel dieses Seligen bestimmt. Ich liebe ihn, werde jetzt für ihn sprechen, weil er nicht sprechen soll ...: Seinem Vater wird nichts schwerer werden. Er bekommt Beweise. Er wird ... schauen die Verewigung. Eher tue er nichts. Jetzt ist seine Berufszeit.‹*

Unser Geist [Alexander] sah den andern an, mit einem Blick voll Wehmut, und der große Geist vom Anfang, der zuerst gesprochen hatte, sagte nun zum Ewigen und Ewigen, zum Erlöser: ›Gelobt sei der Dreieinige.‹ So klang es in der ganzen Kirche. Wie ich nach Hause gekommen bin, weiß ich nicht, und wie ich dies geschrieben, weiß ich auch nicht; mich überfiel der Schlaf.«

Der spiritistisch veranlagte König scharte einen Kreis willfähriger Höflinge um sich, die bereit waren, seinen Wahn zu unterstützen oder zumindest gute Miene zum bösen Spiel zu machen. Ein verkrüppeltes Mädchen aus Breslau, das bereits mehrfach für spiritistische Experimente hergehalten hatte, versetzte Friedrich Wilhelm II. in Verzückung, wenn es in Trance Botschaften aus dem Jenseits verkündete. Der König nahm diese Botschaften ernst wie das Evangelium, und es störte ihn auch nicht, wenn das Mädchen in Trance um eine Aufbesserung seines Honorars bat. Friedrich Wilhelm zahlte.

Wer es wagte, sich über die königlichen Neigungen lustig zu machen, hatte ausgespielt am preußischen Hof. Der schlesische Staatsminister Graf Hoym äußerte sich einmal kritisch über diese Vorgänge. Dass dies nicht das Ende seiner Karriere bedeutete, verdankte Hoym seiner Schlauheit. Der Graf hatte nämlich sofort eine Erklärung bereit für seine spiritistische Ungläubigkeit: Der Geist, erklärte er dem Preußenkönig, könne in ihn nicht eindringen, weil er, Hoym, seidene Kleider trage. Das leuchtete Friedrich Wilhelm ein, und er betete: »Gott möge seinen Minister bald den nahen und einzigen Glücksweg fassen lassen.«

Fassungslos musste Wilhelmine Rietz zusehen, wie der König in immer größere Abhängigkeit zu dem immer absurdere Botschaften aus dem Jenseits verkündenden Mädchen geriet. An einen spiritistischen Freund, der mit Jesus Christus in Kontakt zu stehen behauptete, schrieb Friedrich Wilhelm: »Wie viel Freude und Dankbarkeit gegen Gott ich empfunden habe, kann ich kaum beschreiben. Nur fürchte ich stets, durch meine sündige Natur Gott in seinem Gedankengang gegen mich in den Weg zu kommen. Vielleicht gibt der Geist der guten Somnambule in clairvoyantem Zustand noch manchen Rat zu meiner Besserung; ich hoffe, dass ich mit Ergebung folge.«

Auch wenn das Verhältnis zwischen Wilhelmine Rietz und König Friedrich Wilhelm beendet war, ihr Einfluss blieb ungebrochen. Dies mag sie über ihre Enttäuschung hinweggebracht haben, jedenfalls unternahm sie keinen Versuch, Friedrich Wilhelm zurückzugewinnen. Es gab ernsthafte Verehrer, die ihr den Hof machten, freilich auch Schmeichler, die aus unterschiedlichsten Gründen Wilhelmines Nähe suchten, sogar – Gott schütze Preußen! – englische Lords vom Inselreich waren darunter. Das gab zu Spekulationen Anlass, und einige Indizien sprechen sogar dafür, dass die Engländer versuchten, über Wilhelmine Rietz Spione in der Nähe des preußischen Königs zu platzieren. Lord Templetown, dem nachgesagt wurde, er würde sogar mit einem alten Weib schlafen, wenn es nur dem Vaterland diente, soll mit Wilhelmine sogar verlobt gewesen sein.

Von ihr selbst fehlt dazu jede Stellungnahme, aber ein Verhältnis hatten die beiden bestimmt. Denn der Lord residierte längere Zeit im Palais der Madame Rietz. Aus unbekannten Gründen verließ Lord Templetown überstürzt die preußische Hauptstadt, und die Mutter des Lords schickte Wilhelmine den jüngsten Sohn Arthur zur Erziehung: »Ich schmeichle mir mit der Hoffnung«, schrieb sie am 1. April 1794 in einem Brief an Wilhelmine, »dass Ihre guten Ratschläge ihm als Geleit bei seinen ersten Schritten in dieser Welt voller Gefahren dienen werden und dass er mit seinem Bruder Ihnen als Beispiel dafür dienen wird, dass die englische Nation sowohl Echtheit als auch Dauer der Freundschaft kennt.«

Keineswegs Liebe, sondern staatspolitische Interessen standen im Mittelpunkt der Zuneigung, die Sir Arthur Paget, der englische Interimsgesandte in Berlin, der abgelegten Zweitfrau des Königs entgegenbrachte. Zwischen den beiden kam es zu einem intensiven Briefwechsel, und als England mit Frankreich im Krieg stand, meldete sich Sir Arthur sogar aus dem englischen Hauptquartier in Deventer: »Ich hätte heute Mittag beim General speisen sollen, habe aber vorgezogen, allein zu bleiben, um das Glück, Ihnen zu schreiben, auskosten zu können ...« Am 24. Januar 1795 »um zwei Uhr morgens« forderte der Gesandte in einem dringenden Brief an Madame Rietz: »Bewegen Sie um Gottes willen den König zum Eingreifen. Das Unglück, unter dem die Allgemeinheit und der Einzelne seufzen, ist zu drückend. Mir bleibt wenigstens der Trost, dass ich auf Sie zählen kann ... All meine Habe würde ich darum geben, wenn ich eine Viertelstunde bei Ihnen sein könnte.«

Wilhelmine sollte im Interesse Englands den preußischen König Friedrich Wilhelm II. zum Krieg gegen Frankreich bewegen. Sir Arthur handelte keineswegs eigenmächtig, sondern in allerhöchstem Auftrag, und daraus wird ersichtlich, dass Wilhelmines Einfluss auf den König sogar der englischen Regierung bekannt war.

Wilhelmine zeigte jedoch wenig Interesse, in die europäische Politik einzugreifen. Da machte der englische Gesandte in Stockholm, Lord Henry Spencer, einen letzten Versuch, um den bevorstehenden Friedensschluss zwischen Preußen und Frankreich zu verhindern. Er bot Wilhelmine 10 000 Guineen, falls es ihr gelänge, Friedrich Wilhelm II. von einem Friedensabkommen mit den Franzosen abzuhalten, darüber hinaus dem preußischen König eine noch auszuhandelnde Summe von mehreren Millionen an jährlichen Subsidien (finanzielle Hilfe, die einem kriegführenden Staat von einem Verbündeten gewährt wird).

Trotzdem wurde 1795 der Baseler Friede geschlossen. Mit Geld war Wilhelmine nicht korrumpierbar. Sie wollte in Liebesdingen ihre Fäden spinnen, vor allem was den König von Preußen betraf. Kein Wunder, gab es doch in der Umgebung des Königs niemanden, der seinen Geschmack so gut kannte wie sie. »Nun wird sie«, mokierte sich der alte Kriegsrat von Cölln, »die Kupplerin des Königs, und sie unterrichtet die Schlachtopfer seiner Lust, wie sie sich mit dem König zu benehmen haben.« Auf diese Weise tändelte Friedrich Wilhelm II. mit einer Reihe von Frauen herum, mit denen er zwar lustvoll das Bett teilte, nicht aber seine Gedanken. Diese blieben Wilhelmine vorbehalten. Unter den Auserwählten befanden sich ein ehemaliges Wäschermäderl, eine Schauspielerin vom Theater und eine Tänzerin vom Ballett – nichts Ernstes.

Anders verhielt es sich mit der ebenso liebreizenden wie gottesfürchtigen Amalie Elisabeth, genannt Julie von Voß, einer Hofdame der verwitweten Königin. Auf sie hatte Friedrich Wilhelm schon ein Auge geworfen, als er noch gar nicht König war, und es muss wohl ihre Sprödigkeit gewesen sein, die ihn besonders reizte. Denn im Gegensatz zu allen anderen Damen bei Hofe, denen ein königliches Verhältnis zur Ehre gereicht hätte, betrachtete sie das Werben des Monarchen als Unglück. Erst unter dem Druck der Familie gab sich das Fräulein von Voß dem König hin. Allerdings stellte es drei Bedingungen: Wilhelmine Rietz sollte zusammen mit ihren Kindern auf ein preußisches Landgut verbannt werden. Der König sollte sie, Julie, als »Gemahlin zur linken Hand« nehmen. Und die Königin sollte dazu ihre Zustimmung geben.

Die Königin war einverstanden, denn sie hoffte, auf diese Weise ihre größte Rivalin, Wilhelmine Rietz, zu verdrängen. Auch für die offizielle Zweitehe sahen die Kirchengelehrten kein Hindernis, schließlich hatten Luther und Melanchthon auch die Zweitehe des Landgrafen Philipp von Hessen geduldet. Aber mit Wilhelmines Verbannung wurde es nichts. Sie blieb und hielt weiter alle Fäden in der Hand. Es schien sie nicht einmal zu stören, als der König seine neue Zweitfrau zur Gräfin von Ingenheim adelte und diese ihm einen Sohn gebar, den sie Gustav Adolf Wilhelm nannte. Kurz darauf starb Julie, schnell und unerwartet.

Wilhelmine wurde sofort mit dem plötzlichen Tod der Gräfin von Ingenheim in Verbindung gebracht. Sie hatte Feinde genug, die ihr zutrauten, die jüngere Nebenbuhlerin beseitigt zu haben. Zeugen wollten gesehen haben, wie Wilhelmine in der Oper Julie ein Glas Limonade reichte. Nur Friedrich Wilhelm vertraute Wilhelmine. Er liess Julies Leichnam vom königlichen Leibarzt Dr. Brown obduzieren. Ergebnis: Julie Gräfin von Ingenheim war an einer Lungenkrankheit gestorben.

In einem Brief an Wilhelmine schreibt der Preussenkönig, er sei gezwungen worden, den geöffneten Brustkorb der Gräfin von Ingenheim anzusehen, und der Zustand der Lunge sei so desolat gewesen, dass der Tod schon vor Jahren hätte eintreten können.

»Mein Leib«, schreibt er in Selbstmitleid zerfliessend, »ist gesund, aber meine Seele leidet unaussprechlich. Ich werde noch bis Ende des Festes [Ostern], vielleicht auch immer in dieser traurigen Einsamkeit zubringen, das ist mir das Gesündeste. Ich bin noch zu keinem Umgang fähig und kann mich nirgends sehen lassen … Es wird mir aber recht lieb sein, öfter Briefe von Ihnen zu bekommen. Ich hoffe, Sie werden sie so einrichten, dass sie meinem Herzen nicht neue Wunden machen. Wir sind Menschen, wir haben viele Fehler. Meine selige Freundin war auch nicht frei davon … Sprechen Sie mir niemals davon, sonst leide ich allzu viel. Ich will lieber in der Einsamkeit leben, solange Leib und Seele es ertragen. Von Tag zu Tag ist meine Seele mehr zerrissen, fühle ich schrecklicher meinen Verlust. Essen, Schlafen, Aufstehen sind Gelegenheiten, bei denen meinem Herzen stets neue Messerstiche zugefügt werden …«

Ausgestattet mit jener Art von Gelassenheit, die nur Philosophen auszeichnet, hatte Wilhelmine Rietz die angetraute Zweitfrau des Königs überlebt, ohne selbst Schaden zu nehmen. Jedenfalls zeigte sie es nicht und stand nun Friedrich Wilhelm bei, der in seiner Trauer über den Verlust Julies in Depressionen fiel und im Spiritismus Halt suchte. Dies nahm bisweilen solche Ausmasse an, dass man mit dem König kein vernünftiges Wort mehr reden konnte. Sogar seinem Mitgeisterseher Bischoffwerder wurde die Manie Friedrichs zu viel, und er versuchte den Monarchen zu überlisten, indem er ihm vorgaukelte, Julie sei ihm, Bischoffwerder, bei Nacht erschienen und habe ihm mitgeteilt, sie fühle sich durch die andauernde Sehnsucht des Liebhabers in ihrer Ruhe gestört und bitte daher auf diesem Wege um Schonung. Zu viel Trauer vonseiten des Königs beunruhige die Verblichene im Jenseits.

Wilhelmine, die den König besser kannte, versuchte ihn auf andere Weise zu heilen. Sie führte ihm eine Frau zu, vor der kein Mann von Adel sicher war: Sophie Juliane Gräfin Dönhoff, verheiratet, aber dennoch begehrt wegen ihrer Schönheit, ihrer blonden Haare, vor allem aber wegen ihrer Leichtlebigkeit, die vor kaum einem Bett haltmachte. »Die Gräfin Dönhoff«, so ein Chronist, »fesselte durch jenes Zusammenspiel von Reizen, Liebenswürdigkeit, Kaprizen und Launen, welche die Leidenschaften noch mehr entflammen.« Mit der Hilfe der Gräfin Dönhoff gelang es Friedrich Wilhelm sehr schnell, die geliebte Julie zu vergessen. Allerdings hatte die wilde Gräfin gesehen, wie leicht es war, die Rolle der Zweitfrau eines Königs zu übernehmen.

Deshalb stellte sie zur Bedingung, der König müsse ihre Gunst mit einer neuerlichen »Ehe zur linken Hand« erkaufen. Im Übrigen stellte Sophie Juliane keine Bedingungen, weder an die Königin noch an Wilhelmine Rietz. Der König willigte ein. Ein Jahr nach dem Tod Julies segnete der Hofprediger die Zweitehe mit der wilden Gräfin. Schon bald aber zeigte sich, dass das aufregende Frauenzimmer an der Person des Königs nur wenig interessiert war, viel mehr lag der Gräfin an der Macht, die sie nun glaubte, ausüben zu können.

Es fehlte ihr jedoch die Bedachtsamkeit, vielleicht auch die Raffinesse Wilhelmines, jedenfalls ging die »liebe Frau«, wie Friedrich Wilhelm die Gräfin Dönhoff anredete, dem König schon bald auf die Nerven, auch wenn sie vortrefflich das Pianoforte schlug und allerliebst dazu sang. Es gab kaum ein Fettnäpfchen, in das die wilde Gräfin nicht tappte. Die Königin hasste sie, ebenso die Königinwitwe. Sie polterte mit Wutanfällen durch den Palast und führte peinliche Eifersuchtszenen auf, obwohl doch gerade sie es war, die es mit der Treue nicht so ernst nahm. Die Dönhoff erreichte sogar, dass Friedrich Wilhelm ein Dekret unterzeichnete, nach dem Wilhelmine Potsdam nicht verlassen durfte.

Jede andere Frau hätte den König, der sich zu diesem Schritt überreden ließ, mit bitterbösen Vorwürfen überschüttet. Nicht so Wilhelmine. Sie wusste genau, wie man mit einem Mann wie Friedrich Wilhelm umging, und schrieb ihm einen zärtlichen Brief: »Ich würde Ihnen längst geschrieben haben, aber mir war so bange, Sie würden meinetwegen Verdruss gehabt haben, weil ich in Berlin war. Also wollte ich Sie lieber nicht an mich erinnern. Ich muss gestehen, es kränkt mich tief in der Seele, dass ich, wenn ich Sie einmal sehen und sprechen will, mich wegen einer Frau verstecken muss, die Sie noch keine zwei Jahre kennen. Was habe ich dieser Frau getan? In ihren Augen mag mein einziger Fehler sein, dass ich Sie zweiundzwanzig Jahre geliebt und verehrt habe. Und dass ich nicht just zu der Zeit starb, als Sie ihre Bekanntschaft machten, ist nicht meine Schuld. Dass Sie dennoch nicht gleich Hass empfanden gegen mich, hat vielleicht nicht sein sollen. Ihre Freundin, trotz aller Missgunst und Neid, Wilhelmine.«

Der Brief rührte Friedrich Wilhelm II. so sehr, dass er umgehend das erniedrigende Edikt aufhob. Das Fass zum Überlaufen brachte jedoch, als die Gräfin mit dem alten Mentor des Königs Bischoffwerder, der so bigott war, dass er sich sogar von seiner Ehefrau enthielt, ein Verhältnis begann. Bei Hofe sprach man ganz offen über die peinliche Angelegenheit. Ihre Tage, schien es, waren nun gezählt, da wurde Sophie Juliane von Dönhoff schwanger.

Friedrich Wilhelm hegte nicht den geringsten Zweifel, dass ein anderer als Vater in Frage käme. Kinder – und darin unterschied er sich von Ludwig XV., der alle selbst gezeugten Nachkommen hasste – bedeuteten dem unersättlichen Preußenkönig alles.

Während ihrer Schwangerschaft gebärdete sich die wilde Gräfin noch wilder, versuchte auf politische Entscheidungen Einfluss zu nehmen. Flüchtlinge der französischen Revolution berichteten, sie unterhalte geheime Kontakte mit den Revolutionären. Am 24. Januar 1792 brachte Sophie Juliane einen Knaben »Wilhelmchen« zur Welt, den der König zum Grafen von Brandenburg erhob.

Wilhelmine war es inzwischen jedoch gelungen, Friedrich Wilhelm II. zu überzeugen, dass die wilde Gräfin nicht als Frau für ihn taugte, auch nicht als Zweitfrau. Noch im selben Jahr verbannte der König die »liebe Frau« vom Hofe und schickte sie nach Neuchâtel in die Schweiz ins Exil, von wo sie rührselige Briefe nach Potsdam sandte. Friedrich Wilhelm an Wilhelmine Rietz: »Von der armen, konfusen Julie aus Neuchâtel kommen täglich schönere und zärtliche Briefe. Sie sehnt sich nach mir ... und spricht immer nur vom Tod und wo sie begraben sein will. Es ist recht rührend. Wenn sie nur ihre Niederkunft klug und vernünftig machte. Gott gebe es, aber ich zweifle ...«

Friedrich Wilhelm hatte Julie trotz erneuter Schwangerschaft abgeschoben. »Wilhelmchen« wurde in Charlottenburg erzogen. Als die Dönhoff am 4. Januar 1793 die Tochter Julie (später Gräfin von Brandenburg) zur Welt brachte, da verhielt sich der Preußenkönig ganz anders als bei der Geburt des Grafen von Brandenburg. Vielleicht zweifelte er an seiner Vaterschaft, vielleicht hatte ihn aber auch Wilhelmine bereits wieder so auf ihre Seite gezogen, dass er am liebsten mit der Dönhoff nie mehr zu tun gehabt hätte. Er nannte sie »eine dolle Nutte« und klagte Wilhelmine: »Gott bewahre mich vor der Närrin. Ich hoffe doch nicht, dass ich sie jemals wieder werde nehmen müssen.«

Dieses Schicksal blieb Friedrich Wilhelm erspart, nicht aber ein Skandal, den die wilde Gräfin zehn Monate nach der Geburt ihrer Tochter provozierte. Sie kehrte heimlich nach Potsdam zurück und wartete auf eine günstige Gelegenheit. Am 19. November 1793 veranstaltete der König im Marmorpalais ein Konzert, zu dem vornehme Gäste geladen waren. Die Veranstaltung hatte gerade begonnen, da stürzte die Dönhoff in den Konzertsaal. Sie trug das kleine Julchen auf den Armen und schrie und schimpfte wie ein betrunkener Bierkutscher. Vor dem König in der ersten Reihe angelangt, legte sie das Kind auf den Teppich und rief hasserfüllt: »Da haben Sie Ihr Eigentum zurück!« Friedrich Wilhelm ließ die wilde Gräfin entfernen, das Kind wurde der Aufsicht Wilhelmines anvertraut und dem Hofmarschall von Massow zur Ausbildung übergeben. Die »dolle Nutte« musste das Land verlassen. Achttausend Taler Jahresapanage ermöglichten ihr ein sorgenfreies Leben in Angermünde in der Uckermark, später auf einem Gut bei Warneuchen. Dort starb sie 1834.

Was kaum jemand am Hofe des Preußenkönigs erwartet hatte, war eingetreten: Wilhelmine Rietz wurde wieder zur ersten Zweitfrau Friedrich Wilhelms II.

Es gab viele Damen der feinen Gesellschaft, die sich mit dieser Wiederaufnahme eines alten Verhältnisses nicht abfinden wollten und eher eine Chance sahen, selbst an die Stelle der Gräfin von Ingenheim oder der wilden Gräfin von Dönhoff zu treten.

Bei einem Spaziergang mit Wilhelmine am Ufer der Spree warf sich die schöne Frau von Wallenrodt dem König zu Füßen und machte ihm mit glühenden Worten einen so unsittlichen Antrag, dass Wilhelmine sich errötend abwandte. Nun ging dem großen Preußen zwar der Ruf des Unersättlichen voraus, aber Friedrich Wilhelm hatte es nicht gern, wenn man ihm die Initiative abnahm. Als daher die schöne Frau von Wallenrodt seine Beine fest umschlungen hielt und diese auch nach mehrfacher Aufforderung nicht zur Fortsetzung des Spazierganges freigab, gebrauchte der Monarch seinen Spazierstock, um sich von der heißblütigen Verehrerin freizuprügeln. Es heißt, in ihrem Drang zu höheren Kreisen habe die Wallenrodt sich daraufhin einem Diener des Königs an den Hals geworfen.

Auf andere, noch hartnäckigere Weise versuchte sich Caroline von Belderbusch, weit weniger attraktiv als die schöne Frau von Wallenrodt. Bei Hofe wurde sie abgewiesen, da versuchte sie sich durch Wilhelmine Rietz ein Entrée beim König zu verschaffen, aber auch das misslang. Schließlich suchte sie den Umweg über eine Tante Wilhelmines, der sie allerlei Lügengeschichten auftischte, sie sei mit der Königin gut bekannt, und der sie nebenbei Kleidungsstücke und Geld stahl. Das hartnäckige Fräulein ließ sich die unmöglichsten Dinge einfallen, um in die Nähe des Königs zu gelangen. Auf Veranlassung Wilhelmines wurde sie später festgenommen und in Spandau zu einem halben Jahr Kerker verurteilt.

Beide Damen, die schöne Frau von Wallenrodt und das unattraktive Fräulein von Belderbusch, betrachteten die Geliebte des Königs als die Schuldige an ihrer Misere und rächten sich später auf ihre Weise: Jede der verschmähten Mätressen verfasste ein Buch, in dem sie an Wilhelmine Rietz kein gutes Haar ließ. Nicht die einzigen Schmähschriften übrigens, die Wilhelmine über sich ergehen lassen musste.

Im Gegensatz zu den kirchlich angetrauten Zweitfrauen des Preußenkönigs, der Gräfinnen Ingenheim und Dönhoff, stand Wilhelmine Rietz in gutem Verhältnis zu Königin Friederike. Sie ignorierte deren ständige Spitzen und sprach nur gut über die Königin. Begegnungen zwischen den beiden Frauen gerieten nie zur Peinlichkeit, man tauschte sogar Geschenke aus. In ihren Erinnerungen, die vor allem eine Rechtfertigung sein sollten, schrieb Wilhelmine: »Weit entfernt, der Königin mit Stolz und Übermut zu begegnen, wozu nur eine Wahnsinnige fähig gewesen wäre, fühlte ich gegen sie nichts als Liebe und Verehrung. Sie ihrerseits, weit entfernt, mich ihrer Gnade für unwürdig zu halten, kam oft zu mir nach Charlottenburg und hielt sich viele Stunden bei mir auf, bei welcher Gelegenheit ich tausend Beweise ihrer Herablassung und ihres Wohlwollens erhielt. Ihr Oberhofmeister, Graf Sayn von Wittgenstein, brachte mir die erste frohe Botschaft, dass sich diese edle Königin für mich habe malen lassen. Nach einiger Zeit kam wirklich dieses Porträt mit einer Stafette nach Pyrmont an den König, um es mir dort zuzustellen, welches auch geschah. Schon einige Zeit zuvor erhielt ich aus der Königin eigenen Händen einen Ring mit der Devise: ›Gage d'amitié‹. In der Folge schickte sie mir zum Andenken Brasseletten mit der Devise: ›Donné par amitié‹. Das Porträt besitze ich leider nicht mehr; den Ring und die Brasseletten habe ich noch und verehre in diesen das Andenken einer erhabenen, gefühlvollen und tugendhaften Königin.«

Dabei war es wirklich nicht einfach, mit Friederike von Hessen-Darmstadt auszukommen. Hatte schon der König größte Schwierigkeiten, so musste seine Zweitfrau noch weit mehr Fingerspitzengefühl beweisen, um bei der ungewöhnlichen Königin nicht anzuecken. »Sie war«, meinte der preußische Generalleutnant von der Marwitz, »eine höchst seltsame Person. Sie sah Gespenster und Geister und schlief bei Tage, wachte bei Nacht, hatte immer zu große Hitze, sodass sie des Nachts im Sommer und Winter im Hemde am offenen Fenster saß. Sie wurde vor der Zeit alt und krumm, sodass sie, erst einige vierzig Jahre alt, schon den Kopf mit der Hand in die Höhe halten musste, wenn sie jemanden ansehen wollte. Kurz, sie war ein unangenehmes Frauenzimmer, von niemandem geliebt.«

Trotzdem brachte sie dem König sechs Kinder zur Welt.

Und Wilhelmine? Sie war jetzt über vierzig, aber sie hatte das Aussehen einer jungen Schönheit. Von ihren sieben Kindern waren nur noch zwei am Leben, Diderica Gräfin von der Mark und Friedrich Wilhelm Rietz. In seinen *Vertrauten Briefen über die inneren Verhältnisse am preußischen Hof seit dem Tod Friedrichs II.* gerät Kriegsrat von Cölln ins Schwärmen: »Sie hatte so genau des Königs Reizbarkeit studiert, dass, wenn er durch häufigen Wechsel sich abgestumpft hatte, die alte Freundin noch Reizmittel im Rückhalte hatte, wodurch sie ihn so zu fesseln wusste, dass er immer wieder zu ihr zurückkam. Bösartig war sie nicht; sie war ganz Weib, rachsüchtig in der Liebe und eitel. Sie hat manchen Schurken gehoben und Bettler bereichert, die sie nach ihrem Fall mit Füßen treten wollten. Die Natur hatte ihr alle Reize verliehen, um Männerherzen zu fesseln: Tändelnde Liebe war ihr nicht eigen, dagegen gab sie vollen Genuss der Sinnlichkeit. Ihr Körper war wunderschön, ganz Ebenmaß ohnegleichen. Auch fehlte es ihr an Unterhaltungsgabe nicht.«

Natürlich hatte eine solche Frau Feinde, verständlicherweise unter Frauen mehr als unter Männern. Aber während es keine Frau gab, die ihr gefährlich werden konnte, lauerte ein Mann im Hinterhalt: Kronprinz Friedrich Wilhelm. Friedrich Wilhelm hasste die Konkubine seines Vaters. Er vertrat die Ansicht, Wilhelmine habe seiner Mutter den Ehemann weggenommen, was, allein im Hinblick auf die nicht geringe Nachkommenschaft, überhaupt nicht stimmte. Der Preußenkönig *brauchte* eine Zweitfrau wie Wilhelmine, nicht nur zur Befriedigung seiner sexuellen Begierden, Madame Rietz war für den Phlegmatiker Friedrich Wilhelm II. auch eine unverzichtbare Entscheidungshilfe. Sie traf nie (oder nur selten) Entscheidungen, denn sie wusste, dass das dem Preußenkönig zuwider war. Aber sie führte sie herbei. Der Kronprinz sah das anders, behauptete im Freundeskreis,

Wilhelmine wolle sich nur auf Kosten des Staates bereichern, sie habe Preußen an die Engländer verkauft und bestehle seinen Vater täglich.

Das ist natürlich Unsinn. Wilhelmine Rietz war inzwischen so wohlhabend, dass sie selbst Opfer von Dieben und Bittstellern wurde. Im Übrigen zeichnete sie sich gerade dadurch aus, dass sie materielle Bedürfnisse hintanstellte. Vor allem aber übersah der Kronprinz in seiner Ablehnung gegenüber Madame Rietz deren positiven Einfluss auf die mystizistischen und spiritistischen Anwandlungen seines Vaters, eines labilen Mannes, der, wäre er nicht an Wilhelmine geraten, großen Schaden hätte anrichten können. Denn die Geister, die er einmal rief, wurde König Friedrich Wilhelm II. nie mehr los.

Wunder- und geistergläubig wie ein Kind, stolperte der Neffe Friedrichs des Großen durch die Geschichte, mehr auf den Rat seiner Geistererscheinungen bedacht als auf den seiner Minister. Preußen wäre im ausgehenden 18. Jahrhundert in der Hauptsache von Spukgestalten regiert worden, hätte nicht die Geliebte des Königs mäßigend auf die Geister und Phantasmen eingewirkt. Dabei entwickelte Wilhelmine ein bemerkenswertes politisches Talent und respektables psychologisches Einfühlungsvermögen:

»Es wurde mir zum Überdruss, alle Augenblicke die Erscheinung meines Sohnes zu gebrauchen«, sagte Wilhelmine später. »Weil der König aber unaufhörlich über tausendfache Gegenstände fragte, was der Geist dazu sagte, so erfand ich die Bekanntschaft eines rechtschaffenen Mannes. Angebahnt wurde das dadurch, dass ich angeblich von meinem Sohne länger nichts hörte. Diese imaginären Leute waren keine Wundermänner, waren aber auch keine richtigen Personen. So brachte ich ihm meine Ansichten durch die Blume bei; denn meinen eigenen schlichten Rat hätte der König gewiss verachtet, der immer etwas Außergewöhnliches hören wollte.«

Ohne seine Geister und Spukgestalten war Friedrich Wilhelm II. handlungsunfähig. Als der Krieg mit Frankreich drohte, da flehte der Preußenkönig den Geist seines Sohnes Alexander um Rat an, was zu tun sei. Auf einem Zettel schrieb er die beschwörenden Worte: »Bist Du der Geist meines Sohnes Alexander, so bekenne, dass das unerschaffene Wort Fleisch ward und Christus sein Blut für uns vergossen hat.«

Und der Kindgeist antwortete (über Wilhelmine): »Sage meinem Vater, er wird den erretten, dem Gewalt geschieht von dem, der Unrecht tut. Gott wird mit ihm sein, wenn er fromm und reinen Herzens ist ...«

Später erklärte Madame Rietz, sie habe, als der Krieg schon im Gange war, versucht, den König in seinem gefassten Beschluss zu bestärken, ihm Mut zu machen für sein Vorhaben. Und weil Friedrich Wilhelm es verlangte, spielte sie das Gaukelspiel weiter. Ein Kindgeist spukte durch die europäische Geschichte.

Der Frankreichfeldzug der Preußen endete mit einem Fiasko. Regen und Kälte, Proviantmangel und zu guter Letzt die Ruhr unter seinen Soldaten erzwangen den Rückzug. Zwölftausend von ihnen blieben im Feld. Für Friedrich Wilhelm II. kein Grund zur Trauer. Der König an seine Geliebte: »Successe zu haben und doch nicht vorwärtszukommen, ist wohl eine seltsame Lage, und doch ist es die unsere gewesen. Ich habe mich durch das viele Nachdenken fast verrückt gemacht, aber gottlob ist es nicht zu Zweifeln in meinem Kopf gekommen ... Seit dem Empfang Ihres Briefes bin ich getröstet und heiter, mehr, als hätte ich Bataillen gewonnen.«

Die einzige gewonnene Bataille auf diesem Feldzug war die Wiedereinnahme von Frankfurt, das die Franzosen besetzt gehalten hatten. Friedrich Wilhelm nahm das zum Anlass für ausgedehnte Siegesfeiern, samt Beischlaf mit verschiedenen Demoiselles der Stadt, von denen die Schwestern Sarasins, die Marquise de Pourpi und »eine gewisse Brünette, deren Namen ich nicht weiß«, nachhaltigen Eindruck hinterließen.

Schier um den Verstand brachte den Unersättlichen jedoch die Patriziertochter Sophie Bethmann-Metzler, vermutlich deshalb, weil alle Liebesmüh des Preußen vergeblich blieb. Obwohl das Werben des Königs beinahe zwei Jahre dauerte – Sophie heiratete dann den Gesandten Joachim von Schwartzkopf –, begegnete Wilhelmine dem Geliebten wie immer mit Verständnis: »Sie sind eben wie die alten Helden, die es so gut verstanden, den Krieg und die Liebe zu vereinigen …« Erst als er das Schandhafte seines Verhaltens erkannte, wandte sich Friedrich Wilhelm reuevoll an seine langjährige Geliebte: »Was für ein Geschöpf kann mit mir noch glücklich sein. Ich ziehe alle ins Unglück. Kommen Sie mir doch mit Rat zu Hilfe.«

Der grenzenlose Egoismus des Königs, seine albernen Geisterbeschwörungen nervten Wilhelmine Rietz mittlerweile allerdings so sehr, dass sie 1795 Preußen für längere Zeit verließ. Die genauen Ursachen für diesen Schritt sind nicht aufzuklären. Angeblich riet ihr der königliche Leibarzt, Geheimrat Brown, zu diesem Schritt, wegen ihrer angegriffenen Gesundheit. Er riet zur Kur in den heilkräftigen Bädern von Pisa, wohin Wilhelmine sich auch begab, aber nur für ein paar Tage. Die meiste Zeit verbrachte sie in Rom und Neapel. Deshalb kamen Gerüchte auf, Wilhelmine sei der Liebe wegen gen Italien gezogen, oder sie habe dort ihr Barvermögen angelegt. Tatsache ist, Friedrich Wilhelm persönlich bereitete die Reise vor, er kam für alle Kosten auf, und die waren nicht unerheblich.

Madame Rietz, die seit ihrer Paris-Reise in jungen Jahren nicht weiter als bis nach Hamburg und Mainz gekommen war, reiste nun königlich: Mit dem Hofpoeten Filistri de Caramondari als Reisemarschall, Johanna Margarete Chappuis als Gesellschafterin, dem Sekretär Steinberg und einem Quartett Dienerschaft, gerade die Hälfte ihres üblichen Personals in Potsdam und Berlin, zu dem noch der Kammerdiener Heberer, die königlichen Köche Julius und Naumann, Friseur Witzendorf, Jäger Freiwald, Kammerjungfer Fräulein Bandemer, die Erzieherinnen Madame Bärensprung und Madame Calvi gehörten.

Caramondari verfügte über einen festgesetzten Reiseetat und Wilhelmine über eine von Friedrich Wilhelm II. unterzeichnete *Carte blanche* an die bedeutendsten Bankiers in Mailand, Florenz, Livorno, Rom und Neapel. »Ein verführerisches Papier«, meinte Madame Rietz, »aber der König kannte mich schon und wusste, dass ich zu keinem Missbrauch fähig war.« Zwar betonte Wilhelmine, von jenem Papier des Preußenkönigs, das sie in die Lage versetzte, bei verschiedenen Banken jeden Betrag abzuheben, keinen Gebrauch gemacht zu haben. Sie verschwieg dabei allerdings, dass sie auf ihrer Ferienroute gewaltige Schulden hinterließ, die erst viele Jahre später vom Thronfolger beglichen wurden.

Die wenigsten wussten, dass Friedrich Wilhelm seine Geliebte beauftragt hatte, Altertümer, Skulpturen und Gemälde zu erwerben. Erlesen wie ihre Bildung war auch Wilhelmines Geschmack, vor allem deckte er sich mit dem des Königs, und auch das war ein Band ihrer ein Vierteljahrhundert dauernden Beziehung. Sie hatte mitgewirkt an der Ausstattung des Marmorpalais, Teile der Orangerie tragen ihre Handschrift, und Madame Rietz gilt als Initiatorin und Schöpferin des Schlösschens auf der Berliner Pfaueninsel.

Nun, im Angesicht der römischen Kunstwerke, geriet sie ins Schwärmen über die zweitausendjährige Geschichte der Stadt, suchte zwei Stunden – vergebens – nach der Stelle, wo Julius Caesar, den sie in fremdländischer Einfachheit »Huglius Zäsahr« schrieb, unter den Dolchen seiner Häscher fiel, holte sich in der Sixtinischen Kapelle einen Schnupfen und ließ sich von Caramondari im Marmertinischen Kerker die Geschichte des legendären Ortes vorlesen.

Ihre Erkältung hoffte Wilhelmine Rietz im wärmeren Neapel auszukurieren, wo sich ihre ganze Reisegesellschaft im Hotel alle Crocelle einquartierte, am Hafen gelegen mit jenem unbeschreiblichen Blick über den Golf, der Maler und Dichter in gleicher Weise entzückt hat. »Wir standen am Fenster«, diktierte sie ihrer Gesellschafterin Chappuis, »und genossen die prächtige Aussicht. Vor uns das Meer, im Hintergrund die Insel Capri; rechts das Cap Miseno und der Pansilipp, links das Castell Ovo und in der Ferne der in Nebel gehüllte Vesuv. Das Meer war stürmisch. Das stimmte uns zu melancholischen Phantasien über die Zukunft.« Hatte Wilhelmine eine Vorahnung?

Es war ihr inzwischen gelungen, auch aus der Ferne Macht auszuüben über den Preußenkönig. Mit der ihr eigenen Schlauheit berichtete sie in ihren Briefen von immer neuen Geistererscheinungen und Botschaften, und sie wusste genau, dass Friedrich Wilhelm diese Botschaften zur Grundlage seines Handelns machte. Zwischen Potsdam und Neapel wurde von ihrem Bruder Carl Enke eine Stafette eingerichtet, eine Botenpost, die in der Lage war, einen Brief innerhalb weniger Tage vom Süden Italiens nach Preußen zu transportieren. Neben Anderchens Geist hatte Wilhelmine jetzt auch noch den Hilfsgeist des Reverend Père und mehrere »Missionare von der Küste Malabar« im Gefolge, und der König fieberte jeder Aussage entgegen. Er legte jedem Privatbrief eine höchst offizielle Botschaft in französischer Sprache bei, in der er die Meinung von Wilhelmines Geistern über die Allianz mit Österreich oder Russland erkundete. Fragen, auf die sie eine Antwort wusste, beantwortete die Geliebte postwendend, andere, die ihr zu heikel schienen, schob sie auf, indem sie mitteilte, der Reverend Père werde zu diesem oder jenem Problem erst auf der Rückreise in Wien Stellung nehmen.

Die Boten, von denen die Post der besonderen Art transportiert wurde, wussten natürlich nicht von ihrer geschichtsträchtigen Aufgabe, und Wilhelmine lebte in Furcht, durch irgendeinen Zufall könnte der obskure Inhalt eines Schreibens bekannt werden. Sie war sich der Albernheit der Situation durchaus bewusst, ebenso aber auch der Tatsache, dass Friedrich Wilhelm, hätte *sie* nicht seine Spuksucht befriedigt, sich andere Geister hätte, und Gott weiß, welche Folgen das gehabt hätte.

Immerhin gelang es ihr auf diese Weise, aus der Ferne auf das Liebesleben des Monarchen Einfluss zu nehmen. Denn nach einer kurzen Phase »schrecklicher Keuschheit« schlich Friedrich Wilhelm wie ein hungriger Wolf um den Pferch liebesbedürftiger Schafe. Lieblingsobjekt seiner Begierde war jetzt die neunzehnjährige Opernstatistin Sophie Schulzki, offenbar ein Mischling, »schwarzbraun, gewachsen wie ein Licht, gut, bieder und ehrlich«. Wilhelmine, schreibt der König dringend, möge durch einen ihrer Geister fragen, ob es ihm erlaubt sei, dem heftigen Drange nachzugeben, umso mehr, als diese Liebe nicht nur sinnlich sei. Wie immer er ausfallen werde, er wolle sich dem Bescheid unterwerfen.

Nichts verleiht einer Frau mehr Macht über einen Mann, als wenn dieser auf Freiersfüßen geht. Deshalb ließ Wilhelmine den König erst einmal im Ungewissen. Keiner der ihr angeschlossenen Geister, so ließ sie wissen, habe sich bisher bereiterklärt, zu dem Problem Stellung zu nehmen.

Darauf der König: »Meine Freundin habe ich nun seit einigen Tagen bei mir. Ich konnte ihr keinen Grund mehr nennen, weshalb ich sie nicht genommen hätte. Wir sind Tag und Nacht zusammen, aber wie Bruder und Schwester, obwohl wir uns herzlich lieb haben ... Diese Lebensart ist sehr peinigend, aber ich will nicht klagen. Machen Sie doch, dass es nicht noch Jahr und Tag dauert ...«

Wilhelmine schwieg.

Der König: »Soll die Erlaubnis noch Jahr und Tag dauern, so würden meine Kräfte ermatten. Ich bin doch auch nur ein Mensch!«
Wilhelmine schwieg noch immer.
Der König: »Das gute Mädchen hat sich sehr artig betragen während der drei oder vier Wochen, in denen wir zusammenwohnen und sich nicht die geringste Unruhe anmerken lassen oder Ungeduld, dass wir noch nicht so richtig zusammenlebten, wie das sonst Sitte ist …«
Endlich antwortete Wilhelmine, Anderchens Geist habe die Erlaubnis zum königlichen Geschlechtsverkehr mit der schokoladenbraunen Schauspielerin Sophie Schulzki erteilt. Er beliebte jedoch, darauf hinzuweisen, dass niemals eine Fremde ihren, Wilhelmines, Platz im Herzen des Königs einnehmen könnte.
Das war geschickt arrangiert. Im Klartext bedeutete es nichts anderes als, Friedrich Wilhelm konnte ins Bett gehen, mit wem er wollte, den wichtigsten Platz aber nahm Wilhelmine ein. Sophie, die Opernstatistin, bedankte sich höflich mit einem Brief für die Gnade.
Der König nach vollzogener Handlung: »Das liebe Mädchen ist so ganz nach meinem Herzen. Wenn ich sie mir selbst gemacht hätte, könnte sie nicht besser geraten sein …«
Auch wenn sie dem König den Anschein vermittelte, so lebte Wilhelmine Enke keineswegs wie eine Nonne. Grafen und Herzöge, Lords und Marquis rissen sich um ihre Gunst, wobei ihr der Ruf, die Geliebte des preußischen Königs zu sein, eine ganz besondere Attraktivität verlieh. Wilhelmine genoss dieses Liebeswerben illustrer Männer, das hier, anders als in Preußen, ohne Heimlichkeiten vonstatten ging. Der Marquis Vivoldi holte Madame Rietz aus dem offenbar doch zu schlichten Hotel am Hafen in seine Residenz, was Wilhelmine aber nicht daran hinderte, auch mit anderen Herren von Adel Umgang zu pflegen.

Zwei, die mit harten Bandagen um sie kämpften, während es die übrigen bei schlichten Heiratsanträgen bewenden ließen, waren der Chevalier de Saxe und Friedrich August Hervey, Lord Bristol. Wilhelmine hatte mit beiden ein intimes Verhältnis. Der Chevalier de Saxe war ein Sohn des sächsischen Prinzen Xaver. Er lebte in Neapel, wo er später auch Gouverneur wurde, bis er 1802 in einem Duell mit einem russischen Fürsten bei Teplitz den Tod fand. Lord Bristol hingegen ging der Ruf des skurrilsten Lords des Jahrhunderts voraus, eines Schürzenjägers, wie er im Buche stand. Vor seiner Erhebung in den Adelsstand, für die eher sein sagenhaftes Vermögen als sein vornehmes Verhalten eine Rolle gespielt haben dürfte, trug der außergewöhnliche Mann den schlichten Namen Friedrich August Hervey. In England hieß es im 18. Jahrhundert: Gott schuf Männer, Frauen und Herveys. Jedenfalls konnte Hervey für sich in Anspruch nehmen, mit den bekanntesten Geliebten des Jahrhunderts liiert gewesen zu sein, mit Wilhelmine Enke und Lady Emma Hamilton.

Von Berufs wegen war Hervey Bischof von Derry, eine Aufgabe, die ihn jedoch nicht ausfüllte, und das dauernde Beten war auch nicht nach seinem Geschmack, weil seine moralischen Grundsätze stets denen des Wohllebens unterlagen. An Italien gefielen ihm die antiken Säulen und die Marmorstatuen längst vergangener Schönheiten, die er sammelte wie andere Muscheln am Strand, um sie zur Ausschmückung seiner Residenz nach Hause zu verschiffen. Er konnte sich solchen Aufwand leisten, weil seine Diözese die reichste auf der Insel und für eine Jahresapanage von mehreren Millionen gut war.

In einer der vornehmsten Gegenden Roms, auf dem Monte Pincio, unterhielt er eine Villa, in der die feine Gesellschaft aus- und einging, bisweilen auch die halbseidene, aber beide bedeuteten ihm mehr als die frommen Herren Kardinäle, denen man hier ohnehin an jeder Straßenecke begegnete. Lord

Bristol war es auch, der den Sammler und Altertumsforscher Sir William Hamilton, vor allem aber seine bildschöne Ehefrau Emma, geborene Lyon, in die Gesellschaft eingeführt hatte. Zwar bekleidete Hamilton den Posten des britischen Gesandten in Neapel, aber ohne Lord Bristol wäre das diplomatische Leben am Fuße des Vesuv viel eintöniger verlaufen.

Der lustige Bischof führte Wilhelmine auch bei Lord und Lady Hamilton ein, die in Caserta eine Sommerresidenz besaßen. Den Lord betrachtete Madame Rietz als spröden Adeligen mit liebenswerten Zügen. Vom Alter her hätte er mindestens der Vater von Lady Hamilton sein können, doch nach außen hin machte die Ehe der beiden einen durchaus glücklichen Eindruck.

Die schöne Lady Hamilton, mehr als zehn Jahre jünger als Wilhelmine, versetzte die Zweitfrau des Preußenkönigs in wahre Verzückung: »Sie ist ein Engel«, ließ sie Friedrich Wilhelm wissen, »nicht alleine ihr Äußeres, welches schön ist, sondern ihre Seele, die ganz dem Körper ähnlich ist. Sie ist voller Talente, sie singt wie ein Engel und macht die schönsten und reizendsten Attitüden [Darstellung lebender Bilder], alle nach Figuren, die man in Herculaneum gefunden hat.« Die beiden begehrten Frauen freundeten sich an. Wilhelmine ließ aus Berlin teure Geschenke kommen für die bewunderte Freundin.

Lady Hamilton galt als Vertraute der Königin Karoline von Neapel, einer gebürtigen Erzherzogin von Österreich, Tochter Maria Theresias. Angeblich weigerte sich die stolze Dame, eine Bürgerliche wie Madame Rietz zu empfangen, auch wenn es sich dabei um die Geliebte des preußischen Königs handelte. Wilhelmine zeigte sich gekränkt. Vielleicht wurde sie aber auch erst durch Lady Hamilton dazu animiert, Friedrich Wilhelm einen Adelstitel abzuringen, der das Entrée zu allen Höfen Italiens, und nicht nur Italiens, bedeutete.

»Eure Majestät wissen wohl«, schrieb sie mit dringender Post an Friedrich Wilhelm, »dass ich persönlich keinen Wert lege auf die törichten Eitelkeiten der Hofetikette. Allein es bringt mich in eine schiefe Stellung, dass meine Kinder durch die Gnade Eurer Majestät in den Adelsstand erhoben sind, während ich noch immer dem einfachen Bürgerstand angehöre.«

Der Preußenkönig kam dem Wunsch seiner Geliebten sofort nach, schlug vor, sie zur »Comtesse Lichtwert oder so etwas« zu ernennen, andernfalls könne sie den Namen der Güter Rikchens (der Tochter Friederike Diderica) annehmen: Lichtenau. Wilhelmine Rietz, geborene Enke, entschied sich für Lichtenau.

Friedrich Wilhelm II. in einem Brief vom 27. April 1796 an Wilhelmine: »Heute Früh habe ich schon alles beim Departement besorgt wegen Ihres Titels und der Namensänderung als Gräfin von Lichtenau und auch wegen des Wappens; ich werde es gleich mit Carl zurückschicken. Das Diplom habe ich schon von Anno 94 datieren lassen. Obwohl ich überzeugt bin von seinem geringen Wert für jemanden, der auf diese weltlichen Torheiten setzt, so begreife ich wohl, dass es in Ihrer weltlichen Lage sehr nötig war, schon wegen des guten Rikchens ...«

Es wurde viel herumgehänselt, warum Wilhelmine gerade zu diesem Zeitpunkt Wert darauf legte, in den Adelsstand erhoben zu werden. Immerhin war sie jetzt dreiundvierzig Jahre alt, und ihre gesellschaftliche Position übertraf die mancher Gräfin. Wenn die angeblichen Ressentiments der Königin Karoline überhaupt den Tatsachen entsprechen und nicht eine gut ausgedachte Erfindung sind, dann gab es gewiss triftigere Gründe für diesen Schritt. Eine Frau von der Intelligenz Wilhelmines wusste genau, dass geadelte Parvenüs immer zwischen zwei Stühlen sitzen: Der Adel begegnet ihnen mit Hochmut und gibt sie der Lächerlichkeit preis, das

Bürgertum überschüttet sie mit Neid und Häme und geht auf Distanz. Das widerfuhr auch Wilhelmine Gräfin Lichtenau. Während sie, Arm in Arm mit Lady Hamilton auf einer Parkbank, den schlüpfrigen Versen lauschte, die der tolle Bischof Lord Bristol in die südliche Nacht schmetterte, wurden in Berlin und Potsdam Flugblätter an die Bäume geheftet: »Warnung an die Gräfin Lichtenau, vor Zeiten Zitronen- und Kienäpfel-Trägerin. Flieh, Buhlerin, flieh! Des gerechten Donners Rache wird bald Dein geiles, jetzt hochgeborenes Ohr erschüttern …« Doch davon wusste Wilhelmine nichts. Ihr war vielleicht auch viel wichtiger, dass mit der Adelserhebung sowohl der alte Name erlosch als auch die Proforma-Ehe mit Kämmerer Rietz. Mit anderen Worten: Wilhelmine war frei.

Wie nicht anders zu erwarten, nahm der liebestolle Bischof diesen Schritt zum Anlass, seine Anstrengungen um die schöne Wilhelmine zu verdoppeln. Der glühende Liebhaber ließ nichts unversucht, sich in das Leben der Gräfin Lichtenau zu drängen. Sogar der eigene Sohn schien ihm dazu als Mittel recht. Bristol schlug vor, ihn mit Wilhelmines Tochter Rikchen – sie war gerade sechzehn – zu vermählen, und pries den Jungen an wie in einer Heiratsanzeige: »Er beherrscht völlig den guten Ton der Gesellschaft, der Literatur, der Politik, hat ein schönes, ausdrucksvolles Gesicht, geistreiche Züge, natürliche Beredsamkeit, englische Bescheidenheit und Zurückhaltung und einen seines Vaters und seiner Ahnen würdigen Stolz.«

Und damit der junge Mann wüsste, was auf ihn zukam, sollte Wilhelmine den Dresdener Maler Anton Graff, Lehrer an der dortigen Akademie und bedeutendster Porträtist seiner Zeit (er schuf nach eigenen Angaben in seinem Leben 1500 Porträts), beauftragen, Friederike Diderica in Öl festzuhalten. Lord Bristol sagte auch genau, wie: »Sie soll in völligem Deshabillé [also möglichst nackt] und hauptsächlich ohne Kopfbedeckung dargestellt werden. Den Arm soll sie auf einen sehr schönen Kamin stützen, als ob sie mit jemandem spräche. Auf diese Weise werden wir ihren Gesichtsausdruck, ihre Miene, ihren Wuchs, ihre Haltung und alles andere erkennen und in Ruhe urteilen können.« Trotz der perfekten Planung des Vaters kam die Liaison der Kinder nicht zustande.

Aber vielleicht war es gerade jene zu perfekte Planung des tollen Bischofs von Derry, die Wilhelmine so erschreckte, dass sie ihm letzlich nicht ihr Jawort gab, auch wenn er sie mit Anträgen überhäufte. Der spleenige Lord war ein Vorausdenker, eine Eigenschaft, die nicht bei allen Frauen Begeisterung findet. Eine Frau von starkem Charakter wie die Gräfin Lichtenau, eine Frau, die von frühester Jugend gewohnt war, ihr Leben selbst in die Hand zu nehmen, stand den Berechnungen und Kalkulationen Lord Bristols eher skeptisch gegenüber, auch wenn sie bisweilen rührende Züge annahmen. So ließ Lord Bristol im heimischen England für Wilhelmine auf Verdacht einen Spazierweg bauen für die Nachmittagspromenaden, und er war der Einzige, der, als eine schwere Erkrankung des Preußenkönigs bekannt wurde, sich um die Altersversorgung der angebeteten Gräfin Sorgen machte.

Trotz dieser guten Eigenschaften blieb Lord Bristol, der Tag und Nacht ein mit Brillanten umrahmtes Medaillon mit dem Bild Wilhelmines um den Hals trug, ein Filou. Und ein Filou war kein Mann für Wilhelmine. Er mochte der »anbetungswürdigen Freundin« tausendmal seine Liebe schwören, die Gräfin von Lichtenau war sich bewusst, dass sie nie die einzige Frau an seiner Seite sein würde. Im Übrigen war der Mann verheiratet, und vom Leben als Zweitfrau hatte Wilhelmine genug. Deshalb lehnte sie auch den letzten Antrag Lord Bristols, datiert vom 5. Oktober 1796, ab. Es ist gewiss der kurioseste Antrag, den ein englischer Lord je einer preußischen Gräfin gemacht hat:

»Anbetungswürdige Freundin!
Sehen Sie doch erst einmal, liebe, sehr liebe Freundin, ob ich mich nicht mit Ihnen beschäftige! Und dann erst, bitte, machen Sie mir Vorwürfe über Taten der Untreue, über Dinge, die ich nicht begehe, die ich nie begehen werde, weder aus natürlichem Geschmack noch aus Gefallen daran, noch aus Laune, noch infolge von Verführung. Aber glauben Sie ja nicht, wenn Ihnen mein Herz auch ganz ergeben ist, dass Sie etwa Rechte auf das Perikordium hätten (bitten Sie Dr. Brown, Ihnen dies zu erklären!). Ich gestehe Ihnen gänzlich Alleinherrschaft über alle Gefühle meines Herzens zu, aber ich muss in meinem Innern auch noch für andere etwas übrighaben. Sie haben z.B. kein Recht über meine Wohltätigkeit, noch über mein Wohlwollen für andere. Sie haben keine Herrschaft über meine Gastfreundlichkeit, noch Anspruch auf Despotismus über meine Dankbarkeit. Mein Herz ist ein großes und, ich darf sagen, weitläufiges Schloss, dessen Haupttrakt Ihnen und Ihnen allein geweiht ist; jedes Gemach ist geschmückt mit Ihrem Namen, mit Ihrer entzückenden Persönlichkeit, mit Ihrem zartfühlenden, geistvollen Wesen, aber, liebe Freundin, es muss erlaubt sein, in den Nebengebäuden diejenigen unterzubringen, die mich lieben, die Dennis', die Hamiltons, ja sogar die Odels, wie in der Herberge eines Klosters sich auch die Tauben, Einäugigen, Blinden und Hinkenden niederlassen dürfen.

Lassen Sie mich nach dieser Abschweifung zu meinen Wilhelminischen Angelegenheiten zurückkommen.

1. *habe ich für Sie einen entzückenden, mit dem besten Sande bestreuten Spazierweg für Ihre Nachmittagspromenaden herstellen lassen;*
2. *habe ich den großen Weg auf den Berg für Ihre Ausfahrten in Ihrem hübschen Wagen glänzend herrichten lassen;*

3. *habe ich einen zweiten Promenadenweg, innerhalb des erwähnten, angefangen, und zwar für die weniger langen Abende, wenn auch die Sonne einen kleineren Bogen beschreibt als zur Zeit der Junisonnenwende;*
4. *und hauptsächlich habe ich soeben einen langen Brief von meinem Sachverwalter in London erhalten. Er sagt, es ließe sich nicht weit von London ein prächtiger Besitz erwerben, der mindestens 4 Prozent Rente trägt, d. h., dass wir von 100 000 Pfund Sterling 4000 Pfund Sterling jährlichen Ertrag hätten und obendrein ein hübsches Schloss, Gärten, Gewächshäuser und einen englischen, mit schönem Damwild besetzten Park. Überlegen sie, ob Ihnen die Sache zusagt und zu machen wäre.*

Liebe, liebenswürdige und zärtliche Freundin, leben Sie wohl!
Bristol, der Sorglose, aber nie Fürsorglose.«

Trotz abschlägigen Bescheids durch die Gräfin Lichtenau ließ sich Lord Bristol noch immer nicht entmutigen. Er reiste Wilhelmine hinterher, als diese, alarmiert vom schlechten Gesundheitszustand des Preußenkönigs, schneller als geplant nach Berlin zurückkehrte. »Brustwassersucht« lautete die obskure Diagnose des königlichen Leibarztes Dr. Brown. »Schreckliches Kopfweh, alltägliches Fieber, Tropfen und Pulver helfen nicht mehr«, berichtete Friedrich Wilhelm, der so entkräftet war, dass er sogar beim Briefeschreiben einschlief.

Erst Wilhelmines Anwesenheit linderte seine Krankheit. Mit einem Schlag waren die schwarzbraune Opernstatistin und alle anderen Damen, die ihm eifrig den Hof gemacht hatten, vergessen. Lord Bristol im Schlepptau der Gräfin Lichtenau empfahl zur Genesung eine Kur in Bad Pyrmont, weil sein Amtsbruder, der Bischof von Winchester, dort selbst das »dreitägige Fieber« verloren habe, eine heimtückische Krankheit, gegen die an keinem anderen Ort ein Kraut gewachsen war. Der liebestolle Lord stellte dem König, der inkognito unter dem Namen Graf von Hohenstein kurte, sogar das Appartement zur Verfügung, das er vorsorglich bereits im letzten Winter angemietet hatte, als Liebesnest für sich und Wilhelmine.

Obwohl sich Lord Bristol in Berlin, um jeden Skandal zu vermeiden, auf Distanz von der Gräfin Lichtenau hielt, blieben dem kranken König dessen Absichten nicht verborgen. Friedrich Wilhelm brauchte Wilhelmine jetzt mehr denn je, und deshalb bat er den wilden Bischof von Derry zu einer Privataudienz und machte ihm ein für alle Mal klar, dass Wilhelmine *seine* Zweitfrau sei und dass er jeden weiteren Kontakt mit ihr untersage.

Obwohl auch nicht mehr der Jüngste, war Bristol im Gegensatz zum Preußenkönig kerngesund und glaubte wohl, das Ende des Nebenbuhlers abwarten zu können. Er war kein Duckmäuser und schleuderte Friedrich Wilhelm zum Abschied die Worte ins Gesicht: »Majestät sage ich Lebewohl, ich freue mich, nach meinem schönen Neapel zurückzukehren, wo der Mond mehr Wärme verbreitet als die Sonne in Berlin.«

In Wahrheit reiste Lord Bristol keineswegs nach Neapel, sondern schlich, wie der Kater um das Mäuschen, in sicherer Entfernung um die Gräfin, immer zum Sprung bereit, zuerst in Sachsen, später in Österreich, von wo er geheime Botschaften schickte. Dabei ließ er nichts unversucht, den König bei Wilhelmine schlecht zu machen. Er könne nicht begreifen, meinte er zynisch, dass ein sonst so mitfühlender Mann wie Friedrich Wilhelm II. dem Schicksal einer Frau, die er seit zwanzig Jahren an sich gefesselt habe, so gleichgültig gegenüberstehe. Sterbe der König, so müsse sie in Verlassenheit und Armut enden. »Aber, liebe Wilhelmina, sei überzeugt, dass, wenn Dein alter Freund Dich im Stich lässt, Dein neuer ... nicht also handeln wird, ... dass, wenn Du vor die Wahl gestellt wärest, entweder in Berlin zu sterben oder in London zu leben, ich Dir eine jährliche Zuwendung von tausend Friedrich d'ors als Pfand meiner Freundschaft und als schwache Belohnung Deiner edlen Eigenschaften anbiete.«

Geschmack war nicht Lord Bristols Sache. Aber Männer im unerfüllten Liebeswahn sind selten geschmackvoll. Hervey entwarf sogar eine Grabinschrift für die Gräfin Lichtenau und teilte ihr dieselbe mit: »Hier ruht das Opfer einer Freundschaft von zwanzig Jahren, wiederauferweckt durch eine Freundschaft von zwanzig Monaten.«

Mit Argwohn verfolgte Lord Bristol auch die Zuneigung, die Wilhelmine Gräfin von Lichtenau ihrem römischen Fremdenführer Aloys Hirt, einem studierten Professor der Schönen Künste und der Völkerkunde, entgegenbrachte. Hirt hatte zwölf Jahre als Privatgelehrter in Rom gelebt und bescheidene Einnahmen aus einem ererbten Vermögen und als Fremdenführer für hohe Herrschaften bezogen. In dieser Eigenschaft war er auch der Gräfin Lichtenau begegnet und hatte sich gleich am ersten Tag in die schöne Dame aus Preußen verliebt.

Wilhelmine erwiderte sein Liebe durchaus und gab sogar bedenkenlos seinem Drängen nach, sich für ihn in verführerischer Pose malen zu lassen: weiß gekleidet mit bloßen Armen und leicht gehobenem Gewand, in einsamer Landschaft sitzend mit einer römischen Ruine im Hintergrund. Als Malerin kam nur die in Rom lebende Angelika Kaufmann in Frage, die das Bild innerhalb weniger Tage vollendete. Hirt war selig.

Als sie nach Berlin zurückkehrte, ließ Wilhelmine Hirt einfach unter dem Vorwand nachkommen, für einen klugen Kopf wie ihn sei am preußischen Hofe immer Verwendung, entweder als Erzieher oder, was Hirt noch lieber gewesen wäre, »als Aufseher eines Oberbaudirektoriums, als Vorsteher einer Kunstakademie oder als Mitglied einer gelehrten Gesellschaft.«

Die Gräfin selbst ließ über die Beziehung zu Hirt wenig verlauten. Dieser allerdings schwärmte in Briefen von seiner Angebeteten: »Wohnung und Tisch mit Ihnen gemeinsam zu haben, ja selbst Ihnen auf Reisen zu folgen – was könnte für meine Empfindung erwünschter, für meine Phantasie blühender sein?«

Hirt verbrachte den Sommer 1796 allein in Berlin, denn Wilhelmine weilte mit dem König zur Kur in Pyrmont. Dessen Leiden schien sich gebessert zu haben, als sie im Herbst nach Potsdam zurückkehrten. Der kalte, feuchte Herbst an der Spree machte Friedrich Wilhelm II. jedoch mehr zu schaffen als erwartet, und Wilhelmine überredete den König, sofort nach Pyrmont zurückzukehren, diesmal jedoch nicht inkognito, sondern höchst offiziell. Friedrich Fürst von Waldeck bot dem hohen Gast und seiner Zweitfrau sein Schloss in Pyrmont zum Wohnen an. Wilhelmine arrangierte ausschweifende Feste und ließ zum Theaterspielen Schauspieler aus Hamburg anreisen.

Des Königs Leiden fand abermals Linderung, und Wilhelmine solches Gefallen an Schloss Waldeck, dass der Preußenkönig mit dem Fürsten in ernsthafte Verhandlungen trat, ihm den Besitz abzukaufen. Dies kam dem hochverschuldeten Fürsten, dem die Gläubiger im Nacken saßen, sehr gelegen, ja die Transaktion konnte ihm gar nicht schnell genug gehen. Aber trotz angeschlagener Gesundheit behielt Friedrich Wilhelm einen klaren Kopf und meinte, er wolle den Kauf zu Gunsten Wilhelmines erst dann tätigen, wenn in Europa die Ruhe wiederhergestellt sei.

»Der König hat gesprochen«, schrieb der Fürst von Waldeck an die Gräfin Lichtenau, »darum ist es an mir, zu schweigen und ihm untertänigst Dank zu sagen, dass er hat sprechen wollen. Aber hieße es Ihre Güte missbrauchen, gnädige Frau, wenn ich Sie darauf aufmerksam mache, dass ein zu langes Hinauszögern mich der Wirkung der hochherzigen Güte des Monarchen berauben würde, die darin besteht, mich vom Abgrunde wegzureißen, in den eine Reihe widriger Umstände mich zu stürzen drohen? Es wäre ein Wort Seiner Majestät nötig, das mir Mut gäbe, einen späteren Zeitpunkt abzuwarten. Dieses Wort allein würde meine Gläubiger beruhigen. Ohne dieses Wort werden sie mich von allen Seiten anfallen und mir die Möglichkeit entziehen, mir die Großmut des ausgezeichneten Fürsten zunutze zu machen. Ich wage Sie zu beschwören, liebenswürdige und reizende Gräfin, Seine Majestät die fürchterliche Zwangslage, in der ich mich befinde, in Erwägung ziehen zu lassen. Er möge geruhen, mir zu versprechen, dass er mit mir von heute ab in einem Jahre in Unterhandlungen treten wird, und ich bin gerettet. Nur um diesen Preis kann ich es noch werden ...«

Den Preußenkönig kümmerte die finanzielle Zwangslage des Fürsten wenig. Doch der, schier verrückt in seiner Ausweglosigkeit, ersann einen neuen Plan. Unerwartet gestand Friedrich Fürst von Waldeck der Gräfin Lichtenau seine Liebe. Kurz darauf machte er ihr einen Heiratsantrag.

Ein Heiratsantrag vermochte Wilhelmine normalerweise nicht aus der Fassung zu bringen. Zu viele hatte sie schon über sich ergehen lassen und alle negativ beschieden. Doch nun, schien es, zögerte sie einen Augenblick. Allein die Vorstellung, innerhalb eines einzigen Jahres erst zur Gräfin und schließlich sogar zur Fürstin aufzusteigen, mag sie zum Nachdenken veranlasst haben. Waldecks Schachzug mag ehrenrührig gewesen sein, dumm war er nicht. Es versteht sich von selbst, dass eine offizielle Verbindung zwischen Fürst von Waldeck und der Gräfin Lichtenau nicht das Ende der Zweitehe zwischen dem Preußenkönig und Wilhelmine bedeutet hätte. Doch aus der erhofften Ehe wurde nichts. Die näheren Umstände sind unbekannt. Für Wilhelmine war dies eine unglückliche Entscheidung. Als Fürstin von Waldeck wäre ihr wohl jenes Schicksal erspart geblieben, das noch auf sie zukommen sollte.

Bei ihrer Rückkehr von der Kur wurden Friedrich Wilhelm II. und seine Geliebte empfangen, als kehrten sie von einem Kreuzzug ins Heilige Land zurück. Dabei kamen sie aus Pyrmont. Alle Glocken läuteten, von den Zinnen schallten Posaunen, die Menschen tanzten auf den Straßen, es gab Armenspeisung, Oper und Feuerwerk und im Börsensaal ein Festessen mit 500 geladenen Gästen. Die Königin entschuldigte sich mit Unpässlichkeit, sie war dem selbstbewussten Auftreten der Gräfin Lichtenau an der Seite ihres Mannes einfach nicht gewachsen.

Zum Diner erschien Wilhelmine vor den Gästen in einem weißen wallenden Gewand, das ihre Schultern im Stil einer griechischen Muse frei ließ. Friedrich Wilhelm und die zahllosen Verehrer im Saale waren aus dem Häuschen, als die Gräfin Lichtenau gegen Mitternacht, begleitet von der Hofkapelle, eigene Lieder zum Vortrag brachte. Professor Aloys Hirt, der für Wilhelmine das griechische Gewand entworfen hatte, überreichte einen Lorbeerkranz, wie es einer Muse zukam, und Friedrich Wilhelm II. küsste ihr die Hand. Als er seinen Sohn und Thronfolger aufforderte, es ihm gleichzutun, kam es zum Eklat. Der junge Friedrich Wilhelm weigerte sich, der Aufforderung seines Vaters nachzukommen. Da stieß ihn der König nieder und zwang ihn zum Handkuss bei der verhassten Buhlerin.

Der Vorfall ließ ahnen, dass Wilhelmine Gräfin Lichtenau nach dem Tode des Königs nichts Gutes zu erwarten hatte. Und da sich sein Gesundheitszustand nach kurzer Stabilisierung wieder rapide verschlechterte, dachte Friedrich Wilhelm nun mehr als früher an die Versorgung seiner Geliebten.

Renten und Schenkungen waren schon deshalb von zweifelhaftem Wert, weil sie von seinem Nachfolger eingestellt oder aufgehoben werden konnten. Ausländische Vermögen blieben hingegen vor einer Beschlagnahme sicher.

»Ich will«, sagte der König, »dass Du nach meinem Tode so lebst wie zu meinen Lebzeiten«, und verfügte eine Anweisung von 500 000 Talern an eine holländische Bank. Die Anlage sollte der Gräfin Lichtenau eine Jahresapanage von 25 000 Talern sichern, eine wahrhaft fürstliche Rente. »Damit hoffe ich Dich also in den Stand zu setzen, um Deinem Range gemäß leben zu können.«

Dazu wäre die Gräfin Lichtenau auch ohne diese Schenkung in der Lage gewesen. Denn sie hatte ohnehin mit Immobilien, Schmuck und Kunstwerken ein Millionenvermögen angesammelt. Allein durch die Heirat ihrer Tochter Rieke, der geadelten Gräfin von der Mark, mit dem Erbgrafen zu Stolberg im März 1797 fielen Wilhelmine durch Erlass des Königs die Güter Lichtenau, Roßwiese, Breitenwerder, das Palais Unter den Linden sowie Häuser und Grundstücke in Charlottenburg zu. Die Finanztransaktion des Königs nach Holland wurde übrigens von einem vorausschauenden preußischen Minister verhindert. Er brachte zwar das Geld auf eine holländische Bank, ließ es dort jedoch in einem Schließfach liegen, ohne sich um die Anlage zugunsten der Gräfin Lichtenau zu kümmern.

Als ahnte sie, dass dieses Leben im Überfluss, dieses Leben in höchsten Kreisen, nur von kurzer Dauer sein würde, genoss es Wilhelmine in vollen Zügen, und niemand, nicht die Königin, nicht der Kronprinz und auch keine andere Geliebte durften ihr die Rolle an der Seite des Königs streitig machen. Im Übrigen konnte Friedrich Wilhelm II. seiner Zweitfrau keinen Wunsch abschlagen. Wäre er im Vollbesitz seiner Kräfte gewesen, hätte er eigentlich ihren Wunsch zurückweisen müssen, den gesamten Hofadel zu einem Fest in ihr eigenes Palais Unter den Linden zu bitten, also auch Königin, Kronprinz, Prinzen und Prinzessinnen. Für Wilhelmine bedeutete es natürlich einen Triumph ohnegleichen, wenn die königliche Familie in ihrem Haus ein- und ausging.

Im Privattheater der Gräfin Lichtenau wurde die Oper *Cleopatra* von Nasolini gegeben. Königin und Kronprinz trugen eine der peinlichen Situation angemessene Miene zur Schau. Gesteigert wurde die Peinlichkeit noch, als Oktavia in einer Arie die Untreue ihres Mannes Marcus Antonius beklagte. Da begann die Königin leise zu schluchzen, und ihr Sohn, der Kronprinz, stürzte aus dem Theater. Im Foyer fuchtelte er wild mit seinem Degen und rief, dass Wilhelmine wie auch der König es hören konnten: »Ich töte diese Kreatur auf der Stelle!« Nach diesem Ereignis redete der Kronprinz mit seinem Vater kein Wort mehr.

Friedrich Wilhelm II. und die Gräfin Lichtenau zogen sich mehr und mehr zurück. »Der König«, wusste Kriegsrat von Cölln zu berichten, »dachte im Neuen Garten in Potsdam nur daran, wie er seinem einzigen Triebe, der Wollust, genügen wolle. Die kräftige Natur in ihm war nicht mehr imstande, hinlänglichen Stoff zu bereiten, um seinen Genüssen Reiz zu verschaffen. Alle künstlichen Reizmittel wurden zuletzt vergebens verschwendet, und endlich, wie alle Spannkraft der Nerven erschlafft war, lösten sich die Säfte in Wasser auf, und der Tod war nicht mehr aufzuhalten.«

Hinter vorgehaltener Hand erzählte man sich in Potsdam von Orgien, die von der Gräfin Lichtenau für den sterbenskranken König veranstaltet würden. Außerdem könne man ihr im Schloss nur noch mit Unterschriftsmappen begegnen, die sie durch die Gänge trage wie ein beflissener Minister. Aber dabei gehe es ihr nicht etwa um das Wohl des Volkes, sondern immer nur um das eigene.

Was sich auf einem dieser geheimnisvollen Feste hinter den Mauern des Potsdamer Schlosses zugetragen haben soll, ist in den fiktiven Memoiren der Gräfin Lichtenau nachzulesen, die »aus schriftlichen Urkunden gezogen vom Mann mit der roten Mütze« 1798, also nach dem Tode Friedrich Wilhelms II., in Pyrmont erschienen: »... Das Fest wurde in Potsdam in einem von jenen Gärten angeordnet, die man englische nennt; wo die hässliche und schöne Natur, auf vier Hufen Landes zusammengedrängt, sich unter dem Schlüssel eines vertrauten Gärtners unsrer heiligen Klicke befand. Meine Najaden, Amoretten, Nymphen und Sylphen eröffneten das Schauspiel mit dünn überzogenem Milchflor, und die auserlesenen Schönheiten verschönerten diese Lustbarkeiten. Nach geendigtem Schauspiel begann ein Ball.

Ein Ball ist, wie man weiß, ein reizendes Mittel. Ein Pärchen nach dem anderen verlor sich. Man sah ganze Gruppen in den Sinne reizendsten Attituden; dort eine Dido in den Armen des Aeneas, hier eine Kleopatra, versunken in ein Meer von Wollust bei ihrem empfindsamen Antonius. Kleine Liebesgötter feierten in dunklen und nur halb erleuchteten Grotten Hymens Feuer, wobei der kleine Amor die Hauptperson vorstellte und sich äußerst angriff. Ich lustwandelte mit dem König Hand in Hand durch die verschiedenen Partien des Gartens und erklärte ihm die mancherlei gruppierten Wendungen der Spielenden. ›Schön! Trefflich!‹, rief er einmal über das andere aus, ›was bist du für ein göttliches Weib, Minchen!‹ – Eine kleine niedliche Tänzerin, die der König, durch meinen Unterricht in alle Geheimnisse der Liebe eingeweiht, vorzüglich liebte und die uns auf diesem Spaziergang begleitete, führte ihn auf ein von mir gegebenes Zeichen in eine Laube, einen magischen Ort. Der König wollte sich setzen und glaubte auf ein Rasenstück hinzusinken; der Rasen öffnete sich; es war eine Ottomane mit breiten Kissen; ein Thronhimmel von Blumen schwebte über derselben ... Das war die letzte Lustbarkeit, die ich dem König brachte, denn einige Tage nachher fiel er zusehends zusammen und konnte sein Bett nicht mehr verlassen ...«

Zwar ist die Szene erfunden, keinesfalls aber unwahrscheinlich. Viel wahrscheinlicher jedenfalls als die Aussage eines anderen frühen Biographen der Gräfin Lichtenau. In seinem im Jahre 1800, also ebenfalls noch zu Lebzeiten Wilhelmines, erschienenen *Versuch einer Biographie der Frau Gräfin von Lichtenau, einer berühmten Dame des vorigen Jahrhunderts* behauptet A. W. Baranius, Wilhelmine habe den König zu Tode gepflegt. Friedrich Wilhelm II. sei zwar krank gewesen, aber nicht sterbenskrank. Trotzdem habe sich sein Zustand innerhalb kürzester Zeit verschlechtert.

»Schuld daran«, so der zeitgenössische Biograph Baranius, »waren ohne Zweifel die Gräfin und die Geisterseherclique. Jene hatte seiner Sinnlichkeit geschmeichelt, ihm alles zugeführt, was der feinsten und ausgesuchtesten Wollust frönte, diese hatte ihm narkotische Säfte beigebracht, seine ganze Phantasie zerrüttet, beide also sein Nervensystem aufs äußerste erschlafft und herabgestimmt. Um den Abgang an Kräften zu ersetzen, nahm man zu Roborantien seine Zuflucht. Der König speiste frühmorgens Sahne, beinahe ein Quark, welche sehr fett und feist war, hierauf eine starke Bouillon, und dann mittags derbe, kraftvolle Speisen. Mitunter wurden auch medizinische Ingredienzien gebraucht.«

Diese Auffassung entsprach zwar der landläufigen Meinung im Volk, mit Sicherheit aber nicht den Tatsachen. Den königlichen Leibärzten Dr. Brown und Dr. Selle oblag bis zum bittern Ende die ärztliche Versorgung des Preußenkönigs. Wilhelmine verließ Friedrich Wilhelm vom 26. September bis zu seinem Tod am 16. November nicht mehr. Sie pflegte ihn bis zur totalen Erschöpfung.

Der König, der um sein nahes Ende wusste, zog es vor, nicht im Bett zu sterben. Er verbrachte seine letzten Wochen und Tage in einem mit grünem Samt bezogenen Polsterstuhl, und Wilhelmine war bemüht, so weit es sein Gesundheitszustand zuließ, Besucher an sein Krankenlager zu bitten. Die Königin kam häufig, aber nicht täglich, Kronprinz Friedrich Wilhelm bequemte sich einige Male in den Salon des sterbenskranken Vaters, zum letzten Mal am Tag vor seinem Tod. Der König weinte zum Abschied, die ebenfalls anwesende Königin umarmte und küsste Wilhelmine. Nur der Kronprinz würdigte die Gräfin Lichtenau keines Blickes, er hatte es eilig. Er besuchte eine Theatervorstellung.

Wilhelmine versuchte dem König einen möglichst unterhaltsamen Abschied vom Leben zu bereiten: Mehrmals trat die schwarzbraune Opernstatistin Schulzki als Tänzerin auf, ein österreichischer Possenreißer produzierte sich sinnigerweise in Monologen aus Molières *Eingebildetem Kranken*, die Kinder der Gräfin Dönhoff tobten spielend durch den Salon, ein Dichter trug Gedichte vor.

Während der Leib Friedrich Wilhelms anschwoll wie ein aufgeblasener Frosch, taten Quacksalber ihre Dienste. Keine Arzneimittel, keine Tropfen, keine Elixiere!, predigten sie, aber kleine Kinder sollten an der Seite des Königs schlafen und mit ihren Ausdünstungen eine heilkräftige Atmosphäre schaffen. Gedämpfte Musik von Blasinstrumenten aus einem Nebenraum schaffe ebenfalls eine heilende Atmosphäre, Saiteninstrumente seien dagegen Gift. Eine Pelzmütze, bis über beide Ohren gezogen, hielte den Kopf feucht und bewahre den Körper vor Ausdünstungen. Für die Bereitung »elektrischer Bäder« (?) stellte sich ein Doktor von Beaunoir zur Verfügung, und zum Auflegen seiner magnetischen Hände der Graf Moritz von Brühl. Wilhelmine lehnte dankend ab.

In der ernsthaften Situation war auch nicht mehr von Anderchens Geist die Rede. Als König Friedrich Wilhelm II. am frühen Morgen des 17. November Blut spuckte, rannte Wilhelmine Gräfin Lichtenau in Panik aus dem Schloss. Im Garten wurde sie später von der Kammerjungfer Henriette

Plöger bewusstlos gefunden. Zu dieser Zeit war der König bereits tot. Als sie zu sich kam, machten ihr Oberst Zastrow und Major von Kleist ihre Aufwartung. Wilhelmine dachte, die beiden Uniformierten würden ihr, der Geliebten des Verstorbenen, Beileid bekunden. Aber Oberst von Zastrow salutierte und sagte: »Im Namen Seiner Majestät, des Königs Friedrich Wilhelm III., Sie sind verhaftet!«

Wilhelmine Gräfin Lichtenau wurde zusammen mit ihrer betagten Mutter und dem zwölfjährigen Sohn Friedrich Wilhelm Rietz im Kavalierhaus des Neuen Palais interniert und von sechzehn Soldaten bewacht. Ihre Häuser in Potsdam, Charlottenburg und Berlin – damals war Charlottenburg noch nicht eingemeindet – wurden beschlagnahmt und versiegelt. Gegenstand der Anklage gegen die Geliebte des verstorbenen Königs: Staatsverbrechen, Spionage für eine feindliche Macht, Verschwendung von Volksvermögen, Diebstahl des königlichen Siegelrings und einer Briefmappe des Königs.

In dem Kavalierhaus war Wilhelmine von der Außenwelt abgeschnitten. Sie wusste nicht, was um sie herum geschah, was sie überhaupt zu erwarten hatte. Nach sechs Wochen Isolation wurde ihr zum ersten Mal erlaubt, das Kavalierhaus-Gefängnis für einen zweistündigen Spaziergang zu verlassen. Friedrich Wilhelm II. war inzwischen beigesetzt, sein Sohn, der neue König, gekrönt.

Friedrich Wilhelm III. setzte umgehend eine Untersuchungskommission ein mit dem Ziel, der Gräfin Lichtenau die bekannten Anschuldigungen nachzuweisen. Dieser gehörten an: Staatsminister von der Recke, Major von Lützow, Geheimrat Pitschel, Kammergerichtsvizepräsident von Kircheisen und Geheimer Kriegsrat Beyme. Wilhelmine forderte einen Verteidiger. Der wurde abgelehnt, ebenso ihre Freilassung.

Das Sammeln von Beweismaterial gegen Wilhelmine von Lichtenau gestaltete sich zu einem chaotischen Unternehmen. Zwar hatte der Kronprinz noch zu Lebzeiten seines Vaters Wilhelmine von Agenten beschatten lassen, aber deren Ermittlungen erwiesen sich als äußerst dürftig. Selbst die für die Anklage wertvollste Information, die Gräfin habe vom Schreibtisch des Königs eine Mappe aus rotem Leder samt Inhalt entwendet, war haltlos. Zwar fand man die Mappe in ihrem Berliner Palais, aber sie enthielt neben Reiseaufzeichnungen nur die Briefe des Königs aus ihrer achtundzwanzigjährigen Freundschaft.

Briefe wurden überhaupt zum einzigen Beweismittel gegen sie, und da Wilhelmine alle Schriftstücke aufzuheben gewohnt war, gab es Tausende: Liebesbriefe, Reiseberichte, Schnorrerbriefe, vor allem aber Briefe religiös-mystischen Inhalts. Da meldeten sich Geister und Gespenster mit ernsthaften Botschaften an den Preußenkönig, Anderchens Geist spukte durch die Papiere, aber auch Rosenkreuzer mit ihren obskuren Ordensnamen und – dank Wilhelmines Phantasie – Lichtgestalten, die es überhaupt nicht gegeben hatte, die jedoch tüchtig Einfluss genommen hatten auf die Geschicke Friedrich Wilhelms II. und des preußischen Staates. Es grenzt an ein Wunder, dass die fünf würdigen Herren der Untersuchungskommission Wilhelmine nicht für unzurechnungsfähig erklärten und den König im Nachhinein ebenso.

In weniger als zwei Monaten stellte die Kommission eine Anklageschrift zusammen, die von vornherein auf tönernen Füßen stand, ja ihre Ermittlungen enthielten Fakten, die eher zur Verteidigung der Gräfin Lichtenau geeignet schienen. »In strafrechtlicher Hinsicht muss man nicht unbenannt lassen«, hieß es da, »dass der König ihr sein Vertrauen ohne Grenzen aufzwang.«

Der junge König bestand jedoch auf der Anklage mit folgenden Anschuldigungen: Verrat von Staatsgeheimnissen, Diebstahl, unrechtmäßige Bereicherung aus königlichem Vermögen, Schädigung der Person des Königs durch Ausnützung seiner Schwächen.

Der Prozess dauerte vom 16. Januar bis zum 20. Februar 1798 und begann mit einem Paukenschlag: Seit dem Tode Friedrich Wilhelms II. waren zwei Brillantringe des Königs und der kostbare Krondiamant verschwunden. Dahinter konnte nur die Gräfin Lichtenau stecken! Wilhelmine erklärte jedoch gelassen, die Schätze habe sie zur Sicherheit im Necessaire des Blauen Zimmers abgelegt – wo man sie schließlich auch fand. Aus dem Gerichtsprotokoll: »Die Kommission hält sich für verpflichtet zu bemerken, dass die Gräfin mit anscheinend vollkommener Gemütsruhe und Unbefangenheit sich ausgelassen, sich nie widersprochen oder ihre Aussage geändert hat.«

Kircheisen, der Vizepräsident des Kammergerichts, kam sogar zu der Auffassung, die Beschlagnahmung des Vermögens der Gräfin sei juristisch unzulässig, da es sich um legale Schenkungen handle. Diese könnten der Angeklagten nicht zum Vorwurf gemacht werden. Ebenso wenig sei es strafbar, wenn König Friedrich Wilhelm II., vor allem in den letzten Jahren seines Lebens, kaum eine Entscheidung getroffen habe, ohne den Rat der Gräfin Lichtenau einzuholen.

Widersprüche ergaben sich nur im Zusammenhang mit der Vernehmung des Geheimkämmerers Johann Friedrich Rietz, Wilhelmines Interimsgemahls. Er gab zu Protokoll, die Verheiratung sei auf Befehl des Königs erfolgt. »Ich kann zwar sagen, dass sich die Liebe hinterher fand, aber sie war nicht von langer Dauer, da unsere Charaktere nicht harmonierten. Indes haben wir bis vor drei bis vier Jahren noch als Eheleute gelebt, dann uns aber privatim von Tisch und Bett separiert.« Rietz legte Wert auf die Feststellung, der leibliche Vater des Kindes Friedrich Wilhelm Rietz, geboren am 22. Mai 1785, zu sein, auch wenn er, Rietz, »mit gedachter

Frau Gräfin nie durch priesterlichen Segen verbunden gewesen« sei. Wilhelmine hatte zunächst versucht, die Vaterschaft des kleinen Friedrich Wilhelm ebenfalls dem König in die Schuhe zu schieben. Die vorgelegten Dokumente von der Hand des Königs stellten dies jedoch in Abrede.

Für den Ausgang des Prozesses gegen Wilhelmine Gräfin von Lichtenau blieb diese Unstimmigkeit ohne Bedeutung. Das Urteil vom 20. Februar 1798 sprach die Gräfin in allen Punkten der Anklage frei, die Schenkungen seien rechtsgültig, eigennützige Absichten könnten nicht nachgewiesen werden. Die Kammer hatte sogar den Mut, Friedrich Wilhelm III. die Meinung über seinen Vater zu sagen: »Des Hochseligen Königs Majestät«, heißt es in einem Anhang, »unterlag den Liebesneigungen seines Herzens, die er jedoch mit Qual, wie er sich selbst ausdrückte, und mit einer unglaublichen, viele Monate lang ausgeübten Enthaltsamkeit auf bloßes Wünschen zu reduzieren wusste, sobald er glaubte, dass der Genuss seine Verdienste im Himmel verringere. Die treueste Verpflichtung, Eurer Königlichen Majestät kein Versehen zu verhehlen, gebietet, auch den Schatten nicht zu verschweigen, der die großen Eigenschaften des Hochseligen Königs begleitet hat ...«

Schwingt in diesen Worten nicht sogar Bewunderung für die Frau mit, die es so bravourös verstanden hat, den psychisch angeschlagenen Preußenkönig ein Leben lang zu begleiten? Nicht nur, dass die Richter die Beschlagnahmung des Vermögens der Gräfin für unrecht erkannten, sie legten dem jungen König sogar nahe, der Zweitfrau seines Vaters mit Wohlwollen zu begegnen: »Schließlich empfehlen wir Unserem geliebten Sohne und Thronerben von Preußen, diese mit geprüfter Ergebenheit Unserer Höchsten Person stets zugetane Gräfin von Lichtenau zu Milde und Wohlwollen. Wir hegen Vertrauen zu dessen Uns bekannter Liebe, es werde Unser geliebter Sohn Unser Andenken auch in denjenigen ehren, die Unseres vorzüglichen Vertrauens und Unserer Königlichen Gnade gewürdigt wurden.«

Vergeblich. Friedrich Wilhelm III. hasste Wilhelmine abgrundtief, denn er hasste in ihr seinen Vater. Und wenn er sich am Vater nicht mehr rächen konnte, so wollte er es der Gräfin Lichtenau heimzahlen. Friedrich Wilhelm III. tat es ohne Nachsicht, mit der aufgestauten Wut eines missachteten, vermeintlich verkannten Sohnes. Weil die Verhandlung nicht öffentlich geführt und ein ausdrückliches Verbot einer Publikation der Prozessakten erlassen worden war – der Verleger C.A. Nikolai hatte ein sattes Angebot gemacht –, konnte der junge König sich erlauben, den Ausgang des Prozesses ins Gegenteil zu verkehren. Kabinettsorder vom 13. März 1798:

»Seine Königliche Majestät in Preußen haben aus den beiden Berichten ... mit der größten Indignation die betrügerischen Mittel kennengelernt, wodurch die gedachte Gräfin sich des unbegrenzten Vertrauens ... zu bemeistern gewusst und ... die wichtigsten wie die geringsten Regierungsangelegenheiten von ihrem landesverderblichen Einfluss abhängig gemacht hat. Die staatsverderblichen Folgen des Einflusses haben zwar ... nicht ins hellste Licht gesetzt werden können, weil die Gräfin selber die wichtigsten Beweisstücke vertilgt hat; aber schon nur die Handlung, verbunden mit den verabscheuungswürdigsten Mitteln, ... würden Seine Majestät nötigen, mit der äußersten Strenge ... zu verfahren, wenn nicht die Achtung und das große Vertrauen selbst, welches die Gräfin achtundzwanzig Jahre hindurch, obschon unverdienterweise, ... genossen, Allerhöchstselben zur Schonung aufforderten. Nur diese ... Stimme der Natur, die es dem Sohne zur Pflicht macht, das Andenken des Vaters, der ... durch Missbrauch seines einer vermeintlichen Freundin geschenkten Vertrauens irregeleitet wurde, selbst im Irrtum zu ehren, ... könnte eine gelindere Behandlung rechtfertigen.

Solche aber bis zur gänzlichen Begnadigung zu treiben, würde in gänzliche Verspottung der allgemeinen Volksstimme ausarten.«

Mit Ausnahme ihres Hauses an der Berliner Mohrenstraße wurde das gesamte Vermögen der Gräfin Lichtenau eingezogen. Sie musste Potsdam und Berlin verlassen und nach dem Wunsch des Königs in der schlesischen Festung Glogau Wohnung nehmen, ausgestattet mit einer jährlichen Pension von 4000 Talern. Als Reisegeld gab es 2000 Taler extra.

Wie immer verstand es Wilhelmine, auch aus dieser Situation das Beste zu machen. Hatte sie noch beim Abschied aus Berlin, beim Abschied von der Mutter und ihren beiden Kindern, einen Ohnmachtsanfall erlitten, so begann die Gräfin Lichtenau in Glogau ein Leben ohne Traurigkeit. Sie war nicht arm und hatte mit Hilfe der Spedition Goetze ihr gesamtes wertvolles Mobiliar, Gemälde, Silbergeschirr und Schmuck ins Schlesische verfrachtet. Ihre Wohnung auf der Festung tauschte sie schon bald gegen ein Stadthaus zur Miete (400 Taler pro Jahr), später gegen das schönste Haus der Stadt. Die aufgezwungenen Herren in ihrer Umgebung, Festungskommandant Dessaunier, Kammersekretär Gärtner, Hofrat Schuster und Hauptmann Nothardt, nahmen ihren Wachauftrag weniger ernst. Nothardt machte Wilhelmine sogar einen – erfolglosen – Heiratsantrag.

Es war dies die Zeit, in der die ersten Spottschriften über die ausgebootete Gräfin Lichtenau erschienen. Das geheime Verfahren gegen die Zweitfrau Friedrich Wilhelms II. hatte die Neugierde geschürt. Alle wollten wissen, ob Wilhelmine wirklich so schön, so reich, so raffiniert und verrucht gewesen war, wie erzählt wurde. Und da die Prozessakten nicht freigegeben wurden, witterten anonyme Verleger das Geschäft ihres Lebens, sie engagierten Lohnschreiber, die ihnen das gewünschte Skandalmanuskript anfertigten. Da lieferte im Jahre 1800 ein August Wilhelm Baranius, »der Gottesgelahrtheit Kandidat in Lindau am Bodensee« (was offensichtlich eine gewisse Seriosität vermitteln sollte), seinen bereits erwähnten *Versuch einer Biographie der Frau Gräfin von Lichtenau, einer berühmten Dame des vorigen Jahrhunderts.*

In Paris war schon 1798 eine *Biographische Skizze der Madame Rietz, jetzigen Gräfin von Lichtenau* erschienen, die, weit entfernt von der Wahrheit, das Märchen vom Aschenputtel auf Wilhelmine übertrug, die mit geborgten Schuhen zum Ball ging, beim Tanz mit dem König ihre viel zu großen Pumps verlor und »lange im Nimbus königlicher Gnade strahlte, die Rolle einer Pompadour und Du Barry spielte und auch ein ähnliches Schicksal erfuhr«. Im selben Jahr kamen in Berlin die *Geheimen Papiere der Gräfin Lichtenau (vulgo Minchen Encken)* heraus, von denen der ebenfalls anonyme Autor behauptete, ein Freund, »Referent eines Mitgliedes der Untersuchungskommission«, habe das Material in einem verschlossenen Sekretär gefunden und ihm übergeben. Der Herausgeber versuchte das Interesse des Lesepublikums noch zu steigern, indem er im Vorwort warnte, man möge sich nicht an den bisweilen »undezenten« Ausdrücken stoßen, schließlich entsprächen sie nicht der Wortwahl des Verfassers, sondern die Beteiligten hätten sich bedauerlicherweise dieser schlüpfrigen Ausdrücke bedient.

Da preist dann Wilhelmines Mutter ihre Tochter dem König an: »Ach, Königliche Hoheit, Sie sollten nur mein Minchen sehen,... eine Brust, so voll und rund wie Borstorfer Äpfelchen, eine Taille zum Umspannen und ein Dingelchen, so klein wie der Liebeszwinger einer Venus Anadyomene.«

Und Minchen an die Mutter: »Mein dicker Fritze tut alles, was ich will, ich werde ihn so lange gängeln, bis ich ihn ganz im Netz habe.«

Neben Primitiv-Obszönem gab es auch Lichtenau-Memoiren mit politischem Einschlag. In den *Bekenntnissen der*

Gräfin Lichtenau, ehemalichen Madame Rietz behauptete – wie schon erwähnt – ein »Mann mit der roten Mütze«, eine deutliche Anspielung auf die revolutionären Jakobiner in Paris, das Leben der Zweitfrau Friedrich Wilhelms II. anhand »schriftlicher Urkunden« aufgezeichnet zu haben. Sein deutliches Anliegen war es, Wilhelmine als Verräterin an Österreich und Agentin für England darzustellen.

Possenhafte Dramatisierungen aus dem Leben Wilhelmines trugen Titel wie *Empfindsame Reise der Prinzessin Ananas nach Gros-Glogau*, eine Satire auf die so beliebten Reiseromane der Zeit, oder *Infernale – eine Geschichte aus Neu-Sodom*, oder *Saul der Zweyte, genannt der Dicke König von Kanonenland.*

Nur von einem dieser Machwerke ist der Autor bekannt, es ist sogar eine Autorin. Ihr Name: Susanna von Bandemer, geborene Franklin. Die Gräfin von Lichtenau kannte sie gut, sie hatte sie einst als Erzieherin engagiert. Noch während die Untersuchungskommission mit dem Fall der Gräfin Lichtenau beschäftigt war, hatte sich die ehemalige Angestellte brieflich an die »Hochgeborene Frau Gräfin« gewandt und gedroht, eine Biographie über ihre ehemalige Arbeitgeberin zu verfassen, die natürlich nicht nur Erfreuliches enthalten könne, sie machte jedoch den Vorschlag, das Problem »mit barer Auszahlung von 1000 Stück Friedrich d'or« aus der Welt zu schaffen. Wilhelmine reagierte nicht, und die Biographie erschien in Paris in deutscher und französischer Sprache.

In dieser Zeit trat für Wilhelmine Gräfin von Lichtenau ein unerwarteter Fürsprecher auf: der Vizepräsident des Kammergerichts, Kircheisen. Wilhelmine war diesem Mann vorher nie begegnet, sie hatte ihn erst als Mitglied der Untersuchungskommission kennengelernt, aber Kircheisen war ein Gerechtigkeitsfantiker und scheute sich nicht, den König der Willkür zu bezichtigen. Dies geschah gewiss weniger aus

Sympathie für Wilhelmine als wegen der Missachtung von Recht und Gesetz durch den König.

»Die Lichtenau«, wetterte der preußische Richter, »hat kein Verbrechen begangen, welches rechtlich die Einziehung ihrer Güter zur Folge haben könnte. Dies geschieht nur bei Hochverrätern, und des Hochverrats ist sie nicht einmal beschuldigt!« Für einen preußischen Richter um die Wende vom 18. zum 19. Jahrhundert bewies Kircheisen ungeheuren Mut. Er wies darauf hin, dass die Kommission kein Urteil gefällt, sondern ein Gutachten erstellt habe. Der König hingegen habe eine Kabinettsorder erlassen, die »in keiner Weise« mit diesem Gutachten übereinstimme. Dies – so der Gerichtspräsident – sei Willkür: »Es trifft hiernach dasjenige sehr bald ein, was ich vorausgesagt habe. Machtsprüche dienen zu weiter nichts, als das Gouvernement und dessen Diener zu kompromittieren …«

Selten hat ein Richter, sogar ungestraft, so mutige Worte gegen seinen König gesprochen. Friedrich Wilhelm III. blieb hart. Er fürchtete sein Gesicht zu verlieren. Aber Kircheisens Kritik verhallte nicht ungehört. Schon gegen Ende des Jahres 1798, dem ersten Jahr in der Glogauer Verbannung, stellte Hofpoet Filistri einen Umschwung in der öffentlichen Meinung fest.

»Man sieht ein«, schrieb er der Gräfin nach Glogau, »dass alles, was man zur Zeit Ihrer Verhaftung an Klatsch verbreitete, albernes Zeug war. Es schien damals, als ob man sich gegenseitig das Wort gegeben hätte, möglichst Ungünstiges über Sie zu erfinden, vielleicht gerade deswegen, weil weder vonseiten der amtlichen Untersuchungskommission noch vonseiten des Hofes auch nur das Geringste durchsickerte.« Filistri tröstete die Gräfin, die meisten der erschienenen Schmähschriften seien ohnehin schon vergessen und hätten zu nichts anderem gedient, als »manchem ihrer ausgehungerten Verfasser ein Mittagessen zu verschaffen«.

Redeten die Preußen noch vor Jahresfrist von der »verbrecherischen Lichtenau«, so verkehrten sich die Redewendungen nun zur »unglücklichen Lichtenau«. Wilhelmine konnte das nur recht sein, denn mit dem Mitleid wuchs auch ihre Chance für eine Rehabilitierung.

Im Übrigen hielt sich ihr Unglück in Grenzen. Zwar durfte sie Glogau nicht verlassen, doch sie empfing Besucher und gab Gesellschaften wie früher. Hirt und Dampmartin machten ihr auch weiterhin Anträge, Lord Bristol hingegen, der aus unbekannten Gründen sein Vermögen verloren hatte und in einem Mailänder Gefängnis einsaß, ließ nichts mehr von sich hören.

Wilhelmine Gräfin Lichtenau ging jetzt auf die fünfzig zu, sie hatte den größten Teil ihres Vermögens verloren und lebte in der Verbannung. Wäre sie in tiefe Depression verfallen, man hätte es verstanden. Wilhelmine fasste jedoch den Entschluss, ein neues Leben zu beginnen. Als wäre sie fünfzehn und nicht fünfzig, verliebte sie sich in einen Sänger namens Fontano. Niemand, auch Wilhelmine nicht, kannte den wirklichen Namen des fahrenden Sängers, der von Ort zu Ort zog und in öffentlichen Konzerten zur Laute sang. Fontano, das klang nach Italiener, und er sang nicht nur so, er sah auch so aus – unverschämt gut sogar. So gut, dass Wilhelmine ihn bestürmte zu bleiben und ihm ihre Liebe gestand. Als Liebespfand gab sie Fontano eine goldene Kette. Fontano blieb.

Hinter dem vermeintlichen Sänger, dem alle Frauenherzen zuflogen, verbarg sich ein in vieler Hinsicht begabter Künstler aus Wien. Sein Name war Franz Ignaz Holbein von Holbeinsberg, seine Familie durchaus ehrenwert, der Großvater ein wirklicher Geheimer Rat, der Onkel Administrator für Mähren. Franz war etwas aus der Art geschlagen, ein Abenteurer und Phantast, was bei Wilhelmine offenbar besonderen Anklang fand. Immerhin hatte er, gerade dreiundzwanzig Jahre alt, bereits zwei Theaterstücke geschrieben, den *Fridolin* mit zum Teil autobiographischen Zügen, ein Stück, das gerade in Breslau auf dem Spielplan stand, und *Die Tyrannen von Syrakus*, ein Drama, das in ihm den Wunsch wach werden ließ, mindestens ebenso berühmt zu werden wie Friedrich Schiller. Dem nicht genug, arbeitete er seit Jahren an der Erfindung eines revolutionären Musikinstrumentes, das er, um klingende Namen nie verlegen, Uranikon nannte. Doch statt Tönen produzierte Fontano mit diesem Instrument nur Schulden.

Ihr ganzes Leben hatte Wilhelmine mit Männern gespielt, und kein Mann, nicht einmal der König von Preußen, hatte in ihr ein Gefühl von Eifersucht geweckt. Doch nun, knapp fünfzig Jahre alt, lebte sie in panischer Angst, diesen sechsundzwanzig Jahre jüngeren Mann zu verlieren. Um ihn an sich zu ketten, machte sie dem Jüngling mit der schönen Stimme einen Heiratsantrag. Obwohl vom Naturell nicht gerade für die Ehe geschaffen, sagte Fontano zu, versprach er sich doch Nutzen an der Seite einer so berühmten Frau. Die Sache hatte freilich einen Haken. Denn laut Kabinettsorder war der Gräfin Lichtenau jede Änderung des Familienstandes untersagt, und nur der König konnte die Erlaubnis dazu geben.

Ihr Verhältnis zu Friedrich Wilhelm III. war, obwohl sie nun schon vier Jahre fern von Potsdam lebte, nach wie vor gespannt. Sie selbst war daran nicht unschuldig. Mit ihrem losen Mundwerk hatte Wilhelmine in der Verbannung lautstark die schäbige Haltung des jungen Königs kritisiert, der sich über den Schiedsspruch der Untersuchungskommission hinweggesetzt habe und nur Rache kenne statt Gerechtigkeit, worauf ihr eine ernste Abmahnung des Geheimen Kabinettsrates Beyme, ihres alten Intimfeindes, ins Haus flatterte. Ihm sei zu Ohren gekommen, hieß es in dem Brief,

»dass die Frau Gräfin sich erlauben sollen, auf eine sehr indelikate und unehrerbietige Weise über Seine Majestät den König und das gegen sie beobachtete Verfahren ganz laut zu sprechen«.

Das aber war Wilhelmine nach dem Willen des Königs untersagt, und Beyme drohte daher, gewisse Erleichterungen, die sie an ihrem Verbannungsort erlangt habe, rückgängig zu machen: »Ich kann Ihnen die Versicherung geben, dass, wenn diese Nachrichten sich bestätigen sollten, Seine Majestät der König bei aller Ihnen bisher bewiesenen Schonung und Milde sich genötigt sehen würde, gegen ihre Neigung wieder strengere Maßregeln eintreten zu lassen.«

In einem Brief an den König suchte die Gräfin Mitleid zu erwecken, sie sei nicht mehr die Jüngste, ihre angeschlagene Gesundheit mache dringend eine Kur erforderlich, im Übrigen würde sie gerne heiraten, einen rechtschaffenen Mann, der Geschicklichkeit und Fleiß besitzt«, und 8000 Gulden Vermögen mitbringe. Die Antwort Friedrich Wilhelms III. ließ keine Woche auf sich warten:

»Potsdam, den 24sten April 1802

Besonders Liebe! Ich will Euch die eheliche Verbindung, welche Ihr nach Eurer Anzeige vom 18ten des Monats mit dem Herrn von Holbein einzugehen beabsichtigt, ganz gern mit dem Wunsche erlauben, dass solche zu Eurer Zufriedenheit ausschlagen möge, bewillige Euch auch ebenso gern die zu einer Reise nach dem Carls-Bade erbetene Erlaubnis und hoffe übrigens, da ich mich von dem Ungrunde der im verflossenen Jahre zu Eurem Nachteil ausgebreiteten Gerüchte überzeugt habe, dass Ihr auch jetzt zu Meiner Zufriedenheit Euch benehmen werdet. Ich bin Euer gnädiger König
Friedrich Wilhelm.«

Und so heiratete Wilhelmine Gräfin Lichtenau am 3. Mai 1802 im Alter von beinahe fünfzig Jahren einen dreiundzwanzigjährigen Theaterdichter und Lautenschläger.

Franz Ignaz Holbein von Holbeinsberg war ein höchst ungewöhnlicher Mensch, voll schöpferischer Unruhe, mit tausend Ideen im Kopf, kurz, ein faszinierender Kerl, aber – wie alle faszinierenden Kerle – kein Mann zum Heiraten. Es hielt ihn auch nicht lange an einem Ort, und eine Ehefrau in der Verbannung, die für jede Ortsveränderung die Genehmigung des Königs einholen musste, war für Holbein eine Katastrophe. Zwar hatte Friedrich Wilhelm III. die strengen Auflagen ihres Exils gelockert, Wilhelmine durfte das provinzielle Glogau verlassen und sich in dem großstädtischen Breslau ansiedeln. Auch wurde ihr gestattet, den Bruder in Falkenhagen und die Tochter in Polen, wohin sie in zweiter Ehe geheiratet hatte, zu besuchen. Mit Holbein reiste sie sogar nach Karlsbad und Wien, aber Paris blieb ihr verwehrt.

Gerade dorthin allerdings zog es den heißblütigen Franz Ignaz Holbein – da waren sie noch kein Jahr verheiratet. Für die Kosten, meinte er, müsse Wilhelmine schon aufkommen, er selbst sei pleite. Das entsprach natürlich nicht den Tatsachen, aber Franz betrachtete die Ehe mit der illustren Gräfin von Anfang an als eine Versorgungseinrichtung. Dass Wilhelmine ihr Familiensilber verkaufen musste, damit der unruhige Herr Gemahl nach Frankreich reisen konnte, schien ihm ebenso selbstverständlich wie die Auflage, dass sie in Breslau zurückbleiben musste.

Dafür schrieb er ihr schwülstige, heuchlerische Liebesbriefe: »O mein Gott, lass mich doch bald etwas von meinem Minchen hören! Von meinem Weibe! Du mein Weib! O welch ein Glück! Wann werde ich Dich wiedersehen? Wann Dich wieder an mein liebendes Herz drücken?« Wenig später war der Ton schon rauer: »Ich sitze ruhig beim Restaurateur und esse, und meine beiden Nachbarn erzählen sich, dass die Gräfin Lichtenau vor kurzem in Karlsbad gestorben ist ... Ich lag bereits in dumpfem unnennbarem Gefühl meines Schmerzes auf meinem Bette, als man mir Deinen lieben Brief brachte. Ich möchte sagen, diese Freude tat mir weher als der Schmerz ...«

Als Fontano aus Paris zurückkehrte, war er sterbenskrank. Ihn schüttelte ein Nervenfieber, und Wilhelmine pflegte ihren Mann sechs Wochen mit derselben Aufopferung, mit der sie den Preußenkönig umsorgt hatte.

Kaum genesen, begab sich Holbein nach Wien, wo ihm das Theaterleben mehr und mehr Freude bereitete, vor allem die Hauptdarstellerin in einem seiner Stücke, die Hofschauspielerin Rose. Holbeins Wien-Aufenthalte wurden immer länger, und als Wilhelmine sich entschloss, ihrem Mann nachzureisen, da fand sie in Wien nur noch die Scherben ihrer Ehe. Gedemütigt und um eine letzte Erfahrung reicher, kehrte die Gräfin nach Breslau zurück.

Es wurde still um die einstige Zweitfrau des Preußenkönigs Friedrich Wilhelm II., zu still für Wilhelmine, eine Frau, bei der die Großen dieser Welt ein- und ausgegangen waren. Und so ist ihre *Apologie der Gräfin Lichtenau gegen die Beschuldigung mehrerer Schriftsteller, von ihr selbst entworfen* als Rechtfertigung einer vereinsamten Frau zu verstehen, die über ihr Leben nachdenkt, ein Leben, mit dem sie längst abgeschlossen hatte. Wilhelmine war sich ihrer Bedeutung für Preußens Geschichte bewusst, als sie 1808 bei Heinsius in Leipzig und Gera ihre Memoiren herausbrachte.

Für die Bearbeitung der zweibändigen Ausgabe hatte sie den renommierten Historiker Johann Schummel engagiert, der ihrem Werk die nötige Seriosität verleihen sollte. Der Erfolg hielt sich in Grenzen. Die Menschen hatten andere Sorgen. Von Westen zogen napoleonische Truppen heran und überrannten Europa. Preußen wurde auf die Hälfte seines Staatsgebietes dezimiert. Da gab es Wichtigeres als den Versuch, den guten Ruf einer königlichen Geliebten wiederherzustel-

len. Die Presse, für die Wilhelmine in früheren Zeiten immer für eine Meldung gut war, überging die *Apologie* zum größten Teil mit Schweigen oder kommentierte sie mitleidslos wie die *Zeitung für die elegante Welt*, die der Gräfin eine lächerliche Halbbildung bescheinigte, die sie obendrein nur dazu erworben habe, »um die Genüsse des Lebens zu steigern«.
Zuneigung fand Gräfin Wilhelmine in jener Zeit ausgerechnet bei Friedrich Wilhelm III., dem Sohn ihres Geliebten, dem sie eigentlich ihren bitteren Abstieg verdankte. Spät, zu spät, legte er im Hinblick auf das Schicksal der Gräfin das Bekenntnis ab: »Ich habe die Sache übers Knie gebrochen.«
Der Vizepräsident des Kammergerichts, Kircheisen, der von Anfang an die Enteignung und Verbannung Wilhelmines als juristisch unhaltbar kritisiert hatte, meinte, wenn das Wort Ungerechtigkeit im Zusammenhang mit König Friedrich Wilhelm III. genannt würde, dann zuallererst im Fall der Gräfin Lichtenau. Erst spät habe der Preußenkönig Reue gezeigt, weil er das Vermächtnis seines Vaters nicht erfüllt hatte. Nach dem Wunsch seines Vaters sollte Wilhelmine ein würdiges Alter beschieden sein. Kircheisen über Friedrich Wilhelm III.: »Die späteren Unglücksfälle sah er als Strafe des Himmels an, der seinen Mangel an Pietät rächen wollte.«
Als »Euer gnädiger König Friedrich Wilhelm« gestattete er 1809 der Zweitfrau seines Vaters, die er nun »Meine besonders Liebe« nannte, nach Berlin zurückzukehren, wo sie in das alte Palais zog, das man ihr zehn Jahre zuvor weggenommen hatte. Wilhelmine betrachtete diesen Schritt nicht etwa als Gnade, sondern als ersten Schritt zu Ihrem Recht. Sieben Jahre kämpfte sie mit allen zur Verfügung stehenden Mitteln um die Rückgabe ihrer Güter Lichtenau und Breitenwerder, für das Gut Roßwiese kassierte sie eine hohe Abfindung. Aber das Geld und der Reichtum, über den sie nun wieder verfügte, bereiteten der Fünfundsechzigjährigen keine Freude mehr.

Sie reiste nach Paris zu ihrer Tochter Marianne, dort blieb sie beinahe ein Jahr. Noch einmal scharte sie Künstler und Diplomaten um sich, von denen einer schwärmte: »Diese interessante und in vieler Beziehung sehr verkannte Frau gewann bei näherer Bekanntschaft mehr und mehr. Über die Zeit Friedrich Wilhelms II. blieb sie verschwiegen wie das Grab. Ein Zug tiefer Trauer, wahrhaften Schmerzes sprach aus ihren schönen Zügen, wenn auch nur die entfernteste Andeutung dahin gemacht wurde. Ihre Gestalt war reizend. Ihr Hals, ihr Nacken, ihr Gesicht erschienen noch wahrhaft jugendlich schön. In der Unterhaltung zeigte sie sich als eine hochgebildete, sehr begabte Dame. Reich an Gedanken, entwickelte sie diese in dem gewähltesten, wohlklingenden Redefluss.«

Ja, Wilhelmine Gräfin Lichtenau konnte noch im Alter glühende Verehrer und Bewunderer um sich scharen. Ein Baron von Eben, der sich als Edel-Söldner durchs Leben schlug, hielt ihr über zwanzig Jahre die Treue, auch als sie in einer Kurzschlusshandlung Holbein heiratete (»Tiefer dumpfer Schmerz wütete etliche Tage, bevor ich zur Besinnung kam«). Damals war von Eben *Chevalier honoraire* der Malteser geworden und hatte den feierlichen Eid geleistet, (ohne besondere Erlaubnis) niemals zu heiraten, »wohl aber die Weiber zu ehren und zu schützen«, in die Hand von drei Rittern geschworen, was ihn nicht hinderte, später doch zu heiraten.

Aber so ehrlich alle Anträge gemeint sein mochten, Wilhelmine von Lichtenau hatte an Männern das Interesse verloren. Als auch noch ihre Tochter Marianne starb, zog sie sich vollends aus dem öffentlichen Leben zurück. Sechs Jahre lebte sie allein mit ihren Erinnerungen. Ihr Tod am 9. Juni 1820 war den meisten Zeitungen nicht einmal eine Zeile wert. Wilhelmine Gräfin Lichtenau, einmal die mächtigste Frau in Preußen, wurde achtundsechzig Jahre alt.

Erst im 20. Jahrhundert begann man sich wieder für die schöne Wilhelmine zu interessieren. Sie wurde die deutsche Pompadour genannt, und daran ist viel Wahres. Denn wie diese trat sie aus dem spießigen Bürgertum hervor, um geadelt eine Rolle in der Geschichte zu spielen. Sanssouci und das sterbende Rokoko unterschieden sich wenig von der Pracht von Versailles, was Neid, Missgunst und Hass auf die Aufsteigerin betraf. Eine Trompeterstochter im Bett des Preußenkönigs war wie ein Löffel Salz in der Tasse Schokolade – ekelerregend dekadent. Für viele, ja die meisten Preußen war Wilhelmine Gräfin Lichtenau der lebendige Beweis für die Prophezeiung Friedrichs des Großen, dass nach ihm nichts zu erwarten sei als der Verfall: Leidenschaft statt Geist, Freigeisterei statt Wissenschaft, Aberglaube und Scharlatanentum statt christlicher Frömmigkeit, ausschweifender Luxus statt Zucht und Ordnung und obendrein die Vermischung preußischen und französischen Wesens, eine Mischung wie Wasser und Feuer. Insofern ist die schöne Wilhelmine tatsächlich ein Spiegelbild ihrer Zeit und eine wichtige Persönlichkeit, deren Bedeutung über preußische Unterrockpolitik hinausgeht.

III

Rivalinnen: Charlotte von Stein und Christiane Vulpius

»Du sollst fühlen, wie sehr ich Dein bin, wie sehr ich mich sehne, Dich wiederzusehen. Nun, meine Liebe zu Dir ist keine Leidenschaft mehr, sie ist eine Krankheit, eine Krankheit, die mir lieber ist, als ganz gesund zu sein, und deshalb will ich auch nicht genesen.«

Johann Wolfgang von Goethe
an Charlotte von Stein

Mit Frauen hatte Johann Wolfgang von Goethe seine Probleme; aber vermutlich wäre er ohne sie – die Frauen und seine Probleme – nicht der bedeutendste Dichter der Deutschen geworden. Ja, Goethe litt unter Frauen. Vor schönen hatte er Angst, und jenen, die etwas herb, um nicht zu sagen hässlich waren, näherte er sich auf vulgäre Weise und mit einem ungeschickten Vokabular, verstärkt durch den Mut, den er sich in solchen Situationen anzutrinken pflegte. Es muss einmal gesagt werden: Goethe trank viel, bis zu drei Flaschen Wein am Tag, jedenfalls mehr als der unglückliche E. T. A. Hoffmann, der gemeinhin als Säufer gilt.

Psychoanalytiker betrachten Johann Wolfgang von Goethes Liebesleben als Schulbeispiel für einen gespaltenen Menschen, ein Genie zwischen Ideal und Wirklichkeit, das sich beide Aspekte des Menschseins von der Seele schrieb. Und es ist natürlich kein Zufall, dass der hehre Dichter, neben zahlreichen Geliebten und einer unbedarften Ehefrau, eine Zweitfrau sein Eigen nannte: Charlotte von Stein. Frau von Stein wurde viel bekannter als Goethes Ehefrau Christiane Vulpius, weil sie zum einen Goethes Schaffen mehr beeinflusst hat als seine Ehefrau und zum anderen, weil uns 1800 Goethe-Briefe an die Geliebte erhalten blieben, an die Ehefrau nur 354.

Johann Wolfgang, genannt Hänschen, hatte mehr vom Vater Johann Caspar, einem freudlosen, grundsatzstrengen Kaiserlichen Rat, der mit der Verwaltung seines ererbten Besitzes genug zu tun hatte, als von der einundzwanzig Jahre jüngeren Mutter Elisabeth, geborene Textor, mit ihrem heiteren Wesen. Goethes Hänschen wurde äußerst streng erzogen, lernte Griechisch und Latein, aber auch Englisch, Französisch und Italienisch, bevor er zum Studium nach Leipzig und Straßburg geschickt wurde.

Was Frauen betrifft, war Goethe ein Spätentwickler. Zu einer Zeit, da Gleichaltrige längst Erfahrungen gesammelt hatten, erging Hänschen sich in Phantasien, die sich in einem gewissen Gretchen niederschlugen, an dem noch heute herumgerätselt wird, ob es jemals existiert hat, ob es nicht viel mehr die »Verdichtung« mehrerer harmloser Begegnungen mit jungen Mädchen ist.

Während seiner Studentenzeit litt der junge Goethe unter dem unpersönlichen Dasein eines möblierten Herrn mit freier Kost, er verfluchte die zahllosen Wirtshausaufenthalte und sehnte sich nach Häuslichkeit und Zuneigung. Im Grunde seines Herzens war Hänschen immer ein Spießer. Zwar reizten ihn die billigen Angebote leichter Mädchen, wie sie in Universitätsstädten besonders häufig waren, aber der junge Dichter hatte eine panische Angst vor Geschlechtskrankheiten, und diese Angst war das erste, meist auch das stärkste Gefühl, das ihn beim Anblick einer Frau überkam.

Goethes Bedenken stand jedoch seine Sinnlichkeit entgegen. Er begehrte Frauen in Vielzahl und mit Vehemenz. Was aber bleibt einem Mann mit derartiger Phobie? Zwei vielbelächelte Eigenheiten: Voyeurismus und platonische Liebe. Beidem kam Goethe bis zu seinem vierunddreißigsten Lebensjahr nach. Wir wissen nicht genau, ob Johann Wolfgang von Goethe bis zu diesem Alter überhaupt sexuelle Kontakte pflegte, ob seine zahlreichen Liebschaften wirklich nur platonischer Natur waren, immerhin nannte er erst Christiane Vulpius so, wie er zuvor noch keine Frau genannt hatte, seinen »Bettschatz«.

Als jugendlicher Voyeur begnügte Goethe sich mit einer unbefangenen Näherin, die sich in seiner Gegenwart mit ihrem Korsett abmühte, oder mit der eifersüchtigen Verfolgung des Käthchen Schönkopf, das in der elterlichen Pension in Leipzig die Gäste bediente und – wie konnte es anders sein – bereits verlobt war und bald schon verheiratet. Ein Miniaturporträt des Mädchens, mehr blieb ihm nicht, von seinen Phantasien einmal abgesehen. Und auch Friederike Brion, das Pfarrerstöchterlein aus Sesenheim, blond, blauäugig und mit dem schönsten Rosenrot auf den Wangen, erweckte zwar Zuneigung, doch vor die Leidenschaft schob sich ein Riegel, und Goethe begnügte sich mit Verbalerotik, in die er sogar den alten Pastor einbezog. Nur so konnten auch die an Friederike gerichteten Lieder (»Mailied«, »Willkommen und Abschied«) entstehen.

Einer von den Frauen, »die, wenn sie nicht heftige Leidenschaften einflößen, doch ein allgemeines Gefallen zu erregen geschaffen sind«, begegnete der junge Goethe in Wetzlar, wo er im Jahre 1772 die Stelle eines Praktikanten am Reichskammergericht antrat. Es war Lotte, die Tochter des verwitweten Amtmannes Buff, Vorbild der Lotte in den *Leiden des jungen Werthers*, und ausgerechnet die Verlobte seines Freundes Johann Christian Kestner. Mit ihr und Kestner verbrachte

Goethe den ganzen Sommer, eine schwärmerische, deutsche Idylle, in deren Verlauf ihm klar wurde, dass er, Goethe, gegen die ernsthaften Absichten des Freundes Kestner keine Chance hatte.

Lotte beichtete Kestner jede Annäherung des Freundes, sogar einen flüchtigen Kuss auf den Mund, der den Praktikanten der Jurisprudenz jedoch in größere Konflikte gestürzt hat als sie selbst. Goethe floh an einem Septembermorgen aus Wetzlar, zwei Zettel zurücklassend. Einen an Kestner: »... Ich kann in diesem Augenblick nichts sagen als: Leben Sie wohl. Wäre ich einen Augenblick länger bei Euch geblieben, ich hätte nicht gehalten. Nun bin ich allein ...« Der zweite an Lotte nichtssagend: »... Ach, mir wars um hienieden zu tun, um Ihre Hand, die ich zum letzten Mal küsste ...«

Drei Jahre später platzte Goethes Verlobung mit der Frankfurter Bankierstochter Lili Schönemann, einer bildhübschen blonden Sechzehnjährigen, über die der Dichter später sagte: »Sie war in der Tat die Erste, die ich tief und wahrhaft liebte. Auch kann ich sagen, dass sie die Letzte gewesen ist, denn alle kleinen Neigungen waren mit jener ersten verglichen nur leicht und oberflächlich.« Diese Worte machen Goethe-Biographen bis heute ratlos: Warum lief er ihr davon? Und welche Gefühle brachte er dann Charlotte von Stein und Christiane Vulpius, seiner späten Ehefrau, entgegen?

Goethes Flucht aus dem Frankfurter Bürgertum führte ihn nach Weimar. Dr. Goethe hatte sich zu dieser Zeit bereits als Dichter einen Namen gemacht, und der jugendliche Herzog Karl August von Sachsen-Weimar bat ihn an seinen Hof. Der Begriff »Hof« weckt falsche Vorstellungen, denn bei Sachsen-Weimar handelte es sich um ein Provinzherzogtum mit komödiantischen Zügen. Weimar hatte kaum mehr als 6000 Einwohner, der Stammsitz der Familie war gerade abgebrannt, es gab kaum befestigte Straßen, und alles war etwas kleiner und provinzieller als anderswo.

Allerdings gab es auch im Herzogtum Sachsen-Weimar eine Regierung und ein rühriges Beamtentum, und Herzog Karl August fand einen einfachen Weg, um den Dichter in Weimar zu halten, er schob Goethe hohe und höchste Beamtenposten zu: 1776 wurde Goethe Geheimer Legationsrat, 1779 Geheimer Rat, 1782 Leiter der Finanzkammer. Alle diese Posten hatten zwei Dinge gemeinsam: Sie waren wohldotiert und forderten bescheidenen Zeitaufwand, sodass der Dichter genug Zeit fand für seine eigentliche Berufung. Nur ein vielbeschäftigter Dichter konnte in Weimar nicht von Langeweile gequält werden.

In Weimar begegnete Johann Wolfgang von Goethe auch den beiden wichtigsten Frauen in seinem Leben, Charlotte von Stein und Christiane Vulpius. Die eine nannte er seine Geliebte, die andere seine Frau.

Charlotte von Stein, Hofdame der Herzogin von Sachsen-Weimar, verheiratet mit dem Stallmeister Friedrich Freiherr von Stein, lief dem Dichter schon in der ersten Woche über den Weg. Seiner Mutter schrieb Goethe: »Die Mägdlein sind hier gar hübsch und artig, ich bin gut mit allen. Eine herrliche Seele ist die Frau von Stein, an die ich so, was man sagen möchte, gehéftet und genistelt bin.«

Hinter dieser verklausulierten Formulierung verbirgt sich ein höchst kompliziertes Verhältnis zweier höchst komplizierter Menschen in einer außergewöhnlichen Situation. Charlotte von Stein ist gewiss die ungewöhnlichste Geliebte der Geschichte; denn obwohl ihr Verhältnis mit Goethe zwölf Jahre dauerte, obwohl sie sich in Tausenden von Briefen ihre Liebe versicherten, obwohl sie Tage und Nächte gemeinsam verbrachten, haben sie vermutlich nie miteinander geschlafen. Und anscheinend war es gerade dieses unglaubliche Verhalten, das ihre Verbindung so lange am Leben erhielt.

Dabei waren die Sympathien der beiden von Anfang an sehr unterschiedlich. Charlotte, dreiunddreißig, nach übereinstimmender Aussage aller Zeitgenossen alles andere als eine Schönheit, nach sieben Geburten in elfjähriger Ehe abgemagert, sagte über den um sieben Jahre jüngeren Dichter, der ihr schon einmal bei einer Badekur in Pyrmont vorgestellt worden war: »Ich fühle es, Goethe und ich werden niemals Freunde; auch seine Art, mit unserem Geschlecht umzugehen, gefällt mir nicht, er ist eigentlich, was man kokett nennt, es ist nicht Achtung genug in seinem Umgang.« Der durch seinen *Werther* inzwischen zum Bestsellerautor avancierte Geheime Legationsrat, eine äußerst stattliche Erscheinung, wenngleich seine Kleidung meist zu wünschen ließ, geriet durch die erste Begegnung in Weimar völlig aus dem Häuschen und schrieb an Christoph Martin Wieland, den älteren Dichterkollegen, den Herzogin Anna Amalia als Erzieher ihrer Söhne nach Weimar berufen hatte und der wie er mit Frauen nur Probleme hatte: »Ich kann mir die Bedeutsamkeit – die Macht, die diese Frau über mich hat, nicht anders erklären als durch die Seelenwanderung. – Ja, wir waren einst Mann und Weib! – Nun wissen wir von uns – verhüllt, in Geisterduft. – Ich habe keinen Namen für uns – die Vergangenheit – die Zukunft – das All.«

Solche Schwärmereien von diesem Mann blieben in der Miniaturgesellschaft von Weimar natürlich nicht lange geheim, und sie kamen auch Charlotte von Stein zu Ohren. Charlotte hatte ihr Leben gelebt, jedenfalls war sie dieser Ansicht, und ihre Meinung entsprach der allgemeinen Auffassung: Eine Frau, die sieben Kinder geboren hatte, war eine Matrone und konnte ihren Fuß nur sonntags über die Küchenschwelle setzen, zum Kirchgang, in ältliche schwarze Kleider gehüllt. Charlotte von Stein jedoch kannte, was ihre Kleidung anging, nur *eine* Farbe: Weiß. Das rücksichtslose, bäuerliche Verhalten des Freiherrn, der sich nur noch selten zu Hause blicken ließ und offiziell Pferde einkaufte für den Herzog – weniger offiziell galt seine Vorliebe den frei herumlaufenden Stuten –, dieses Verhalten hatte sie spröde werden lassen. Und da kam ein umschwärmter Dichter und behauptete, sie, Charlotte von Stein, verheiratet und mehrfache Mutter, habe ihn um den Verstand gebracht. Der Kerl war sechsundzwanzig und zu alt für lächerliche Schwärmereien!

Was Charlotte schmeichelte, schmeicheln musste, bereitete Goethe nicht den geringsten Kummer. Er musste nicht fürchten, dass die Angebetete ihn eines Tages fragen würde: »Und wie hältst du's mit der Ehe?« Oder dass sie sexuelle Forderungen stelle könnte – eine Angst, die der Dichter bis zum 12. Juli 1788 mit sich herumtrug, dem Tag, an dem er Christiane Vulpius begegnete. Doch von diesem Tag trennten ihn noch zwölf Jahre, und er war zunächst einmal froh, eine Frau gefunden zu haben, mit der er, so hoffte er, eine Nacht verbringen konnte, ohne unter dem Zwang zu stehen, mit ihr schlafen zu müssen. Irgendwann in der frühen Zeit ihres Kennenlernens muss es zwischen den beiden zu einer stillschweigenden Vereinbarung gekommen sein, die der Beginn einer großen Liebesbeziehung wurde.

Dazu gehörte, dass Frau von Stein in ihrer Wohnung über dem herzoglichen Marstall wohnen blieb, Goethe in seinem als Dienstwohnung zugewiesenen Gartenhaus. Das hinderte Charlotte nicht, viele Nächte im Goetheschen Gartenhäuschen zu verbringen. Jedenfalls gab sie ihre Scheu und Zurückgezogenheit auf, um in aller Öffentlichkeit am Arm des Geheimen Legationsrates zu erscheinen, und dabei machte sie keine schlechte Figur.

Jahre später begegnete ihr Friedrich von Schiller in Weimar. Schiller war – damals – weder ein Freund Goethes noch ein Verehrer der Frau von Stein. Dennoch fiel sein Kommentar ungewöhnlich positiv aus: »Die Beste unter allen«, meinte der Doktor aus Marbach am Neckar im Hinblick auf die Damen am Hofe von Sachsen-Weimar, »war Frau von Stein, eine wahrhaft eigene, interessante Person und von der ich begreife, dass Goethe sich so ganz an sie attachiert hat. Schön kann sie nie gewesen sein, aber ihr Gesicht hat einen sanften Ernst und eine ganz eigene Offenheit. Ein gesunder Verstand, Gefühl und Wahrheit liegen in ihrem Wesen ... Man sagt, dass ihr Umgang ganz rein und untadelhaft sein soll.«

Was immer man unter »Umgang« verstehen mag, Charlotte von Stein, die für Benehmen und Etikette am Hof von Weimar verantwortlich war, brachte dem Advokaten aus Frankfurt erst einmal Manieren bei. Dazu gehörte die bedachtere Auswahl der Kleidung ebenso wie die Vermeidung lauten Geschreis aus allen nur erdenklichen Anlässen, wofür Goethe bekannt war. Er hatte geglaubt, ein guter Tänzer zu sein, doch nun im Arm der eleganten Charlotte musste er einsehen, dass er sich doch recht ungeschickt anstellte, wenn es darum ging, Contre-danse zu tanzen. Gewiss, der Geheime Legationsrat verstand es, durch die Wahl seiner Gesprächsthemen zu faszinieren, er plauderte von Homer und Ovid mit der gleichen Sachkenntnis wie von naturwissenschaftlichen Erkenntnissen der Gegenwart, wobei ihm das Wachstum der Natur und die Theorie der Farben besonders angelegen zu sein schienen, aber seine Rede geriet allzu oft zur Schulmeisterei und ließ jenen leichten Plauderton vermissen, der in höheren Kreisen üblich war.

Charlotte versuchte Goethe all diese Feinheiten beizubringen, und der ließ sich gerne von der Geliebten führen. Es wäre ungerecht zu behaupten, die Anstrengungen der Freifrau hätten keinen Erfolg gehabt, aber ein guter Gesellschafter mit feinen Manieren oder gar ein Salonlöwe ist Johann Wolfgang von Goethe nie geworden, auch nicht in späteren Jahren als Minister. So genial er sich in Schriftform auszudrücken verstand, so unelegant und holprig blieb seine Rede – ein Phänomen, das uns bei nicht wenigen Schriftstellern begegnet. Die glühenden Liebesschwüre und Treuebekundungen hörten sich also im trauten Tête-à-tête ganz anders an, als wir sie heute in Goethe-Biographien nachlesen. Dazu kommt noch Goethes hessischer Dialekt, der bald eine sächsische Färbung annahm, was nicht gerade erhebend wirkte.

Im Verhältnis der beiden fielen also ganz andere Worte, als uns die Literaturgeschichte glauben machen will, die ihre Zitate aus den gesammelten Briefen zieht. Wie damals üblich, wurden Briefe nicht nur für den Augenblick, sondern auch für die Nachwelt geschrieben. Deshalb wurden sie gesammelt und oft sogar dem Absender zurückgegeben. Ausfallende Bemerkungen in schriftlicher Form vonseiten des Dichters, wie »Wenn ich mit Ihnen nicht leben soll, so hilft mir Ihre Liebe so wenig wie die Liebe meiner Abwesenden ...«, sind daher selten, obwohl sie sicher häufig gefallen sein mögen, denn Goethe konnte, auch oder besonders wenn es um Frauen ging, sehr ausfallend werden.

Nach ersten gemeinsamen Auftritten in den Salons, bei denen die beiden aus ihrer Zuneigung keinen Hehl machten – nur wenige in Weimar zweifelten jedoch daran, dass die beiden ein Verhältnis hatten –, kam es zu ersten Komplikationen in der Verbindung. Charlotte von Stein wollte eine Beziehung auf Distanz, das heißt, es entsprach durchaus ihrem Wunsch, dass sie sich täglich trafen, aber sie war schließlich eine verheiratete Frau mit Kindern, und diese Bindung nahm bei ihr einen mindestens ebenso hohen Stellenwert ein.

Die vornehme Zurückhaltung der Frau von Stein versetzte den Junggesellen jedoch in noch größere Unruhe, und dabei entwickelte er, obwohl er alles andere als fromm war, beinahe religiöse Gedanken: »Meine Seele ist fest an die Deine angewachsen. Ich mag keine Worte machen; Du weißt, dass ich von Dir unzertrennlich bin und dass weder Hohes noch Tiefes uns zu scheiden vermag. Ich wollte, dass es irgendein Gelübde oder Sakrament gäbe, das mich Dir auch sittlich und gesetzlich zu eigen machte; wie wert sollte es mir sein, und mein Noviziat war doch lange genug, um sich zu bedenken.«

Als Noviziat wird die Probezeit in einem Kloster bezeichnet. Was meinte der Dichter mit dieser Andeutung? Klingt sie nicht wie ein Gebet, sich ihm doch endlich hinzugeben?

Charlotte von Stein wies diesen Gedanken weit von sich. Sie zeigte sich dem unerhörten Liebhaber gegenüber jedoch verständnisvoll, was sein Sexualleben betraf, und meinte, es gebe nicht wenige Schönheiten am Hof von Weimar, allen voran die niedlichen Schauspielerinnen des herzoglichen Theaters, die immer für ein Abenteuer gut waren. Als Goethe jedoch die exaltierte Schauspielerin Corona Schröter traf, die er noch von seinen Leipziger Studienjahren kannte, da wurde Charlotte auf einmal eifersüchtig.

Nichts anderes aber wollte Goethe bewirken. Er selbst hatte Herzog Karl August die Leipziger Schauspielerin empfohlen und sie mit einem 400-Taler-Vertrag nach Weimar geholt. Die schöne Corona Schröter galt als Gesangs- und Theaterstar und konnte sich vor Verehrern kaum retten. Deshalb hielt sie sich eine fette Leibwächterin, die größere Zudringlichkeiten zu verhindern verstand.

Goethes Engagement lag durchaus im Rahmen seiner Kompetenzen, denn neben seinen offiziellen Staatsämtern bekleidete er auch das Amt eines »Directeur des plaisirs«, eines Hofpoeten, Festveranstalters, Opern- und Ballettdirektors, Bibliotheks- und Kunstverwalters. Dass er Corona in Leipzig ein teures Kleid und eine Kollektion Spitzentaschentücher kaufte, dürfte wohl eher von privater Natur gewesen sein.

Herzog Karl August verliebte sich sofort in die schöne Schauspielerin, von Goethe könnte man das Gleiche annehmen, doch wissen wir nicht, welches Spiel der Dichter trieb, ob das Ganze nicht nur eine Inszenierung war, um Charlotte eifersüchtig und damit fügsam zu machen. Er nannte Corona in einem Brief an Charlotte »ein edel Geschöpf in seiner Art« und jammerte: »Ach, wenn sie nur ein halb Jahr um Sie wäre, dass ich Euch könnt in Frieden lassen.« Vergeblich. Auch die

Besuche Coronas in Goethes Gartenhaus und die gemeinsamen Spaziergänge mit Herzog Karl August vermochten Charlotte nicht umzustimmen, es blieb bei dem platonischen Verhältnis, dessen Bedingungen sie diktierte.

Der »Überschönen«, dem »Engel«, wie Goethe Corona Schröter nannte, gelang es in kurzer Zeit, ganz Weimar verrückt zu machen, weniger mit ihrer Bühnenkunst als durch ihre provozierenden Auftritte, für die sie die damaligen Medien geschickt zu nutzen verstand. Dazu gehörte, dass sie im Schlosspark auftrat als griechische Göttin, in ein durchsichtiges Kostüm gehüllt, und alle, die es sahen, stritten, ob sie nun ein fleischfarbenes Trikot darunter getragen habe oder – Gott schütze uns – etwa gar nichts. »Zufällig« kamen englische Zeichner und Kupferstecher des Weges, die das anregende Schauspiel im Bilde festhielten und wenig später als Bildband herausgaben.

Die Ereignisse um Corona Schröter erscheinen zu provokant, als dass man nicht die Regie des Theatermannes Goethe dahinter vermuten könnte. Schließlich hatte der Meister gerade seine erste Fassung von *Iphigenie auf Tauris* vollendet, und nichts verdeutlicht die gespannte Situation mehr als das Fernbleiben Charlottes von Stein bei der Uraufführung. Die Titelrolle wurde von Corona Schröter gespielt. Herzogin Luise, zu der Goethe in höchst merkwürdiger Bindung stand (er fungierte als ihr Eheberater, vergötterte sie jedoch beinahe mit der gleichen Inbrunst wie Charlotte von Stein), verbot ihrem Ehemann sogar den Umgang »mit dieser Person«. Coronas Karriere in Weimar war damit beendet. »Lass uns freundschaftlich zusammenleben«, entschuldigte sich der Dichter bei seiner Angebeteten, »das Vergangene können wir nicht zurückrufen, über die Zukunft sind wir eher Meister …«

Warum Corona Schröter Weimar nicht verließ, bleibt genauso unklar wie die wahre Beziehung zwischen ihr und dem

Dichter. Auch das Ende ihrer Bühnenkarriere passt nicht in das Bild eines gefeierten Stars. Zuerst sang sie noch in Oratorien und Konzerten, später gab sie nur noch Gesangs- und Malunterricht; weder Goethe noch Herzog Karl August kümmerten sich um sie. Schiller sah sie zum ersten Mal, als sie gerade vierzig war, und bemerkte, er könne sich schon vorstellen, dass Corona einmal eine schöne Frau gewesen sei. Ein paar Jahre machte ihr noch ein verschuldeter Spieler den Hof, dann verlieren sich ihre Spuren. Erst ihr früher Tod wurde wieder vermerkt, und dass nur die fette Leibwächterin an ihrem Grabe gestanden habe. Im Alter entschuldigte sich Goethe, er sei damals nicht in der Lage gewesen, Corona Schröter ein Denkmal zu setzen.

Hinter dieser Bemerkung verbirgt sich ein eigenartiges Phänomen im Leben Johann Wolfgang von Goethes. Über zehn Jahre, etwa so lange, wie das Verhältnis mit Charlotte von Stein dauerte, verzettelte sich der Dichter in Hofpoeteleien, er begann manches, vollendete nichts, selbst *Iphigenie* betrachtete er nach der zweiten Fassung als unvollendet, *Tasso* wuchs nicht über ein paar Szenen hinaus, dafür fertigte er Satiren, Klamauk, Stückerl und Späße, und die nicht einmal gut, aber er erntete Beifall. Seine Verleger hatten ihn längst aufgegeben, glaubten, er habe seinen Höhepunkt überschritten, gedruckt wurden nur noch seine frühen Werke.

Derartige Phasen gibt es im Leben eines jeden Schriftstellers; doch sie haben auch immer eine Ursache. In unserem Fall heißt die Ursache Charlotte von Stein. Die Zuneigung und gleichzeitige Abweisung, die sie ihm, dem bewunderten Dichter, entgegenbrachte, trieben Goethe an den Rand des Zusammenbruchs. Er betete Charlotte an und sprach das auch aus. Ihre Güte, Weisheit, Mäßigkeit und Geduld versetzten ihn in Abhängigkeit von der Geliebten. »Mein inneres Leben ist bei Dir«, gestand er ihr, »und mein Reich ist nicht von dieser Welt.«

Charlotte von Stein war diesem Goethe zwar in Liebe zugetan, das Problem war nur, er passte weder zu ihrem Charakter noch zu ihrer Lebensauffassung, er passte überhaupt nicht in ihr Leben. Aber dann schrieb er ihr wieder einen seiner glühenden Briefe, nannte sie ein engelgleiches Geschöpf von himmlischer Tugend, und Charlotte schmolz dahin wie der Schnee in den ersten warmen Tagen.

Unerfüllt, liebesbedürftig wie ein kleiner Hund, sinnlich und genusssüchtig verschlüsselte Goethe seine Gefühle in Gedichtform, schlüpfte selbst in die Person eines anderen, um sich bedenkenlos ausdrücken zu können:

Jägers Abendlied

Kanntest jeden Zug in meinem Wesen,
Spähtest, wie die reinste Nerve klingt,
Konntest mich mit einem Blicke lesen,
Den so schwer ein sterblich Aug durchdringt;
Tropftest Mäßigung dem heißen Blute,
Richtetest den wilden irren Lauf,
Und in deinen Engelsarmen ruhte
Die zerstörte Brust sich wieder auf;
Und vergaukeltest ihm manchen Tag,
Welche Seligkeit glich jenen Wonnestunden,
Da er dankbar dir zu Füßen lag,
Fühlt sein Herz an deinem Herzen schwellen,
Fühlte sich in deinem Auge gut,
Alle seine Sinne sich erhellen
Und beruhigen sein brausend Blut!

Charlotte war weder geneigt, ihre Stellung als Hofdame aufzugeben, noch sich von Friedrich von Stein scheiden zu lassen, und gewiss hätte Goethe dies sogar beunruhigt, jedoch ließ er nichts unversucht, Charlottes Leben mit dem seinen zu verbinden. Fritz, ein Sohn der geliebten Frau von Stein, wurde von ihm, dem nunmehr dreißigjährigen Dichter und Junggesellen, zur Erziehung aufgenommen; ein Vorhaben, das gründlich misslang – wegen mangelnder pädagogischer Fähigkeiten des Lehrmeisters, der den Jungen in der Hauptsache als Vorleser, Botengänger und Butler benutzte. Dass Goethe sich noch in zwei weiteren Fällen als Pädagoge versuchte, sei hier nur am Rande vermerkt und mit dem Hinweis versehen: Auch diese beiden Versuche blieben ohne Erfolg.

Warum der wegen seiner unerfüllten Lieben leidende Johann Wolfgang von Goethe nach fünfjähriger Beziehung zu Lotte und unerfüllter Leidenschaft auf einmal einen glücklicheren Eindruck machte – seine Briefe lassen darauf schließen –, dafür gibt es Vermutungen, wenngleich keine Beweise. Literaturwissenschaftler, die Goethes Briefe zur Grundlage vieler Untersuchungen und zahlreicher Theorien gemacht haben, wollen nach dem 22. März 1781 eine Änderung in Goethes Tonfall ausgemacht haben. Eine Bestätigung dieser Theorie ist seitens Charlotte von Stein leider nicht zu bekommen, weil die enttäuschte Geliebte, nachdem die Beziehung ein so plötzliches Ende genommen hatte, alle ihre Briefe zurückgefordert und verbrannt hat. Aus Goethes Briefen geht jedoch hervor, dass Lotte und Johann Wolfgang die ganze Nacht zum 22. März zusammen in Goethes Gartenhaus verbrachten.

Goethe am folgenden Tag: »Wir haben noch keinen so schönen Frühling zusammen erlebt, möge er keinen Herbst haben!« Das klingt in der Tat nach Erfüllung eines lange gehegten Wunsches, ist aber natürlich kein Beweis. Oder doch? Ein halbes Jahr später schrieb Goethe auf Dienstreise in Jena an die Geliebte: »Meine Seele ist an Dich fest gebunden, Deine Liebe ist das schöne Licht all meiner Tage, Dein Beifall ist mein bester Ruhm.«

Jeder dieser Sätze aus der Feder des Dichters könnte auch geschrieben sein, ohne dass die beiden miteinander geschlafen hätten. Ebenso der folgende, 1784 in Braunschweig in französischer Sprache geschriebene Brief: »Du sollst fühlen, wie sehr ich Dein bin, wie sehr ich mich sehne, Dich wiederzusehen. Nein, meine Liebe zu Dir ist keine Leidenschaft mehr, sie ist eine Krankheit, eine Krankheit, die mir lieber ist, als ganz gesund zu sein, und deshalb will ich auch nicht genesen.«

Aber wie bei einem gemeinsam alternden Ehepaar wurden die leidenschaftlichen Briefe des Dichters an seine Geliebte immer seltener, nicht die Briefe, aber die Leidenschaft. Es schien, als sei Goethes Ungestüm gezügelt. Aus Frustration, Resignation oder weil die Liebe Erfüllung fand? Niemand vermag die Antwort zu geben. Zweifellos hatte Goethe während der Jahre mit Lotte in Weimar gelernt, sich anzupassen, und dazu gehörte auch, seine Leidenschaften dem Anstand und der Würde der Menschen unterzuordnen.

Anpassung ist nicht Sache der Dichter. Mit fünfunddreißig, spät, aber doch nicht zu spät, erwachte Goethe aus seinem aufgezwungenen Alltag, der Pflicht seiner Ämter und dem gut dotierten Hofpoet-sein-Müssen. »Ich halte mich für tot«, schrieb er an Herzog Karl August. »Ich bin zu nichts mehr nütze.«

Es dauerte lange, bis Goethe sich zu einer Änderung seiner Verhältnisse durchgerungen, und noch länger, bis er das Ziel seiner Träume erkannt hatte: Italien. Seine italienische Reise (1786–1788) war nichts anderes als eine Weltflucht, heimlich vorbereitet, und sie sollte inkognito vonstatten gehen. Goethe reiste als Johann Philipp Möller. Der Einzige, den er eingeweiht hatte, war sein Diener und Sekretär Philipp Seidel. Nicht einmal Lotte kannte seine Pläne. Das war natürlich ein Vertrauensbruch, aber die italienische Reise bedeutete ohnehin den Anfang vom Ende ihrer Beziehung.

Für seine Flucht wählte Johann Wolfgang von Goethe den Umweg über Karlsbad, wo er oft und gerne zu kuren pflegte, so auch in diesem Sommer. Aus seiner *Italienischen Reise*: »Früh drei Uhr stahl ich mich aus Karlsbad, weil man mich sonst nicht fortgelassen hätte. Die Gesellschaft, die den achtundzwanzigsten August, meinen Geburtstag, auf eine sehr freundliche Weise feiern mochte, erwarb sich wohl dadurch ein Recht, mich festzuhalten; allein hier war nicht länger zu säumen. Ich warf mich, ganz allein, nur einen Mantelsack und einen Dachsranzen aufpackend, in eine Postchaise und gelangte halb acht Uhr nach Zwota, an einem schönen stillen Nebelmorgen. Die obern Wolken streifig und wollig, die untern schwer. Mir schienen das gute Anzeichen. Ich hoffte, nach einem so schlimmen Sommer einen guten Herbst zu genießen. Um zwölf Uhr in Eger, bei heißem Sonnenschein; und nun erinnerte ich mich, dass dieser Ort dieselbe Polhöhe habe wie meine Vaterstadt, und ich freute mich, wieder einmal bei klarem Himmel unter dem fünfzigsten Grade zu Mittag zu essen.«

Und an Charlotte von Stein: »Endlich, endlich bin ich fertig und doch nicht fertig, denn eigentlich hätte ich noch acht Tage hier zu thun, aber ich will fort und sage auch Dir noch einmal Adieu! Lebe wohl, du süses Herz! Ich bin Dein.«

Kurz war der briefliche Abschied und ohne die Schwärmereien, mit denen Goethe seine Geliebte so lange verfolgt hatte. Lotte war eine kluge, erfahrene Frau, sie wusste natürlich, dass die lange, geheimgehaltene Reise das Ende ihrer zehnjährigen Beziehung bedeutete. Vielleicht vermutete sie auch eine Rivalin hinter der Angelegenheit. Das kränkte sie, und es bedurfte vieler Briefe, diesen Argwohn von ihr zu nehmen.

Ein Leben lang hatte Goethe von dieser Italienreise geträumt. Er kam nicht als Tourist, er wollte das Land mit der Seele suchen, und dabei hätte ihn die Begleitung einer Frau nur gestört. Nicht einmal Charlotte von Stein wäre dem Aussteiger in dieser Situation genehm gewesen. Goethe suchte keine Frau, er suchte sich. An Charlotte: »Kehr ich nun in mich selbst zurück, wie man doch so gerne tut bei jeder Gelegenheit, so entdecke ich ein Gefühl, das mich unendlich freut, ja das ich sogar auszusprechen wage. Mir ... ist, als wenn ich die Dinge dieser Welt nie so richtig geschätzt hätte als hier. Ich freue mich der gesegneten Folgen auf mein ganzes Leben ...«

Mehr als einmal geriet der Dichter, der sich vorwiegend in Künstlerkreisen der großen deutschen Kolonie bewegte, in Versuchung. »Die Römerinnen«, bemerkte er einmal wehmütig, »sind die reizendsten Gestalten, die ich je erblickte.« Seine Wehmut lag darin begründet, dass sich die leichtlebigen Geschöpfe, Schauspielerinnen, Malermodelle und Kokotten unter südlichem Himmel weit weniger zurückhaltend zeigten, als der Dichter das von den Frauen des Nordens gewöhnt war. Doch Goethe lebte in dem Wahn, sie hätten alle die galante Krankheit, und nichts fürchtete er so sehr wie diese. Er begnügte sich damit, seiner Sinnlichkeit in den *Römischen Elegien* freien Lauf zu lassen und einem verlobten Mädchen namens Maddalena Riggi den Hof zu machen.

Zwei Jahre schwelgte Johann Wolfgang von Goethe in Sonne, Wein, glutäugigen Frauen und Antike, zwei Jahre, die, wie er eingestand, zu den glücklichsten seines Lebens zählten. Als er am 23. April 1788 von Rom Abschied nahm, da war dies wie ein Abschied von einer Geliebten. Rom, die Antike hatte die Stelle der Frau von Stein eingenommen. Goethe war ein anderer geworden. Der Frühvergreiste hatte seine Jugend wiedergewonnen. Er, der schon geglaubt hatte, am Ende seines Dichterlebens zu stehen, nahm mutvoll ein neues Leben auf.

Dazu gehörten der Rücktritt von seinen Regierungsgeschäften und der Vorsatz, sich selbst und sein dichterisches Talent mehr zu fordern. Dazu gehörte aber auch sein selbstsicheres Auftreten gegenüber Frau von Stein, der er erklärte, es sei besser, freundlich miteinander abzurechnen als ständig zu versuchen, sich einander »anzuähnlichen«. Kein Zweifel, aus dem Geheimen Rat Goethe war ein anderer geworden.

Nach zwei Jahren südlichen Glücks fiel es ihm schwer, sich wieder in der Provinz von Weimar einzugewöhnen, zumal Lotte ihn deutlich fühlen ließ, dass sie seine Reise nach Italien als Vertrauensbruch auffasste. Sie stand jetzt im sechsundvierzigsten Lebensjahr, und die Attraktivität einer reifen Frau war dem Matronenhaften gewichen.

Es gibt viele Spekulationen, was wohl geschehen wäre, wäre Goethe nicht an jenem Sonnabend, dem 12. Juli 1788, im Park jener Christiane Vulpius begegnet. Das heißt, begegnet ist das falsche Wort, das dreiundzwanzigjährige Blumenmädchen (Christiane arbeitete in Bertuchs Fabrik für Papierblumen) hatte dem Geheimen Rat mit einer Bittschrift aufgelauert. Darin ersuchte Christianes älterer Bruder, der bei einem Freiherrn in Nürnberg als Privatsekretär beschäftigt war, um Protektion. Vielleicht hoffte er auch, bei Goethe unterzukommen, jedenfalls teilte er dem Herrn Rat mit, dass er wohl seine Arbeit verlieren werde, weil ein jüngerer, billigerer Schreiber dem Freiherrn seine Dienste angeboten habe.

Das hübsche Mädchen mit den dunklen Augen erregte sofort das Interesse des Meisters, und man kam ins Gespräch. Weder Goethe noch die Demoiselle Vulpius haben je erwähnt, was an diesem Tag und in der darauf folgenden Nacht geschehen ist, doch feierten beide den 12. Juli (manchmal aber auch den 13.!) als *ihren* Gedenktag. Goethe, der Schüchterne, sexuell Gehemmte, der bis zu seinem neununddreißigsten Lebensjahr gewohnt war, Frauen anzudichten, anzuschwärmen, anzuhimmeln, für den eine zaghafte Berührung genügte, um seine Sinne zu verwirren, dieser spröde Geheime Rat wurde mit einem Mal zum Draufgänger. Wie kam es dazu?

Es war wohl ein Zusammentreffen glücklicher Umstände. Trotz ihrer dreiundzwanzig Jahre war Christiane Vulpius eine Kindfrau, sie hatte das durchaus anziehende Aussehen eines einfachen Mädchens, üppige, wilde, meist offen fallende Locken, sinnliche Lippen und einen schlichten, ehrlichen Charakter. Kurz, der neununddreißigjährige Goethe musste sie nicht fürchten. Anders als Charlotte von Stein blickte Christiane zu Goethe auf wie eine Schülerin zu ihrem Lehrer. Das hatten zwar auch andere schon getan, aber die Voraussetzungen waren jetzt andere: Von der geliebten Charlotte hörte Goethe nach seiner Rückkehr nur Vorwürfe, außerdem war ihm wohl bewusst geworden, dass er zehn Jahre seines Lebens, die besten Jahre, an eine spröde Frau verschwendet hatte, ohne die er einmal geglaubt hatte, nicht leben zu können. Jetzt wusste er, er konnte. Vor allem aber ähnelte dieses dreiundzwanzigjährige Mädchen aus Weimar in vielfacher Hinsicht einer Kellnerin in der Osteria alla Campana in Rom, die ihn wenige Wochen zuvor beinahe um den Verstand gebracht hatte.

Das hübsche römische Kind, vierundzwanzig und wie Christiane von einnehmender Schlichtheit und mit dem Körperbau einer römischen Göttin ausgestattet, inspirierte den Dichter nach eigenem Bekunden zur Faustina in den *Römischen Elegien*. Wenn Literaturwissenschaftler in Faustina das Ebenbild Christianes erkennen, so ist das kein Widerspruch, sondern eher eine Bestätigung dieser Theorie. Es gibt Passagen im Briefwechsel des Dichters mit Herzog Karl August, der dem »Anfänger« Goethe mit großer Freiheit von seinen sexuellen Abenteuern berichtete, die den Schluss zulassen, Letzterer könnte mit der Serviertochter ein intimes Verhältnis gehabt haben. Dies vorausgesetzt, hätte Christiane Vulpius auf Goethe vielfachen Reiz ausgeübt.

Als wären sie sich von Anfang an der Dauer ihrer Verbindung sicher gewesen, machten beide keine Anstalten, das Verhältnis zu verheimlichen. Christiane berichtete ihrer Familie, Goethe zunächst der Frau von Stein. Die geiferte: »Gemeine Hure!« Der hehre Dichter und das Blumenmädchen! Weimar, ganz Deutschland hatte seinen Skandal. Goethe in einem ersten Entwurf seiner 2. Elegie ironisch: »... Hebet am Ende sich ein brokatener Rock nicht wie ein wollener auf?« Goethe war verzückt von Christianes sinnlicher Ausstrahlung, ihrem »Leib mit allen seinen Prachten«, er genoss ihre Wärme und Fröhlichkeit. Sogar die Naivität einer Geliebten, die nicht richtig lesen und schreiben konnte, geriet ihm zur Freude.

Alle, die Goethe nahestanden, warteten auf das baldige Ende der denkwürdigen Verbindung. Sogar Schiller machte sich lustig über den verrückten Kollegen, vor allem über seine jugendlich-naive Geliebte. Erst als Christiane, die inzwischen bei ihm wohnte, Weihnachten 1789 ein Knäblein zur Welt brachte, bei dem Herzog Karl August Taufpate war, verstummten die Neider allmählich. Christiane gebar insgesamt fünf Kinder, doch nur August, das älteste, überlebte, vermutlich wegen Unverträglichkeit der Blutgruppen beider Partner. Für Goethe, den chronischen Junggesellen, war Christiane ursprünglich nur ein »Bettschatz«, eine Rolle, mit der sich die Lebensgefährtin des Dichters durchaus zufriedengab. Damals, in den ersten Jahren ihrer Beziehung, glaubten wohl beide nicht, dass daraus eine siebenundzwanzig Jahre währende Lebensgemeinschaft werden könnte; dass Goethe, wenn auch spät, Christiane Vulpius sogar heiraten würde, schien absolut undenkbar.

Vor allem für Charlotte von Stein. Die stolze, kühle Frau kam nicht über den Verlust des großen Mannes hinweg. Es ist dies das seltene Beispiel in der Geschichte, dass die Geliebte sich als die Betrogene fühlt und zugunsten der Ehefrau zurücktreten muss. Die verlassene Geliebte sparte nicht mit Kritik an den neueren Werken des Dichters. In den *Elegien* fehlte ihr die moralische Nutzanwendung, die Christoph Martin Wieland in all seinen Werken deutlich machte. Die in Goethes Gedichten verarbeiteten persönlichen Erlebnisse gerieten ihr zum Ärgernis, vor allem, dass der Treulose bei einem ehemaligen Blumenmädchen seine Erfüllung fand. Sie sann auf Rache.

Einem Dichter, glaubte sie, sei am besten mit Dichtung beizukommen. Also schrieb sie ein Stück, *Dido*, nach der legendären Königin von Karthago, seit der Renaissance ein beliebtes Thema für Dramen. Nach Goetheschem Vorbild schlüpfte Lotte in die Figur Didos, der tugendhaften, verlassenen Frau. Und dann ließ sie noch einen geilen, alten, fetten Kerl namens Ogon auftreten. Das war Johann Wolfgang von Goethe. Hätte das Stück je einen Verleger gefunden oder wäre es überhaupt je aufgeführt worden (Lotte ließ nur abgeschriebene Kopien kursieren), es hätte sicher einen skandalösen Erfolg gehabt; aber das Stück war zu schlecht.

Was für betrogene Ehefrauen gilt, gilt auch für betrogene Geliebte: Ihre Rache ist ebenso gnadenlos wie lächerlich. Zu Goethes *Hermann und Dorothea* bemerkte Charlotte von Stein: »Nur schade, dass bei der Gattin, die am reinlichen Herd kocht, immer die Jungfer Vulpius die Illusion verdirbt.« Sie fand die Verbindung schlichtweg ekelhaft, und kaum war Goethes Sohn August den Windeln entwachsen, da glaubte sie, in seinem Charakter »die vornehmere Natur des Vaters und die gemeinere Mutter« zu erkennen.

Herzog Karl August stellte Goethe 1792 ein Stadthaus am Frauenplan zur Verfügung, in dem sich der Dichter und seine geliebte Lebensgefährtin ein bürgerliches Zuhause einrichteten, ein bisschen spießig, auf jeden Fall aber heimelig, wie es dem Wunsch Goethes nahekam. Das aber, lästerte die verlassene Geliebte, habe seinen wahren Charakter ins Zweideutige verkehrt, und überhaupt seien seine häuslichen Verhältnisse dumm und hinderten ihn nur an der Arbeit.

Zwischen der Freifrau von Stein und Charlotte, der Ehefrau des Dichterkollegen Schiller, bestand eine lose Freundschaft, sodass Schiller ziemlich genau über die Verhältnisse im Hause Goethe informiert war. Die kritische und herabwürdigende Betrachtungsweise der abgelegten Geliebten ließ freilich ein falsches Bild entstehen. Schiller verurteilte Goethe aus der Distanz, meinte, na ja, er werde halt alt, und die oft von ihm gelästerte Weiberliebe beginne sich jetzt an ihm zu rächen. Die Mamsell Vulpius werde es noch so weit bringen, dass er sie heirate. Im Übrigen überging Schiller Christiane mit Stillschweigen. Er ließ sich sogar zwei Wochen im Haus am Frauenplan frei Kost und Logis angedeihen, aber ein Wort des Dankes an Christiane fand Schiller nicht. Als Unperson, wie Schiller sie behandelte, sahen sie viele Zeitgenossen.

Christianes Bildung war bescheiden, sie tat sich mit Lesen und Schreiben schwer. Letzteres wird vor allem in ihren 247 erhaltenen Briefen an Goethe deutlich, aber Christiane entwickelte in ihren Briefen so viel Charme und Herzenswärme, etwa wenn sie unterschrieb »Dein kleines Naturgeschöpf«, dass klar wird, was der Meister an dieser Frau so liebte. Es war ihre Ungezwungenheit, Natürlichkeit und Ehrlichkeit, die keine Hintergedanken kannte. Sie sagte frei heraus, was sie gerade dachte, auch wenn sie sich dabei schadete, hielt sich bescheiden in ihren Ansprüchen und kannte keine Eifersucht. Mit anderen Worten: Christiane Vulpius war das genaue Gegenteil von Charlotte von Stein.

Christiane Vulpius hätte nie den Mut gehabt, von Goethe die Ehe zu fordern. Sie wusste um seine Ehephobie, eine Krankheit, die aus ungeklärten Gründen bei Schriftstellern besonders häufig auftritt. Deshalb muss es sie, inzwischen schon vierzig Jahre alt, überrascht haben, als Goethe von sich aus den Vorschlag machte zu heiraten. »Dieser Tage und Nächte«, schrieb der siebenundfünfzigjährige Dichter an Oberkonsistorialrat W.C. Günther, »ist ein alter Vorsatz bei mir zur Reife gekommen; ich will meine kleine Freundin, die so viel an mir getan und auch diese Stunden der Prüfung mit mir durchlebte, völlig und bürgerlich anerkennen, als die Meine ...« Das geschah am 19. Oktober 1806.

Schiller war da schon über ein Jahr tot. Seine Witwe Charlotte brachte es nicht fertig, einen Glückwunsch zu schicken. Überhaupt waren die Kommentare zu dem lange überfälligen Ereignis eher zurückhaltend, spöttisch und bissig. Die *Augsburger Allgemeine*, damals eine der führenden Zeitungen in Deutschland, meldete, Goethe habe seine »vieljährige Haushälterin Dlle Vulpius« geehelicht, und diese habe damit wohl einen Volltreffer gezogen. Dass ausgerechnet das Blatt seines Verlegers Cotta sich zu einer solchen satirischen Bemerkung verstieg, kränkte Goethe zutiefst, und er ließ seinen Verleger wissen: »Ich bin nicht vornehm genug, dass meine häuslichen Verhältnisse einen Zeitungsartikel verdienten; soll aber etwas davon erwähnt werden, so glaube ich, dass mein Vaterland mir schuldig ist, die Schritte, die ich tue, ernsthaft zu nehmen: denn ich habe ein ernstes Leben geführt und führe es noch.«

Immerhin, Christiane war nun Frau Rat, Frau von Goethe, und der Sohn August konnte mit siebzehn den Namen Vulpius gegen Goethe eintauschen. Vor allem aber war Frau von Goethe nun eine beachtete Erscheinung der Weimarer Gesellschaft, und wie schwierig es war, diese Rolle auszufüllen, belegt ein Brief der Kaufmannswitwe Johanna Schopenhauer: »Goethe hat sich Sonntag mit seiner alten Geliebten Vulpius, der Mutter seines Sohnes, trauen lassen ... ich empfing sie, als ob ich nicht wüsste, wer sie vorher gewesen wäre. Ich denke, wenn Goethe ihr seinen Namen gibt, können wir ihr wohl eine Tasse Tee geben ...«

Charlotte von Stein nörgelte noch immer untröstlich: »Angenehm ist es mir nicht, in der Gesellschaft zu sein, indessen da er das Kreatürchen sehr liebt, so kann ich es ihm wohl einmal zu Gefallen tun.« Die Teegesellschaften bei der Frau Geheimrat Goethe wurden schon bald zum Ereignis, bis zu dreißig Damen fanden sich am Frauenplan ein, darunter sogar – wer hätte das gedacht – Charlotte von Stein und Charlotte von Schiller.

Ob es der Ausdruck ihres glücklichen Lebens, der viele Kuchen oder ein organisches Leiden war, Christiane begann sich wenige Jahre nach der späten Eheschließung mit Goethe zur Matrone zu entwickeln, was ihrem Ansehen in Weimar nicht gerade zustatten kam. »Goethes dicke Hälfte«, nannte sie die Frau von Stein, und Marie, Frau des Goethe-Malers Wilhelm von Kügelgen, witzelte: »Und wirklich soll die Goethe keinem Ding so ähnlich sehen wie einer Blutwurst.« Man hätte von Goethe, dem Ästheten, erwartet, dass er sich von seiner Frau, die nun nicht mehr den erfreulichen Anblick ihrer jungen Jahre bot, abwandte; aber er tat es nicht. Christiane war oft krank. Goethe schickte sie zur Kur nach Karlsbad und zu mehreren Ärzten, die zu diffusen Diagnosen kamen. Bei der lebensfrohen, lustigen Frau Rat stellten sich Depressionen ein.

Ein Schlaganfall zu Beginn des Jahres 1815 zwang Christiane für zwei Monate aufs Krankenlager. Darunter habe er sehr gelitten, gestand Goethe einem Freund. Doch kaum genesen und mit der von ihr geliebten Gartenarbeit beschäftigt, erlitt sie einen weiteren Schlaganfall. Das geschah kurz vor ihrem einundfünfzigsten Geburtstag, und Christiane versuchte das Ereignis herunterzuspielen, schrieb dem in Jena weilenden Geheimen Rat einen Brief, es gehe schon wieder besser, »alle Sinne sind frei und heiter«, da wurde sie von furchtbaren Fieberanfällen geschüttelt. Keiner der herangezogenen Ärzte hatte die Niereninsuffizienz und Urämie (Harnvergiftung) erkannt, sie vermuteten Epilepsie. Goethe, der sich in Jena wegen der Cottaschen Ausgabe seiner eigenen Werke und der Gründung einer Zeitschrift *Über Kunst und*

Altertum aufhielt, eilte sofort an das Krankenbett seiner Frau und wurde, kaum zu Hause, von einem schweren Erkältungsfieber gepackt. Knapp sind die Sätze über Christianes Todeskampf in seinem Tagebuch:

»29. Mai: *Gefährlicher Zustand meiner Frau.*
30. Mai: *Meine Frau wieder außer Bett.*
31. Mai: *Rückfall meiner Frau.*
1. Juni: *Verschlimmerter Zustand meiner Frau. Minchen ward krank ... Hofmedikus Rehbein. Verschlimmerter Zustand meiner Frau.*
3. Juni: *Eine unruhige, sorgenvolle Nacht verlebt. Die Köchin dieselben Anfälle, zu Bette. Frau von Heygendorff bei meiner Frau, die noch immer in großer Gefahr.*
4. Juni: *Meine Frau noch immer in der äußersten Gefahr. Kräuter war die Nacht bei mir geblieben. Plötzlicher heftiger Fieberanfall. Ich musste mich zu Bette legen.*
5. Juni: *Den ganzen Tag im Bett zugebracht. Meine Frau in äußerster Gefahr. Die Köchin und Minchen leidlich. Mein Sohn Helfer, Ratgeber, ja einziger haltbarer Punkt in dieser Verwirrung. Kräuter [Goethes Sekretär] die vergangene Nacht bei mir.*
6. Juni: *Nahes Ende meiner Frau. Letzter fürchterlicher Kampf ihrer Natur. Sie verschied gegen Mittag ...*
7. Juni: *Meine Frau um zwölf nachts ins Leichenhaus. Ich den ganzen Tag im Bett.*
8. Juni: *Meine Frau früh um vier begraben ... Um 3 Uhr Collecte meiner Frau, von Voigt gehalten ... Zahlreiche Condolenzen. Trauer-Notificationen ...*«

Unter den zahlreichen Beileidsbekundungen war auch eine Charlotte von Steins, die dem Dichter besonders nahe ging.

Doch der Verlust der Frau, mit der er die achtundzwanzig besten Jahre seines Lebens verbracht hatte, warf den Siebenundsechzigjährigen um. Er zog sich wochenlang, monatelang zurück, war für niemanden zu sprechen, wollte einsam seine Trauer leben. Das Einzige, was er in dieser Phase furchtbarer Trauer zu Papier brachte, hatte er in seiner Hilflosigkeit schon am Todestag geschrieben, ein vierzeiliges Gedicht, das später auf Christianes Grabplatte eingemeißelt wurde:

Der Gatte der Gattin
Du versuchst, o Sonne, vergebens,
Durch die düstren Wolken zu scheinen!
Der ganze Gewinn meines Lebens
Ist, ihren Verlust zu beweinen.

Vier Jahre, sagten seine Freunde, habe es gedauert, bis Goethe den Verlust seiner Ehefrau Christiane überwunden hatte, aber dann, fünf Jahre und vier Wochen nach Christianes Tod, erwachte er wieder, der »alte« Goethe – gewiss, Goethe zählte zweiundsiebzig Lenze, aber er war alles andere als ein Greis, er sprühte vor Leben, vor Ideen, und seine Literatur, die er produzierte, hatte nie größere Bedeutung.

Karlsbad, wo er stets seine Urlaube verbracht hatte, ödete ihn an, von nun an reiste er nach Marienbad, wo ihm ein alter preußischer Offizier namens Brösigke eine Wohnung seines Pensionshauses vermietete. Dessen Tochter Amalie von Levetzow kannte Goethe schon seit fünfzehn Jahren, ein lebenslustiges Frauenzimmer, das einmal geschieden, einmal verwitwet und zum wiederholten Male mit einem Mann liiert war. In diesem Zusammenhang ist Amalie von Levetzow jedoch nur deshalb von Interesse, weil sie drei aufgeweckte Töchter hatte, Ulrike, Amalie und Bertha.

Ulrike, die Älteste der drei, war siebzehn und hatte es Goethe besonders angetan. Sie war herrlich naiv und ziemlich ungebildet, jedenfalls wusste sie nicht einmal um die Profession des Dichters, sie hielt ihn »nur« für einen berühmten Gelehrten. Als Goethe ihr zum ersten Mal aus seinen Werken vorlas, staunte das Mädchen, ohne jedoch in Bewunderung zu verfallen, wie es andere junge Damen ihres Alters getan hätten. Denn auch in Marienbad galt der Herr Geheime Rat und Staatsminister aus Weimar als Dichtergenie, und ruhmsüchtige Mütter betrieben hohen Aufwand, ihre heiratsfähigen Töchter in die Nähe des Kurgastes zu bringen. Goethes Ruf, was Frauen betraf, war nun einmal nicht der beste, sein Name hingegen wog umso mehr.

In Marienbad blühte der Geheime Rat wieder auf, er genoss es, bei Bällen und Soireen die Bekanntschaft der schönsten Damen zu machen, ohne sich jedoch mit einer näher einzulassen. Die Einzige, die ihm hätte gefährlich werden können, war eine polnische Pianistin namens Maria Szymanowska mit dunklen Mandelaugen und kräftigen schwarzen Brauen. Mit ihr verbrachte er auch einige Tage ohne jene Angst vor Intimitäten, die Goethe bis zu seinem Zusammentreffen mit Christiane begleitet hatte, aber dann wurde ihm wieder bewusst, dass er Musik nicht sonderlich mochte und Pianistinnen noch weniger. Nein, Goethe brauchte eine unkomplizierte, einfache Frau wie Ulrike Levetzow und keine zweite Charlotte von Stein.

In Alter und Aussehen ähnelte Ulrike der jungen Christiane Vulpius. Es schien, als suchte Johann Wolfgang von Goethe im Alter von zweiundsiebzig Jahren eine Neuauflage jenes Glücks, dem er mit neununddreißig Jahren begegnet war. Er nannte das »conciliante Träume«. Sein Selbstbewusstsein als *poeta laureatus* und Staatsminister des Herzogs von Sachsen-Weimar genügte nicht, der Siebzehnjährigen seine Leidenschaft zu gestehen, ihr einen Antrag zu machen und sie heimlich in sein Bett zu ziehen. Sabbernd wie ein Lustgreis folgte er ihren Spuren, beobachtete heimlich von der Terrasse ihre Bewegungen und bat, sie möge sich bücken, um ihm ein paar Steine aufzuheben, nur, um ihr ein bisschen unter den Rock schauen zu können. Das Ereignis erregte den alten Voyeur so sehr, dass er es sogar ihrer Mutter kundtat: »Zu den hundert Stellungen, in denen ich sie vor mir sehe, wieder ein neuer Gewinn!«

Aber weil sogar ihm, dem unverbesserlichen Schwärmer, der Altersunterschied von fünfundfünfzig Jahren nicht geheuer schien, suchte er den nächsten Arzt auf mit der bangen Frage, ob er sich mit der jungen Dame nicht übernehme. Der Doktor mag sich seinen Teil gedacht haben, verneinte jedoch Gefahren für Leib und Leben des Dichters in seiner Altersphase, und die Posse nahm ihren Lauf. Goethe nötigte ein Jahr später seinen Freund Herzog Karl August, dem *er* im Hinblick auf Frauen schon manchen Gefallen getan hatte, bei Mutter Levetzow um Ulrikes Hand zu werben. Karl August tat dies in vollendeter Form und versprach Goethe und Ulrike ein großzügiges Haus in Weimar und der künftigen Schwiegermutter eine satte Rente.

Amalie von Levetzow reagierte, wie jede andere Mutter in ähnlicher Situation reagiert hätte: Sie war gekränkt, weil der hohe Herr, wie sie glaubte, sich über sie lustig machte. Es bedurfte vieler guter Worte, um sie von der Ernsthaftigkeit des Antrages zu überzeugen, aber als Amalie ihre Tochter Ulrike mit dem Heiratsantrag des großen Dichters Johann Wolfgang von Goethe konfrontierte, da fand das Drama ein schnelles Ende. Ulrike von Levetzow sagte Nein. Grund: Sie wolle ins Kloster gehen und ein Stiftsfräulein werden. Und so geschah es. Goethe hat sie nie wiedergesehen. Ulrikes Schönheit verblühte hinter Klostermauern. Sie wurde fast hundert Jahre alt, und der Dichter erkannte, dass er an eine zweite Charlotte von Stein geraten war. Von Stund an lebte er nur noch von seinen Träumen.

IV

Teresa und der Vater von Maigret

»Ich hatte niemals ein solches sexuelles Vergnügen gespürt,
zu dem sich noch viele weitere gesellten,
die ich noch immer nicht näher zu bestimmen vermag.«

Georges Simenon über sein Verhältnis
mit seiner Geliebten Teresa

In der Mehrzahl sind Männer von schlichtem Gemüt, und in dieser Eigenschaft neigen sie mit Vorliebe zu Seitensprüngen, die das Strafgesetzbuch als »Unzucht mit Abhängigen« definiert; doch wo kein Kläger, da kein Richter. Und obwohl Generationen von Psychologen sich mit diesem Thema beschäftigt haben, fand bisher kein einziger eine plausible Erklärung für dieses Verhalten. »Der Hang zum Personal« – wie das zu Zeiten der Belle Epoque genannt wurde, existierte zu allen Zeiten, in allen Schichten und faszinierte die unterschiedlichsten Charaktere, starke wie schwache, solche, die häufig aus ihrer legitimen Zweierbeziehung ausbrachen, und jene, die sich nur einen einzigen »Fehltritt« leisteten.

Während Männer dazu neigen, sich mit einer Zweitfrau zu brüsten, verheimlichen sie ein nicht standesgemäßes Verhältnis in den meisten Fällen, als sei es unter ihrer Würde. Dafür pflegen sie es mit umso heftigerer Intensität.

Einer, der mit seltener Offenheit darüber sprach (weil er beinahe krankhaft über *alle* seine sexuellen Abenteuer reden musste), war Georges Simenon, Belgier und einer der meistgelesenen Autoren aller Zeiten, Vater und Erfinder des Pariser Polizeikommissars Maigret, der seinen Erfolg einmal auf den Nenner brachte: »Wenn es regnet, schreibe ich: Es regnet.« Seine sexuelle Neigung zu – wie er selbst behauptete – zehntausend Frauen in seinem Leben nannte er ein »Phänomen«, ein Wort, das er im Übrigen hasste, seit ihn die Londoner *Daily Mail* einmal als solches bezeichnet hatte – noch dazu auf der ersten Seite.

Natürlich war Georges Simenon verheiratet, zwei Mal sogar, und Régine, genannt »Tigy«, seine erste Frau, unternahm es später, als sie nicht mehr mit ihm verheiratet war, zusammen mit Simenon zu summieren, wie viele Frauen es wirklich in seinem Leben gegeben habe. Dabei kamen die beiden gerade auf den zehnten Teil der von Georges Simenon genannten Summe, was freilich immer noch mehr als genug ist: Ein Mann und tausend Frauen.

Von den tausend soll hier jedoch nicht die Rede sein, sondern von der einen, die in Simenons Leben »eine wichtige Rolle spielte« – wie er sich auszudrücken pflegte. Sie hieß Teresa, kam aus Venedig und wurde im Dezember 1961 von Simenons zweiter Ehefrau Denise als Zofe und Haushälterin engagiert. Dass sie dreiundzwanzig Jahre jünger war als er, der damals Achtundfünfzigjährige, mag ein gewisser Anreiz gewesen sein, das uneheliche Kind, von dem sie freimütig erzählte, eher weniger. Teresa, deren Familiennamen Simenon bis zu seinem Lebensende geheimhielt, hatte kurze, schwarze Haare und eine dunkle Haut, sie war klein und gewiss keine Schönheit wie Ehefrau Denise, doch alle, die sie kannten, schwärmten von ihrer außergewöhnlichen Herzlichkeit, ja Sinnlichkeit.

Aber auch das kann es nicht gewesen sein, was Georges Simenon an Teresa so verrückt machte, dass er ihr regelrecht verfiel, mehr jedenfalls als der ihm angetrauten Denise. Man muss weit zurückgehen im Leben des erfolgreichen Schriftstellers, in die Zeit, als Simenon noch gar nicht erfolgreich war und in Paris für 600 Franc als Faktotum arbeitete für einen politischen Verein. Er wohnte damals in einem billigen Zimmer im *Hotel Berthe* nahe der Place Clichy für 25 Franc im Monat. Genau genommen war er seinerzeit, mit zwanzig Jahren, schon mit Régine, seiner späteren Frau, verlobt, aber das nahm Simenon nicht so genau, jedenfalls bekannte er als Siebzigjähriger freimütig, dass er, der mit zwölf seine Unschuld an eine Sechzehnjährige verloren hatte, damals mit den billigsten Mädchen von Paris Umgang pflegte und Tränen vergoss, wenn er knapp bei Kasse und nicht in der Lage war, eine »anständige« Kokotte zu bezahlen.

Und bei einem seiner Wachträume im *Hotel Berthe* hörte er das Zimmermädchen auf dem Gang, das die Schuhe der Hotelgäste putzte, und ihn überkam eine ungeheure Lust. Simenon trat vor die Tür, machte – jedenfalls wurde das von Simenon behauptet – sich von hinten an das Mädchen heran, und dieses ließ ihn gewähren. Das Zimmermädchen soll lediglich »Oh, Monsieur!« gesagt und weiter Schuhe geputzt haben.

Bei dem jungen Mann aus der belgischen Provinzstadt Lüttich hinterließ dieses sexuelle Erlebnis jedoch einen unauslöschlichen Eindruck, und er konnte Zeit seines Lebens seinen »Hang zum Personal« und zu Prostituierten nicht abschütteln – was im Übrigen auch bei den Helden seiner Bücher zum Ausdruck kommt. Kurz darauf heiratete er Régine, die Lütticher Studentin, die er, nach eigener Aussage, nie wirklich geliebt hat, die ihm aber eine Art Mutterersatz war. Die Ehe wurde 1950 geschieden.

Knapp vierzig Jahre nach dem Hotelerlebnis, Simenon war inzwischen mit Denise Ouimet, einer Frankokanadierin, verheiratet, überkam ihn von einem Augenblick auf den anderen die gleiche Lust wie damals im Pariser Hotel Berthe. Simenon betrat sein Arbeitszimmer, er fand Teresa mit dem Staubtuch über einen Tisch gebeugt, für ihn, den Frauenhelden, eine Aufforderung, der er ohne zu überlegen nachkam. »Ich hatte«, erinnert sich Georges Simenon in seinen Tagebüchern *A l'abri de notre arbre* (dt. *Als ich alt war. Tagebücher 1960 bis 1963*), »niemals ein solches sexuelles Vergnügen verspürt, zu dem sich noch viele weitere gesellten, die ich noch immer nicht näher zu bestimmen vermag. Dieses Erlebnis ist für mich einzigartig geblieben. Teresa benahm sich nicht kokett. Sie erlebte einen ebenso heftigen Orgasmus wie ich, immer noch über den Tisch gebeugt, in der Hand ein Staubtuch oder ein Fensterleder.«

An das, was danach geschah, vermag Simenon sich nicht mehr zu erinnern. Er meinte, Teresa nicht einmal angesehen zu haben, und er schloss sich in sein Zimmer ein. Man hätte meinen können, dieses Erlebnis mit der Zofe Teresa wäre nur eines von vielen des Schriftstellers gewesen, und das wäre gar nicht einmal falsch; und doch war es mit Teresa ganz anders. Von jenem Tag an war Teresa für Simenon seine Zweitfrau.

Denise Simenon wusste das spätestens seit Anfang 1962, als Teresa ihr im Londoner *Hotel Savoy* die Liaison gestand und kündigte. Doch Denise sah darin, dass Teresa mit Georges schlief, keinen Kündigungsgrund, sie, in deren Gefühlspalette das Wort Eifersucht nicht vorkam, meinte, sie solle mit ihrem Mann tun, was sie wolle, aber sie solle um Himmels willen die Pille nehmen.

Hinter dieser Einstellung steckte keineswegs Gleichgültigkeit gegenüber Simenon, Denise vermutete hinter dem Techtelmechtel vielmehr eines jener Strohfeuer, von denen der Schriftsteller so viele entfachte; doch sie sah sich getäuscht. Simenon entwickelte seiner Frau Denise gegenüber eine Art Allergie – so bezeichnete er das Verhältnis jedenfalls. Trotzdem war er nicht bereit, die Ehe aufzulösen, auch wenn Denise zunehmend ein Verhalten an den Tag legte, das eine (freiwillige) Einweisung in eine therapeutische Klinik notwendig machte. Während einer Mittelmeer-Kreuzfahrt gemeinsam mit Teresa im Jahre 1965 kam Simenon zu der Feststellung, dass die Ehe mit Denise am Ende war, und er wollte nie mehr mit ihr unter einem Dach leben. Von nun an nahm Zweitfrau Teresa Denises Stelle ein.

In gewohnter Großzügigkeit kaufte Simenon seiner Frau zwei teure Villen und sicherte ihr Auskommen mit monatlich 15 000 Schweizer Franken. An Scheidung dachte er nicht, weil, wie er meinte, die ihn ein Vermögen kosten würde. Simenon blieb mit Teresa und dem elfköpfigen Hauspersonal in der Villa in Epalinges oberhalb von Lausanne wohnen. Die Zweitfrau wich keinen Augenblick von seiner Seite, auch nicht, als Simenon sich bei einem Sturz im Haus mehrere Rippen brach und drei Monate in der Klinik liegen musste. Teresa zog in die Klinik, schlief auf einem Klappbett neben dem Meister und »wechselte auf sein Laken« (Originalton Simenon), wenn er es wünschte.

Kurz vor seinem siebzigsten Geburtstag glaubte Simenon zusammen mit Teresa das Glück der Bescheidenheit entdeckt zu haben. Ohne das große Haus zu verkaufen, zogen die beiden in ein Hochhaus in der Avenue de la Cour in Lausanne. Aber das »bescheidene« Glück dauerte nur gut ein Jahr. In Sichtweite des Hochhauses bezogen beide ein uraltes Bauernhaus, was wohl Teresas Wunsch entsprach, und fortan musste diese den Meister in Gegenwart anderer nicht mehr siezen; ja Simenon sprach von Teresa von nun an als Madame Simenon. Die illegitime Zweitfrau war zur Ehefrau ohne Trauschein geworden. Mehr noch, in ihrem Verhältnis wurde deutlich, dass Simenon, das Ekel, diese Frau wirklich liebte, so wie Teresa Simenon wirklich liebte. Sie hätte ihm sogar andere Frauen zugebilligt und sprach das offen aus, doch Georges Simenon war zum ersten Mal in seinem Leben einer Frau treu.

Es wäre nicht das Leben dieses Georges Simenon, hätte nicht dieser an sich positive Abschnitt im Leben des Schriftstellers einen sehr tragischen Aspekt. Denn ausgerechnet das Verhältnis Simenons zu Teresa scheint Auslöser zu sein für den Selbstmord seiner Tochter Marie-Jo im Mai 1978. Sie wurde nur fünfundzwanzig Jahre alt. Marie-Jo hing abgöttisch an ihrem Vater, sie liebte ihn seit ihrem achten Lebensjahr, als sie sich von ihm einen Ehering wünschte, den er dem Mädchen, weil er ihm keinen Wunsch abschlagen konnte, auch kaufte. Mit diesem Ring am Finger (er war inzwischen weiter gemacht worden) wollte sie, so schrieb sie in einem Abschiedsbrief, auch eingeäschert werden.

Vier Jahre zuvor hatte sich in Lausanne folgende Szene abgespielt: Georges und Teresa waren im Februar 1974 gerade dabei, in das kleine Bauernhaus umzuziehen, als Marie-Jo auftauchte. Teresa ließ Vater und Tochter allein; was dann geschah, schildert der Autor in seinen *Intimen Memoiren*. Marie-Jo habe ihn aufgefordert, mit ihr zu schlafen, und hinsichtlich Teresa die Bemerkung gemacht, alles, was diese für ihn tue, könne sie doch auch. Simenon zeigte sich entrüstet, und später sagte er, als habe er das tragische Spiel nicht seit vielen Jahren tatenlos beobachtet, er habe seine Tochter von jenem Augenblick an nicht nur als Fremde, sondern sogar als Feindin angesehen.

Von ihrer inzestuösen Liebe abgesehen, hatte Marie-Jo, eine im Übrigen bildhübsche junge Frau, noch andere psychische Probleme, und sie begab sich freiwillig in Therapie. Wie so oft erwies sich die Wirksamkeit einer solchen Aktion nur als äußerer Erfolg. Die Probleme tief in ihrem Inneren blieben dieselben. Am 16. Mai 1978 griff Marie-Jo Simenon in ihrem Pariser Appartement hoch über den Champs Élysées zum Telefon und rief ihren Vater in Lausanne an, um ihm mitzuteilen, wie sehr sie ihn liebe, und von ihm zu hören, dass er sie ebenfalls liebe. Simenon bejahte, aber Marie-Jo ließ nicht locker und nötigte ihren Vater, die drei Worte auszusprechen: »Ich liebe dich.« Marie-Jo hängte ein. Simenon versuchte, seine Tochter zurückzurufen. Vergeblich. Marie-Jo hatte sich mit einer Schrotflinte mitten ins Herz geschossen.

Man könnte meinen, dieser Selbstmord hätte die Beziehung Simenons zu Teresa belastet. Doch das war nicht der Fall. Teresa schien wirklich die große Liebe des Schriftstellers gewesen zu sein, und sie wich nicht mehr von seiner Seite bis zu seinem Tod am 4. September 1989. Teresa und Georges Simenon – seltenes Glück einer Zweitfrau.

V

Lola Montez: Der König und die Tänzerin

»Hätt' ich doch nie und nimmer Dich gesehen!
Für die gegeben ich mein letztes Blut.
Durchdrangst mich mit namenlosen Wehen,
Du meines Lebens glühendste Liebesglut!

Mit Untreu hast Du meine Treu vergolten,
Du wollt'st mein Geld, Du wolltest meine Macht,
Die Du bewirket, dass mir alle grollten,
Verwandeltest das Dasein mir in Nacht...«

Ludwig I. von Bayern in einem Gedicht
über Lola Montez

Als Lola Montez geboren wurde, war Ludwig I. bereits acht Jahre mit seiner Frau Therese verheiratet. Das Kind hieß damals weder Lola noch Montez, sondern Maria Dolores Eliza Rosanna Gilbert, weil ihr Vater, der irische Fähnrich Edward Gilbert aus der Grafschaft Limerick, die Kreolin Oliverez de Montalva geheiratet hatte – wenige Wochen vor deren Niederkunft.

Dass um ihre Geburt und Herkunft die vielfältigsten Versionen in Umlauf waren, ist vor allem Lola selbst zuzuschreiben, die immer neue Gerüchte verbreitete, und sogar in ihren *Memoiren*, die sie 1849 in Stuttgart herausbrachte, sagte sie ohne einleuchtenden Grund die Unwahrheit: Sie machte sich fünf Jahre jünger, was bei einer Frau mit ihrem Aussehen (von dem sie ja lebte) noch verzeihlich ist. Aber warum sie ihren Geburtsort in die andalusische Hauptstadt Sevilla verlegte, bleibt weitgehend unklar und ist nur dahingehend interpretierbar, dass Lola – wie sie sagte – ein unstetes Leben voller Romane, Dramen und Wechselfälle zu führen pflegte: »Irländerin durch meinen Vater, Spanierin durch meine Mutter, Engländerin durch meine Erziehung, Französin aus Neigung und Kosmopolitin durch die Umstände, kann ich von mir sagen, dass ich allen Nationen angehöre und keiner.«

Edward Gilbert ging als Soldat nach Kalkutta, Frau und Kind begleiteten ihn. Doch schon bald wurde der Offizier von der Cholera dahingerafft, und Lolas Mutter heiratete kurz darauf den redlichen Captain Patrick Craigie, der, gerade weil er an dem kleinen Mädchen sehr hing, Lola nach Irland schickte zum Großvater. Sie war gerade acht und alles andere als glücklich bei den Craigies.

Die Großeltern merkten das auch und gaben das Mädchen zur Erziehung dem angesehenen Regierungsbeamten Sir Jasper Nicolls. An Sir Jasper störte das junge Mädchen, dass er nur das Nötigste redete, vor allem aber auch seine Kälte. Lady Nicolls hingegen hatte all ihre Sympathien, und deren Erziehung verdankte sie viel.

Ihre Mutter fand, als Lola gerade sechzehn Jahre alt war, es sei Zeit, sie zu verheiraten – möglichst reich, versteht sich, schließlich sollte auch für sie selbst etwas bleiben. Sie wurde fündig: Der Auserwählte hieß Sir Abraham Lumbey, ein wohlhabender Richter im fernen Kalkutta. Dass Sir Abraham noch Junggeselle war, hätte Lola mit Zufriedenheit aufgenommen, wäre da nicht ein kleiner Makel gewesen: Der Herr war schon sechzig. Doch das war der Mutter einerlei, und Abraham war nach Begutachtung eines Bildes der jungen Dame Feuer und Flamme. Er händigte der Mutter einen Batzen Geld aus und bat, das schöne Kind nach Indien zurückzuholen.

Auf der Fahrt nach Irland lernte Mrs Craigie, Lolas Mutter, den Leutnant Thomas James kennen, und sie bat ihn, er möge ihr behilflich sein und das störrische Kind überzeugen, dass es wohl am besten für sie sei, den alten Abraham zu heiraten. Doch bei der ersten Begegnung mit dem jungen Mädchen wurde Thomas James von argen Zweifeln geplagt, und die Zweifel wurden schließlich zur Gewissheit: *Er selbst* war für Miss Gilbert der Richtige! Die beiden brannten durch und heirateten, um vollendete Tatsachen zu schaffen, am 23. Juli 1837.

»Wenn sich der Himmel meiner Flitterwochen einen Augenblick wolkenlos gezeigt hatte«, erinnerte sich Lola später, »so war dieser nur von sehr kurzer Dauer.« In seinen misslaunigen Stunden, die sich zunehmend häuften, habe Thomas sie so heftig und grob gezwickt, dass sie ihn »für eine Neuauflage ihres Klavierlehrers« halten musste. Deshalb kam Mrs James die unerwartete Einberufung ihres Mannes nach Indien gerade recht. Doch Thomas wollte, dass seine junge Frau ihn begleitete, und so reisten sie beide mit der Ostindischen Compagnie nach Kalkutta. An Bord des Dampfers *Blund* (»Selbst in den Flitterwochen ist das Zusammenreisen der Tod der Liebe«) lernte Lola ihren Mann als launischen, störrischen und tyrannischen Trinker kennen, der obendrein noch ziemlich langweilig war.

Von Schlafen und Trinken abgesehen, gab es nicht sehr viele Möglichkeiten, mit denen man sich die Zeit vertreiben konnte. Flirten gehörte dazu, und obwohl sich an Bord der *Blund* eine Hundertschaft junger Engländerinnen befand, die glaubten, in Indien den Mann fürs Leben zu finden, erfuhr Lola während der viermonatigen Schiffspassage die meisten Nachstellungen und Komplimente.

Lola hatte viel Zeit zum Nachdenken, und damals wurde ihr zum ersten Mal bewusst, dass ihre Schönheit ein wirtschaftlicher Faktor war, der nur gezielt eingesetzt werden musste. Und sie erinnerte sich der Worte, die ihr Lord Normanby in Dublin mit auf den Weg gegeben hatte. Verzückt von ihrem Äußeren hatte ihr der Alte anvertraut, dass Frauen von sechzehn Jahren die wahren Gebieterinnen der Welt seien und dass sie alle Männer, namentlich aber Diplomaten, zu Narren machen könnten. Diese Einsicht wurde zur wichtigsten in ihrem Leben. Lola glaubte daran. Und sie glaubte immer, sechzehn zu sein – auch als sie dieses Alter längst überschritten hatte.

Lola genoss es, an Bord des Schiffes von Männern bedrängt zu werden. Dabei kam ihr das Aussehen ihres erst wenige Wochen zuvor angetrauten Ehemannes zu Hilfe. Er war doppelt so alt wie sie, was für einen Hochzeiter kein schändliches Alter ist. Aber im Hinblick auf die jugendliche Begleiterin hielt man James eher für Lolas Vater. Wie Lola in ihren *Memoiren* versichert, gingen die Zudringlichkeiten ihrer Verehrer so weit, dass von beiden Seiten ihrer Kabine Löcher durch die Holzwände gebohrt wurden.

Bei dem Kabinennachbarn zur Rechten handelte es sich um einen strammen Offizier, und es machte Lola nichts aus, dass er »eine Menge Dinge bei mir sah, die ihm sehr wohl gefielen«. Nach ausreichender Durchsicht kam es zum Austausch von Papierröllchen. Ob deren unanständige Beschriftung die angestrebte Erfüllung fand, wird von Lola nicht mitgeteilt. Thomas James schlief während dieser Vorgänge.

In Kalkutta wäre das Leben auszuhalten gewesen, dort lebten die Engländer zu dieser Zeit noch wie Maharadschas, aber zu ihrem Unglück wurde Thomas James der *Bengal Native Infantry* an der afghanischen Grenze zugeteilt. In einer Stadt namens Simla hielt es Lola nicht lange aus, sie entwischte ihrem Ehemann und floh nach Kalkutta, wo noch immer ihre Mutter und ihr Stiefvater lebten. Die Mutter setzte alles daran, das Kind zu seinem Mann nach Simla zurückzuschicken, doch Craigie konnte seiner Stieftochter keinen Wunsch abschlagen. Als Lola den Wunsch äußerte, nach England zurückzukehren, da bezahlte er für sie die Schiffspassage und steckte ihr noch 1000 Pfund zu.

Auf dem Schiff traf Lola Captain Lennox, mit dem sie nach ihrer Ankunft in London eine gemeinsame Wohnung bezog. Obwohl Indien weit war – das Ehevergehen drang bis nach Indien, wo Thomas James umgehend die Scheidung einreichte. Im Mai 1841 wurde die Ehe geschieden, und für Lola Gilbert, geschiedene James, begann damit ein noch unruhigeres Leben.

Kurze Zeit später verließ Captain Lennox seine Geliebte, das Leben an der Seite der kapriziösen Frau erschien ihm doch etwas zu aufregend. Lola, die nie zugegeben hätte, dass sie von einem Mann verlassen wurde, behauptete, Lennox habe aufgrund eines Duells fliehen müssen, bei dem ein leibhaftiger Vicomte zwar nicht sein Leben, aber ein Stück seiner Nase verloren habe.

Lola fühlte sich nun frei, aber sie musste, wollte sie sich nicht wieder in totale Abhängigkeit von einem Mann begeben, einen Beruf ergreifen. Tänzerin – das kam ihren Intentionen am nächsten. Sie selbst schwieg, wie es wirklich dazu kam, sie sagte nur, dass sie eines Tages im Londoner Theater Française vorsprach und sofort engagiert wurde. »Ich war Tänzerin. Aber ich war auch nur ein Weib, und warum soll ich es leugnen? Ich überflog schon im Geiste die Triumphe, die ich auf der Bühne feiern würde, ich dachte daran, dass ich schön war und dass ich gefallen müsste in der wilden Leidenschaft meiner Bewegungen.«

In Wirklichkeit hat Lola von 1841 bis 1843 in Spanien gelebt, dort den Bolero und Fandango und das Spiel der Kastagnetten erlernt. Doch über Auftritte in schummrigen Lokalen der Madrider Altstadt war sie nie hinausgekommen. Nach ihrer Rückkehr aus Spanien »vergaß« sie ihren rechtmäßigen Namen und nannte sich Maria Dolores Porris y Montez, kurz Lola Montez.

Ihr erster Auftritt im königlichen Theater in London wurde vorbereitet wie der Werbefeldzug eines Popstars. Zeitungsartikel beschäftigten sich schon Wochen zuvor mit ihrer adeligen spanischen Herkunft. Auf Plakaten wurde angekündigt, die weltberühmte Donna Lola werde im *Barbier von Sevilla* zwischen erstem und zweitem Akt als spanische Tänzerin auftreten. Als besonders frivol empfand es die konservative Londoner Gesellschaft, dass überall in den Klubs der Stadt kleine Bildchen mit dem Konterfei der Tänzerin herumlagen. Natürlich war »Her Majesty's Theatre« ausverkauft, aber die Vorstellung endete mit einem Eklat – vermutlich inszeniert von einem abgewiesenen Liebhaber. Mitten in den Beifall über die erregende Darbietung schallte die geifende Stimme eines leibhaftigen Lords: »Ladies and Gentlemen, alles Schwindel! Nicht die Spanierin Lola Montez hat uns hier etwas vorgetanzt, sondern Betsy James, eine geschiedene Frau aus Irland!«

London hatte seinen Theaterskandal. Heute fragt man sich, worin der Skandal eigentlich bestand. Fest steht jedenfalls: Lola musste England überstürzt verlassen, sie fuhr nach Paris, wo sie neuerlich Tanzunterricht nahm und in der Académie Royale auftrat – mit so mäßigem Erfolg, dass die Montez am Ende ihres letzten Auftritts ihr Strumpfband unter dem Rock hervorzog und es wütend ins Publikum feuerte.

Von nun an reisten der Tänzerin handfeste Skandale voraus, und »Journale verbreiteten die albernsten Lügen«. Lola kam das allerdings sehr entgegen, konnte sie doch auf diese Weise ihre wirkliche Vergangenheit ohne große Anstrengung verschleiern. Genau genommen lebte Lola Montez nie von ihrer Kunst, sondern stets von ihrem Ruhm. Und sie ließ keine Gelegenheit aus, diesen Ruhm zu mehren, mochten die Methoden noch so fragwürdig sein. Mit Wonne zitiert sie in ihren Lebenserinnerungen einen Zeitungsbericht, der ihrer Ankunft in Warschau vorausging, wohin sie sich, von Paris kommend, geflüchtet hatte. Darin hieß es: »Der Champagner wurde aus ihren Schuhen getrunken, welche sie eben ausgezogen hatte, und hätte sie jedem, der sie um eine Locke bat, auch nur den tausendsten Teil eines Haares gegeben, so wären alle ihre schönen schwarzen Flechten längst in den Händen anderer und sie ihrer herrlichen Kopfzierde beraubt. Aber komisch ist das Mittel, zu welchem diese ausgezeichnete und merkwürdige Dame ihre Zuflucht nahm, um sich vor dem Andrang ihrer zahllosen Anbeter zu retten, welche ihre Wohnung förmlich belagerten. Sie soll nämlich mit eigener Hand einen Tarif der Gunstbezeigungen, welche eine galante Dame zu gewähren hat, selbst ausgefertigt und an die Tür ihrer Wohnung anschlagen lassen haben. Nach diesem Tarif ist die Taxe für einen Kuss auf den Mund 1000 Franken, auf die Augen 500 Franken, ein Handkuss 100 Franken. Außerdem bestehen eine Menge geheimer Preisbedingungen für andere Dinge.«

Damals in Warschau, sagte Lola Montez, habe sie die Macht des Journalismus und die Notwendigkeit der Protektion durch Zeitungen kennengelernt, und sie bediente sich dieses Mediums auf raffinierte Weise. Männer wie Frauen waren im gleichen Maße erpicht, die sündhaft teure Frau tanzen zu sehen. Aber lange dauerte ihr Erfolg in Polen nicht an, dann wiederholte sich ein ähnlicher Skandal wie in London. Prinz Paskievich, ein abgewiesener Verehrer, bezahlte Leute, die ihre Vorstellungen mit Pfiffen und anzüglichen Zwischenrufen störten. Es kam sogar zu einer Straßenschlacht mit Verletzten, und Lola Montez zog es vor, Warschau in Richtung St. Petersburg zu verlassen.

An der Oper von St. Petersburg errang Lola ihre bis dahin größten Erfolge. Seltsamerweise kam es zu keinen Skandalen, sodass sie nichts daran gehindert hätte, länger in der Stadt zu verweilen. Aber sie sah wohl keine Chance für einen größeren gesellschaftlichen Aufstieg. Und um den ging es ihr vor allem. Lola Montez sagte einmal, an einem Mann interessiere sie vor allem der Geist, nie sein Vermögen. Doch das war nur die halbe Wahrheit, vor allem interessierte sie an einem Mann, in welchem Maße dieser ihren gesellschaftlichen Aufstieg fördern konnte. Sie litt unter ihrer kleinbürgerlichen Herkunft, und sie hasste kleine Verhältnisse. Deshalb die Legende um ihre adelige Herkunft, deshalb ihr Streben nach Titeln und Würden, deshalb ruhte sie nicht eher, bis sie einen Mann gefunden hatte, der sie zu einer leibhaftigen Gräfin machte.

Doch für eine Tänzerin, die nicht einmal besonders gut, dafür aber mit allen körperlichen Vorzügen ausgestattet war, war der Weg dorthin steinig und mit zahllosen Hindernissen gepflastert. Eine Frau, der der Ruf vorauseilt, käuflich zu sein, hat es nicht einfach – unabhängig vom Wahrheitsgehalt des Gerüchts.

In St. Petersburg verfolgte sie ein Pope, der im selben Hotel logierte und ausgezeichnet Französisch sprach. Er erklärte Lola Montez, ihr Äußeres sei so vollkommen, dass er nicht umhin könne, sie als Heilige zu verehren. Umgekehrt könne sie, Lola, ihn, den Popen, ruhig auch als Heiligen betrachten. »Der Herr Pope verlangte mehr als der Papst, welcher sich damit begnügt, dass man seine Pantoffeln küsst. Der Pope aber wollte selbst geküsst sein.« Als die Tänzerin sich dem widersetzte, begann der weißbärtige Gottesmann, ihre Füße zu küssen, und bevor er sich in höhere Regionen verstieg, floh Lola Montez nach Berlin, wo sie sich »nahe den Linden« einmietete.

Sie hoffte in Berlin auf einen ähnlichen Erfolg wie in St. Petersburg. Aber sie wurde enttäuscht. Die Berliner nahmen nur wenig Notiz von der tanzenden Spanierin, die Zeitungen noch weniger. Die *Vossische Zeitung* widmete ihr nur einen Satz: »Heute hat Donna Lola Montez die *Baleros de Cadix* getanzt«, was die Genannte zu der Bemerkung veranlasste, dieses Blatt sei eines der merkwürdigsten, das sie je gelesen habe. Man müsse es einfach lesen, um den Berliner, den Preußen, ja den Deutschen und die Zustände dieses Landes der Widersprüche kennenzulernen.

Nein, Lola liebte die Deutschen anfangs überhaupt nicht, aber das sollte sich mit zunehmendem gesellschaftlichem Aufstieg sehr schnell ins Gegenteil verkehren. Später, als Gräfin, führte sie sogar einen deutschen Namen, aber in allen Staaten deutscher Nation wurde sie gehasst wie eine Hexe.

Warum sich Donna Maria Dolores Porris y Montez im Jahre 1846 entschied, ausgerechnet nach München zu reisen, bleibt ihr Geheimnis. München zur Zeit des Biedermeier war eine Provinzstadt mit 90 000 Einwohnern, kein Vergleich zu den Weltstädten Berlin, St. Petersburg oder Paris, mit einem Menschenschlag, der allem Neuen und jedem Fremden mit Zurückhaltung, ja Misstrauen begegnete. Mode war hier gar ein Fremdwort, ein italienisches, und all das könnte zu der Annahme verleiten, Lola Montez habe sich an die Isar nur verirrt.

Doch da gab es einen König, einen Wittelsbacher, dessen Ruf weit über die Grenzen seiner bayerischen Heimat und der deutschen Länder gedrungen war: Ludwig. Ludwigs Ruhm lag weniger in seinem politischen Weitblick begründet – ein König, der glaubt, Liberalismus und katholische Kirchenpolitik vereinen zu können, ist eher naiv zu nennen – als in seiner Kunstbesessenheit und seiner Verehrung weiblicher Schönheit. Gerade Letzteres muss es also gewesen sein, was Lola Montez nach München zog. Denn dass sie bei den preußischen Königen keine Chance hatte, das wusste sie bereits.

Dem Bayernkönig, seit sechsunddreißig Jahren verheiratet mit Königin Therese aus dem unbedeutenden, zum Rheinland gehörenden Sachsen-Hildburghausen, wurden zahlreiche Affären mit schönen Damen nachgesagt, manche rein platonisch, also ohne Umsetzung sinnlicher Gedanken in die

Tat, andere aber von so ausschweifender Sinnlichkeit, das seine Untertanen sich bekreuzigten, als wäre er Belzebub persönlich.

Die Toleranz, die Ludwig seinem Volke predigte, nahm er vor allem für sich selbst in Anspruch: Seine Frau war protestantisch und er ein Schwerenöter. Das hatte er Therese noch vor der Heirat wissen lassen: »Glücklich«, schrieb er, »werde ich sein mit Dir, liebe Therese, doch wie Trübe und Helle, wechselt Freude und Trauer im Leben, Seligkeit gibt es auf Erden nicht, auch in der Ehe nicht, selbst in der glücklichsten, und o, wie weit bin ich entfernt von Vollkommenheit!«

Auf diese Weise erschlich sich Ludwig einen vollkommenen Ablass für alle seine Unvollkommenheiten, allen voran die Untreue, denn, so teilte er Therese mit, seine gewohnte Lebensweise wolle er schon beibehalten, er wolle allein schlafen, in *ihr* Schlafzimmer nur zu Besuch kommen. Aus dem königlich-bayerischen Tagebuch: »Man muss gleich anfangs auf den Ton setzen, wie man ihn für die Folge will.« Auf wundersame Weise brachte Königin Therese dennoch neun Kinder zur Welt, während Ludwig schon nach wenigen Jahren Ehe glaubt, »alle Weiber und Hürchen hier seien in ihn verliebt und reißen sich um ihn« (Ludwigs Adjutant Gumppenberg).

In der Tat hatte Ludwig Talent zum Erotomanen, der von Frauen nie genug bekommen konnte. Er war noch keine drei Jahre verheiratet, als er sich bei einer Reise nach England mit einem Lehrerstöchterlein einließ. Nach dem, was er seinem Tagebuch anvertraute, muss ihn die Kleine rasend gemacht haben, denn er dichtete wie ein liebestrunkener Faun:

Lieben muss ich, immer lieben,
Sei's auch meines Lebens Grab,
Lieben werde ich noch drüben,
Sinkt zur Gruft das Herz hinab.

Schwärmerische Gedichte wie dieses brachte Ludwig viele zu Papier; und mochten sie im Augenblick des Verseschmiedens durchaus ernst gemeint sein, so waren sie mit der nächsten Bekanntschaft schon wieder vergessen oder fanden eine neue, heftigere Fortsetzung. Was den jungen Monarchen bei seinen Seitensprüngen auszeichnete, oder besser, von anderen Männern in ähnlicher Situation unterschied, war die unverschämte Ehrlichkeit, mit der Ludwig alle Fehltritte seiner Frau Therese eingestand. Selbst bei Hofe wurde über die Beischläferinnen Seiner Majestät nicht getuschelt, man redete offen darüber.

Vor allem natürlich über das Verhältnis mit der Marchesa Marianna (»Madonnina«) Florenzi, das siebenundvierzig Jahre und viele andere Liebschaften des Königs überdauerte. Ludwig war fast doppelt so alt, als er 1821 in Rom die achtzehnjährige Ehefrau eines Advokaten aus Perugia zum ersten Mal sah. Sie hatte dunkles Haar und ebensolche Augen und einen zierlichen Körperbau, der seine Sinne erregte. Nach einer ersten flüchtigen Begegnung bei einem Karnevalsumzug kamen sich beide auf einem Ball des österreichischen Gesandten Graf Apponyi näher, sehr zum Leidwesen des Marchese, versteht sich; aber die schlaue Marchesa verstand es auf operettenhafte Weise, die Eifersucht ihres Gemahls zu zügeln. Marianna, die sich durchaus geschmeichelt fühlte von den Nachstellungen des Kronprinzen und die seine Leidenschaft mit gleicher Heftigkeit erwiderte, rang Ludwig das Versprechen ab, ihrem Mann Ettore einen wohldotierten Posten am päpstlichen Hof zu beschaffen. Doch der Karriereschub blieb aus, Ettore Florenzi sah sich genötigt, seine berechtigte Eifersucht zu unterdrücken – vor allem, als ein Knabe geboren wurde, der den Namen Ludovico erhielt – Ludwig. Aus tiefer Verehrung, sagte Marianna. Der Bayernkönig nahm den Jungen später als Pagen an seinem Hof auf.

Eine einzige Geliebte hätten die Bayern ihrem König vielleicht noch verziehen, doch was seine Untertanen rebellisch machte, waren die ständig wechselnden Verbindungen, sodass dem Monarchen bald ein ähnlicher Ruf vorausging wie jener, der Gaius Caesar ein Leben lang verfolgte: »Männer versteckt eure Weiber, der Caesar kommt!« Wie später der österreichische Kaiser Franz Joseph fühlte Ludwig sich von jungen Mädchen niederer Herkunft, vor allem aber von Schauspielerinnen angezogen.

Innerhalb weniger Jahre entflammte Ludwig für zwei in München sehr populäre Bühnenstars. Sie hatten beide eines gemeinsam: Sie waren glücklich verheiratet, und daher wollten sie vom König auch nichts wissen. Doch gerade diese Unerreichbarkeit schien den König besonders zu reizen. Er widmete der Hofschauspielerin Katinka Sigl, verheiratet mit dem Schauspieler Vespermann, glühende Liebesgedichte, pries ihren kindhaften Frohsinn und ihre Anmut und verfolgte sie bis in den letzten Winkel der Stadt. Da sah Katinka keinen anderen Ausweg, als Gastspielreisen nach Paris und London anzunehmen, die ihr nicht leichtfielen, weil sie von ihrem Mann schwanger war.

Es war Sache des Königs, der Hofschauspielerin den dazu erforderlichen Urlaub zu genehmigen. Er tat es, nachdem er von ihrer Schwangerschaft erfahren hatte. Kaum abgereist, flötete er der Geliebten hinterher: »Was habe ich gemacht, als ich Deinen Urlaub bewilligte?« Und: »Wehmütig ist meine Stimmung, und die Tränen sind mir immer nahe ... Katinka, vermöchtest Du nur mich zu lieben.« Doch so schnell der Bayernkönig entflammte, so schnell war er in der Lage, sich umzuorientieren.

An der Hofschauspielerin Charlotte Hagn gefielen Ludwig vor allem ihr klassisches Profil und die schlanke Gestalt. Der König verfolgte alle ihre Theatervorstellungen mit inbrünstigem Verlangen, und er lud sich in ihr Haus zum Kaffee ein, was von der Diva ein jedes Mal als ziemlich peinlich empfunden wurde. Verzweifelt suchte Charlotte Hagn um Auflösung ihres Theatervertrages an, aber der König wies die Intendanz an: »Fragliche Schauspielerin muss ihren Kontrakt halten!« Ohne Rücksicht auf Verträge nahm die Schauspielerin schließlich ein Gastspiel in Dresden an, und von dort kehrte sie nicht mehr nach München zurück – eine weitere Episode im Leben des bayerischen Königs.

Ludwigs Amouren mit Schauspielerinnen wurden weit über die Grenzen des Königreichs bekannt, und deshalb ist es durchaus denkbar, dass Lola Montez keineswegs zufällig nach München reiste, sondern mit dem Vorsatz, den Wittelsbacher zu bezirzen. Gewiss wusste sie von der Marchesa Marianna Florenzi, der Dauergeliebten des Königs, aber dann wusste sie auch vom Auf und Ab dieser Beziehung, von den ständigen Eifersuchtsszenen ihres Mannes, den Ludwig nur mit Geld ruhigstellen konnte, mit einem Gehalt als bayerischer Kämmerer mit allerlei Geschäften und großzügigen Zuwendungen für das Landgut Colombella der Florenzis. Dort, beim Kuren auf Ischia und in München trafen sich Ludwig und Marianna in regelmäßigen Abständen, aber mit großer Heftigkeit. Und Lola Montez war nicht die Frau, die eine Nebenbuhlerin fürchtete, im Gegenteil, Konkurrenz um einen Mann spornte Lola stets zu besonderem Einsatz an, so auch in diesem Fall.

Als die Tänzerin 1846 in München eintraf, war es Herbst, und Ludwig befand sich nicht in der besten Verfassung. Der König hatte gerade seinen sechzigsten Geburtstag hinter sich gebracht, die Beziehung zu Marianna war merklich abgekühlt und glich eher einer eingefahrenen Freundschaft. Zum ersten Mal in seinem Leben gab es keine Frau, die er, zumindest in Gedanken, anbetete – ein Mann auf dem Weg zum Greis.

Längst hatte König Ludwig seinen Traum erfüllt, er hatte München zur Stadt der Künste gemacht, zur Stadt der Architektur, zur Stadt des Klassizismus, zur schönsten Stadt Deutschlands – wie er glaubte. Rom, Florenz und Athen dienten ihm dazu als Vorbild. Marmortempel, Palastbauten und Triumphbögen hatte er zum Teil auf freies Feld gestellt und mit Baumaterial emporgezogen, das nicht Jahrhunderte, sondern Jahrtausende überdauern sollte. Und eine beinahe kilometerlange Straße, kerzengerade von Süden nach Norden, hatte er im Stil der von ihm geschätzten Renaissance gebaut, mit Ministerien, einer Staatsbibliothek, der Universität zu beiden Seiten sowie einer italienischen Kirche, und stolz hatte er dieser Straße seinen Namen gegeben. Was wollte er noch?

In dieser Situation erschien Lola Montez in München. Sie stieg im *Goldenen Hirschen* ab und gebärdete sich ziemlich arrogant. In ihrer Begleitung eine Zofe und ihr Hund, den sie spöttisch unter ihrem Namen ins Fremdenbuch eintrug. Ihr erster Weg führte sie zum Intendanten des Hoftheaters auf der Suche nach einem Engagement. Entgegen sonstiger Gewohnheit konnte Donna Maria Dolores Porris y Montez in München kein Empfehlungsschreiben eines anderen Intendanten vorweisen, und so wurde ihr Ansinnen negativ beschieden. Auch in München hatte man schließlich von ihren Skandalen gehört.

Lola ließ es mit der Ablehnung durch den Hoftheaterintendanten Frays nicht bewenden. Sie bat um eine Audienz beim König, die ihr auch gewährt wurde. Ludwig ahnte nicht, dass damit die turbulentesten Jahre seines Lebens begannen, die ihn schließlich sogar den Thron kosteten.

Über die erste Begegnung des Königs mit der Tänzerin am 7. Oktober 1846 ist viel geschrieben worden. Das Ergebnis der Unterredung ist auf dem Theaterzettel des 10. Oktober 1846 vermerkt: »*Der verwunschene Prinz*. Schwank in drei Akten von J. von Plötz. In den beiden Zwischenakten tanzt Demoiselle Lola Montez aus Madrid spanische Nationaltänze.«

Die genauen Einzelheiten, wie es zu dem Auftritt kam, sind ungeklärt. Es heißt, der König und die Tänzerin hätten in spanischer Sprache Gedanken über Kunst und Literatur ausgetauscht, und Ludwig habe Lolas Schönheit mit großen Worten bewundert und sich zu der Frage verstiegen, ob dieses Wesen überhaupt Wirklichkeit und nicht etwa ein Gaukelspiel der Natur sei (wobei er offenbar auf ihre üppigen Brüste Bezug nahm). Lola reagierte prompt: Sie griff nach einer Schere auf Ludwigs Schreibtisch und schnitt ihr Dekolleté bis zum Nabel aus. Vor den Augen des bestürzten Königs prangte in vollendeter Natürlichkeit, was er so unbedacht angezweifelt hatte. Von diesem Moment an war Ludwig von Bayern gefangen in den Netzen der Lola Montez.

Es versteht sich von selbst, dass der *Verwunschene Prinz* ausverkauft war, obwohl dem Theaterschwank nur geringes Interesse galt. Lola tanzte mit der ihr eigenen Leidenschaftlichkeit. Zum aufreizenden Klang der Kastagnetten blickte sie immer wieder hinauf zur Königsloge. Und nach ihrem Auftritt, als der Beifall des Publikums kein Ende nehmen wollte, rief Ludwig immer wieder: »Wundervoll! Wundervoll!«

Hoftheaterintendant Frays bot der Montez sofort einen Gastspielvertrag an, aber die erwiderte stolz: »Sie hielten mich nicht für geeignet aufzutreten, nun habe ich Ihnen das Gegenteil bewiesen. Etwas anderes will ich nicht. Leben Sie wohl, mein Herr!« Erst dem König gelang es, die Tänzerin zu einem zweiten Auftritt am 14. Oktober zu bewegen. Und noch eine weitere Gunst rang er ihr ab. Lola Montez erklärte sich bereit, dem Hofmaler Stieler für Ludwigs Schönheitsgalerie Modell zu sitzen.

Diese Schönheitsgalerie des Bayernkönigs ist ein Unikum. Kein König vor ihm war je auf die Idee gekommen, die anmutigsten Mädchen und Frauen des Landes auf Leinwand zu bannen und so für alle Zeiten in einem »Schönheitssaal« festzuhalten. Unter den vielen Malern, die sich am Hofe angeboten hatten, war die Wahl auf Joseph Karl Stieler gefallen, der zuallererst ihn selbst, den König, gemalt hatte mit der Auflage, das Werk sollte Gerechtigkeit und Beharrlichkeit in dessen Persönlichkeit betonen. Ludwig fand den Versuch geglückt, und Stieler bekam darauf den Auftrag, die Marchesa Florenzi zu porträtieren. Ihr folgten Gräfinnen, Balletteusen und Putzmacherinnen, sogar die liebreizende Tochter eines Schuhmachers.

Letztere kam aus dem oberbayrischen Trostberg und hieß Helene Sedlmayer. Sie arbeitete in einem Münchner Spielwarengeschäft als Dienstbotin. Sie war gerade sechzehn, und es heißt, der König habe ihr einen Sohn gezeugt, doch bevor der zur Welt kam, habe ein Kammerdiener Helene mit siebzehn noch heiraten dürfen.

Auguste Strobl hieß die Tochter eines Buchhalters, und Ludwig war ihr beim Spaziergang begegnet. Auch Amalie von Schintling, die Tochter eines Offiziers, war darunter (sie starb nach Vollendung von Stielers Gemälde mit neunzehn an Tuberkulose), oder Nanette Kaula, die Tochter eines Bankiers, oder Lady Jane Ellenborough, die Männer sammelte wie Ludwig Frauen. Rang und Namen schienen seiner Majestät gleichgültig, wenn Mädchen und Frauen nur schön waren. Joseph Karl Stieler hatte siebenundzwanzig Jahre lang zu tun und malte alle Schönheiten, die sein Auftraggeber in sein Atelier brachte.

Meist war der König anwesend, wenn die jungen Frauen Modell saßen, er wählte die Kostüme aus und bestimmte die Haltung. So auch bei dem Gemälde von Lola Montez, das dem Maler nicht so recht gelingen wollte. Es wurde in ahnungsvoller Weise düster, und dem Bildnis fehlte die Anmut, die etwa die Gemälde der Marchesa Marianna oder der Sedlmayer ausgezeichnet hatte. Ludwigs Kommentar: »Stieler, Ihr

Pinsel wird alt.« Schließlich beauftragte er den Modemaler Wilhelm von Kaulbach mit einem Gemälde in Lebensgröße.

Wieder einmal hatte König Ludwig sein Herz verloren, doch diesmal, so schien es, auch den Verstand. Vergessen waren seine Vorwürfe gegen seinen besten Freund seit gemeinsamen Studienjahren in Göttingen, Freiherrn Heinrich von der Tann, dem er gerade erst sein »ungewaschenes Maul« verboten hatte. Als schwebte er im siebten Himmel, schrieb er an von der Tann:
»Was sagt mein lieber Tann erst dazu, wenn ich sage, dass der sechzig Jahre Alte einer zweiundzwanzigjährigen, schönen, Kenntnis besitzenden, geistreichen, Herzensgüte habenden Südländerin Leidenschaft eingeflößt hat, ihre erste! … Und ich kann mich mit dem Vesuv vergleichen, der für erloschen galt, bis er plötzlich wieder ausbrach … Und ich glaubte, ich könne nicht mehr der Liebe Leidenschaft fühlen, hielt mein Herz für ausgebrannt … Aber nicht wie ein Mann von vierzig Jahren, wie ein Jüngling von zwanzig, ja, *comme un amoureux de quinze ans*, fasste mich Leidenschaft wie nie zuvor … Ich bin glücklich. Einen neuen Schwung hat mein Leben bekommen.«

Lola Montez indes benahm sich in dem konservativen München einfach skandalös. Nun, da sie wusste, in König Ludwig einen glühenden Verehrer zu haben, glaubte sie sich sicher in dieser Stadt, in der jeder jeden kannte und in der man keinen Schritt tun konnte, ohne dass die anderen davon Kenntnis hatten. Sie fand es amüsant, wenn reiche Münchner Braumeister und Geschäftsleute ihr im Gasthof *Zum goldenen Hirschen* ihre Aufwartung machten, wenn sie eine Tanzveranstaltung sprengte, weil ihr die Musik nicht gefiel, oder wenn sie mit ihrer Reitpeitsche, die sie auf ihren Spaziergängen zum Samtkostüm zu tragen pflegte, auf einen Hund einschlug, der sich dem ihren näherte. Die Münchner begannen »d'Lola« – wie sie die fremdländische Tänzerin nannten – zu hassen.

Von seinem Adjutanten über die Vorfälle in Kenntnis gesetzt, entgegnete der König, Lola Montez gehöre eben nicht in so ein Logierhotel, sondern in eine vornehme Stadtwohnung, man möge der Gnädigsten etwas Passendes bereitstellen. Bei Hofe war man empört. Seit wann betätigt sich der König als Wohnungsmakler?

Ludwig blieb hart, und Lola Montez erhielt von einem Tag auf den andren eine Etagenwohnung in der Theresienstraße zugewiesen. Sie entsprach zwar nicht ihren hochgesteckten Erwartungen, aber eine eigene Wohnung war dennoch besser als ein Zimmer, das unter ständiger Beobachtung des Hotelpersonals stand. Ludwig versprach der Angebeteten, sich nach etwas Besserem umzusehen. Wenigstens bot ihm das Pied à terre die Möglichkeit, die Tänzerin aufzusuchen, wann immer es beliebte – und es beliebte oft, was den Münchnern auch nicht verborgen blieb.

Die beiden duzten sich schon nach wenigen Tagen, und viele glaubten ernsthaft, die Spanierin habe den König verhext. Vor allem die Ultramontanen, die sich mit ihrer Politik päpstlicher als der Papst gebärdeten, spuckten Gift und Galle, und sie setzten das Gerücht in Umlauf, die Montez sei eine Freimaurerin. Zu Zeiten Ludwigs, vor allem aber in der ultramontanen Heimat des Monarchen, war so etwas genauso schlimm wie Besessenheit und nur durch Exorzismus oder Verbannung auszumerzen. Mit großen Worten klagte Lola ihrem königlichen Geliebten: »Ich verzichte um Deinetwillen um alles, um Deinetwillen leide ich die Verfolgung, die man in der Presse, in Kirchen und Salons gegen mich beginnt. Aber all dies ist nichts im Vergleich zu dem Gefühl unendlicher Liebe, das Du, mein König, mir eingeflößt.«

Natürlich hatte Lola Montez auf nichts verzichtet, als sie in München blieb, sie hätte – wie sich bald herausstellen sollte – in keiner anderen Stadt Europas ein Engagement erhalten. Und die Verfolgung durch die Presse und die feine Gesellschaft begann keineswegs erst in Bayern, Lola Montez hatte überall mit zum Teil vernichtenden Kritiken zu kämpfen. Bleibt die Frage: Hat Lola den Bayernkönig wirklich geliebt?

Die Antwort ist ein klares Nein. Denn ohne es zu wollen, gab Lola in ihren *Memoiren*, die sie erst *nach* ihrem bayerischen Abenteuer zu Papier brachte, auch Auskunft über ihre tiefsten Empfindungen.

Lola Montez über Lola Montez: »Ich bin besser als ein Satan, wie mich so oft die Frauen, und schlechter als ein Engel, wie mich so oft die Männer nannten. – Ich bin nicht so närrisch, um nur für andere, und nicht so eigensüchtig, um nur für mich leben zu wollen. Ich glaube, die Welt ist ebenso gut für mich da wie ich für die Welt. Ich bin leichtsinnig, insofern man das leichtsinnig nennen kann, nicht nur leben, sondern auch angenehm leben zu wollen. Ich bin nicht Närrin genug, um allen gefallen zu wollen, aber auch nicht hochwohlweise genug, um niemandem gefallen zu wollen, als mir selbst. Ich bin gläubig in Bezug auf die Tugenden und die Weisheit des höchsten Wesens, aber sehr gläubig in Bezug der Tugenden und Weisheit der Menschen, besonders der Männer. Ich hasse nicht alles, war mir missfällt, aber ich liebe, war mir gefällt. Mir gefällt besonders das Schöne, obwohl ich weiß, dass das Schöne nicht immer das Gute; mir gefällt besonders das Angenehme, obgleich ich weiß, dass es nicht immer das Rechte ist. Ich will vor allen Dingen leben, ehe ich sterbe, nicht nachdem ich gestorben bin. Ich gebe nichts auf den Ruhm, nichts auf den Nachruhm, und bin zufrieden, zu leben, wie es mir gefällt, als ein freies, selbstständiges, von seinen eigenen Launen und Empfindungen abhängiges Wesen.«

Der einzige Satz, der sich mit dem Thema Liebe beschäftigt, ist peinlich kurz und läppisch: »Ich liebe, war mir gefällt.« Mit diesen Worten entlarvt sich Lola Montez. Was sie Liebe nennt, findet ohne Partner statt. Oder anders gesagt: Ein Partner ist für sie nur Mittel zum Zweck. Lola Montez war überhaupt nicht zur Liebe fähig. Die Ursache mag in ihrer Kindheit liegen und soll hier nicht weiter untersucht werden, Tatsache ist, dass alles, was Lola Montez in ihrem Leben als »Liebe« bezeichnete, entweder Leidenschaft war oder Eigenliebe, nichts weiter. Dass die Montez, die in Bezug auf Schönheit hohe Maßstäbe setzte, sich ausgerechnet in einen alten, depressiven, stotternden Herrn verlieben sollte, an dessen linker Stirn eine Geschwulst wucherte, ist höchst unwahrscheinlich und nur durch den Titel zu erklären, den das Objekt ihrer Zuneigung trug: König.

Dieser hingegen war der Tänzerin regelrecht verfallen. Es schien, als erlebte König Ludwig eine Neuauflage seiner frühen Jahre als König. Der Mann in seinem besten Alter war damals vorzugsweise sehr jungen Mädchen nachgestiegen. Nun schmeichelte es dem Sechzigjährigen, wenn eine Zweiundzwanzigjährige (Lola hatte sich fünf Jahre jünger gemacht – in Wirklichkeit war sie siebenundzwanzig), wenn eine junge Frau ihm ihre Liebe gestand, noch dazu ein Wesen, das alle Vorzüge einer Traumfrau in sich vereinigte.

Es war allgemein bekannt, dass der Montez berühmte Leute den Hof gemacht und sich ihr auf mehr oder weniger intime Weise genähert hatten: Victor Hugo, Honoré de Balzac, Théophile Gautier und Alexandre Dumas – der Vater wie der Sohn. Den Pianisten und Komponisten Franz Liszt hatte sie in Dresden so in ihren Bann gezogen, dass dieser seinem Agenten mitteilte, er sei für die nächsten Wochen, in denen eine Reihe von Gastspielen annonciert waren, unabkömmlich. Dann zog er sich mit der Montez in ein romantisches Schlösschen zurück, der Liebe wegen. Man sieht: Die Tänzerin verkehrte wirklich nur in allerbesten Kreisen.

Zweifellos hatte ihre Schönheit nun, mit siebenundzwanzig Jahren, den Höhepunkt erreicht und paarte sich mit der Raffinesse, die einer reifen Frau zu eigen ist. Den Gedichten des Königs (Ludwig fühlte sich auch als Dichter und gab 1829, 1839 und 1847 Gedichtbände heraus) ist zu entnehmen, wie Lola gegenüber ihrem Liebhaber auftrat. Sie treibe, schrieb er in einem Gedicht »an meine leidenschaftliche geliebte Lolita«, mit ihm kein quälendes, grausames Spiel wie andere Frauen, und er habe den Eindruck gewonnen, dass ihr nur daran gelegen sei, ihn, Ludwig, glücklich zu sehen. Liebe macht blind. Dennoch können wir heute über den Wahrheitsgehalt dieser Worte nicht befinden. Immerhin verstieg sich der König zu der Aussage, Marianna, die große Liebe seines Lebens, habe ihn »nur« Seligkeit empfinden lassen, während Lola seine Liebe erweckt habe.

Was diese Frau beim König bewirkte, machen zwei kurze Gedichte aus seiner Feder deutlich. Das erste entstand, *bevor* Ludwig Lola Montez zum ersten Mal sah:

Unverliebt
Die Natur kann nicht beglücken,
Ihre Schönheit nicht entzücken;
Sie ist tot, das Leben fehlt,
Wenn mit Liebe nicht vermählt.

Wenige Tage nach ihrer ersten Begegnung brachte der König folgende Zeilen zu Papier:

Leuchtend himmlisch-blaue Augen
Gleich des Südens Äther klar,
Die in Seligkeiten tauchen,
Weiches, glänzend-schwarzes Haar.

Heitern Sinnes, froh und helle,
Lebend in der Anmut hin,
Schlank und zart wie die Gazelle,
Bist du, Andalusierin.

Edelstolz, doch treu hingebend
Ohne Falsch das Herz dem Herzen;
Gibst du in der Liebe Gluten
Höchste Wonne sonder Schmerzen.

In dem Süden ist die Liebe,
Das ist Licht und das ist Glut,
Da im stürmischen Getriebe
Strömet der Gefühle Flut.

Es scheint, als hätten zwei verschiedene Charaktere, zwei andere Menschen, diese Geschichte geschrieben: Zuerst ein dumpfer, depressiver Alter, der nur noch auf das Sterben wartet. Danach ein junger, begeisterungsfähiger Mann, dessen Gefühle überschwappen. Lola Montez wirkte auf König Ludwig wie eine Droge.

Was aber war das Besondere an dieser Frau? War Lola Montez wirklich so schön, oder hat die Zeit ihre Schönheit verklärt?

Betrachtet man die Schönheitsgalerie des Königs, so könnte man dazu neigen, der einen oder anderen Dame aus der Galerie den Vorzug zu geben gegenüber der spanischen Tänzerin.

An Beschreibungen der schönen Lola mangelt es nicht. Die meisten sind schwärmerisch und enthusiastisch. Die nachfolgende könnte, was den Charakter und die Lebenseinstellung des Schreibers betrifft, durchaus von König Ludwig von Bayern geschrieben sein. Doch sie stammt aus der Feder eines unbekannten Feuilletonisten beim *Warschauer Kurier* und erschien dort im Jahre 1845, ein Jahr bevor Lola Montez und der König sich begegneten:

»Lola besitzt von den drei mal neun Reizen, welche ein spanischer Dichter zur weiblichen Schönheit für erforderlich hält, sechsundzwanzig, und die wahren Kenner unter meinem verehrten Publikum werden sich meinem Geschmack anschließen, wenn ich ihnen gestehe, dass blaue Augen zu schwarzen Haaren mir reizender dünken als schwarze Augen zu schwarzen Haaren. Jener spanische Dichter will nämlich an einer schönen Dame folgende siebenundzwanzig Schönheiten finden: drei weiße: die Haut, die Zähne und die Hände; drei schwarze: die Augen, die Augenwimpern und die Augenbrauen; drei rote: die Lippen, die Wangen und die Nägel; drei lange: den Leib, die Haare und die Hände; drei kurze: die Zähne, die Ohren und die Beine; drei große: den Busen, die Stirn und den Raum zwischen den beiden Augenbrauen; drei schmale: die Taille, die Hände und die Füße; drei dicke: die Arme, die Schenkel und das Dickbein; drei dünne: die Finger, die Haare und die Lippen. Alle diese Reize vereint besitzt Lola in dem schönsten Ebenmaße, mit Ausnahme der Farbe der Augen, ein Umstand, den ich gerade für die Krone ihrer übrigen Reize halte. Seidenweiche Haare, mit dem Glanzgefieder des Raben wetteifernd, fließend in üppiger Fülle den Rücken herunter; auf dem schlanken, zarten Halse, dessen blendendes Weiß den Schwanenflaum beschämt, ruht das schönste Antlitz. – Wie soll ich nun Lolas Busen schildern, wenn schon ihre Zähne mich um Worte verlegen machen? Um nicht aus Schwäche des Pinsels hinter der Wahrheit zu bleiben, muss ich gleichwohl mit fremden Federn mich schmücken. Marino sagt im achten Gesang der Adone, der den Titel: ›I trastulli‹ führt, von der Liebesgöttin in der 78. Stanze: ›Man sah auf den schönen Wangen süße Flammen von Rosen und Rubinen glühen und im Busen in einem Milchmeer zwei unberührte Äpfel zitternd schwimmen.‹

Lolas Füßchen halten die Mitte zwischen den feinsten Pariser und Chinesen-Damenfüßchen, die feinen, zierlichen Waden scheinen die beiden untersten Stufen einer Jakobsleiter zu sein, die zum Himmel führt; ihre ganze Gestalt glich gestern der Venus von Knidos, jenem unsterblichen Meisterstücke des Praxiteles, der in der hundertvierten Olympiade mit seinem Ruhm ganz Griechenland erfüllte. Die höchste aller Schönheiten Lolas, so wie aller Damen, die Augen, habe ich dem letzten Pinselstriche an meinem Porträt der gefeierten Tänzerin vorbehalten. Als Gott den ersten Menschen gemacht hatte, hauchte er ihm eine unsterbliche Seele ein; da schlug er die Augen auf, und darum glaube ich, dass die Seele in den Augen thront.

So viel ich noch aus der Jugendzeit meines unerheblichen Studiums der Botanik mich erinnere, von welcher ich nur jene Blume kennenlernen wollte, womit die Dichter ihre Schöpfung schmücken, haben wir sechzehn verschiedene Arten von Vergissmeinnicht. Denken Sie sich nun in Lolas blauen Augen die wechselnde Anmut der sechzehn einzelnen Arten in einem Strahlenpunkt verschmolzen, und diese beiden Gestirne am Himmel der Liebe, von Petrarca an seine Laura einst unerreichbar besungen, von dem bezaubernden Liebreiz eines überaus gebildeten Geistes beseelt, so werden Sie leicht begreifen, dass sie überall Siegerin sein muss, wohin ihre magischen Blicke dringen.«

Natürlich, könnte man meinen, sind nur Männer beim Anblick einer attraktiven Frau zu derartigen Schwärmereien fähig. Aber Luise von Kobell aus der berühmten Münchner Maler-Dynastie belehrt uns eines Besseren. Sie beschrieb als Zeitzeugin das Leben »unter den vier ersten Königen von Bayern«. Was Ludwig I. betrifft, so hob sie sein besonderes Verhältnis zu seinen weiblichen Untertanen hervor, die er zu tadeln pflegte, wenn sie einen Schleier vor dem Hut trugen. Zwar entsprach das der Mode jener Zeit, aber nach Meinung des Monarchen widersprach es der Etikette des Hofes, wenn eine Dame mit Schleier vor ihn hintrat, da wurden Majestät ekelhaft »wegen Etikettenmangel«. Die Damen der feinen Gesellschaft rissen deshalb ihre Schleier von den Hüten, wenn sie den König von Weitem kommen sahen. Auch Lola Montez trug mit Vorliebe Schleierhüte.

Luise von Kobell begegnete ihr einmal auf der Straße. Luise war damals sehr jung, aber die Begegnung hinterließ einen nachhaltigen Eindruck: »Als sie an mir vorüberging, nein schwebte, vergaß ich meine gute Erziehung, drehte mich um und starrte ihr nach. Sie erschien mir wie eine Fee aus den Märchen der Kinderzeit, schwarz gekleidet, mit einem schwarzen Schleier über dem Haar und einem Fächer in der Hand.«

Versucht man dem Geheimnis der Lola Montez auf die Spur zu kommen, so stößt man immer wieder auf eine seltsame Dämonie, mit der sie sich bewusst umgab. Sie kleidete sich schwarz (wie später auch Sisi von Österreich), und dieser Witwenhabitus stand natürlich in krassem Gegensatz zu ihrer Jugendlichkeit. Sie bevorzugte fließenden Samt bei der Kleidung, der ihre körperlichen Vorzüge betonte. Meist trug sie, gleichsam als Kontrast, eine Reitpeitsche – eine ungeheure Provokation für eine Dame jener Zeit.

Das Anziehendste an Lola Montez dürfte jedoch gewesen sein, dass sie sich selbst gefiel, sich bewunderte, sich in ihrer Schönheit sonnte, was ihrem Auftreten immer etwas Herausforderndes verlieh. Ein Phänomen, das auch heute noch gilt: Frauen, die sich selbst gefallen, gefallen auch den Männern.

In ihren *Memoiren* widmet Lola ihrer eigenen Schönheit eine ganze Passage. Und sie bestätigt diese Beobachtung in beeindruckender Weise: »Als ich in meine Wohnung zurückkam, betrachtete ich mich genau in einer Psyche, einem altmodischen Spiegel, der in Berlin noch in Mode ist, und fand nach Beendigung dieser Prüfung, dass ich wirklich schön sei. Schön zu sein! Welche Macht und welches Glück! Nur auftreten zu dürfen, um aller Blicke, aller Huldigungen auf sich zu ziehen, Liebe und Begeisterung zu erregen. Zu sehen, wie sich auf unserem Wege alles vor unserer Schönheit neigt, gleich wie man dem Geiste eines großen Mannes huldigt. Die Menge durch eine Bewegung der schönen Augen zu beherrschen, ebenso wie ein überlegener Mann durch das Hinreißende seines Wortes und der Beredsamkeit seiner Gebärden sie beherrscht! Wie herrlich ist es doch, wenn man sagen kann: Ich bin schön, und ich weiß es! Die Schönheit ist ein Diadem, ein Merkmal königlicher Macht, das die Menschen niemals vermocht haben zu verleugnen! Ein Königtum von Gottes Gnaden, denn die Vorsehung schreibt es den Auserwählten, denen sie diese Macht verleiht, auf die Stirn, die reellste und herrlichste Macht, wenn man sie nur ein wenig anzuwenden versteht.«

Lola Montez verstand es mehr als »nur ein wenig«, diese Macht der Schönheit zu gebrauchen. Sie machte mit dem König, was sie wollte, kaufte in Geschäften ein mit der Bemerkung, »Ludwig« würde alles bezahlen, zerriss polizeiliche Anordnungen und benützte verdächtig häufig das Wort Freiheit, was allein schon ein Vergehen war in der Haupt- und Residenzstadt München.

Die Toleranz, mit der man in Bayern seiner Majestät und deren Weibergeschichten begegnete, fand ein jähes Ende. Ludwig und Lola sahen sich plötzlich einer Front von nie gekannter Einigkeit gegenüber. Gegen den König und seine Mätresse opponierten das Volk, die Regierung, die Verwandtschaft und seine Freunde, ja sogar Bischöfe und der Papst. Dieses Verhältnis hatte einfach zu viele Gegner.

»Meine hiesige Familie benimmt sich sehr gut«, schrieb Ludwig an seinen alten Freund von der Tann, »ganz vorzüglich die Königin, ich weiß es zu schätzen ...« Als hätte Therese ihrem Gemahl nicht eine große Szene gemacht, die zu einem mehrtägigen Zerwürfnis führte! Als hätte seine Stiefschwester, die Königin von Sachsen, der Montez nicht 50 000 Franc Abfindung auf Lebenszeit geboten, wenn diese nur aus dem Leben des Königs verschwände! Als hätte nicht Kaiserinwitwe Karoline Auguste von Österreich, seine leibhaftige Schwester, Ludwig beschworen, von der spanischen Tänzerin abzulassen! Er log das Blaue vom Himmel und hatte den Sinn für die Realität verloren und schrieb wutentbrannt an Karoline Auguste zurück: »Jeder kümmere sich um das, was ihn angeht, und man sollte mich zu sehr kennen, um überzeugt zu sein, dass ich das Einmengen in meine Sachen nicht dulde.«

Mit mahnenden und drohenden Worten mischten sich sogar die Bischöfe von Würzburg, Augsburg und der Fürsterzbischof von Breslau (!) ein. Der fromme Herr von Diepenbrock wetterte in einem wahren Exorzismus gegen den Bayernkönig und seine unmoralische Buhlschaft: »König Ludwig, es wächst ein Giftbaum neben Dir auf, dessen tödliche Düfte Dich betäuben, Deine Augen verblenden, Deine Sinne berauschen und Dein Herz betören, dass Du nicht siehst den Abgrund, an dem Du wandelst ... König Ludwig, erwache aus Deinem Taumel und ermanne Dich, wirf ab die Zauberlinde, reiße aus den Giftbaum, zertritt, verbanne die Schlange ...« Der einzige Trost kam von Freund Heinrich von der Tann: »Die Deutschen sagen: Hüte Dich vor Stieren von vorne, vor Pferden von hinten, vor Pfaffen von allen Seiten.«

Der König verteidigte sich in einem Antwortbrief an Diepenbrock und alle bayerischen Bischöfe, er besitze ein poetisches Gemüt, das nicht mit gewöhnlichen Maßstäben zu messen sei, aber von einer Mätressenwirtschaft könne keine Rede sein. In dem offenen Brief gab Ludwig sogar sein Ehrenwort, »dass ich nun im vierten Monat weder meiner Frau noch einer anderen beigewohnt habe«. Doch mit diesem meineidigen Ehrenwort verschlimmerte der Bayernkönig die Situation noch mehr. Die Gesandten Österreichs und Preußens schickten Botschaften an Kaiser und König, in denen sie Bedenken äußerten, ob der bayerische Monarch unter diesen Umständen überhaupt weiterregieren könne.

Die Bedenken waren nicht unbegründet, sie gingen zurück auf die sogenannte Jesuitenpartei unter Innenminister Karl von Abel. Die Ultramontanisten holten sich für ihr weiteres Vorgehen sogar Rückendeckung beim Papst. Pius IX.

215

schickte dem Bayernkönig mit Datum vom 9. Februar 1847 eine Abmahnung, »unser innigstgeliebter Sohn« möge doch auf den Weg der Tugend zurückfinden, da er in diesem sündhaften Zustand der katholischen Kirche mehr schade als nütze. Den Ultramontanisten, die mit dem allzu liberalen König seit langem ihre Schwierigkeiten hatten, kam die Affäre um Lola Montez nicht ungelegen, sie riskierten eine Kraftprobe.

Zum Politikum wurde der Fall Lola Montez, als Ludwig Anfang Februar seinen Außenminister Otto Graf von Bray mit der Ausfertigung eines Indigenatsdekretes für »Senjora Montez« beauftragte. Im Klartext: Lola Montez sollte eingebürgert werden. Dies entsprach dem dringenden Wunsch der Tänzerin, weil sie – angeblich – keine Papiere hatte, oder weil ihre Papiere – und das ist wahrscheinlicher – nicht ihren Vorstellungen entsprachen. Ohne Papiere konnte man im 19. Jahrhundert nicht einmal von Berlin nach München gelangen – von einer Reise nach Warschau oder St. Petersburg ganz zu schweigen.

Für das Indigenat waren jedoch Geburtsurkunde und Nachweis der Staatsangehörigkeit erforderlich. Weder das eine noch das andere konnte die Montez vorweisen, und so entschied der für die Einbürgerung zuständige Staatsrat, das Gesuch abzulehnen. Das brachte den König in Wut, und er unterzeichnete das Sitzungsprotokoll mit dem Befehl, der von ihm gewünschten Einbürgerung »ohne Einrede« nachzukommen.

An Minister Graf Bray: »In Bayern besteht das monarchische Prinzip. Der König befiehlt, und die Minister gehorchen. Glaubt einer, es sei gegen sein Gewissen, so gibt er das Portefeuille zurück und hört auf, Minister zu sein.« Der König lasse sich nicht von Ministern vorschreiben, was er zu tun habe. Das gelte für jene Minister, die schon lange im Amt seien, ebenso wie für die jüngeren.

Graf Bray, ein Mann von Ehre, reagierte noch am selben Tag, er überreichte dem König »in pflichtschuldiger Vollziehung des Allerhöchsten Befehls« die Vorlage des Indigenatsdekretes – aber nicht nur das: Gleichzeitig ersuchte der Minister um seine Entlassung.

Ludwig nahm an und trat damit eine Lawine los, die ihn am Ende unter sich begraben sollte.

Nun waren sich der frömmelnde Ministerrat, allen voran der leitende Minister Karl von Abel, und der König von Bayern zu keiner Zeit gewogen, doch jetzt kam es zum offenen Konflikt. Die Restregierung, bestehend aus Finanzminister Karl Graf von Seinsheim, Kriegsminister Anton von Gumppenberg, Justizminister Sebastian Freiherr von Schrenck und dem Innenminister Karl von Abel, ersuchte den Monarchen, seine Indigenatsentscheidung zurückzunehmen, andernfalls drohte sie geschlossen mit Rücktritt.

Sich des historischen Augenblicks bewusst, verfassen sie ein Dokument, das an Schwülstigkeit nicht zu überbieten, aber zur späteren Veröffentlichung geeignet ist:

»München, den 11. Februar 1847.

Allerdurchlauchtigster ...
Es gibt Augenblicke im öffentlichen Leben, in welchen Männern, die das unschätzbare Vertrauen ihres Monarchen zur obersten Leitung der Staatsverwaltung in ihren verschiedenen Zweigen berufen hat, nur noch die betrübende Wahl offensteht, entweder der Erfüllung der heiligsten durch den geleisteten Eid, durch Treue, Anhänglichkeit und heiße Dankbarkeit besiegelten Pflichten zu entsagen, oder in gewissenhafter Erfüllung dieser Pflichten die schmerzliche Gefahr des Missfallens ihres geliebten Monarchen nicht zu beachten.

In dieser Lage sehen die treugehorsamst Unterzeichneten durch den Allerhöchsten Beschluss, der Senjora Lola Montez das bayrische Indigenat durch königliches Dekret zu verleihen, sich versetzt, und sie alle sind eines Verrates an den Euer Königlichen Majestät gelobten heiligsten Pflichten unfähig – ihr Entschluss konnte daher nicht schwanken ...

Seit dem Monat Oktober des vorigen Jahres sind die Augen des ganzen Landes auf München gerichtet, und es haben sich in allen Teilen Bayerns über das, was hier vorgeht, und was beinahe den ausschließlichen Gegenstand der Gespräche im Innern der Familien wie in allen öffentlichen Orten bildet, Urteile festgestellt, und es ist aus diesen Urteilen eine Stimmung erwachsen, die zu dem Bedenklichsten gehört.

Die Ehrfurcht vor dem Monarchen wird mehr und mehr in dem Innern der Gemüter ausgetilgt, weil nur noch Äußerungen des bittersten Tadels und der lautesten Missbilligung vernommen werden. Dabei ist das Nationalgefühl auf das Tiefste verletzt, weil Bayern sich von einer Fremden, deren Ruf in der öffentlichen Meinung gebrandmarkt ist, regiert glaubt, und so manchen Tatsachen gegenüber nichts diesen Glauben zu entwurzeln vermag ...

Die treugehorsamst Unterzeichneten haben die Folgen des Schrittes, zu welchem die treueste und innigste Anhänglichkeit an Euer Königliche Majestät und die Erkenntnis der unberechenbaren Wichtigkeit des Augenblickes allein vermocht hat, nach allen Richtungen wohl erwogen; sie wissen und sie sind davon durchdrungen, dass, wenn Euer Königliche Majestät ihr heißes Flehen nicht zu erhören geruhen, ihre Wirksamkeit auf der Stelle, zu welcher sie die Gnade und das Vertrauen ihres geliebten Königs und Herrn berufen hat, beendet und dann nur noch eine Pflicht auf dieser Stelle zu erfüllen ihnen übrig ist, die Pflicht, Euer Königliche Majestät um die Enthebung von der Führung der Ihnen anvertrauten Ministerien, wenn auch mit tiefem Schmerzgefühle, ehrfurchtsvoll zu bitten ...«

König Ludwig fragte seinen Freund von der Tann, ob die vier Herren noch bei Trost seien, und er fand dabei Unterstützung bei nahezu allen ausländischen Gesandten, die ein derartiges Memorandum dumm und undiplomatisch, zum Teil sogar unverschämt fanden. Doch der König wollte seiner Regierung noch eine Chance geben, er zitierte Abel zu sich, bot an, das Schreiben zu vergessen, falls sie es binnen vierundzwanzig Stunden zurückzögen. Da erschien am folgenden Tag das Dokument in voller Länge in der *Augsburger Zeitung*.

Abel und seine Regierung bekamen die Entlassung, die sie »mit tiefem Schmerzgefühle« erwartet hatten, und der König ergriff die Gelegenheit, eine neue, liberale Regierung zu installieren, die den ultramontanen Filz und ihre erzkonservativen Beschlüsse zu Fall bringen sollte. An der Spitze stand der Regierungspräsident von Landshut, Josef Freiherr von Zenetti. Zenetti übernahm an Abels Stelle das Innenministerium. Georg von Maurer, der als Einziger des alten Staatsrates für die Einbürgerung und damit für den König gestimmt hatte, wurde Außenminister. Allein seine Ernennung kam einer Sensation gleich: Maurer war der erste Protestant in einer bayerischen Regierung. Mit Friedrich Freiherr zu Rhein an der Spitze leistete Bayern sich sogar ein eigenes Kultusministerium.

Bei Maurer und zu Rhein lagen die Hoffnungen aller Liberalen, die von einem »Ministerium der Morgenröte« sprachen, was eine Art Neuordnung und Aufbruchstimmung ausdrücken sollte. Und in der Tat wurden Oppositionspolitiker aus der Haft entlassen, die Zensur aufgehoben und in der Walhalla, dem Ruhmestempel deutschen Geistes, durfte sogar Martin Luthers Büste aufgestellt werden, obwohl der bekanntlich nicht katholisch war, als er starb.

Es scheint, als habe die spanische Tänzerin den bayerischen König aus seiner Alterslethargie geweckt, als habe Ludwig durch sie so viel Energie getankt, um ein neues Zeitalter einzuläuten. Und für kurze Zeit genoss die Montez sogar die Sympathien des Volkes, wenigstens eines Teils, der eine wie sie bewunderte.

Die Studenten der Münchner Universität mit ihren reaktionären Professoren hatten für die »gschlamperte Hur« nie etwas übriggehabt, und sie waren auch die Ersten, die vor Lolas Wohnung in der Theresienstraße demonstrierten, sogar Steine warfen und später auch vor der Residenz, nahe den königlichen Gemächern.

Aber weder der König noch die Tänzerin ließen sich von den Demonstranten einschüchtern. Lola trat den Steinewerfern am offenen Fenster ihrer Wohnung entgegen, und Ludwig ging zu Fuß den Weg von der Residenz zu Lolas Wohnung, gesäumt von aufgebrachten Menschen, die Lolas Ausweisung forderten: »Das fremde Mensch« soll weg!

König Ludwig beauftragte seinen zuständigen Minister, die Professoren der Universität, die er als Rädelsführer der Demonstration zu erkennen glaubte, vom Dienst zu suspendieren und durch jüngere, liberalere zu ersetzen. Doch dieser Schritt erwies sich als falsch, denn damit wuchs in der Universität ein permanenter, ernst zu nehmender Unruheherd. Auch wenn er es nach außen nicht zugab, der Bayernkönig ahnte, dass der Fall Lola Montez seinen Gegnern nur als willkommener Vorwand diente und dass sich mit den Demonstrationen gegen das »Teufelsweib« ein politischer Umsturz ankündigte.

Flechten, eine heimtückische und für jedermann sichtbare Hautkrankheit in Ludwigs Gesicht, machten seine innere Erregung deutlich. Sie hielten sich von März 1847 an über mehrere Wochen und verunstalteten den ohnehin nicht mit viel Selbstbewusstsein ausgestatteten Monarchen so sehr, dass er sich in seine Residenz zurückzog und für niemanden zu sprechen war. Der König litt nicht zum ersten Mal unter dieser Hautkrankheit, doch hatte sie bisher nur Hals und Brust heimgesucht und nicht das Gesicht. Jetzt zog sich sogar Königin Therese von ihrem Mann zurück. Und weil er sich weigerte, unter die Leute zu gehen, unterblieben auch seine Besuche bei der Montez. Für diese wurde die Flechtenkrankheit des Geliebten zur Bewährungsprobe. Im Gegensatz zur Ehefrau des Königs besuchte sie täglich den Patienten – eine Geste, sogar mehr als das.

König Ludwig wusste die Zuneigung der Tänzerin in dieser Situation zu schätzen. Er stellte Lola Montez einen gesellschaftlichen Bewacher, den pensionierten Oberst Spraul, und kaufte ihr ein eigenes Stadtpalais, das Haus Barer Straße 7. Der Oberst ging Lola auf die Nerven, und sie schickte ihn nach Hause, das Stadtpalais nahm sie an. General von Heideck wurde vom König im Vertrauen auf dessen Diskretion beauftragt, Aus- und Umbau sowie die Einrichtung nach dem Wunsch der »Senjora« vorzunehmen und zu bezahlen. Das Haus kostete 20 000 Gulden, 33 000 Gulden verschlang jedoch der Umbau nach den Wünschen der Tänzerin, obwohl es nach Heidecks Ansicht auch ohne diesen Aufwand »auf das Geschmackvollste und Schönste« hätte eingerichtet werden können.

Nach dem Umbau bestand das Haus aus acht Zimmern für die Herrin, fünf Zimmern für das Personal, zwei Leinwand- und Silberkammern und einer aufs Beste ausgestatteten Küche. Das Schlafzimmer mit einem »Herrschaftsbett auf Rollen«, Spiegelschrank und Eckdivan wurde aus schwarzem Ebenholz gefertigt, ebenso wie das Mobiliar des Salons mit drei Tischen, zwei Chaiselongues und acht schweren Fauteuils. Daneben gab es ein Speise-, ein Rauch-, ein Spanisches, ein Toiletten- und Ankleidezimmer.

An Personal standen der Alleinstehenden Diener, Mädchen, Köchin, Servieren, Kutscher und Gärtner zur Verfügung, in der Garage wartete eine zweisitzige Equipage. Für Innenausstattung und Hausrat bemühte Lola Montez

Münchner Handwerker, vor allem den Silberschmied Bartholomä Mayerhofer. Nymphenburger Porzellan erschien der Tänzerin nicht gut genug, sie orderte ein Porzellanservice für zwölf Personen in Paris, Preis 1251 Gulden – das 52-fache Monatsgehalt ihres Kutschers.

Insgesamt zeichnete General von Heideck Rechnungen für 23 622 Gulden ab, manche unter Protest und vorbehaltlich der Genehmigung durch den König. Der freilich ermahnte seinen Finanzaufseher zur Sparsamkeit gegenüber der Tänzerin, er selbst jedoch wollte Lola keinen Wunsch abschlagen, und war er noch so teuer. Lola wünschte, und Ludwig erfüllte.

Natürlich schossen wilde Gerüchte ins Kraut über den Luxus, mit dem der König das Haus seiner Geliebten ausgestattet habe, und vieles war bösartig erfunden. Am meisten erregte die Gemüter eine Kleinigkeit: Lola hatte all ihr Geschirr, das Silber und Porzellan mit ihrem Monogramm und einer Grafenkrone verzieren lassen. Das kam einem Sakrileg gleich, und für den Adel wie den Büttel schien damit klar, welches Ziel die spanische Tänzerin verfolgte: Lola Montez wollte in den Gräfinnenstand erhoben werden, die größte aller erdenkbaren Provokationen.

Das Unglaubliche geschah: Per Dekret wies der König am 4. August 1847 Staatsrat Maurer an: »Der Senjora Lola Montez ist der gräfliche Stand zu verleihen. Ich wünsche dabei keinerlei Einwände zu hören, denn ich habe ein königliches Versprechen erfüllt.«

In einer für den sonst so zurückhaltenden Staatsrat Maurer deutlichen Art und Weise mahnte dieser den Monarchen, sich die Angelegenheit noch einmal zu überlegen. Das Gerücht, dass die Montez den Adelsstand anstrebe, habe schon lange die Runde gemacht, aber es sei nur eines von vielen. Ein anderes besage, die Montez wolle den gesamten Ministerrat bei sich empfangen und auf diese Weise Einfluss auf die bayerische Regierung nehmen. Nun, da sich das eine Gerücht bereits erfüllt habe, sei zu befürchten, dass auch das andere Wirklichkeit werde.

Am 25. August 1847, Ludwigs einundsechzigstem Geburtstag, erhielt Lola Montez die Adelsurkunde. Maria Dolores de Porris y Montez wurde zu Gräfin von Landsfeld. In der Begründung hieß es: »Wegen der vielen, den Armen Bayerns erzeigten Wohltaten«. Es hieß, der König habe eigenhändig Lolas Adelswappen gezeichnet, in den vier Feldern eines Schildes ein Schwert, ein Löwe, ein Delphin und eine Rose.

Mit dem Einwand gegen Lolas Adelserhebung hatte sich Staatsrat Georg Ludwig von Maurer ins Abseits manövriert. Als er es schließlich ablehnte, der Gräfin Landsfeld bei der Einweihung ihres Hauses in der Barer Straße die Ehre zu geben, war für den König das Maß voll. Nach den Landtagswahlen im Herbst 1847 wurde sein Kabinett von der Regierung Ludwig Fürst von Oettingen-Wallerstein abgelöst. Hatte der beim Volk noch gewisse Sympathien, so war der neue Innenminister Franz von Berks ein Emporkömmling, Konformist und Günstling der Montez, überall verhasst. Und das neue Kabinett hatte sofort einen Spitznamen: das Lolaministerium.

Was sich da vor den Augen der Öffentlichkeit abspielte, war natürlich ein gefundenes Fressen für die kritische Presse jener Zeit, die in keiner Weise bereit war, Hofberichterstattung zu betreiben. Nahezu alle Zeitungen des In- und Auslandes (auch in Frankreich und England interessierte man sich für die Zweitfrau des Bayernkönigs) berichteten äußerst kritisch, zum Teil sogar hämisch über die Vorgänge in Bayern. Die einzige Ausnahme, *Frazer's Magazine*, scheint daher suspekt, wenn es 1847 in viktorianischer Hofberichterstattung meldet: »Lola Montez führt ein einfaches Leben. Sie trinkt wenig, isst wenig, die Speisen werden auf englische Art zubereitet. Morgens steht sie früh auf und arbeitet viel.

Vor und nach dem Frühstück erledigt sie mit einem Sekretär ihre halboffiziellen Geschäfte: Ungezählte Briefe sind zu beantworten, Bittsteller zu befriedigen, schwebende Angelegenheiten in Ordnung zu bringen. Etwas muss man besonders zu ihrer Ehre hervorheben: Trotzdem sie so viel Macht in ihren Händen hat, wird sie nie einen Unwürdigen fördern oder – wie es andere Favoritinnen getan haben – aus einer Förderung materiellen Nutzen ziehen.«

Alle, die Lola Montez kannten, empfanden diesen Bericht als Satire. Oder war der Verfasser, der englische Journalist George Henry Francis, bestochen? Der Tänzerin, die den Umgang mit dem Medium Presse souverän beherrschte, wäre es zuzutrauen gewesen. Wenn eine Zeitung wie die Londoner *Times* mit einer Veröffentlichung Lolas Unwillen erregte, konterte sie mit einer geschickt abgefassten Erwiderung. In der *Times* vom 18. März 1847: »... Bayern war lange Zeit das Bollwerk der Jesuiten und München ihr Hauptquartier. Seit meiner zartesten Jugend dazu erzogen, diese Partei zu hassen, war ich darüber sehr entrüstet. Sie haben mich bestechen wollen und boten mir 50 000 Franc jährlich, wenn ich Bayern verlassen und versprechen wollte, nicht mehr zurückzukehren. Das hat mir die Augen geöffnet. Ich schlug ihr Anerbieten mit Empörung ab. Seither setzen sie Himmel und Erde in Bewegung, um sich meiner zu entledigen, und hörten nicht auf, mich zu verfolgen ...«

Bayerische Zeitungen ließen dagegen keine Gelegenheit aus, das königliche Verhältnis mit der spanischen Tänzerin mit Spott zu kommentieren. Da starben Politiker »aus Schmerz über die nationale Schande«, oder weil sie es nicht mehr ertragen konnten, »den Befehlen einer Hure zu gehorchen«. Die Massen johlten ob solcher Berichterstattung. Das war der Preis der von König Ludwig eingeführten Pressefreiheit. Die kritisch-satirische Zeitschrift *Leuchtkugeln* erschien und darin zum ersten Mal die abfällige Bezeichnung »Lolaministerium«. Der Maler und Zeichner Moritz von Schwind zeichnete eine eindeutig zweideutige Bildergeschichte von einer Katze, die eine Maus fängt, aber mit ihr nur spielt, bis die Maus eine Peitsche schwingt und die Katze in ihre Gewalt bringt.

Vor allem aber begann die Zeit der anonymen Flugblätter. Sie waren giftig, bisweilen geschmacklos, und man fand sie »zufällig« in Wirtshäusern, in Korridoren der Behörden oder auf den Straßen verstreut. Eines davon trug die Überschrift »Lola-Montez-Vaterunser« und war in kleinen, kaum lesbaren, engen Zeilen gedruckt. Diktion und Inhalt lassen vermuten, dass die Urheber in reaktionären Studentenkreisen zu suchen sind.

Lola-Montez-Vaterunser

Lola Montez, leider Gott noch die Unsere, die du bald lebst in, bald um München, bald in China, bald in Sendling, die du das Volk nennst eine Canaille, und die du selbst eine Canaille bist, du Verpesterin der Ruhe und Ordnung, der Sitte und Zucht, des Vertrauens und der Liebe, du Teufel ohne Hörner und Schweif, aber mit sonst allen Teufelskünsten und Attributen, du Babylonische, die nirgends fast mehr leben kann, weil sie dich schon überall hinausgehauen, verwünscht sei dein Name, zerrissen dein Adelsbrief, verdammt bist du von den Guten und den Schlechten, von Groß und Klein, von Nieder und Hoch! Zukomme dein Häusel der Sp. oder V., wenn sie sich nicht schämen hineinzugehen, zukomm' dein Geld nicht den Großen, die haben Geld genug, nicht den Gendarmen, sondern den rechten Armen, die ihre Zähne ausbeißen, nicht an Brot, sondern an gerechtem Ingrimm über deine Prasserei und Unverschämtheit; dein Wille geschehe, du sollst herein, komm nur herein, dass sie dich kriegen, sie schlagen dich gar mit Tremmeln tot, denn du verdienst kein ehrliches

Ende und keine Ruh auf Erden, vom Himmel ist bei dir keine Rede! Friss und schwelg und lass dich nur bald sehen, dann hast du uns gegeben unser täglich Brot, als ist Auflauf und Spektakel um einer davongelaufenen Metze wegen. Vergib uns unsere Schuld, wenn wir dich nicht genug noch durchgewalkt haben und verachten, und hass uns nur wieder, auf dass wir dich recht hassen lernen; kein Versprechen, kein Geld und Gut, kein gestickter Kragen und Orden verführt uns, deine Partei zu nehmen, mach dir also keine Müh, komm und lass dich massakrieren oder bleib draußen und lass dich woanders totschlagen, aber bleib uns vom Leib, dazu hoffet man's zu bringen durch Gewalt der Pflastersteine und den festen Willen der Stände, auf dass wir erlöst sind von dir und der Pest und allen dranhängenden Übeln. Amen.

Der Bayernkönig und die von ihm ernannte Gräfin verhielten sich in dieser explosiven Lage äußerst ungeschickt. Promenierte die Gräfin von Landsfeld durch die Straßen der Stadt, so verschafften ihr zwei Lakaien in Uniform Platz, ein Brauch, der nur der Königin zukam. Fuhr sie in ihrer sündhaft teuren Equipage, so blieben keinem, der ihr begegnete, die königlichen Wappen an beiden Türen des Gefährts verborgen. In dieser Kutsche pflegte »Lola Montez I., die neue Herrscherin von Bayern« – wie sie in einer Schmähschrift genannt wurde – jeden Tag am bayerischen Innenministerium vorzufahren und führte mit dem »Hurenminister« von Berks die Regierungsgeschäfte.

Kein Wunder, wenn die Volksseele kochte. Und kein Wunder, wenn sich die Wut der Untertanen immer mehr gegen den König richtete, der dem Treiben der Lola verständnisvoll zusah. Kaum ein Tag verging, an dem nicht irgendein Skandal die Runde machte. Im Hoftheater, wo die Gräfin Landsfeld eine eigene Loge hatte – neben der des Königs, versteht sich –, fiel die Hauptdarstellerin in der Komödie *Das bemooste Haupt oder: der lange Israel* aus der Rolle, indem sie auf Lolas Loge zeigte und rief: »Jagt sie fort, die Präsidentin, ihr wisst, was ihr zu tun habt!« Lola fehlte an diesem Abend, aber das Ereignis wurde weitererzählt und machte anderen Mut für neue Provokationen.

Was das Verhältnis Ludwigs zu Lola betrifft, so schweißten die massiven Proteste die beiden nur noch fester zusammen. »Ich bin fest überzeugt«, schrieb Graf Bernstorff, der preußische Gesandte, an seinen König, »dass es keiner menschlichen Macht gelingen wird, das Verhältnis zu lösen, solange nicht einer der beiden Teile dessen selbst überdrüssig wird.« Doch das Ende war näher, als alle Beteiligten glaubten.

Ausgerechnet in der Studentenschaft, die von Anfang an gegen die spanische Tänzerin eingestellt war, bildete sich eine Art Schutztruppe für die angefeindete Gräfin, das Korps Alemannia, »hübsche junge Leute«, wie die Gräfin betonte. Und weil sie von Lola auf jede erdenkliche Weise gefördert wurden (einem Kommers wohnte zwar kein einziger Professor, wohl aber Minister Berks bei) und weil sie die erklärten Gegner der Ultramontanen war, wurden sie bald, und nicht ohne Stolz, die Lolamontanen genannt. Ultramontane kontra Lolamontane – eine offen ausgetragene Gegnerschaft.

Galionsfigur der Ultramontanen war Joseph Görres, Ex-Herausgeber des *Rheinischen Merkur*, von Napoleon die »Fünfte Großmacht« genannt. Görres, von Hause aus Naturwissenschaftler, kam 1827 als Geschichtsprofessor nach München und wurde hier zum Vorkämpfer der Ultramontanen und zum Begründer des Preußenhasses der christkatholischen Bayern. Sein Tod am 29. Januar 1848 bzw. seine Beerdigung wenige Tage später brachte das Fass zum Überlaufen.

Es heißt, »der schwarze Teufel« habe versucht, den Trauerzug zu sprengen. Lola ihrerseits und die Lolamontanen sahen die Sache anders. Sie behaupteten, die »Schwarzen« hätten die Beerdigung von Joseph Görres zur politischen Demonstration umfunktioniert, worauf sie, die Lolamontanen, zu einer Gegendemonstration angetreten seien. Es kam zu Zusammenstößen vor und in der Universität. München stand am Vorabend einer Revolution.

Im Verlauf einer Rauferei am Odeonsplatz zückte der Graf von Hirschberg, ein Mitglied der Lolamontanen, seinen Dolch und verletzte einen studentischen Gegner. Die Menge war darüber so aufgebracht, dass sie zum Angriff auf die Alemannen überging, und diesen blieb nur die Flucht in ihr Stammlokal, das Kaffeehaus Rottmann. Wie eine Furie, eine Pistole im Anschlag, tauchte Lola Montez auf dem Odeonsplatz auf. Die anschließende Prügelei mit ihren Gegnern forderte diesen Respekt ab. Angeblich entging die Gräfin am 9. Februar 1848 der Lynchjustiz nur durch einen Sprung in die Theatinerkirche, wo sie zuerst von Gendarmen abgeschirmt und später von der Hofgarde in Empfang genommen wurde. Militär besetzte die Barer Straße, und vor dem Haus der Gräfin zogen Gendarmen auf.

Schon Tage zuvor hatte eine Zeitung die Meldung verbreitet, Lola Montez habe in einer Abendgesellschaft erklärt, sie wolle die Universität schließen lassen, und es sei wohl am besten, diese überhaupt in eine andere Stadt zu verlegen. (Die Meldung wird von Lola Montez in ihren *Memoiren* zitiert.) Mag sein, dass es sich dabei um eine gezielte Falschmeldung handelte, Tatsache ist, noch am selben Abend gab König Ludwig die Order, die Universität, die er einst unter hohem Aufwand von Landshut nach München geholt hatte, bis zum Beginn des Wintersemesters im Oktober zu schließen. Alle Studenten, so sie nicht in München beheimatet, hatten die Stadt binnen vierundzwanzig Stunden zu verlassen. Vergeblich hatte der Minister Fürst Oettingen-Wallerstein versucht, den Beschluss des Königs rückgängig zu machen, und seinen Rücktritt angedroht.

Für Münchens Einwohner bedeutete die Ausweisung der Studenten eine wirtschaftliche Einbuße, und allein deshalb fanden sich die bekanntermaßen unpolitischen Untertanen des Bayernkönigs bereit, für die Studenten und gegen die Tänzerin auf die Barrikaden zu steigen. Eine Abordnung von zweitausend Mann versuchte am folgenden Tag den König zu sprechen. Der lehnte ab: »Kommt man mit zweitausend Mann im Rücken zum König, um ihn um etwas zu bitten?« Ludwig blieb bei seinem Entschluss, bezichtigte seine Untertanen gar der Undankbarkeit und wetterte los: »Ich kann meine Residenz auch verlegen. Nichts hindert mich daran!«

Das war den Münchnern nun doch zu viel. Mit dieser störrischen Provokation vonseiten des Königs war das Band zwischen ihm und seinen Untertanen zerrissen. Zum ersten Mal wurden Rufe nach dem Kronprinzen laut, vor allem aber: Diese Lola Montez musste aus der Stadt! Oder wie die Studenten riefen: *Pereat* – Sie möge verschwinden.

Allmählich wurde der Gräfin Landsfeld in ihrem Haus in der Barer Straße klar, dass sie eine Gefangene war. Es kam bereits zu Versuchen, das Haus zu stürmen. Nachts gegen zwei Uhr sandte Ludwig einen Offizier mit einer kurzen Botschaft: »Ich gebe nicht nach, bleibe ruhig. Es wird noch alles gut werden.«

Ludwig irrte. Er irrte bei allem, was sein Verhältnis mit Lola Montez betraf. Der Monarch hatte die Macht des Volkes unter- und seine Macht als König überschätzt. »Münchner«, lamentierte er, als ihm die Situation bereits aus den Händen geglitten war, »wollt Ihr das Herz Eures Vaters brechen?«

Spät in der Nacht eilte Minister Berks zum König, um ihm die brisante Lage zu verdeutlichen. Es gebe, betonte er, nur eine einzige Lösung, um das Volk zu beruhigen: Lola Montez müsse sich aus München entfernen. Studenten und Münchner Landwehr machten sich bereit, bewaffnet gegen die spanische Tänzerin vorzugehen. Die Studenten lehnten es im Übrigen ab, die Stadt zu verlassen.

Der folgende Tag, der 11. Februar 1848, brachte die Entscheidung. In der Stadt ging die Angst um, denn das Gerücht war verbreitet worden, der König werde Militär gegen das Volk einsetzen. Die Gräfin Landsfeld hatte zu dieser Zeit bereits den Entschluss gefasst, München zu verlassen. Sie handelte weit realistischer und beherzter als ihr königlicher Geliebter. Und sie bewies zum wiederholten Male Mut: Lola trat auf den Balkon ihres Hauses und rief der tausendköpfigen, lärmenden Menge zu: »Wollt ihr mein Leben, da, nehmt es!«

Dieses unerwartete Ereignis brachte die Demonstranten für kurze Zeit zum Schweigen. Es herrschte Verblüffung, ja Ratlosigkeit. Lolas Konzept ging auf. Sie nutzte den Augenblick, sprang in ihre Equipage, der Kutscher schlug auf die Pferde ein und preschte zur Ludwigstraße, weiter zum Englischen Garten und von dort zur Residenz. Ob die verfemte Gräfin in der Residenz beim König Schutz suchen oder Ludwig überreden wollte, mit ihr zu fliehen, ist unklar. In ihren *Memoiren* behauptete die Montez später, sie habe von Anfang an geglaubt, der König würde mit ihr die Flucht ergreifen.

Wachen hatten jedoch die königliche Residenz hermetisch abgeriegelt, die aufgebrachte Menge hatte inzwischen die Verfolgung aufgenommen. Deshalb lenkte der Kutscher die Equipage durch die Herrenstraße zum Isartor, weiter zum Sendlinger Tor die Landstraße stadtauswärts.

»Die Montez hat München verlassen!« Wie ein Lauffeuer ging die Kunde durch die Stadt. Fürst Oettingen-Wallerstein, der angesichts der Straßentumulte seinen Rücktritt revidiert hatte, trat gegen elf Uhr auf den Balkon des alten Rathauses und verkündete: »Nichts trennt mehr den König von seinem Volk!«

Während die Montez nach Schloss Blutenburg außerhalb der Stadt flüchtete, stürmte die aufgebrachte Menge ihr Haus in der Barer Straße. Da erschien der König, gekleidet wie ein einfacher Bürger. Sie erkannten den Monarchen nicht sofort, und Ludwig wurde von einem Holzbalken getroffen, den die Vandalen vom Dachsims rissen. Gewiss wäre das Haus in Flammen aufgegangen, hätte nicht Ludwig den Plünderern Einhalt geboten: »Dies ist mein Haus. Wollt Ihr mein Eigentum plündern?«

Das wilde Geschrei verwandelte sich in zaghafte Hochrufe: »Es lebe der König!« Aber der Bayernkönig winkte ab und schickte die Leute nach Hause. Der Anblick des verwüsteten Hauses, in dem er mit seiner Zweitfrau Stunden des Glücks verbracht hatte, wirkte auf den König wie ein Symbol seiner zerstörten Gefühle, seines zerstörten Lebens. Und wenn er es bisher noch nicht getan hatte, so begann er jetzt nachzudenken, ob der eingeschlagene Weg mit der spanischen Tänzerin nicht doch ein Irrweg gewesen sei.

Für die meisten Münchner kam die überstürzte Abreise der Tänzerin so unerwartet, dass sie gar nicht so recht daran glauben wollten. Magistrat und Polizei der Stadt München sahen sich daher zu einer Bekanntmachung veranlasst, die an allen Kreuzungspunkten der Straßen angeschlagen wurde:

»Bekanntmachung.

Dem unterfertigten Magistrate wurde das nachfolgende Schreiben der kgl. Polizei-Direktion mitgeteilt.
Die Königl. bayr. Polizei-Direktion München theilt dem hiesigen Magistrate offiziell mit, dass die Gräfin Landsfeld, nachdem sie gestern die Haupt- und Residenzstadt München verlassen, heute vormittags um elf Uhr von Pasing aus in Begleitung zweier Polizeibediensteter auf der Eisenbahn nach Lindau abgereist ist, worüber soeben

die dienstliche Meldung von Seite des Escadron-Kommmandos des K. Cuirrassierregimentes in Nymphenburg bei dem Unterzeichneten eingetroffen ist, so wie, dass die Gräfin mit einem Reisepasse in die Schweiz versehen ist.

München, den 12. Februar 1848 mittags. Mark.

Auf allen Anschlägen im Stadtgebiet waren die Wörter »Gräfin Landsfeld« handschriftlich gestrichen und in »Lola Montez« korrigiert.

Nach eigenem Bekunden befand sich Lola Montez zu dieser Zeit noch immer in Schloss Blutenburg. Und noch immer wollte sie sich nicht geschlagen geben. Im Gewand eines Landmädchens kehrte sie des Nachts in die Stadt zurück. Sie wollte mit dem König sprechen, musst aber feststel en, dass sich keine Möglichkeit dazu bot. Deshalb suchte sie einen englischen Landsmann namens Barton auf und bat ihn, mit dem König Kontakt aufzunehmen und ihm die Information zu überbringen, wo er sie finden könne. Aber Barton fürchtete, der Coup könnte misslingen, – und ging zur Polizei.

Wenige Stunden später holten Gendarmen Lola unter strengster Geheimhaltung ab und brachten sie ins Präsidium. Der Polizeidirektor benachrichtigte König Ludwig von dem Vorfall, und der Monarch kam in den frühen Morgenstunden ins Präsidium. Es war die Nacht vom 8. auf den 9. März.

Leider schweigt die Montez, die ihr Leben auf beinahe zweitausend Seiten ausbreitete, in ihren *Memoiren* über diese schicksalhafte Begegnung in einer abseits gelegenen Polizeidienststube. Dies verwundert umso mehr, als Lola oft nebensächliche Begegnungen zu einer Breite auswalzt, die den Leser langweilt. Ihre Zurückhaltung hat zwei Ursachen: Der Ausgang der Affäre am bayerischen Königshof ist nicht geeignet, ihren Ruhm als Mätresse zu mehren. Andererseits versuchte Lola Montez ihr Scheitern in München so hinzustellen, als sei sie ein Opfer der politischen Umstände geworden.

Für Lola Montez muss die nächtliche Begegnung im Münchner Polizeipräsidium die größte Niederlage ihres Lebens gewesen sein. Es gelang ihr nicht mehr, den depressiven König für sich einzunehmen. Ludwig schickte die Ex-Geliebte, für die er noch vor kurzem bereit war, alles zu geben, fort.

Möglicherweise kam es bei der letzten Zusammenkunft sogar zum Streit zwischen Lola und dem König, und vielleicht bediente Ludwig sich dabei der gleichen Vorwürfe wie seine revoltierenden Untertanen, sie habe den Teufel im Leib. Jedenfalls gab König Ludwig Order, die Montez ins schwäbische Weinsberg zu dem Dichter, Arzt und Magnetiseur Justinus Kerner zu bringen. Zur Kur – wie es hieß, wo sie Eselsmilch trinken musste.

Aus einem Brief des Justinus Kerner an Emma Niendorf: »Lola Montez kam vorgestern hier an, und ich bewahre sie in meiner Wohnung bis auf weitere Befehle aus München. Drei Alemannen halten dort Wache; es ist mir ärgerlich, dass sie der König zuerst mir sandte, aber es wurde ihm gesagt, die Lola sei besessen, und er solle sie mir nach Weinsberg senden, den Teufel aus ihr zu treiben. Interessant ist es immer. Ich werde, ehe ich sie magisch und magnetisch behandle, eine starke Hungerkur mit ihr vornehmen. Sie bekommt täglich nur dreizehn Tropfen Himbeerwasser und das Viertel einer weißen Oblate. Sage es aber niemand, verbrenne diesen Brief!«

Justinus Kerner war ein durchaus seriöser Mann, der sich mit alternativen Heilmethoden, aber auch Märchen und Erzählungen aus der Heimat beschäftigte. Er wirkte als Amtsarzt in Württemberg, war mit Ludwig Uhland und Joseph Görres befreundet und war Mittelpunkt der Schwäbischen Dichterschule. Zu seinem Münchner Freundeskreis gehörte auch der König, der ihm eine Pension aussetzte, als ihn ein Augenleiden zur Aufgabe seines Berufes zwang.

Damit stellt sich natürlich die Frage, ob Ludwig wirklich zur Überzeugung gelangte, Lola Montez sei besessen. Dies würde die unerwartet rasche Trennung der beiden erklären und ebenso Lolas unpersönliche Abhandlung in ihren Memoiren. Aber es gibt keine schlüssige Antwort auf diese Frage. Im Hause Kerner hielt es die Tänzerin nicht lange. Ausgestattet mit einem falschen Pass auf den Namen Mrs Bolton gelangte sie unbehelligt in die Schweiz.

In München hatte sich inzwischen herumgesprochen, die Montez war heimlich in die Stadt zurückgekehrt. Diesem Weib war eben alles zuzutrauen. Doch dass Ludwig sich noch einmal mit ihr getroffen hatte, das wollten die Untertanen ihrem König nicht verzeihen. Die Gemüter, die sich gerade beruhigt hatten, erregten sich aufs Neue. Demonstranten stürmten das Polizeipräsidium, sie forderten die Staatsmacht auf zu handeln.

Unter dem Druck der Regierung musste König Ludwig ein Dekret unterzeichnen, in dem die Montez steckbrieflich gesucht und jeder Behörde zur Verhaftung anempfohlen wurde. Dem nicht genug, Ludwig musste seine Unterschrift auch noch unter ein Dekret setzen, das nur aus einem einzigen Satz bestand, das aber die größte Erniedrigung darstellte, die ihm in dieser Situation widerfahren konnte. Es lautete: »Wir von Gottes Gnaden König von Bayern … fühlen uns zu der Erklärung bewogen, dass die Gräfin von Landsfeld das bayerische Indigenat zu besitzen aufgehört hat.«

Nach diesem Schritt musste König Ludwig sich fragen, ob er noch Herr war im eigenen Land, ob das für ihn nicht Anlass zum Rücktritt sein musste, eine Forderung, die schon seit Jahresbeginn diskutiert wurde.

Ein Blick über die Grenzen Bayerns hinaus macht deutlich, dass überall in Europa revolutionäre Bewegungen losbrachen, beinahe zeitgleich der Märzaufstand in Wien und die Märzrevolution. So gesehen muss man die Affäre Lola Montez nicht als Ursache für den folgenden Schritt des Königs betrachten, wohl aber als Anlass. Der König wollte kein »Unterschreibkönig« (Originalton Ludwig) sein: »Ekel bekam ich, ferner die Krone zu tragen.«

19. März 1848: Der lange erwartete Rücktritt König Ludwigs. Mit dem ihm eigenen Hang zum Theatralischen wandte er sich an seine Untertanen:

»Bayern! Eine neue Richtung hat begonnen, eine andere als die in der Verfassungsurkunde enthaltene, in welcher ich nun dreiundzwanzig Jahre geherrscht. Ich lege die Krone nieder zugunsten meines geliebten Sohnes, des Kronprinzen Maximilian. Treu der Verfassung diente ich, dem Wohl des Volkes war mein Leben geweiht, als wenn ich eines Freistaats Beamter gewesen, so gewissenhaft ging ich mit dem Staatsgute, mit den Staatsgeldern um. Ich kann jedem offen in die Augen sehen. Und meinen tiefsten Dank allen, die mir anhingen. Auch vom Throne herabgestiegen, schlägt glühend mein Herz für Bayern, für Deutschland.«

Lola Montez erfuhr vom Rücktritt des Königs und der Nachfolge durch seinen Sohn Maximilian in Genf. »Ihr Bayern«, wetterte sie, »habt das Herz eures Königs verkannt. Ihr wisst nicht, oder wollt es nicht wissen, welche erhabene Idee für das Wohl des Volkes in diesem Herzen lebte.« Sie hatte noch immer nicht aufgegeben. Jetzt, nach dem Rücktritt, hoffte Lola, Ludwig würde ihr in die Schweiz folgen.

Doch der Ex-Monarch haderte mit sich und seinem Schicksal und gab Lola die alleinige Schuld an seiner Misere. Die Montez, glaubte er, habe ihn den Thron gekostet. Das aber ist nicht richtig: Das Volk hätte seinem König auch diesen Seitensprung verziehen, schließlich war es an vieles gewöhnt, aber Ludwig hatte seiner spanischen Geliebten Zugeständnisse gemacht, die die Untertanen brüskierten. Sie hatten in der Tat das Gefühl, von einer Tänzerin beherrscht zu werden. Andererseits regierte König Ludwig in einem Elfenbeinturm, offen für alles Schöne, verschlossen für soziale und ganz alltägliche Belange, und sicher hätte er auch abdanken müssen, wenn Lola Montez seinen Weg nicht gekreuzt hätte.

»Es war ein schöner Traum an der Seite eines Königs.« So einfach kommentierte Lola Montez nach ihrer Ankunft in Genf die vergangenen zwei Jahre, gewiss die aufregendsten ihres Lebens. Der zurückgetretene König hingegen artikulierte seine Empfindungen in einem Gedicht:

Hätt' ich doch nie und nimmer Dich gesehen!
Für die gegeben ich mein letztes Blut.
Durchdrangest mich mit namenlosen Wehen,
Du meines Lebens glühendste Liebesglut!

Mit Untreu hast Du meine Treu vergolten,
Du wollt'st mein Geld, Du wolltest meine Macht,
Die Du bewirket, dass mir alle grollten,
Verwandeltest das Dasein mir in Nacht.

Es war bereits mein Innerstes gebrochen,
Gekränkt, verletzt, mich ekelte die Welt,
Als sich Empörung ruchlos ausgesprochen,
Als Treubruch zu dem Undank sich gesellt.

Der Jahre langer Traum ist nun verschwunden,
In einer Öde bin ich jetzt erwacht,
Vorüber ist, was ich gefühlt, empfunden,
Doch um die Krone bleibe ich gebracht.

Diese Zeilen bedürfen keiner Kommentierung. Immerhin ist bemerkenswert, dass der Ex-Monarch ganz unpoetisch zu der Erkenntnis gelangte, Lolas Interesse habe eigentlich nur seinem Geld und seiner Macht gegolten. Ludwig begann diese Frau zu hassen. Die Rente, die er ihr testamentarisch ausgesetzt hatte, wurde gestrichen. Ihr Name durfte in seinem Beisein von niemandem erwähnt werden. War es unumgänglich, so sprach der alte König von jenem »bewussten Gegenstand«. Und jener »bewusste Gegenstand« bereitete Ludwig noch großen Kummer.

In Genf wollte es Lola Montez nicht recht gelingen, Fuß zu fassen. »Die Schweiz«, meinte sie, »ist in der Tat ein merkwürdiges Land; man kann daselbst alles finden, nur nicht das, was man sucht.« Im Klartext: Es gelang Lola nicht, einen Liebhaber zu finden, der für ihren nach wie vor kostspieligen Lebensaufwand aufkam. Fürs Grobe und für sechs Monate hatte sie einen gewissen August Papon als Sekretär engagiert, nur eine von zahlreichen zwielichtigen Gestalten, mit denen sich die Tänzerin seit ihrer Flucht aus Deutschland umgab. Dann warf sie ihn hinaus. Doch Papon nahm Briefe mit, Briefe von König Ludwig, und Informationen für die Skandalpresse.

Am 14. November 1848 schrieb August Papon dem Ex-Monarchen einen schäbigen Brief, in dem er zunächst von sich und seinem Schicksal berichtet. »Gräfin Landsfeld« habe ihn unverschämt behandelt, nur weil es sein Anliegen gewesen sei, sie vom Einfluss zweifelhafter Männer zu befreien. Unter ihnen habe sich sogar ein siebzehnjähriger Graf befunden samt Drei-Millionen-Vermögen, den zu ehelichen sie vorhatte, bis der junge Mann die Flucht ergriff. Ferner habe die Gräfin ihn beauftragt, beim Ex-König die versprochene Rente einzuklagen. Zeitungen und Verleger hätten sich bereits erkundigt, für welchen Preis er bereit sei, über die »sechs Monate bei Lola Montez« zu schreiben.

Papon wörtlich: »Und ich, Sire, weil ich des Vertrauens würdig bin, womit Eure Majestät mich beehrt haben, weil ich ein Mann von Stand und Ehre bin, ich verachte die Beleidigung vonseiten eines leichtsinnigen, gedankenlosen Weibes. Ich wende mich an Eure Majestät. Und ich sage Ihnen: Sire, von Ihnen allein fordere und verlange ich Genugtuung, zu der ich berechtigt bin. Erstens Genugtuung für meine Ehre. Eure Majestät wird mir den Titel eines Kammerherrn, was ja ein reiner Ehrentitel ist, zu übertragen geruhen, damit jedermann wisse, dass ich von Eurer Majestät die Gutheißung und Belohnung eines rechtschaffenen und hingebungsvollen Benehmens verdient und erlangt habe. Zweitens Genugtuung an Geld. Ich bin arm, Sire, ich habe in einer Zeit von sechs Monaten und auf meiner Reise viel verbraucht; ich habe eine sehr schöne Stellung abgelehnt, ich habe meine Zeit, meine Gesundheit, meine Feder in ihren Dienst gestellt. Eure Majestät mögen beurteilen, ob 6000 Franken eine übertriebene Summe sind ... Ich werde Eure Majestät die Briefe, welche Sie an mich geschrieben, wie auch die Briefe der Gräfin, überhaupt alles, was ich habe, zurückstellen und mich nur des Königs erinnern, welcher mich mit seinem Vertrauen beehrte, dessen ich mich mit Stolz in jeder Beziehung würdig erkläre ... A. Papon.«

Das Schreiben wurde an Ludwigs Advokaten Rossmann nach München gesandt und von diesem an den König weitergeleitet. Ludwig betrachtete diesen Brief als handfeste Erpressung, doch er gelangte zu der Überzeugung, Papon handele im Auftrag der Montez, und der gehe es in der Hauptsache um eine fürstliche Apanage auf Lebenszeit. Ludwig beging eine große Unvorsichtigkeit, als er am 18. November auf den unverschämten Brief des August Papon antwortete. Und der Chronist gerät ins Staunen. Wäre dieser Brief authentisch und keine Fälschung, so zeigte er den abgedankten König in einem ganz anderen Licht, und Lolas Behauptung, Ludwig sei ihr auch nach der Trennung immer noch tief verbunden gewesen, gewinnt an Bedeutung.

Hier die Antwort an August Papon:

»*Herr Marquis, in dieser Stunde habe ich Ihren Brief vom 14. empfangen, und ich beeile mich, ihn zu beantworten. Ich wünschte zu wissen, was meine geliebte Gräfin vorziehen würde; ob es ihr lieber ist, wenn ich ihr die lebenslängliche Rente, welche sie dermalen bezieht, durch eine Schenkung auf die Fonds in der hiesigen Bank anweise, die eine Privatbank ist (was wegen des Budgets erst nach dem Schluss der Sitzung der Kammern geschehen könnte, die im nächsten Monat eröffnet werden sollen); oder wenn ich ihr lebenslänglich die Rente von einer Million Franken, anzulegen in der englischen Bank, anweise, denn so viel höchstens beträgt meine in derselben habende Summe, denn die in der Umortsationskasse angelegten Kapitalien darf man nicht herauszuziehen wagen; der Staat hat sich das Recht vorbehalten, sie zu zahlen, wann er will. Dem Schuldner, nicht aber dem Gläubiger, steht das Recht zu, die Bezahlung zu verlangen. Eine Schenkung von Renten bis an ihren Tod, die Kapitalien der hiesigen Bank lassend, würde die Summe abwerfen, die sie jetzt bezieht, weil Interessen und die Dividende (ich bin einer der Aktionäre von Anfang an) fünf Prozent ergeben würden; während sie, in der englischen Bank angelegt, bloß drei Prozent abwürfen, wodurch die Renten meiner geliebten Gräfin bedeutend geringer würden, als sie dermalen sind. Ich wiederhole Ihnen: Es ist von der höchsten Wichtigkeit, dass man mit der größten Umsicht zu Werke geht, bis die Budget-Sitzung vorüber ist. Man darf den Löwen nicht wecken, das ist ein sehr wahres Sprichwort. Man hat mir bereits lebhafte Vorwürfe gemacht, dass ich zu viel an sie verschenke. Es ist von großer Wichtigkeit, alles zu vermeiden, was in diesem Augenblick die Aufmerksamkeit auf sie lenken könnte. Die Revolutionäre bemächtigen sich je-*

des Vorwands. Ich will ihr Bestes, dessen darf meine vielgeliebte Gräfin überzeugt sein. Ich wiederhole es, die ganze Welt ist nicht imstande, mich von ihr loszureißen.

Von neuem das Vergnügen darüber aussprechend, Ihre interessante Bekanntschaft gemacht zu haben, Ihr wohlaffektionierter Ludwig.
München, 18. November 1848.«

Dieser Brief des Ex-Monarchen gibt Rätsel auf. Gegen eine plumpe Fälschung sprechen die in dem Brief enthaltenen Details, die keinem Außenstehenden, nicht einmal Lola, bekannt sein konnten. Die Zuneigung jedoch, die der abgedankte König der Montez angeblich zuteil werden lässt, steht im Gegensatz zu allen anderen verfügbaren Dokumenten. Wie dem auch sei, Papon rechnete wohl selbst nicht damit, dass Ludwig auf die Forderungen der Montez eingehen würde, er hoffte nur auf ein Schweigegeld für sich, Papon. Denn er hatte längst einen Vertrag mit dem Genfer Verleger und Drucker Desoche über das Leben der Lola Montez in fünf Bänden abgeschlossen.

Unbekannt sind die Hintermänner eines Genfer Buchhändlers namens Joël Cherbuliez, der anbot, Papons Manuskript und Dokumente *vor* Erscheinen anzukaufen. Der Erfolg des in Aussicht genommenen Buches sei keineswegs vorhersehbar, aber über eine Auszahlung des erhofften Gewinns könne man durchaus einen Vertrag abschließen. An Papon wandte sich dieser Cherbuliez: »Handelt es sich um eine Rache, so ist es klar, dass Vorschläge von dritten Personen Sie von Ihrem Entschlusse nicht abbringen werden; ist es aber bloß eine Spekulation auf die Neugierde, welche die von Ihnen beabsichtigten Memoiren ohne Zweifel hervorrufen werden, so ließen sich vielleicht Grundlagen bezeichnen, auf denen man unterhandeln könnte, um den Skandal zu vermeiden, ohne Ihren Interessen im Geringsten zu schaden.«

Papon verstand es geschickt, all diese Briefe in sein Buch einzuarbeiten, und am 9. Januar 1849 lieferte er das Manuskript des ersten Bändchens (die deutsche Ausgabe misst gerade 8 mal 12 Zentimeter) bei Desoche ab, der es noch im Frühjahr herausbrachte. Ludwig hat nie den Versuch unternommen zu dementieren, obwohl er in dem fragwürdigen Machwerk, was seine Briefe betrifft, nicht gerade gut wegkommt.

»Aber was in aller Welt«, fragt Lola Montez in ihren *Memoiren*, »hätte den Monarchen veranlassen sollen, den Herrn an der Herausgabe seiner Enthüllungen zu hindern?« Ja die abservierte Gräfin gab der Affäre um ihren ehemaligen Sekretär breiten Raum und druckte die Briefe sogar ab, »ob diese Briefe echt, ob sie falsch sind – ganz gleich«. Stellung bezog Lola jedoch nicht. Ihr war es lieber, man redete schlecht über sie als überhaupt nicht. »Ich kann versichern«, sagte sie, »dass sich niemand um den Herrn Papon, welcher meine Memoiren zu schreiben vorgab, gekümmert hat, wenigstens ist von meiner Seite nichts geschehen, ihn daran zu hindern, von mir zu schreiben, was er wollte.«

Dabei ließ der Ex-Sekretär kein gutes Haar an seiner ehemaligen Arbeitgeberin. Zwar erwähnte er lobend ihre Sprachkenntnisse: »Sie spricht und schreibt Spanisch, noch besser Englisch; in das Französische mischt sie englische und spanische Ausdrücke und Redensarten; sie weiß ein paar Worte der Hindu- und sogar der Sanskritsprache; sie ist imstande, eine gute lateinische Phrase zu drechseln; sie versteht ein klein wenig Deutsch.«

Aber über ihre Halbbildung machte Papon sich lustig, und seine Schilderung dürfte durchaus den Tatsachen entsprechen: »Mit unerschrockener Zuversichtlichkeit wirft sie Wouwermann und Titian, Murillo und Albrecht Dürer, Miguard und Cimabue untereinander: sie verwechselt Byron und Cervantes, Puschkin und Béranger, Schiller und Sadi; sie spricht von Heinrich IV. als von dem Sohne Heichrichs III., sie hält die Jungfrau von Orléans für eine Römerin und tadelt Ludwig XVIII. wegen der Zurücknahme des Edikts von Nantes; endlich ist sie eine ausgesprochene Feindin der Metternich'schen Schule und erklärt die Ereignisse vom Juli 1830 aus der Beschränkung der Theaterunterstützungen, die Revolution in München aus den Bedenklichkeiten des Königs Ludwig, welcher Abstand genommen, die Königin zu verstoßen und sie zu heiraten, die Flucht des Papstes nach Gaeta aus der unfreundlichen Art, wie die barmherzige Schwester Marie von Genf ihr begegnet sei. Es liegt auf der Hand, dass sie die Geographie aus dem Postbuche, die Literatur aus Almanachen, die Malerei aus dem Journal zum Lachen, die Geschichte bei den Theater-Costümiers und die Politik bei Seiner Majestät dem König Ludwig von Bayern studiert hat.«

Die vielleicht interessanteste Beobachtung zum Wesen der Montez machte Papon, als er sich über ihre Schlaflosigkeit ausließ. Sie habe, behauptet er, gezittert, mit sich selbst allein sein zu müssen. Ruhe und Einsamkeit hätten ihr Angst eingeflößt.

Lolas einziger Kommentar dazu: »Was mich betrifft, ich will ihn gern dafür bezahlen, wenn er weiterschreibt.«

Ihr unruhiges Blut trieb Lola Montez weiter nach Paris. Sie behauptete, mit Ludwig auch weiterhin in Briefkontakt gestanden zu haben. In Rom hätten sie sich zu einem Treffen verabredet, doch sei »dieser Entschluss beiderseits aufgegeben« worden. Lola Montez will sogar bei Ludwig angefragt haben, ob er ihr gestatte, einen jungen französischen Offizier zu heiraten. Doch bis die Antwort (»Majestät gab mir Freiheit«) eintraf, hatte sich die Liaison zerschlagen, denn, so sagte die Montez, »dieser Offizier wollte Frankreich und mich mit dem Degen beherrschen« – was immer man sich darunter vorzustellen hat.

Für diesen von Lola erwähnten Briefwechsel gibt es keine Beweise. Es ist auch eher unwahrscheinlich, dass Ludwig Briefe, die er vielleicht von Lola erhielt, überhaupt beantwortete. Der Montez gegenüber hatte er ein Gefühl der Verbitterung, vor allem hatte dem König im Ruhestand das Bekanntwerden seiner angeblichen Millionenofferte als Rente für die ausgewiesene Gräfin schwer geschadet. Denn Ludwig befand sich selbst in finanziellen Schwierigkeiten. Zwar bedeuteten die 500 000 Gulden Jahresapanage eine hervorragende Abfindung für einen abgedankten König (nach dem Gesetz stand Ludwig nicht ein Gulden zu), aber im Vergleich zu seinen früheren Einkünften waren das gerade 20 Prozent, und Ludwig brachte noch immer Riesensummen auf, um Mammutprojekte zu vollenden, die unter seiner Regierung begonnen worden waren.

Dazu gehörten die Bayerische Ruhmeshalle, die Befreiungshalle bei Kehlheim und die Bavaria über der Theresienwiese, die den Namen seiner Frau trug. Hinzu kam, dass König Maximilian den Vater aus der Residenz hinausgeworfen hatte, Ludwig also angewiesen war, auf seine alten Tage im Wittelsbacher Palais einen neuen Hausstand zu gründen. Der Bayerische Landtag verlangte obendrein die Rückzahlung von 1,5 Millionen Gulden, die Ludwig seinem Sohn Otto aus der Staatskasse abgezweigt hatte, als dieser nach Griechenland zog, um dort König zu werden. »Das Wasser«, schrieb Ludwig an Otto, »geht mir bis an den Kragen.« Wie hätte er in dieser Situation eine weitere Million für Lola Montez aufbringen sollen?

Wollte Lola ihren Lebensstandard halten, so musste sie nach einem reichen Mann Ausschau halten. In Paris bot sich nichts Passendes, also reiste die Tänzerin nach Rotterdam und von dort mit dem Schiff nach England. Aus dem 177. Kapitel ihrer *Memoiren*: »Es drängten sich in England sehr viele Männer zu mir, und hätte ich meine Hand vergeben wollen, ich hätte so viele Hände, wie Argus Augen gehabt, haben müssen.«

Wieder einmal war Lola Montez – oder die Gräfin Landsfeld, wie sie sich in England nannte – pleite. Da gab es nicht viel zu überlegen, als ihr ein zwanzigjähriger Gardeoffizier aus reicher Familie, der sie in der Loge eines Theaters gesehen und ihren Namen ausgeforscht hatte, einen schriftlichen Heiratsantrag machte, ohne ihr je begegnet zu sein. Um das Ergebnis vorwegzunehmen: Lola willigte ein. Deshalb ist der Wortlaut dieses Antrages von besonderem Interesse:

»Frau Gräfin! Gestern hatte ich das Glück, unter den vielen schönen Damen, welche im Theater waren, eine zu sehen, welche mir mehr als alle anderen gefiel. Sie waren es. Ich suchte mich nach Ihnen zu erkundigen und erhielt sehr befriedigende Auskunft, d. h., jedermann lobte – und jedermann tadelte Sie! Konnte ich ein besseres Zeugnis Ihrer Liebenswürdigkeiten erhalten? Ich erfuhr, dass Sie zwar viele Anbeter, aber keinen Mann hätten, – es ist also noch Platz für dich, dachte ich, und dieser Gedanke beglückte mich und störte die Ruhe meiner Nacht. Ich konnte also am Morgen nichts Besseres tun, als Ihnen diese Zeilen zu senden. Ich biete Ihnen in allem Ernste meine Hand an, es ist die Hand eines Ehrenmannes, und füge zum Überfluss noch hinzu, dass ich ein hinreichendes Vermögen besitze, alle Launen einer geistreichen und selbst eitlen Frau zu befriedigen, im Falle Sie das Letztere, was ich jedoch keineswegs voraussetze, sein sollten. Ich bitte schließlich, diese Zeilen vierundzwanzig Stunden zu überlegen und sich um die Antwort nicht zu bemühen. Ich nehme mir die Freiheit, sie morgen persönlich in Empfang zu nehmen. George Heald, Coronet der Leibgarde Ihrer Majestät.«

Bis auf seine Verwandtschaft, meinte Lola später, habe der Coronet wenig schlechte Eigenschaften gehabt. George war jung (sogar zwölf Jahre jünger), er war gescheit, unterneh-

mungslustig und vermögend: »Da überlegt man nicht lange.«
Dass Lola diesen Leibgardisten nicht geliebt hat, ist klar. Sie kannte ihn ja gar nicht. Noch dazu sah er nicht besonders gut aus, eher einfältig und mit einer Stupsnase versehen, die ihn jünger machte, als er ohnehin war. Trotz allem – sie heirateten im Frühjahr 1849.

Als erbittertster Gegner dieser Verbindung erwies sich eine Tante des jungen George. Mit Hilfe tüchtiger Anwälte brachte sie in Erfahrung, dass Lola eine Bigamistin war. Kapitän Thomas James war noch immer ihr rechtmäßiger Ehemann. Er war keineswegs tot, wie sie gerüchteweise vernommen hatte, und damit hatte das Scheidungsdekret vom 15. Dezember 1842 Gültigkeit. Dieses Papier besagte, nach gültigem britischem Recht seien Thomas und Elisa Rosa Anna James von Tisch und Bett geschieden, aber keiner von beiden sei berechtigt, eine neue Ehe einzugehen, solange der andere lebe.

Elisa-Lola wurde verhaftet, gegen Kaution von 2000 Pfund aber freigelassen, und George Heald nutzte die Gelegenheit, mit seiner Angetrauten aus England zu fliehen. Zuerst nach Paris, im August 1849 nach Marseille, von dort nach Rom, meist unter falschen Namen. Das Glück, das George durch eine Jahresapanage von 2000 Pfund Sterling für Lola zu versüßen suchte, währte nur kurz. Nach ihrer Ankunft in Barcelona kam es zu Eifersuchtsszenen zwischen den Jungvermählten, in deren Verlauf Lola George mit einem Dolch verletzte. Grund genug für den Gardeoffizier, nach England zu fliehen und dort die Ehe für ungültig erklären zu lassen.

Mit dieser Geschichte, vor allem aber mit einer Suchanzeige in einer spanischen Zeitung, in der sie George Heald bat, er möge doch zurückkommen, hatte Lola sich wieder einmal unmöglich gemacht, und sie musste Barcelona verlassen. Ihr nächstes Ziel: Paris.

Dort verfasste sie, zurückgezogen von der Öffentlichkeit, ihre aufsehenerregenden *Memoiren*. Aufsehenerregend deshalb, weil sie ganze fünf Bände umfassten (die Montez war zum Zeitpunkt des Erscheinens gerade zweiunddreißig Jahre alt), aber auch weil sie – von durchaus unterschiedlicher schriftstellerischer Qualität – ein Abenteuerleben beschreiben, das für die meisten Leser um die Mitte des 19. Jahrhunderts überhaupt nicht nachvollziehbar war. In ihrem Werk verstieg sich die Autorin in die Gefilde des Almanachs mit historischen Abhandlungen und geographischen Beschreibungen, die von geringem Interesse sind. Andererseits übte sie große Zurückhaltung in der Berichterstattung, was das Verhältnis zu König Ludwig betraf, dem sie ihr Werk in einem umfangreichen, theatralischen Vorwort widmet:

»Sire! Wir übergeben hiermit unsere Memoiren der Öffentlichkeit. Es sind Ihre poetischen Gedanken, die Gedanken eines Mannes der Kunst, eines Philosophen, es sind Ihre zuweilen so strengen, aber immer so gewichtigen Urteile, es sind die erhabenen Ideen eines freisinnigen, großmütigen und erhabenen Königs, die ich Europa offenbaren will, welches heute in einen so stumpfen, ideenlosen, ohnmächtigen und gottlosen Materialismus versunken ist.

Sire, von Ihren erhabenen Ideen getragen, unter dem Einflusse der hervorragenden Männer, welche der Zufall, der immer wohlwollende Beschützer meiner jungen Jahre, mir als Ratgeber und Freunde zugeführt, habe ich dieses Werk unternommen ...«

Enttäuscht stellt der Leser fest, dass jener König, dem die fünf Bände Lebenserinnerungen gewidmet sind, zum ersten Mal im 140. (!) Kapitel vorkommt. Die Erklärung, warum Lola Montez mit großer Distanziertheit über ihre zwei Jahre an der Seite des Bayernkönigs berichtet, ist widersprüchlich wie vieles in diesem Buch. Denn zum einen sagt sie, diese

Epoche ihres Lebens erschiene ihr rückblickend »wie ein toller Fastnachtsspuk«, andererseits legt sie Wert auf die Feststellung, dass ihr Verhältnis mit Ludwig ein geschichtliches Ereignis und nur »guten Ideen und guten Absichten geweiht« gewesen sei. Wie stets ist die Montez in erster Linie bemüht, ihren eigenen Mythos zu fördern.

Selten, sagt sie, sei über das Verhältnis einer Frau zu einem König so viel geredet worden: »Man sehe die Zeitgeschichte aller Jahrhunderte, man sehe sich um auf allen Thronen der Erde und gebe sich darüber Antwort, ob es so Unerhörtes sei, dass ein König liebe und dass eine Frau von ihm geliebt werde, welche nicht wie er auf einem Thron geboren ist.«

Aus diesen Worten spricht der Stolz, mit dem sie auf das von ihr provozierte historische Ereignis (»der schönste Augenblick meines Lebens«) zurückblickt. Ihre Worte machen aber auch deutlich, dass Lola Montez sich mit dem bloßen Status einer Geliebten nicht zufriedengeben wollte, dass es stimmte, wenn sich Ludwigs Untertanen mokierten, sie würden von einer Tänzerin regiert. Lola ignorierte die Vorgänge nach ihrer Vertreibung aus München und unterzeichnete das Vorwort: »Paris, im Dezember 1850, Marie Gräfin von Landsfeld (Lola Montez)«.

Wer Lolas *Memoiren* zu Papier gebracht hat, ist unklar. Auf jeden Fall arbeitete sie mit einem Ghostwriter, wahrscheinlich sogar mit mehreren. Fest steht, die Montez begann schon 1849 in Genf mit der Arbeit an ihren Lebenserinnerungen. Damals beauftragte sie den Journalisten Oskar Hurt-Binet, der für das *Journal de Genève* schrieb, für sie tätig zu werden. Hurt-Binet erklärte sich zunächst einverstanden, aber bereits nach den ersten Interviews wurde der Schweizer skeptisch. Der Grund: Lola tischte ihm so viele Variationen ihrer Herkunft auf, ohne sich letztlich für eine einzige entscheiden zu können, dass Hurt-Binet sich außerstande sah, etwas Vernünftiges zu Papier zu bringen. Schließlich verschwand Lola, ohne den Autor zu honorieren.

In dieselbe Zeit fällt auch die Behauptung des August Papon, Lola habe *ihm* die Redaktion ihrer Memoiren angetragen. Immerhin nannte Papon dieselben Widersprüche, was die Herkunft der Tänzerin betrifft, wie Hurt-Binet. Da aber weder der eine noch der andere die Montez nach Paris begleitet hat, scheiden beide als Ghostwriter aus.

Vielmehr scheint es sich, wie in dem 1857 in Paris erschienenen Buch *Les Contemporains* von Eugène de Mirecourt angedeutet, zu verhalten. Danach zeichnete ein völlig unbekannter Lohnschreiber die Lebenserinnerungen Lolas auf. Es erleichterte die Arbeit, dass Lola Montez, die sich auf hervorragende Weise der Presse zu bedienen verstand, Zeitungsberichte über sich oder über die Ereignisse der Zeit archiviert hatte. Und da sie ständig ihre Wohnsitze wechselte – drei- bis viermal pro Jahr waren die Regel –, führte sie dieses Material ständig in Reisetruhen mit sich.

Die fragwürdige Autorenschaft ihrer Erinnerungen erhält Gewicht durch die wörtliche Übernahme von Papons Montez-Memoiren, die bereits zwei Jahre zuvor erschienen waren, und durch ein 1847, also vier Jahre zuvor, veröffentlichtes Buch des Deutschen Paul Erdmann mit dem Titel *Lola Montez und die Jesuiten, eine Darstellung der jüngsten Ereignisse in München*. Mit Hilfe dieser beiden Bücher beschreibt Lola ihr Verhältnis mit Ludwig und die Umstände, die zu seiner Beendigung führten, ohne Rücksicht auf deren Wahrheitsgehalt. Sie bediente sich dabei »der geistreichen Feder des Dr. Erdmann, der, wenn er auch keineswegs als mein Freund, so doch als ein erklärter Gegner derjenigen Partei erscheint, die an meinem Sturze arbeitete, und deren Sturz nicht ich veranlasste, wie das Land glaubte und die Presse verbreitete, sondern die ohne mein Hinzutun in die Grube stürzte, welche sie für mich gegraben hatte«. Ihren Ex-Sekretär Papon hingegen stellte Lola als Lügner hin oder als Romancier à la Alexandre Dumas – ein Kompliment, mit dem er leben konnte.

Dies alles legt die Vermutung nahe, dass Lola Montez bei der Herausgabe ihres Werkes unter großem Zeit- und Gelddruck stand. Das Honorar, das Lola von ihrem Pariser Verleger erhielt, dürfte beachtlich gewesen sein, immerhin erlaubte es ihr, wie wir noch sehen werden, einen neuen Lebensanfang. Die Auflage war hoch, und noch im selben Jahr erschien die Autobiographie auch in Berlin in deutscher Sprache. Wie sehr die Zeit drängte, zeigt ein Buch, das bereits 1847 in Leipzig publiziert worden war. Es trug den Titel *Lola Montez. Abenteuer der berühmten Tänzerin. Von ihr selbst erzählt.* Das Buch war eine Fälschung.

Eine Fälschung ist natürlich auch Lolas Autobiographie. Kaum zwanzig Prozent des Inhalts halten einer kritischen Prüfung stand, der Rest ist Erfindung, Märchen und Legende, stellenweise übrigens durchaus unterhaltsam. Aber Lola Montez selbst war eine Kunstfigur, abseits der Realität – warum sollten ihre *Memoiren* die Wahrheit erzählen? Die wenigen Passagen, in denen der Leser ihre eigene Feder zu erkennen glaubt, zeichnen sich durch zwei Dinge aus: Sie sind von erfrischender Schlichtheit (im Gegensatz zu den häufigen gestelzten Passagen), und sie weisen eine beachtliche Egomanie auf.

Es gab kaum einen Vorzug von Weiblichkeit, den Lola Montez sich nicht selbst nachsagte. Sie war berauscht von ihrer eigenen Schönheit und versäumte nicht, sich anzupreisen wie ein Callgirl der feinen Gesellschaft. Dass sie sich jemals für Geld hingegeben habe, erwähnt sie mit keinem Wort, dazu war sie – vor allem nach ihrem Verhältnis mit König Ludwig – zu vornehm. »Allerdings«, schreibt sie, »hätte ich vielen Herren einen Gefallen damit getan, wenn ich eine Taxe meiner Liebe festgesetzt hätte, denn so sehr die reichen Leute den Kommunismus scheuen, so sehr gern sehen sie es, wenn eine schöne Frau zur Kommune würde. Keine Ausgabe, keine Steuer wird ihnen dann zu viel. Sie freuen sich umso mehr, je höher sie abgeschätzt werden, und sie haben eine wahre Wut, ihre Auflagen so zeitig als irgend möglich zu entrichten. Allerdings strömten mir sowohl in Warschau wie in London und Paris die Anbeter zu, aber meine Leser kennen bereits meine Methode, mich derjenigen zu entledigen, die zudringlich und lästig würden.«

August Papon hatte bei Lola Montez eine geheime Mappe mit Briefen gefunden, die eindeutige Angebote enthielten. Und da die Absender mit Namen und Adresse genannt sind, dürfte es sich kaum um Fälschungen handeln. Die Tatsache, dass Lola Briefe solchen Inhalts aufhob und nicht sofort verbrannte, zeigt, dass sie doch wohl derartige Offerten in Erwägung zog. Die folgenden drei Briefe aus der geheimen Postmappe stammen aus der Zeit ihres Berlin-Aufenthaltes im September 1845:

»Ihrer Hochwohlgeborenen der Marquisin Lola Porris y Montez.
Berlin, den 13. Sept. 1845.

Hochedle Dame!
Sie werden sich noch von gestern Abend zu erinnern wissen, dass sich Ihnen, als Sie im Theater waren, nach dem zweiten Akt ein Herr zu nähern gesucht hatte, der Ihnen beifällig, als Sie sich mit dem Direktor unterhielten, ein Bonbon mit der Devise ›Plus que de complaisance‹ anbot, in welchem zugleich ein Ring mit einem Diamantstein enthalten war. Darf ich Sie bitten, hochgeehrteste Dame, diesen Ring zur Erinnerung an mich zu tragen? O, dürfte ich mehr sagen, als ›zur Erinnerung‹, dann wäre ich der Glücklichste unter den Irdischen!
    Ihr ergebenster Graf v. Zastrow.«

»Dem Fräulein Lola von Montez aus Spanien, derzeit hier.

Berlin; den 14. Sept. 1845
Angebetetes Fräulein!
Die Nacht erlaubte mir keine Ruhe, bevor ich nicht noch mein Herz mit Ihnen sprechen lassen durfte! Sie waren gestern Abend im Königstheater, wo mir die unendliche Ehre wurde, Sie, holde Dame, zum ersten Mal zu sehen. Die Kunst meiner Feder ist zu schwach, Ihnen zu beschreiben, welche Gefühle bei Ihrem Anblick mein Innerstes beseligten. Nie habe ich Das gefühlt. Es ist – es kann nicht anders sein – das Gefühl des Höchsten, des Heiligsten, des Göttlichsten ... das Gefühl der Liebe!
Gewähren Sie mir, Fräulein, dass ich Ihr Bild immer mit jener seligen Empfindung, welche es beim ersten Anschauen hervorrief, in mir tragen darf; gewähren Sie mir, dass ich es nicht nur im Geiste, sondern auch in der Wirklichkeit anbeten darf. Und in der Hoffnung, dass ich Sie übermorgen in der Oper sehen kann, erlaube ich mir, Ihnen ein Abonnement der Loge Nro. 7 und 8 zuzustellen, mit dem Bemerken, dass ich schon zum Voraus Nro. 9 für mich belegt habe. Vor uns liegen noch zwei lange Nächte und zwei lange Tage, bis Sie mir das Glück schenken werden, Sie wieder sehen zu dürfen. Thetis, beflügle Deine Rosse und führe mich schnell zu jenem Abend, wo vielleicht ein Blick der Holdesten der Frauen mir sagen mag:
»Ich liebe dich!«

In dieser Hoffnung lebe und zeichne ich
Ihr, Sie hochverehrender
Baron v. Rulandstein,
Garde-Lieutenant.«

»Der Hochwohlgeborenen Marchese Lola de Montez.

Loco, den 15. Sept. 1845.
Gnädiges Fräulein!
Indem ich in Erfahrung gebracht habe, dass ihre Heimat Spanien ist, so erlaube ich mir, Ihnen auf diesem Wege meine Dienste in ihrem ganzen möglichsten Umfange anzubieten. Sollten Ihre Papiere für den Augenblick nicht fällig sein, so werde ich die Frist gerne aufheben und sie Ihnen auf meiner Bank auszahlen lassen. Meine Loge ist just der des Theaterdirektors gegenüber. Übermorgen ist große Oper, wo Sie ohne Zweifel mit Ihrer Schönheit den Abend zu verherrlichen helfen werden. Sie verzaubern, wer Sie sieht; Sie bezauberten mich – wer sollte es mir übel nehmen?

Wenn Sie ausfahren wollen, verfügen Sie über meinen Wagen, verfügen Sie über meine Kräfte und lassen Sie mir allein dafür die Hoffnung, dass ich mich nennen darf
Ihr, Sie stets verehrender
v. Brucken,
Banquier.«

Versteht man unter Emanzipation die Befreiung von Abhängigkeit und Bevormundung, so war Lola Montez eine emanzipierte Frau, mit allen Problemen, die das Wort auch heute beinhaltet. Sie wollte das Ungebundensein, allerdings um den fragwürdigen Preis, sich selbst verkaufen zu müssen. Für die spanische Tänzerin war dieser Preis nicht besonders hoch, denn sie war zweifellos eine Erotomanin, und man darf annehmen, dass sie alle Männer, die sie auf ihrem Weg nach oben gebrauchte, mit Freude gebraucht hat. Die Übrigen nahm sie nicht ernst – wie es einer emanzipierten Frau zukommt – oder nur so weit, als diese in der Lage waren, Lolas Selbstwertgefühl zu steigern.

Alle Übrigen reihte sie in die Kategorie der Narren ein. Reihenweise wurden Männer von ihr als Narren bezeichnet, bisweilen auch als Karikaturen. »Es gibt doch sonderbare Leute in der Welt, aber ein Glück ist es, dass diese Art Karikaturen seltener vorkommen. Ich rate jeder Frau, wenn sie einmal, gleich mir, das Schicksal haben sollte, sich einem solchen Narren gegenüber zu befinden, den Gedanken festzuhalten, dass auf unserer großen Bühne der Welt jeder nur die Rolle spielen kann, die ihm das Geschick zuerteilt hat.«

Bereits im Jahre 1851 hatte Lola Montez die Rolle, die das Geschick *ihr* zugeteilt hatte, ausgespielt. Zwei Jahre als Zweitfrau eines Königs waren zwar nicht genug, aber für die gerade erst Zweiunddreißigjährige bedeuteten sie mehr als zwanzig Jahre Ehe mit einem Minister. Und so hatte es den Anschein, als ahnte Lola, dass ihr Leben kurz sein würde und das Ende nahe.

Lola Montez gehörte zu den Frauen, für die es außerhalb jeder Vorstellungskraft liegt, jemals sechzig oder gar siebzig Jahre alt zu werden. Lola wollte als ewige Schönheit in Erinnerung bleiben. Deshalb lebte die Montez die letzten zehn Jahre ihres Lebens in einer Hektik, die sogar ihr bisheriges Leben in den Schatten stellte. Es war eine Flucht vor sich selbst.

Lolas erstes Ziel: Amerika, das Land, in dem niemand nach seiner Vergangenheit gefragt wird. Lola Montez brauchte Geld. Weil es in Amerika keine Könige gibt, musste sie Geld verdienen, sie musste wieder tanzen. Lola tanzte. Aber in New York, wo sie gestrandet war, begegnete sie der Konkurrenz aus aller Welt, und sie fiel durch. Lola brauchte den Skandal, um erfolgreich zu sein. Deshalb schrieb sie zusammen mit dem jungen Autor C. P. T. Ware eine Art Musical: *Lola Montez in Bavaria*, in dem sie als Schauspielerin, Sängerin und Tänzerin auftrat. Sie engagierte eine Tourneetruppe blutjunger Darsteller und tingelte durch den Osten und Süden Amerikas, Philadelphia, Boston, St. Louis.

Die Themenvorlage eines Königs, der sich ganz unstandesgemäß in eine Tänzerin verliebt, kam bei den Amerikanern an und hat seither in viele Stücke Einzug gehalten. *Lola Montez in Bavaria* wurde ein Riesenerfolg, so groß, dass, als die Tournee zwei Jahre später in San Francisco an der Westküste ankam, Lola von den Stadtvätern in einer Kutsche zu Ihrem Hotel gezogen wurde. Kanonen schossen Salut. Die Zeitungen, die sie wie immer auf vortreffliche Weise für ihre Zwecke einzusetzen verstand, hatten mit Vorberichten eine wahre Lola-Hysterie angezettelt.

Ein Mann, der sich dabei besonders hervortat, war der Reporter Patrick Purdy Hall vom *Daily Alta*. Hatte Lola schon von den Männern an sich keine hohe Meinung, so rangierten Zeitungsreporter bei ihr auf der untersten Ebene. War Patrick die große Ausnahme? Oder hatte Lola Patrick zum Objekt ihrer Rache auserseh en? Lola heiratete Patrick Purdy Hall, und natürlich wurde es eine Horrorehe.

Auf dem Höhepunkt ihres Erfolges löste Lola Montez ihr Tourneetheater auf, ging mit Ehemann Patrick nach Sacramento, damals noch ein kleines Goldgräbernest, und trat im dortigen Provinztheater als Solotänzerin auf. Aber nicht lange, dann hatten sich die raubeinigen Goldgräber an ihren Tänzen satt gesehen. Mr und Mrs Hall kauften einen Pferdewagen und folgten der Fährte des Goldes in die kalifornische Wüste.

Wo Gold ist, sind auch Frauen – teurere als anderswo, das richtige Pflaster für Lola Montez. In Marysville, wo 90 Prozent der 1600 Einwohner Männer waren, erstand Mrs Hall das schönste Haus des Ortes, etwas außerhalb auf einer Anhöhe, im Kolonialstil des 19. Jahrhunderts errichtet, wo sich die Honoratioren (so sie diesen Namen verdienen) einmal pro Woche zum Leidwesen ihres Mannes trafen und sich dem Suff und hemmungsloser Lebensfreude hingaben, was eines Tages von der einzigen Zeitung am Ort als »Orgie« bezeichnet wurde. Nicht ungestraft übrigens, denn Lola züchtigte den Verfasser des Artikels noch am selben Tag mit der Peitsche, und sie hatte dabei 90 Prozent der Einwohnerschaft auf ihrer Seite. Die stellten ihr kostenlos eine Leibwache und mehrten ihr Vermögen auf einträgliche Weise, denn die Eintrittskarten zu ihren Tanzabenden kosteten 100 Dollar. Das entsprach dem Monatslohn eines Arbeiters.

Für Patrick Hall, ihren Ehemann, war all dies schwer zu ertragen. Zuerst begann er zu trinken, bald darauf zu spielen, schließlich warf Lola den depressiven Säufer und Spieler aus dem Haus. Es heißt, er habe sich nach San Francisco durchgeschlagen und sei dort elend zugrunde gegangen.

Auch Lola Montez hielt es nicht lange in der einsamen Goldgräberstadt. Sie verkaufte ihren Besitz und kehrte, von ihren Verehrern mit einem Goldklumpen bedacht, zurück nach San Francisco, wo sie eine neue Tourneetruppe zusammenstellte.

Mit dieser Truppe reiste Lola Montez nach Australien. In Sydney erntete sie große Erfolge mit *Lola Montez in Bavaria*. Noch immer trat sie als Gräfin von Landsfeld auf, und noch immer agierte in dem Stück ein Schauspieler als König Ludwig. Als sie jedoch das Stück *Verrücktheiten einer Nacht* in ihr Repertoire aufnahm und den Tanz der Spinne vorführte, geriet die Tänzerin wegen des gewagten Stücks, vor allem aber wegen des äußerst gewagten Kostüms, ins Kreuzfeuer der Presse. Das eine wie das andere sei unmoralisch. »Wenn ich unmoralisch sein wollte«, rief die Montez vor ihrem nächsten Auftritt von der Bühne, »glaubt ihr, ich müsste mir dann so schwer mein Leben verdienen?«

Ein Jahr dauerte das australische Abenteuer, aber in diesem Jahr hatte Lola Montez viel Geld verdient. Es reichte für die Überfahrt zurück nach Europa und für den Erwerb einer Villa in St. Jean de Luz an der französischen Riviera. Doch nach einem Jahr war das Geld aufgebraucht, und wie es scheint, fand sich auch kein neuer Liebhaber, der bereit gewesen wäre, den beachtlichen Lebensstil der Tänzerin zu finanzieren.

Dieses Jahr an der Riviera, das sie allein in St. Jean de Luz zubrachte, muss Lola Montez tief verbittert und in ihrem Entschluss bestärkt haben, dieses Leben schnell zu Ende zu bringen. Sie ging auf die Vierzig zu, und die Enttäuschung über die eigene Erscheinung wuchs. Es stimmte sie nachdenklich, wenn sie nur noch Angebote für Varieté-Auftritte bekam, als skandalträchtiges Schauobjekt. Ihr königliches Abenteuer lag beinahe zehn Jahre zurück, und obwohl Ludwig nun in jeder Beziehung frei war (Ehefrau Therese war 1854 an der Cholera gestorben), versuchte Lola Montez nicht mehr mit dem abgedankten Bayernkönig in Kontakt zu treten.

Ludwig erging sich seit dem Tod seiner Frau, die ihm mehr bedeutet hatte, als er zu ihren Lebzeiten zugeben wollte, in Selbstmitleid (posthum widmete Ludwig seiner Therese siebzig Gedichte), aber auch in allerlei spiritistischen Merkwürdigkeiten, etwa als er zu der Überzeugung gelangte, Therese habe ihn zur Sterbestunde an ihrem ersten Todestag am linken Arm gekitzelt. »Wenn sie um mich, möge sie es mich fühlen lassen, dachte ich, und wieder empfand ich das Gefühl im linken Arm. Kam es wirklich von ihr, entstand es durch meinen Wunsch?«

Aber weder das seltsame Gefühl noch seine zweiundsiebzig Lebensjahre hinderten Ludwig an einem neuen Liebesabenteuer. Die Auserwählte hieß Carlotta Freiin von Breidbach-Bürresheim, war Hofdame seiner Tochter Mathilde, und – noch wichtiger – sie war achtzehn. Mathilde, Großherzogin von Hessen, lebte mit ihrer Hofdame in Darmstadt. Dort häuften sich Ludwigs Besuche. Er überredete Carlotta sogar, Modell zu sitzen für seine Schönheitengalerie. Höchst widerwillig folgte die Achtzehnjährige seinem Drängen, eingedenk der Lola Montez; und deren Platz nahm ihr Porträt von Friedrich Dürek schließlich auch ein. Dies war das letzte Entflammtsein des königlichen Greises – ein Wort, das Ludwig nicht ausstehen konnte. Seine letzten Gedichte galten Carlotta, aber sie waren vergebens. Carlotta in einem Brief an Ludwig: »Ich kann und kann nicht.«

Carlotta war die letzte Enttäuschung in Ludwigs Leben. Obwohl er noch zehn Jahre zu leben hatte, machte ihn ihre Abweisung von einem Tag auf den anderen zu dem, was er nie hatte sein wollen, zum Greis. Er wurde immer häufiger krank, und er litt an Krankheiten, die Johann Nepomuk Ringseis, sein langjähriger Leibarzt, als psychosomatisch beschrieb. Seine fortschreitende Taubheit ließ Ludwig vereinsamen. Doch dieser vereinsamte, unter häufigen Kopfschmerzen leidende, anfällige und unansehnliche alte Mann sollte sogar seinen Sohn und Thronfolger und seine ehemalige jugendliche Geliebte überleben.

Ludwig unterschied sich von Lola vor allem dadurch, dass er leben *wollte*. Er wollte leben und, wenn es sein musste, auch leiden. Lola wollte nie leiden, sie wollte nicht einmal einfach so dahinleben, jedenfalls nicht bis zu jenem Augenblick, der ihr Leben auf rätselhafte Weise veränderte. Noch aber war es nicht so weit. Noch lebte sie, nicht minder vereinsamt als Ludwig, an der Riviera. Auch ihre Hoffnung, mit ihren Memoiren reich zu werden, erfüllte sich nicht. In ihrem Haus in St. Jean de Luz zu versauern und zu warten, bis alles Geld aufgebraucht war, das war Lolas Sache nicht.

Noch einmal machte sie sich auf die weite Reise nach Amerika. Wieder hatte sie alles auf ihre Weise vorbereitet: Reporter empfingen sie im Hafen und wollten wissen, womit sie nun die Neue Welt zu beglücken gedächte. Aber mehr als *Lola Montez in Bavaria* hatte sie nicht zu bieten. Ihr erster und einziger Auftritt in New York wurde zum Debakel. *They never come back* – das galt auch für Lola Montez.

Hektisch suchte sie nach neuen Einnahmequellen, und dabei kam sie zu einem ungewöhnlichen Ergebnis. Ob das ihre Idee war oder die eines cleveren New Yorker Verlegers, ist unklar – wie so vieles in ihrem Leben gegen Ende der fünfziger Jahre. Mit beinahe missionarischem Eifer hielt Lola Montez Vorträge über ihre Reisen, über schöne Frauen, Schönheitsrezepte und gute Manieren. Säle zu mieten erforderte im Gegensatz zum Theater keinen hohen Aufwand. Dazu verkaufte Lola selbst verfasste Broschüren und Bücher. Hatte sie bisher nur Männer fasziniert, so fand sie nun vor allem bei Frauen Bewunderung. Die Art, wie sie aus eigener Erfahrung über verschiedene Dinge referierte, gefiel den Amerikanern. In kurzer Zeit brachte Lola Montez in New York drei Bücher zur Lebenshilfe heraus. Sie wäre nicht die Montez gewesen, hätte sie in diesen Büchern nicht wieder Tabus gebrochen und Dinge angesprochen, die bisher kein Mann zu drucken gewagt hatte.

In ihrem Buch »Die Kunst schön zu sein« (*The Arts of Beauty*) beschäftigte sie sich eingehend mit ihrem augenfälligsten Körperteil, ihrem Busen. Das heißt, Lola war bemüht, ihren staunenden Geschlechtsgenossinnen Patentrezepte zu vermitteln, wie man einen Busen bekommt, der einen König zur Abdankung bringt. »Die künstlichen Gummibusen«, verkündete sie ernsthaft, »sind nicht nur eine lächerliche Erfindung, sondern sie sind absolut verheerend für diesen Körperteil.« Stattdessen empfahl Lola Montez zur Vergrößerung des Busens eine Mixtur, drei Mal täglich einzureiben: ½ Unze Myrrhetinktur, 4 Unzen Bibernellwasser, 4 Unzen Holunderblütenwasser, 1 Gran Moschus, 6 Unzen geläuterter Weingeist.

Woher die Montez ihre Weisheiten bezog, ist unbekannt und scheint in diesem Zusammenhang auch nicht so wichtig. Viel wichtiger wäre die Antwort auf die Frage, warum sie im November 1858 noch einmal nach Limerick, in ihren

Geburtsort, zurückkehrte. Ein ganzes Jahr zog sie Vorträge haltend durch Irland und England, in London sprach sie in der St. James Hall. Und wieder wurde sie in den Zeitungen verspottet, sodass sie nach einem Jahr ihr Heimatland verließ, diesmal für immer. Das Ziel ihrer letzten Reise: New York.

Was die Einundvierzigjährige an New York reizte, ist klar: Es waren die Anonymität und Großzügigkeit dieser Stadt. Hier musste sie nicht befürchten, verhöhnt zu werden wegen ihrer Vergangenheit, die in keiner Weise den Ansprüchen des Viktorianischen Zeitalters entsprach. Hier versuchte Lola sich noch einmal als Vortragende in Sachen Lebenshilfe; aber die immer noch anmutige, schöne Frau wollte, obwohl sie zuletzt den Eintritt auf 25 Cent herabsetzte, niemand mehr hören. Lola gab auf.

Sie hatte gezielt auf dieses Ende hingelebt, ohne zu wissen, wie nahe es schon war. Im kalten Winter 1860 ereilte sie die Schwindsucht, eine halbseitige Lähmung raubte ihr das Sprachvermögen. Im darauf folgenden Januar starb sie im Alter von zweiundvierzig Jahren. Keine einzige Zeitung nahm Notiz davon. Einem glücklichen Umstand ist es zu verdanken, dass wir überhaupt von ihrem Ende wissen und dass Lola Montez nicht namenlos in einem der Massengräber verscharrt wurde, von denen es in New York so viele gibt. Ihr Leben begann namenlos, und so endete es auch.

Gegen Ende ihres Lebens war Lola in New York einer Freundin begegnet, mit der sie in England die Schulbank gedrückt hatte. Diese Freundin hatte einen wohlhabenden amerikanischen Geschäftsmann namens Buchanan geheiratet. Sie nahm die kranke, vereinsamte, verarmte Eliza – wie sie die Montez noch aus früheren Tagen nannte – bei sich auf. In diese Zeit fällt auch die Bekanntschaft mit Reverend Hawks, der Lola Montez zum rechten Glauben bekehrt haben will, sodass sie nur noch Gutes tat und ihr letztes Geld den Armen schenkte. Aber das behauptete der fromme Reverend erst fünfunddreißig Jahre nach Lolas Tod in einer Broschüre. Die Zeit macht – wie man weiß – selbst einen Heiden zum Märtyrer. Tatsache ist, dass Mrs Buchanan ihrer Schulfreundin auf dem Greenwood Friedhof in New York einen Grabstein setzte:

<blockquote>
Mrs Eliza Gilbert
died
January 17, 1861
</blockquote>

Es ist die letzte Spur der Maria Dolores Rosanna Eliza Gilbert, verheiratete Mrs James, geschiedene und selbsternannte Maria de los Dolores Porris y Montez, geadelte Marie Gräfin von Landsfeld, geschiedene Mrs Hall, verwitwete Mrs Heald.

Lola Montez scheint der Idealtyp der Geliebten gewesen zu sein – wenn man in dieser Hinsicht von Idealtyp sprechen kann. Sie war aufregend, hingebungsvoll, fordernd, und sie verschwand aus dem Leben ihres Geliebten, ohne seine Ehe zu zerstören. Zwei illegitime Jahre an der Seite eines Königs bedeuteten ihr mehr als eine lebenslängliche Ehe. Und im 157. Kapitel ihrer *Memoiren* legt Lola Montez das Bekenntnis ab: »Wir leben in einer traurigen Epoche; wenn ich *wir* sage, so meine ich die Frauen. Aller unserer Macht beraubt, üben wir nicht die geringste Kontrolle mehr über die Leidenschaften der Männer, die Liebe wird ein Rechenexempel, das Heiraten eine Spekulation, die Freundschaft ein leerer Name.«

VI

Konstanze von Cosel, die vergessene Geliebte

*1. Neben Konstanze darf August keine weiteren
Mätressen halten.
2. Nach dem Tod seiner rechtmäßigen Gemahlin
soll Konstanze Kurfürstin von Sachsen und
Königin von Polen werden.
3. Die jährliche Apanage soll mit 100 000 Talern
so hoch wie die der Königin sein.*

Aus dem Zweitehevertrag zwischen August dem Starken
und Konstanze Gräfin von Cosel

Es gab Zeiten, da gehörte es einfach zum guten Ton, dass ein absolutistischer Herrscher eine »anständige« Geliebte hatte. Mätresse nannte man das damals, und es gab Fälle, da forderte die Staatsräson nicht nur *eine* Liaison, sondern deren gleich zwei oder mehrere, und niemand fand etwas dabei – im Gegenteil. Als August der Starke, Kurfürst von Sachsen, 1697 zum König von Polen gewählt wurde, da wusste jedes Kind, dass Majestät verheiratet war und sich fürs Bett eine Geliebte hielt, ihrerseits zwar ebenfalls verheiratet, doch wen störte das? Die rechtmäßige Angetraute hieß Christiane Eberhardine von Ansbach-Bayreuth, die Zweitfrau war Anna Konstanze Gräfin von Cosel, geborene von Brockdorff, verheiratet mit dem sächsischen Kabinettsminister Adolf Magnus von Hoym.

Was die Polen an diesem merkwürdigen Verhältnis störte, war nicht etwa das Verhältnis an sich als vielmehr die Tatsache, dass August der Starke nur mit einer Sächsin schlief. Als polnischer König, so meinte man, müsse Majestät August auch eine polnische Geliebte haben. Entsprechende Flugblätter kursierten am Hof in Warschau, und sie blieben dem August von der Elbe nicht verborgen. Dem blieb nichts anderes übrig, als sich zu opfern. Ja, das ist gar nicht einmal ironisch gemeint: Maria Magdalena Gräfin Dönhoff, eine gefürchtete Kuppelmutter, legte ihm die Kongressschatzmeisterin Przebendowsky ins warme Bett. Diese war weder schön noch klug – zwei Eigenschaften, deren Konstanze sich ohne Einschränkung rühmen durfte. Die Schatzmeisterin hatte eigentlich nur zwei aus heutiger Sicht höchst ungewöhnliche Vorzüge: Sie war eine Polin und katholisch.

Dennoch machte August der Starke, um dem Wunsch seines Volkes zu entsprechen, seinem Namen alle Ehre und schlief mit der unattraktiven Dame, während die Hofschranzen vor den Türen des Gemachs auf- und abgingen, um dem Polenvolk noch am frühen Morgen den Vollzug zu vermelden. Und dies war der Anfang vom Ende eines klassischen Geliebten-Dramas, das sich so oder ähnlich an europäischen Fürstenhöfen vielfach wiederholt hat: die Geschichte der Geliebten, die zu höchster Macht aufsteigt und die tiefer fällt, als sie es sich je hätte träumen lassen.

Für eine Frau des 17. und 18. Jahrhunderts war Konstanze ungewöhnlich emanzipiert. Nicht nur, dass sie in dem holsteinischen Obristenhaushalt Klavizimbel, Tanzen und Französisch lernte wie in besseren Kreisen üblich; nein, das edle Fräulein gab sich auch mit Mathematik und noch obskureren Wissenschaften ab, sogar mit Sport, der damals freilich noch nicht so genannt wurde, sondern Reiten, Jagen, Fechten und Schießen, und das zu einer Zeit, in der auf dem Gut des Vaters noch Hexenprozesse stattfanden. Zur Vervollkommnung ihrer Bildung wurde Konstanze schließlich Hoffräulein bei der Herzogin von Holstein-Gottorf, bei der ihr Vater schon als Kammerjunker den letzten Schliff erhalten hatte.

Mit Sophie Amalie, der ältesten Tochter des Herzogs, die den Erbprinzen August Wilhelm von Braunschweig-Wolfenbüttel ehelichte (ein mühseliges Unterfangen, weil der Ehemann viel mehr Verlangen nach seinem angeheirateten Schwager Christian hatte, was uns in diesem Zusammenhang jedoch nicht weiter interessieren soll), mit der Prinzessin ging Konstanze, noch nicht einmal fünfzehn Jahre alt, schließlich nach Wolfenbüttel.

Dort wuchs sie zu einer stattlichen jungen Dame heran, von Männern umschwärmt wie eine Blüte von Schmetterlingen. Die Folge: Konstanze wurde schwanger. Die alte, inzwischen verwitwete Herzogin schickte das Kammerfräulein nach Hause, wo es auf Gut Depenau ein Kind zur Welt brachte, von dem man nie wieder gehört hat. Trotzdem hielt Adolf Magnus von Hoym, ein unansehnlicher fetter Geheimer Rat König Augusts, 1703 um ihre Hand an und nahm sie mit nach Dresden, wo sie erfahren musste, dass ihr Ehemann eine Hausangestellte als Geliebte favorisierte und es strikt ablehnte, von dieser zu lassen.

Einziger Trost: Durch die Stellung ihres Mannes fand Konstanze Zutritt zu höchsten Kreisen, sogar zu einem Ball bei Hofe, den die schöne Holsteinerin dazu nutzte, sich selbst König August dem Starken vorzustellen. Ob Konstanze das mit einem bestimmten Ziel vor Augen anging, oder ob es sich einfach so ergab, ist schwer zu ergründen, jedenfalls empfand es der Hof als Skandal und gegen jeden Anstand. Ganz anders August der Starke, dem die Frau seines Ministers von Anfang an gefiel, den freilich Politik und Kriegsgeschäfte nach Krakau riefen.

Um die ordinäre Geliebte des Gatten kam es zwischen Konstanze und Adolf Magnus von Hoym schließlich zum offenen Konflikt – sie waren noch kein Jahr verheiratet. Der Anlass: Die verhasste Nebenbuhlerin räucherte während Konstanzes Abwesenheit deren Bett, streute angeblich Gift und ließ dabei allerlei Zaubersprüche los. Für eine Frau von der Schlauheit Konstanzes eine willkommene Gelegenheit, den »Zauber« zum eigenen Vorteil umzumünzen. Mit ihrem Mann, der im Bett brutal über sie herfiel, empfand sie schon lange keine sexuelle Befriedigung mehr. Nun beteuerte sie, die Nebenbuhlerin habe sie verhext, und zu ihrem Bedauern könne sie fortan nicht mehr mit ihrem Mann schlafen, eine für diese Zeit unglaubliche Verweigerung. Konstanze zu Hoym: »Du widerst mich an!«

Zum Glück rief der König seinen Minister nach Warschau, von wo Hoym wilde Briefe nach Dresden schickte, sie, Konstanze, habe ihm zu Willen zu sein, wie es einer Ehefrau schicklich sei, im Übrigen finde er sie unerträglich. Dies, gab Konstanze zurück, empfinde auch sie gegenüber ihrem Gemahl, und sie forderte die Scheidung.

Wenig später begegnete Konstanze von Hoym August dem Starken ein zweites Mal, diesmal jedoch unter höchst merkwürdigen Umständen. Aus Unachtsamkeit hatte ein Dienstmädchen im Haus des Ministers einen Brand verursacht, der für die ganze Altstadt Dresdens verheerende Folgen hätte haben können, hätte nicht Konstanze die Leitung der Löscharbeiten übernommen. Vornehm gekleidet, wie es einer Dame von Stand gebührte, kommandierte sie die anrückenden Helfer, und sogar der König kam, angelockt von der schwarzen Rauchwolke, dem Schauspiel beizuwohnen. Nachdem der Brand gelöscht war, fuhr August der Starke mit der schönen Feuerwehrkommandantin in seiner Kutsche davon zu einem Ball, und es hieß, von da an hätten sich die beiden jeden Tag getroffen, ohne dass etwas passierte, wie man heute zu sagen pflegt.

Zu Anfang scheint Konstanze August den Starken wirklich nicht geliebt zu haben. Gewiss, sein Schutz und die Gesellschaft in seiner Umgebung bedeuteten ihr viel. Doch es gab einen ganz anderen, bedeutungsvolleren Grund für sie, die Gewogenheit des Königs zu suchen: Nach einer offiziellen Scheidung von ihrem Mann, für die noch dazu *sie* verantwortlich gewesen wäre, drohte ihr die Ausweisung aus Sachsen. Als Ausgestoßene hätte sie keine zweite Ehe eingehen können. Nur der König hatte die Macht, all das zu verhindern.

Aber eigenwillig und selbstbewusst, wie sie war, lehnte Konstanze erst einmal ab, als August der Starke zwei Höflinge schickte mit der offiziellen Anfrage, ob sie bereit sei, seine Mätresse zu werden. Das entsprach höfischem Zeremoniell und zeigte, dass es dem König durchaus ernst war mit seinen Absichten. Nun ging August im Hinblick auf Frauen allerdings nicht der beste Ruf voraus. Auch Konstanze wusste das, und sie lehnte dankend ab. Das mag durchaus dem Zustand ihrer Gefühle entsprochen haben, schien aber auch geeignet, den König in Zugzwang zu setzen, wenn es um die Annullierung ihrer Ehe ging.

Ihre Verweigerung gegenüber dem angetrauten Gemahl erwies sich, wie sich bald zeigen sollte, als das geeignete Mittel, Hoym aus der Reserve zu locken; denn als publik wurde, dass der Minister von seiner Frau abgewiesen wurde, konnte dieser die Schmach nicht auf sich sitzen lassen, er musste handeln. Am 22. Januar 1705 klagte er vor dem Dresdener Oberkonsistorium auf Scheidung.

Dieses Oberkonsistorium war als Amt für Kirchenfragen August dem Starken als Oberhaupt der sächsischen Kirche unterstellt, aus heutiger Sicht eine gewisse Pikanterie, weil seine Majestät aus Gründen des polnischen Königtums katholisch, Sachsens Kirche jedoch wie seine Frau Christiane Eberhardine lutherisch-evangelisch war. Erhalten ist der Inhalt der Gerichtsprotokolle in diesem Scheidungsverfahren, das, sieht man einmal von der altertümlichen Sprache ab, sich nur in

Details von einem modernen Scheidungsprozess unterscheidet. Deshalb hier eine freie Übertragung der Verhandlung vom 29. Januar 1705.

Der Vorsitzende Oberhofprediger (assistiert von zwei Geistlichen) eröffnete die Verhandlung:

»Zur Verhandlung steht die Scheidungsklage des Kabinettsministers seiner Majestät Adolf Magnus von Hoym gegen seine Ehefrau Anna Konstanze, geborene von Brockdorff, beide wohnhaft Kreuzgasse 7 zu Dresden, mit dem Ziel, die Ehe zu scheiden und der schuldigen Gattin eine neuerliche Eheschließung zu untersagen. Als Grund für die Scheidung führt der Kläger böswilliges Verlassen vonseiten der Beklagten und deren ausgesprochene Antipathie gegen den Kläger aus. Die Eheleute Hoym sind als Kläger und Beklagte erschienen.«

Zunächst wurde Konstanze von Hoym gehört.

Der Oberhofprediger: *»Frau Minister, Ihr rechtmäßig vor Gott und den Menschen angetrauter Ehegemahl klagt gegen Sie auf Scheidung und behauptet, Sie verweigerten sich ihm dergestalt, dass Sie ihren ehelichen Pflichten nicht nachkämen. Stimmt das?«*
Konstanze: *»Ja, das ist richtig.«*
Der Oberhofprediger: *»Sind Sie sich über die Konsequenz dieser Haltung bewusst?«*
Konstanze: *»Gewiss, Herr Vorsitzender. Ich bin bereit, die Schmach einer Scheidung auf mich zu nehmen; aber ein Zusammenleben mit diesem Mann kommt für mich nicht in Frage.«*
Der Oberhofprediger: *»Und welche Gründe bringen Sie dafür vor?«*

Konstanze: *»Ich hatte bei der Eheschließung keine Ahnung, dass der Minister sich eine Hausangestellte als Geliebte hielt, und auch auf meine Vorhaltungen hin war er nicht bereit, von diesem Mensch abzulassen, ja diese hat sogar die Unverschämtheit besessen, mich, die rechtmäßige Ehefrau des Ministers, zu verfluchen und mit allerlei Zaubermitteln gegen mich vorzugehen. Deshalb bitte ich Sie, Herr Vorsitzender, bringen Sie die Sache zu Ende.«*

Die Worte machten Eindruck auf das Kirchengericht.

Der Oberhofprediger: *»Wir erkennen«,* so der Oberhofprediger, *»dass es sich nicht um böswilliges Verlassen handelt, aber dennoch besteht keine Möglichkeit, diese Ehe zu scheiden. Ist denn absolut keine Versöhnung zwischen Ihnen und Ihrem Mann möglich?«*
Konstanze: *»Nein, und wenn Sie mir morgen den Kopf abschlagen!«*
Der Oberhofprediger: *»Seien Sie nicht so hartherzig verstockt!«*
Konstanze: *»Ich bin weder hartherzig noch verstockt. Das können alle, auch mein Beichtvater, dem ich alles anvertraue, bezeugen. Ich war meinem Mann immer treu, ja ich bin es noch heute, aber schlafen kann ich nicht mehr mit ihm.«*
Der Oberhofprediger: *»Sie müssen Geduld haben. Es wird sich alles wieder fügen.«*
Konstanze: *»Ich bin mit meiner Geduld am Ende. Und wenn Sie mich verurteilen, weiter mit meinem Mann zusammenzuleben, dann laufe ich ihm davon.«*

Das waren klare Worte. Nun wendete sich der Vorsitzende dem Kläger zu.

Der Oberhofprediger: *»Sie haben die Anschuldigungen ihrer Frau gehört. Was haben Sie dazu zu sagen?«*
Hoym: *»Ich halte das alles nur für einen Vorwand.«*
Der Oberhofprediger: *»Sie geben zu, eine Geliebte zu haben?«*
Hoym: *»Gehabt zu haben.«*
Der Oberhofprediger: *»Das Mensch befindet sich nicht mehr unter Ihrem Dach?«*
Hoym: *»Sie ist fort, nach Wien.«*
Konstanze: *»Unter Zurücklassung eines unschuldigen Kindes, dem ich ohne Ansehen der Herkunft eine anständige Erziehung zuteil werden lasse.«*
Der Oberhofprediger: *»Aber dann ist ja alles in Ordnung!«*
Hoym: *»Nichts ist in Ordnung. Sie (mit einer Kopfbewegung zu Konstanze) hat eine unüberwindliche Abneigung gegen mich.«*
Der Oberhofprediger: *»Wegen der Zauberei. Das ist Teufelswerk, und die Gesetze Gottes dürfen nicht durch Teufelswerk zerstört werden.«*
Hoym: *»Ich glaube nicht an Zauberei. Sie mag mich einfach nicht, und was soll ich mit einer Frau, die mir ihre ehelichen Pflichten verweigert.«*

Ratlosigkeit beim Dresdener Oberkonsistorium. Es zog sich zur Beratung zurück und kam schließlich zu folgendem Spruch:

»Es ist gegen Recht und Gesetz, vor allem aber gegen den Willen Gottes und der Kirche, die zwischen den Eheleuten Adolf Magnus und Konstanze von Hoym geschlossene Ehe aufzulösen. Der Kläger wird aufgefordert, seiner Frau mit Ehrerbietung zu begegnen. Die Beklagte wird aufgefordert, ihren ehelichen Pflichten nachzukommen.«

Sowohl der Minister als auch Konstanze waren wütend nach diesem Urteilsspruch. Ihre Wege trennten sich. Konstanze zog zu einer Freundin, Adolf Magnus zu einer stadtbekannten Hure.

Konstanzes Freundin, Henriette Amalie Gräfin Reuß, war es schließlich, die in der Affäre zwischen August dem Starken und Konstanze von Hoym alle Fäden zog. Die zierte sich noch immer, aber eines Tages, im Mai 1705, passierte es dann doch. Für August den Starken ging ein Traum in Erfüllung, und wie es scheint, hat sich Konstanze bei dem ersten Liebesabenteuer Hals über Kopf in den König verliebt. Sie bekam ein Haus direkt neben dem Dresdener Schloss und wich seit der ersten Liebelei nicht mehr von der Seite des Königs.

Offiziell waren beide verheiratet, August mit Christiane Eberhardine, Konstanze mit Adolf Magnus, und die Staatsräson hinderte den Kurfürst-König, am Stand der beiden etwas zu ändern.

Dennoch erstritt sich Konstanze als Preis ihrer Gewogenheit einen Ehevertrag als Frau linker Hand, ein Dokument von hohem juristischem Wert in jener Zeit.

Bedingung Nummer 1: Neben Konstanze darf August keine weiteren Mätressen halten.

Punkt 2: Nach dem Tod seiner rechtmäßigen Gemahlin Christiane Eberhardine soll sie, Konstanze, die legitime Kurfürstin von Sachsen und Königen von Polen, die gemeinsamen Kinder sollen Prinzen und Prinzessinnen werden.

Punkt 3: Ihre jährliche Apanage soll mit 100 000 Talern so hoch wie die der Königen sein – auf Lebenszeit.

Der liebestolle August willigte ein, mehr noch, er verwendete sich beim Kaiser in Wien dafür, die von Standes wegen niedere Freifrau zur Reichsgräfin zu erheben.

Kritisch betrachtet hatten die eingangs angeführten Forderungen Konstanzes zwei Ziele. Als Freifrau war sie von niederem Stand, und sie durfte daher nicht einmal bei Veranstaltungen am Hofe teilnehmen. Gesellschaftliche Anerkennung bedeutete der Frau aus kleinen Verhältnissen jedoch ungeheuer viel. In Zusammenhang mit ihrer niederen Herkunft standen die bescheidenen Verhältnisse ihres Vaters, sodass ein angestellter Minister wie Hoym für Konstanze bereits einen sozialen Aufstieg bedeutet hatte, doch Konstanze wollte mehr.

Nach langem Hin und Her um die Scheidung ihrer Ehe, bei dem juristische Gutachten verschiedener Universitäten bemüht wurden, die sich jedoch alle gegen sie richteten, wurde die Ehe mit Datum vom 8. Januar 1706 wegen böswilligen Verlassens der Ehefrau geschieden. Auflage: Anna Konstanze von Brockdorff, geschiedene von Hoym, durfte nie mehr eine Ehe eingehen.

Auf dem Papier war Adolf Magnus von Hoym als schuldloser Sieger aus dem Verfahren hervorgegangen, de facto brach ihm die Scheidung jedoch das Genick. Er lamentierte in Dresden herum, er habe seine Ehe und sein ganzes Vermögen an das liederliche Frauenzimmer verloren, obendrein habe sie ihm das Haus angezündet.

Konstanze hingegen wurde von Kaiser Joseph I. in Wien zur Reichsgräfin von Cosel ernannt, ein Status, der sie über jeden sächsischen Adel heraushob, sodass jene, die es vorher unter ihrer Würde fanden, mit der Freifrau zu verkehren, nun bei ihr, im Bewusstsein ihrer Verbindung zu Kaiser und König, um Audienz ansuchten. Mehr noch: Von August erhielt Konstanze den Ehevertrag als Zweitfrau (»legitime épouse«) zugestellt, in dem er »unserer geliebten Gräfin« alle Zugeständnisse machte. Doch der Vertrag sollte geheim bleiben. Deshalb ließ sie das Dokument fünffach versiegelt zu ihrem Vetter nach Holstein bringen. Ihr offizieller Name war nun Gräfin von Cosel, doch wie es einer vornehmen und gebildeten Frau zukam, nannte sie sich La Comtessa de Cossell, was eher den Klang eines Künstlernamens hatte. Die ehrgeizige

Frau hatte alles erreicht, wovon sie als kleines Mädchen in ihrer holsteinischen Heimat geträumt hatte.

Das Glück, das Konstanze auf so vehemente Weise herausgefordert hatte, dauerte nicht lange, und so steil sie ihr gesellschaftlicher Aufstieg in höchste Höhen katapultiert hatte, so jäh erfolgten der Absturz und das furchtbare Erwachen.

Schon nach wenigen Wochen forderte der Nordische Krieg, in dem der Sachsenkurfürst und Polenkönig an der Seite Peters des Großen focht, Augusts Anwesenheit in Polen. La Comtessa reiste auf abenteuerlichem Wege hinterher. Sie wollte August dem Starken mitteilen, sie erwarte ein Kind. Irgendwie scheint sie geahnt zu haben: Mit August stimmte etwas nicht, jedenfalls erfuhr sie schon bald nach ihrer Ankunft in Warschau, dass der König hier im fernen Polen zwei seiner alten Liebschaften weiterpflegte und dass eine der Damen, Fatima von Spiegel, von ihm schon zum zweiten Mal schwanger war.

Eine so stolze Frau wie Konstanze konnte dieses Ereignis nicht einfach übergehen. Hinter verschlossenen Türen kam es zum lautstarken Eklat und – wie Zeugen glaubhaft versichern – sogar zu Handgreiflichkeiten zwischen der Reichsgräfin und dem König. Zur Dritt- oder Viertfrau hatte Konstanze kein Talent, aus ihrer Sicht nicht einmal zur Zweitfrau, denn selbst diesen Status hatte sie nur angenommen, um sich zur legitimen Ehefrau emporzuarbeiten.

In diesen kalten Wintertagen in Warschau musste der Comtessa zum ersten Mal bewusst geworden sein, dass sie dieses Ziel wohl nie erreichen würde, denn obwohl es zwischen den beiden zur Versöhnung kam, reiste die Gräfin von Cosel bald wieder ab, zurück nach Dresden. Dort hatte sie eine Totgeburt, es war ein Junge.

Wie mag diese stolze Frau gelitten haben, als ihr zu Ohren kam, dass Fatima von Spiegel eine gesunde Tochter und die andere, Ursula von Teschen, einen Sohn zur Welt gebracht hatten.

Auch wenn sich das Verhältnis der beiden einrenkte, Konstanze war eine andere geworden. Sie begann zu trinken und lebte mit Lust ihre Macht aus, sie protzte mit ihrem Reichtum und gefiel sich in einer ganz neuen Rolle, als kalte Geschäftsfrau und kühle Managerin. So unterhielt sie ausgedehnte Ländereien, eine eigene Immobilienfirma, ein Hotel, ja sie versuchte sich sogar als Bankier und Geldverleiher, vor allem im Hinblick auf den Handel bei der Leipziger Messe, und man gewinnt den Eindruck, als wollte sie so ihre Macht und ihren Einfluss demonstrieren – wenn sie schon nicht die Einzige im Bett des Königs sein durfte.

Am 24. Februar 1708 brachte die Comtessa eine Tochter zur Welt, und um jeden Zweifel auszuräumen, nannte sie das Komtesschen Augusta Constantia. Ein Jahr später kam noch eine Tochter. Nach außen hin vermittelten der Vater und seine »legitime épouse« noch einmal kurzes Glück, doch hinter vorgehaltener Hand raunten sich die Höflinge längst das Gegenteil zu. Den wahren Grund kannte niemand, aber schon gegen Ende des Jahres 1708 galt es in Dresden als offenes Geheimnis: Das Verhältnis der Reichsgräfin mit dem Kurfürsten war keines mehr.

Nur eine wollte das nicht wahrhaben, Konstanze. Sie bäumte sich auf, wich nicht mehr von der Seite des Königs, gab, um für August frei zu sein, die beiden Töchter zu ihrer Mutter, zog mit ihm sogar mehrmals nach Polen, wo die Pest wütete, und missachtete oder unterschätzte dabei die Phalanx ihrer Feinde, die sich intrigant um sie formierte. Angeführt wurde die Schar ihrer Gegner von Jakob Heinrich Graf von Flemming, dem Kabinettschef des Kurfürsten in Dresden, dem die Macht der Reichsgräfin, die nun sogar den Titel einer Reichsfürstin anstrebte, von Anfang an ein Dorn im Auge war.

Im Wettstreit, das hatte Flemming längst erkannt, konnte er der Comtessa weder mit Intelligenz noch im Hinblick auf ihre

Macht beikommen, doch wenn es darum ging, eine Intrige zu spinnen, dann zeigte er sich der Gräfin von Cosel zumindest ebenbürtig. Jeder, der Konstanze näher kannte, kannte auch ihre einzige Schwachstelle, ihren Stolz. Dieser Stolz verlangte nach dem Exklusivrecht an August dem Starken.

Während Konstanze erneut im Kindbett lag, erforderten Augusts politische Geschäfte seine Anwesenheit in Polen, und Flemming nahm das zum Anlass, sein Intrigenspiel zu vollenden. Seit langem schon hatte er die polnischen Höflinge aufgestachelt, gegen die sächsische Mätresse zu rebellieren und stattdessen eine polnische zu fordern. Flemming hatte auch schon die Passende ausgewählt, Maria Magdalena, geborene Bichinski, verheiratete Gräfin Dönhoff, ein dralles Frauenzimmer von kaum zwanzig Jahren, und er hatte auch dafür gesorgt, dass jener Vorgang, der gemeinhin die Voraussetzung ist, um von einem Verhältnis zu sprechen, auf schnellstmöglichem Weg nach Dresden gemeldet wurde. Das Intrigenspiel des Kabinettsministers ging so weit, dass Briefe zwischen der Reichsgräfin und dem König zensiert wurden, schließlich sogar verschwanden. Und Konstanze, die im Leben zu kämpfen gelernt hatte, machte sich bewaffnet und mit einer schlagkräftigen Mannschaft auf den Weg nach Warschau.

Auf halbem Wege wurde Konstanze in einem Dorfwirtshaus bei Breslau von einer Abordnung Augusts überrascht. Konstanze drohte jeden Einzelnen von ihnen zu erschießen, doch schließlich fügte sie sich den Worten eines Kammerjunkers und eines Gardeleutnants, die glaubhaft versicherten, es entspreche dem Wunsch des Königs, ja August der Starke habe befohlen, sie müsse nach Dresden zurückkehren. Konstanze kehrte zurück. Nicht jedoch August der Starke.

Stattdessen erreichten Konstanze schriftliche Befehle aus Warschau, die sie demütigten. Der schlimmste, weil für jedermann erkennbar: Bauarbeiter begannen damit, den erst vor wenigen Jahren errichteten Verbindungsgang von ihrem

Palais zur kurfürstlichen Residenz abzubrechen. Und gegen Ende des Jahres 1713 gab August aus Polen Order, die Gräfin von Cosel aus Dresden zu entfernen, er selbst werde bald in Begleitung seiner polnischen Mätresse eintreffen. Den Hausschlüssel sollte sie auf jeden Fall dalassen. Als Soldaten vor ihrem Haus aufmarschierten, erkannte Konstanze ihre aussichtslose Lage, und sie ging zurück nach Schloss Pillnitz, das August ihr geschenkt hatte.

Dort aber fühlte Konstanze sich nicht mehr zu Hause. Was war Pillnitz gegen Dresden! Kurzentschlossen setzte sie sich nach Berlin ab. In Preußen glaubte sie sich vor dem Zugriff des sächsischen Kurfürsten sicher. Aber die preußischen Behörden fürchteten, der Fall könnte zum Politikum werden. So floh die Gräfin nach Halle. Dort fiel sie einem jungen Mann auf, dem Freiherrn Johann von Loën, der als Schriftsteller weniger in Erinnerung blieb als durch seine Verwandtschaft, er war ein Großonkel Goethes. Dieser Freiherr von Loën berichtet in seinen *Gesammelten kleinen Schriften*: »Die Gräfin Cosel sah ich als Student in Halle, wo sie als eine vom Hofe verwiesene Liebhaberin des Königs sich hingeflüchtet hatte; sie hielt sich daselbst ganz verborgen in einer abgelegenen Straße bei einem Bürger unweit dem Ballhause auf. Ich ging fast täglich zu einem guten Freunde, der gleich nebenbei wohnte. Das Gerücht breitete sich aus, dass sich daselbst eine fremde Schönheit aufhalte, die ganz geheim lebe. Das Studentenvolk ist vorwitzig. Ich sah sie etliche Male mit gen Himmel aufgeschlagenen Augen in tiefen Gedanken hinter dem Fenster stehen; sobald sie aber gewahr wurde, dass man sie belauschte, trat sie erschrocken zurück. Außer den Leuten, die ihr das Essen über die Straße brachten, sah man niemand als einen wohlgekleideten Menschen bei ihr aus- und eingehen, den man für ihren Liebhaber hielt. Man konnte keine schönere und erhabenere Bildung sehen. Der Kummer, der sie verzehrte, hatte ihr Angesicht blass gemacht; sie gehörte unter die schmachtenden braunen Schönen, sie hatte große, schwarze, lebhafte Augen, ein weißes Fell, einen schönen Mund und eine feingeschnitzte Nase. Ihre ganze Gestalt war einnehmend und zeigte etwas Großes und Erhabenes.«

Eine Zweitfrau hat keine Rechte. Das galt auch für Konstanze von Cosel. Um in den Besitz des Ehevertrages zu kommen, schickte August der Starke Unterhändler. Der Erste verliebte sich unsterblich in die schöne Gräfin, der Zweite sagte frei heraus, er wolle mit ihr schlafen, und in diesem Fall könne sie mit einer anständigen Apanage rechnen, andernfalls bekomme sie gar nichts. Doch beide blieben unerhört.

Ruhelos lebte die Gräfin wie in Verbannung. Nach Dresden zurückkehren durfte sie nicht, obwohl sie nichts sehnlicher wünschte. Gegen Herausgabe des Ehevertrages erklärte August sich schließlich bereit, einen Trennungsvertrag zu unterzeichnen, der ihr einen bescheidenen Besitz in Dresden beließ, wohin sie unter der Auflage zurückkehren durfte, dem Kurfürsten aus dem Weg zu gehen. Ihr Palais und die kostbaren Geschenke hatte sie zu retournieren.

Zunächst willigte Konstanze ein, doch zurück in Dresden wurde ihr auf einmal bewusst, dass ihr Ehevertrag das einzige Pfand für ihr weiteres Leben war, und sie weigerte sich, das Dokument herauszugeben. August der Starke setzte alles daran, in den Besitz des Vertrages zu kommen, forderte von den mit der Suche Beauftragten jedoch allergrößte Diskretion, damit das Vorgehen keinesfalls publik würde. Denn allein die Existenz eines Ehevertrages mit der Reichsgräfin hätte dem Kurfürst sehr geschadet, vom Bekanntwerden des Inhalts ganz zu schweigen.

Und wie so oft im Leben, wenn sich das Schicksal eines Menschen zum Bösen wendet, häuften sich die Nackenschläge für Konstanze von Cosel. Sie wurde festgenommen, aufs Übelste behandelt, vergewaltigt und erlitt schließlich einen Schlaganfall, der sie halbseitig lähmte. Am Weihnachtsabend des Jahres 1716 wurde die Reichsgräfin von Cosel in die Festung Stolpen gebracht, die sie, bewacht von einer ganzen Garnison, nie mehr verlassen sollte.

Auf der Festung Stolpen lebte Konstanze von der Außenwelt abgeschlossen, und so ist ihr auch entgangen, dass die Rechercheure des Kurfürsten ihren Ehevertrag im Archiv ihrer Familie in Drage entdeckten. Nach dessen Vernichtung hatte August der Starke freie Hand, er konnte mit Konstanze machen, was er wollte, und er tat es. Obwohl Konstanze sich in Lumpen und Flicken kleiden musste, war sie noch immer eine reiche Frau mit einem Vermögen von weit über einer halben Million Reichstalern. Doch August verstand es, sich nach und nach in den Besitz dieses Vermögens zu bringen.

Konstanze von Cosel lebte dumpf vor sich hin, und weil sie immer wieder gesundheitliche Rückfälle erlebte, hatte sie die Hoffnung aufgegeben, die Festung Stolpen jemals lebend zu verlassen. Sie litt, sie litt vor allem unter der Behandlung durch August, und ihren Briefen sowie den wenigen erhaltenen Dokumenten aus ihrer Hand ist zu entnehmen, dass sie diesen Mann trotz seines widerwärtigen Verhaltens liebte, ja es scheint, als hätte jede Demütigung ihre Zuneigung gestärkt.

Nach siebzehn Jahren Isolierung in der Festung Stolpen, Konstanze war jetzt zweiundfünfzig Jahre alt und von den verschiedensten Krankheiten geplagt, sah sie auf einmal neue Hoffnung. August der Starke war im dreiundsechzigsten Lebensjahr an der Zuckerkrankheit gestorben. Nun, glaubte Konstanze, würde sich doch noch alles zum Guten wenden. Sie gab sich als trauernde Witwe und hoffte, der Nachfolger, Augusts ältester Sohn Kurfürst Friedrich August II., nun als August III. auch König von Polen, würde das grausame Spiel beenden und sie freilassen. Sie war dem mittlerweile Sechsunddreißigjährigen zuletzt als Kind begegnet und durfte sich ausrechnen, dass der junge Friedrich keinen Groll gegen sie hegte. Auch die Feinde bei Hofe, von denen es früher viele gab, hatten inzwischen das Zeitliche gesegnet.

Doch der Kurfürst lehnte es ab, die Reichsgräfin von Cosel freizusetzen, im Gegenteil, er verschärfte ihre Isolierung. Denn im Volk war die Zweitfrau seines Vaters längst vergessen, und Friedrich August fürchtete, ihre Freilassung würde nur die peinlichen Vorfälle von damals aufs Neue ins Gerede bringen. Kaum ein Mensch hätte damals geglaubt, dass die Reichsgräfin in ihrer Haft sogar den Sohn Augusts des Starken überleben würde.

Aber was für ein Leben! Ein Brand in der Festung und wechselnde Besetzung durch Preußen und Österreicher trugen nicht gerade dazu bei, das Leben im Exil erträglicher zu gestalten. Mehr als einmal hätte sich Gelegenheit geboten, dem Gefängnis zu entfliehen, doch wo sollte sie hin? Konstanze war schon über achtzig, sie hauste in einem verräucherten, stinkenden Turmzimmer unter unsäglichen hygienischen Bedingungen, um sie herum nur noch ein Knecht und eine Magd.

Um Stolpen herum wusste längst niemand mehr, wer die seltsame Alte auf der Festung war und warum sie sich überhaupt dort aufhielt. Die Garnison war aufgelöst, und Freund und Feind hatten auf der Festung gewechselt wie die Jahreszeiten, sodass sich letztlich kein Mensch mehr für die Staatsgefangene zuständig fühlte.

Konstanze von Cosel wollte auch gar nicht mehr weg, sie hatte den größten Teil ihres Lebens an diesem Ort zugebracht. Zu ihren drei Kindern gab es keine Verbindung mehr, die meiste Zeit verbrachte sie im religiösen Wahn. In einer solchen Anwandlung beschrieb sie auch ein Pergament, auf dem sie sich mit wirren Worten Gott anvertraute und das – so ihr letzter Wille – auf ihre Brust gelegt werden sollte. Und so geschah es.

Anna Konstanze Gräfin von Cosel starb am letzten Märztag des Jahres 1765 auf der Festung Stolpen, wo sie neunundvierzig Jahre ihres Lebens im Exil zugebracht hatte.

VII

Das Geheimnis der Marquise de Pompadour

»Die Männer legen so großen Wert auf gewisse Dinge, und ich bin zum Unglück eine so kalte Natur.«

Jeanne-Antoinette Marquise de Pompadour,
Geliebte Ludwigs XV.

Am 28. April 1745 kehrte Charles-Guillaume Le Normant d'Étioles von einer Reise in die Provence nach Paris zurück. Der Name täuscht. Hinter der prachtvollen Aufmachung verbarg sich ein namenloser Unterfinanzpächter, den kaum jemand kannte und der auch heute in keinem Almanach aufgeführt wäre, hätte er nicht vier Jahre zuvor geheiratet. Es war jedoch nicht die Heirat an sich, die ihn berühmt machte, sondern die Frau, die Le Normant geehelicht hatte. Sie machte ihn auf fragwürdige Weise berühmt, und dieser Ruhm lässt ihn noch heute als alberne Erscheinung dastehen. (Gehörnte Ehemänner sind immer alberne Erscheinungen, während Frauen in der gleichen Situation Zuneigung und Mitleid finden.)

Als also jener Charles-Guillaume am erwähnten Tage in das Hôtel de Gesvres in der Rue Croix des Petit Champs zurückkehrte – es handelte sich dabei um die Stadtwohnung des Paares, das Landhaus Château d'Étioles lag etwas außerhalb im Wald von Sénart –, da machte ihm sein Onkel Charles-François Paul Le Normant de Tournehem, Direktor der Compagnie des Indes, ein geachteter Bourgeois, aber eben ein Bourgeois, immerhin jedoch Besitzer jener genannten Einrichtung, die höchst unerfreuliche Mitteilung, seine Ehefrau Jeanne-Antoinette Le Normant d'Étioles, geb. Poisson, Tochter des Stallmeisters François Poisson und seiner Ehefrau Louise-Madeleine Poisson, geb. de la Motte, habe ihn verlassen. Sie sei von einer heftigen, unwiderstehlichen Leidenschaft erfasst. Das Objekt ihrer Begierde sei kein Geringerer als Ludwig XV., König von Frankreich. Da fiel Charles-Guillaume Le Normant d'Étioles in tiefe Ohnmacht.

Für die Szene bürgt der Duc de Luynes, ein vornehmer Herr aus der Umgebung der Königin Maria Leszczyńska, dem jede Lüge abscheulich war wie das Gespenst der Französischen Revolution. Tatsache ist: Charles-Guillaume und Jeanne-Antoinette haben nach der erwähnten Ohnmacht nie mehr ein Wort gewechselt. Die Ehe wurde geschieden, ein Vorgang, der die schöne Dame noch in ihrem Testament mit gewissem Stolz erfüllte, obwohl sie nach rechtlichem Status ihre Position als legitime Ehefrau mit der einer fragwürdigen Zweitfrau vertauschte, denn natürlich waren Seine Majestät der König verheiratet.

Unter dem Strich aber blieben Jeanne-Antoinette 36 Millionen Livres (vor der Einführung des Franc 1795 die französische Währungseinheit) und der Titel einer Marquise de Pompadour, der sie unsterblich machte, unsterblicher sogar als »Les quarante Immortels«, jene vierzig Unsterblichen, die auf Lebenszeit in die Académie Française gewählt wurden, um die französische Sprache rein zu halten, von denen die meisten aber schon bald nach ihrem Tode in seliger Vergessenheit entschliefen.

Gewiss, 36 Millionen zur Befriedigung der niedrigen Instinkte sind eine Menge Geld, aber der Siebenjährige Krieg mit dem für Frankreich fragwürdigen Ergebnis verschlang

1,3 Milliarden (!) und stimulierte weder Ludwigs Lust noch Kunst und Kultur seiner Zeit – ein Beweis mehr für die Unsinnigkeit der bewaffneten Auseinandersetzung erwachsener Menschen unterschiedlicher Anschauung. Es wäre auch falsch, die Bedeutung der Marquise de Pompadour auf das Liebesleben Ludwigs XV. zu reduzieren, obwohl das Verhältnis der beiden wie alle Verhältnisse so anfing. Jeanne-Antoinette Poisson, geschiedene Le Normant d'Étioles, geadelte de Pompadour, wurde der klassische Typ der Geliebten: leidenschaftlich, klug und teuer.

Leidenschaftlich, klug und teuer waren nicht wenige, die sich in der Geschichte als Geliebte versuchten, fairerweise muss man sagen – die als Geliebte versucht wurden, denn in den meisten Fällen spielte der Mann die aktive Rolle. Und hier begegnen wir schon zu Beginn der ersten Ausnahme der Regel. Jeanne-Antoinette wartete nicht, bis das Objekt ihrer Begierde auf sie zukam, wie es der Etikette ihrer Zeit entsprach, sie ging selbst auf das Objekt ihrer Begierde zu und handelte nach der Einsicht: Nichts ist so fragwürdig wie ein guter Ruf – die Opfer, die er uns abverlangt, sind viel größer als der Gewinn.

Das Leben an der Seite eines Unterfinanzpächters, der von seinem Onkel so große Zuwendungen erhielt, dass böse Zungen behaupteten, seine Großzügigkeit gelte nicht ihm, sondern vielmehr der schönen Nichte, dieses Leben wäre dem Fräulein Poisson durchaus angemessen gewesen, denn was ihre Herkunft betraf, so müssten wir darüber kein Wort verlieren, wäre nicht ihr Vater eine zwielichtige Person gewesen, ein Lebensmittelgroßhändler, vorzugsweise für den Heeresbedarf, ein einträgliches Geschäft, bei dem er große Summen in die eigene Tasche wirtschaftete. Ein Gericht verurteilte ihn deshalb zum Tod durch den Strang, dem François Poisson nur entging, weil er nach Deutschland floh, von wo er seine Rehabilitierung anstrebte.

Jeanne-Antoinette wuchs also ohne Vater auf, für das Kind eine ständige Quelle der Erniedrigung. Unter anderem auch deshalb, weil ihre Mutter Louise-Madeleine, Tochter eines Großschlächters im Hôtel Royal des Invalides, die Flucht des Vaters zum Anlass nahm, ein lockeres und leichtfertiges Leben zu führen. Darüber gab es viel zu tuscheln – auch noch, als dem Vater die Neuaufnahme seines Prozesses und die Revision seines Urteils gelang, sodass er nach Frankreich zurückkehren konnte.

Madame Poisson war eine sehr attraktive Frau, doch die 1721 geborene Tochter Jeanne-Antoinette muss schon in jungen Jahren, als sie noch nicht der Name des Königs schmückte, eine atemberaubende Schönheit gewesen sein, ein Mädchen wie aus einem Gemälde von Boucher, Gainsborough oder Fragonard. Viele Männer sprachen vom schönsten Geschöpf, das ihnen je begegnet sei, sie bewunderten Augen von unbestimmter Farbe, eine weiße Haut, blondes Haar und ihr Wesen, »das die Mitte hielt zwischen der letzten Stufe der Eleganz und der ersten der Vornehmheit«. Trotz widriger Familienverhältnisse genoss Jeanne-Antoinette eine hervorragende Ausbildung, sie lernte Demut bei den Ursulinen von Poissy, Tanzen und Singen bei Pierre Jélyotte, Schauspielerei und Schreibkunst bei Jean Sauvé; jede Art Frömmigkeit und fromme Moral hingegen blieb ihr fern, was Charles Duclos, ein Zeitgenosse des Mädchens, mit den Worten kommentierte: »Die Franzosen sind das einzige Volk, dessen Sitten verderben können, ohne dass die Tiefe des Herzens davon berührt wird ...«

Vor allem dem Onkel de Tournehem verdankte Jeanne-Antoinette eine bemerkenswerte Bildung, und er suchte ihr wohl auch den Mann aus, Charles-Guillaume Le Normant, von Adel immerhin, wenn auch von niederem. Konnte er ahnen, dass die zwanzigjährige Nichte immer nur nach dem Höchsten strebte? Jeanne-Antoinette heiratete ohne Widerrede, man schrieb den 9. März 1741, es war ein Donnerstag, viel mehr braucht nicht festgehalten zu werden, von einem Ehevertrag abgesehen, welcher Mitgift (120 000 Livres) und Besitzungen regelte. Liebe war bei der Heirat nicht im Spiel, jedenfalls nicht von Jeanne-Antoinettes Seite.

Dessen ungeachtet kam Madame d'Étioles ihrer ehelichen Pflicht nach und brachte nach dreieinhalb Jahren Ehe eine Tochter Alexandrine zur Welt. Sie, selbst im dreiundzwanzigsten Lebensjahr, fand sich nur ungern mit der Mutterrolle zurecht, es drängte sie eher in die literarischen Salons wie jenen der Madame Geoffrin, damals »das Königreich der Rue Saint-Honoré« genannt, wo sie geistreich parlieren und mit Künstlern und Philosophen Umgang pflegen konnte.

Tief im Herzen der schönen und klugen Jeanne-Antoinette d'Étioles lag ein Geheimnis verborgen, das sie seit ihrem neunten Lebensjahr mit sich herumtrug und das sie nur ihren Eltern, aber nicht ihrem Ehemann, offenbart hatte, aus Furcht, man könnte ihre Glaubhaftigkeit anzweifeln oder sich über sie lustig machen wie über die Gaukler vor Notre-Dame. Eine Wahrsagerin hatte der Neunjährigen prophezeit, sie würde sich irgendwann einmal mit einer anderen Frau einen König teilen. Seither ließ Jeanne-Antoinette der Gedanke nicht los, sie würde eines Tages, wenn nicht die morganatische Ehefrau, so doch die Mätresse des Königs von Frankreich werden.

In Frage kam dafür nur der fünfzehnte Ludwig, Urenkel Ludwigs XIV. und seit seinem fünften (!) Lebensjahr auf dem Thron, wenngleich unter der Regentschaft von Herzog Philipp II. von Orléans. Auch der Sonnenkönig hatte schon mit fünf Jahren den Thron bestiegen, allerdings unter der Regentschaft seiner Mutter und mit seinem Lieblingskater im Arm – auch am Kabinettstisch. Ludwig XV. war ein verschlossener Mensch und von ausgeglichenem Charakter, eine

Eigenschaft, die er bis zum Phlegma treiben konnte. Vernunft und Geist bestimmten eher sein Handeln als Herz und Gefühl.

Das bereitete ihm Schwierigkeiten im Umgang mit Frauen, und wer weiß, was aus Ludwig XV. und den Frauen geworden wäre, hätte er nicht einen Kammerdiener namens Bachelier gehabt, der die liebe Not seines Herrn früh erkannte und ihm bisweilen ein neues Vögelchen ins Bett legte. Denn seine Ehe mit Maria Leszczyńska, Tochter des verarmten, verjagten, im französischen Exil lebenden Polenkönigs Stanislaus, war, wohlwollend gesagt, eine Verstandesehe, weil die nähere Inaugenscheinnahme der etwa vierzig heiratsfähigen Prinzessinnen aus europäischen Adelshäusern ein erschreckendes Ergebnis hatte: Entweder waren die Damen leicht verrückt oder stark protestantisch oder so mit dem Dauphin verwandt, dass man für die Nachkommenschaft größte Befürchtungen haben musste. Diese Gefahr bestand bei Maria nicht, und deshalb musste Ludwig ihre um sieben Jahre höhere Lebenserfahrung und eine Null-Mitgift akzeptieren.

Man verbreitete am Hof von Versailles – und dort hatte noch jedes Gerücht einen wahren Gehalt – die Nachricht, Ludwig habe Maria in der Hochzeitsnacht sieben Mal hintereinander beglückt, was diese dem Herrscher mit Zwillingen lohnte. Dennoch blieb der König unerfüllt in seinen Träumen, kompensierte den Frust wie früher als Jüngling auf wochenlangen Pirschgängen, wobei er auch vor jungen Tieren und Vögeln nicht haltmachte. Die Ehe mit Maria Leszczyńska, die so vielversprechend begonnen hatte (in zehn Jahren gebar sie dem König zehn Kinder), verflachte zusehends, und es war gar nicht einmal Ludwig, den die Hauptschuld an dieser Entwicklung traf. Es war die Königin, die, des Kinderkriegens überdrüssig, immer öfter ihr Schlafzimmer verriegelte, und nicht nur an den Festen der großen Heiligen, wie sie es schon immer getan hatte, nein, auch an Pankratius und Servatius. Das brachte Ludwig eines Tages so in Rage, dass er das nächstbeste Zimmermädchen fragte, ob es mit ihm schlafen wolle, was auch geschah. Von Stund an war der Paulus zum Saulus geworden, die Treue, die er seiner polnischen Frau geschworen und auch gehalten hatte, war dahin.

Diese Wandlung im Charakter des Königs kam seinem ehemaligen Vormund, dem bald neunzigjährigen Kardinal André Hercule de Fleury, sehr gelegen. Er hatte die Polin noch nie leiden können und schon lange befürchtet, sein Einfluss könnte von der Königin, für die der Alte ein rotes Tuch bedeutete, geschmälert werden. Fleury war der politische Kopf in Ludwigs jungen Jahren, ein ausgebuffter Politiker und Taktiker und nicht verlegen, auch diese Situation zu seinen Gunsten auszunutzen. Der Alte brachte Ludwig nahe, dass ein anständiger König von Frankreich eine anständige Mätresse haben müsse, eine Weib, bei dem er sich ausleben könne, das aber zu nichts verpflichte. Das eine wie das andere sei zum Wohle Frankreichs.

Natürlich hatte Fleury längst eine Frau im Auge, der das Spiel Vergnügen bereitet hätte: die Gräfin Mailly, Tochter der Madame de Nesle, einer Hofdame der Königin. Das erste Rendezvous der verheirateten Dame mit Ludwig XV. endete wie der Spanische Erbfolgekrieg für Frankreich, mit herben Verlusten, jedenfalls beklagte sich die Gräfin Mailly bei Kuppler-Kardinal Fleury, ob man mit ihr Spott treiben wolle, sie empfinde den Ablauf als Beleidigung. Auf die Frage, welche schlimmen Dinge Seine Majestät der beklagenswerten Mätresse abverlangt habe und was überhaupt geschehen sei, antwortete Madame de Mailly: »Eben nichts.«

Der Kardinal redete mit Engelszungen, Ludwig sei eben äußerst schüchtern, was doch für seinen lauteren Charakter spreche. Er bat sie inständig und im Namen Frankreichs, es doch nochmals und vielleicht mit etwas mehr Entgegenkommen zu versuchen. Die Gräfin Mailly war nicht gerade hübsch, und für sie hätte die Abweisung durch den König eine persönliche Niederlage bedeutet. Also versuchte sie es ein zweites Mal mit allerlei Tricks und Unterstützung durch den Kammerdiener Bachelier, der uns später in Kenntnis setzte, was dabei vorging.

Die Gräfin Mailly saß dekolletiert und in Rüschen dem König auf einem Sofa gegenüber, schürzte die Röcke bis übers Knie, was schon der Pornographie gleichkam in einer Zeit, die die Waden einer Frau als primäre Geschlechtsmerkmale betrachtete, ließ ihr rosaseidenes Strumpfband schnalzen und sah Seine Majestät erwartungsvoll an. Ludwig aber redete Belangloses, keineswegs über Dessous, und die heimliche Zusammenkunft hätte wohl wieder wie der Spanische Erbfolgekrieg geendet, hätte nicht Bachelier sich in die Schlacht geworfen, zuerst mit Worten Brüste und Arme der feinen Dame anpreisend – wie der Kardinal ihm geraten. Dann aber, in einem Anfall von Heldenmut, und weil das alles nichts genützt hatte, fasste er den König von hinten unter den Armen und drängte ihn mit Gewalt in die weit geöffneten Arme und Beine der Gräfin, wobei es zu einer heftigen Umarmung kam, die es Ludwig nicht mehr gestattete, Belangloses von sich zu geben. Als wäre er aus seiner Lethargie erwacht, fuhr Leben in seine Glieder, und der König begann Marie-Anne de Mailly mit einer Heftigkeit zu verschlingen, dass diese lautstark um Hilfe rief und, nachdem alles vorbei war, sich entrüstete: »Oh mein Gott, Sire, wenn ich gewusst hätte, dass Eure Majestät mich deshalb haben rufen lassen, ich wäre gewiss nicht gekommen!«

Marie-Anne de Mailly hatte noch eine verheiratete Schwester, die Gräfin Vintimille. Die empfahl sich dem König ebenso, gebar ihm sogar einen Sohn, den Grafen de Luc, genannt »Demi-Louis«, aber beide Herzensdamen starben im Abstand weniger Jahre. Das regte vor allem Ludwigs morbide Phantasie an. Er hielt sich mit Leidenschaft auf Friedhöfen auf und geriet, als er einen Totengräber sah, der gerade ein Grab aushob, in Verzückung über den Tod. Die Berater des Königs mussten befürchten, dass Seine Majestät in Depressionen fiele, und suchten, da von seiner frömmelnden Ehefrau kaum eine Steigerung der Lebenslust erwartet werden konnte, nach einem weiblichen Wesen, das geeignet schien, die Rolle der Geliebten zu übernehmen. Da traf es sich gut, dass der Dauphin Louis die spanische Infantin Marie-Thérèse-Raphaële heiratete, ein Anlass, der mit mehreren großen Bällen begangen wurde und zu dem die schönsten und willigsten Frauen von Paris geladen waren.

Eingedenk der Prophezeiung der Wahrsagerin Lebon hatte Madame d'Étioles schon mehrmals versucht, ihrem Glück nachzuhelfen. In höchst anmutiger Toilette hatte sie jedes Mal, wenn Ludwig zur Jagd im Wald von Sénart weilte, den Weg des Königs gekreuzt, abwechselnd zu Fuß, zu Pferde oder in einem Phaeton, aber immer freundlich grüßend und mit einem Lächeln, sodass der König gar nicht anders konnte und sich eines Tages nach dem Namen der schönen Waldnymphe erkundigte. Beim Maskenball im Hôtel de Ville am 28. Februar 1745 erkannte Jeanne-Antoinette ihre Chance. Sie hatte sich als Diana kostümiert, hochgeschürzt und mit einer freien Schulter, dazu trug sie einen silbernen Bogen und einen Pfeil, den sie während des ganzen Abends auf Ludwig richtete, bis dieser auf sie zutrat und sie um einen Tanz bat.

Mehr als ein vertrautes Gespräch kam dabei jedoch nicht zustande. Immerhin, Ludwig erbot sich, die schöne Jagdgöttin in seiner eigenen Equipage nach Hause zu bringen, und die neugierigen Ballbesucher sahen zwar, dass der König mit seiner Dame vom Hôtel de Ville abfuhr, als er jedoch früh am Morgen in Versailles ankam, war er der einzige Passagier. Das rief allgemeines Erstaunen hervor, denn natürlich war das Gerücht von einer neuen Liebschaft Seiner Majestät längst nach Versailles vorgedrungen. Am folgenden Abend soupierte der König allein in seinen Privatgemächern, und das brachte alle Höflinge schier zur Verzweiflung, weil sie einen ernsten Anfall von Depressionen bei ihrem König befürchteten. Erst als eine verschleierte Dame am frühen Morgen an einem Seitenausgang ihre Kutsche besteigend gesichtet wurde, war in Versailles die Welt wieder in Ordnung. Ludwig XV. hatte eine neue Mätresse.

In Wahrheit war es noch lange nicht so weit. Denn was immer sich bei dem erwähnten Soupér zugetragen haben mochte, Ludwig glaubte bei der galanten Dame eine »gewisse Ehrsucht und Berechnung« erkannt zu haben. Vorerst ließ eine zweite Essenseinladung auf sich warten. Dazu mag auch beigetragen haben, dass Madame d'Étioles eine Bourgeoise war, keine Herzogin oder Gräfin, wie alle bisherigen Liebschaften Seiner Majestät. Jeanne-Antoinette war nur eine Madame de, *mon dieu*, wie gewöhnlich!

Ihrem Ziel so nahe, ließ »Madame de« kein Mittel unversucht, das Verhältnis in solide Bahnen zu lenken. Dazu kam ihr Binet, ein Kammerdiener des Königs und zufällig ihr Vetter, sehr gelegen.

Aufgeregt schickte Madame d'Étioles ihrem Vetter Binet den folgenden Brief:

»An Herrn Binet. Ich wundere mich gar sehr, dass ich von Bridge (dem anderen Kammerdiener) keine Nachricht erhalte; vielleicht hat er mir keine angenehmen zu melden und Ihr wollt alle beide meine Schwachheit schonen. Ich bin fast willens, meine Torheit zu beweinen, ich kann sie aber noch nicht bereuen. Was sagt der König? Redet er von mir? Ist er nicht begierig, mich zu sehen? Hegt er einige Hochachtung gegen Ihre Cousine? Ich bitte Sie gar sehr, befreien Sie mich von der grausamen Unruhe, worin ich mich befinde. Ach! Ich fange an einzusehen, dass der Ehrgeiz die größte Marter, besonders in dem Herzen einer Frau ist. Ich möchte Sie gern wegen eines neuen Versuchs, der mir eingefallen ist, um Rat fragen, und ich werde Sie ebenso nötig haben wie den dienstfertigen Herzog, welcher mir immer noch versichert, der König hätte sich in mich verliebt. Ich erwarte Euch alle beide. Meine kleine Alexandrine umarmt Sie von ganzem Herzen; ich hoffe, sie wird einmal klüger und glücklicher sein als ihre Mutter. Ich umarme Sie, mein lieber Vetter, unterlassen Sie nicht, zu mir zu kommen.«

Wenig später erschien Binet bei seiner Cousine und nahm den Schlachtplan entgegen, den diese entworfen hatte: Binet sollte beim König das Gespräch auf seine ehedem bürgerliche Tischgesellschaft lenken und dem König mitteilen, dass Madame sich leidenschaftlich in Seine Majestät verliebt und den Entschluss gefasst habe, aus dem Leben zu scheiden. Ließ die erste Mitteilung den Monarchen noch kalt, so weckte die zweite seine Aufmerksamkeit. Warum, erkundigte er sich vorsichtig, gedenke Madame, ihrem Leben ein Ende zu setzen?

Ihr Mann, so die Antwort Binets, habe von ihrem Fehltritt erfahren und gedroht, sie zu verstoßen. Und nun, da sie weder von ihrem Mann noch von ihrem Geliebten die geringste Zuneigung erwarten könne, habe das Leben für sie keinen Sinn mehr.

Der Trick hatte Erfolg. Ludwig lud Jeanne-Antoinette noch für denselben Abend – man schrieb den 22. April 1745 – zum gemeinsamen Soupér, versäumte jedoch nicht, sie diesmal mit wichtigen Menschen aus seiner Umgebung bekanntzumachen, wie den Herzögen von Richelieu und Luxembourg und Madame de Bellefonds. Bei allen hinterließ Madame d'Étioles unerwarteten Eindruck, weniger wegen ihrer Schönheit als wegen ihrer geistreichen Plaudereien zu jedem nur erdenklichen Thema. Beim trauten Tête-à-tête versäumte es Madame diesmal nicht, »Ehrsucht und Berechnung« gegen Zuneigung und Zärtlichkeit zu vertauschen. Ludwig war gefangen.

Zunächst gelang es Jeanne-Antoinette, den Souverän zu überzeugen, dass Le Normant d'Étioles, der gehörnte Ehemann, ihr nach dem Leben trachte. Dies war nicht einmal übertrieben, denn als Le Normant aus seiner Ohnmacht erwacht war, hatte er sich an seinem Pistolenschrank bewaffnet und konnte nur mit Hilfe des Onkels von einer Bluttat abgehalten werden.

Ludwig wies seiner neuen Mätresse das Appartement der verstorbenen Madame Mailly zu, das über eine geheime Treppe mit den Gemächern des Königs verbunden war, des Königs wohlgemerkt, denn die Königin hatte ihre eigenen Gemächer, von denen es im Übrigen keinen geheimen Gang zur Wohnung ihres Gemahls gab.

Im Gegensatz zu allen ihren Vorgängerinnen hatte Madame d'Étioles von Anfang an erkannt, dass, sollte ihr Verhältnis von Dauer sein, sie sich mit der Königin arrangieren musste. Dies war nicht gerade einfach bei einer Frau wie Maria Leszczyńska, die im religiösen Wahn lebte. Doch auf die absolut gottlose Madame d'Étioles übte die polnische Frömmlerin einen eigenartigen Reiz aus. Aus einem Brief an die befreundete Marquise von Blagni: »... Wenn er auf der Jagd ist, bringt die Königin ihre Zeit mit Beten zu, sie ist eine Heilige, die Größe und die Eitelkeiten der Welt rühren sie nicht mehr. Ich möchte wünschen, dass ich dieses auch von mir sagen könnte. Denn die Welt ist mir bisweilen mit allem ihrem Glanze und allen ihren Vergnügungen so zuwider, dass ich sterben möchte. Ich will es aber nicht ernstlich genug. Es scheint, als ob wir zwei Seelen hätten, eine, das Gute zu billigen, und die andere, das Böse zu tun.

Indessen hat die Königin bei all ihrer Heiligkeit einen großen Fehler, der darin besteht, dass sie mich hasst. Es scheint, als ob sie in Erinnerung meiner das Gesetz vergessen hätte, welches die Königinnen wie andere Menschen verpflichtet, ihren Nächsten wie sich selbst zu lieben. Ich habe, Gott sei

Dank, diesen Fehler nicht an mir. Ich liebe diese Fürstin und verehre sie, weil sie tugendhaft ist, und ich möchte wünschen, dass ich das Herz hätte, in ihre Fußstapfen zu treten ...«

Damit meinte Madame d'Étioles keineswegs Königin zu werden, das lag ihr fern, vielmehr deutete sie an, dass Maria Leszczyńska von nachahmenswertem Charakter sei. Das war natürlich pure Schmeichelei, denn wenn Jeanne-Antoinette etwas hasste, dann war das Frömmelei. Pfaffen genossen bei ihr größtes Misstrauen und solche von höherem Rang sogar Verachtung. »Ich wünschte«, schrieb sie einmal an den Pariser Erzbischof, »dass gewisse Prälaten, anstatt sich als Väter der Kirche zu betrachten und Verordnungen ergehen zu lassen, die das Parlament verbrennt und die Nation verachtet, uns vielmehr ein Beispiel der Mäßigung, der Bescheidenheit und der Liebe zum Frieden geben möchten. Ich will es glauben, dass Ihre Beichtzettel eine vortreffliche Sache sind, aber die Liebe ist noch besser ...« Die Jesuiten hätte sie, und sie sprach das offen aus, »lieber ausgerottet gesehen«, und dem Erzbischof schrieb sie ins Stammbuch: »Bedenken Sie erst, dass Sie ein Untertan sind, ehe Sie daran denken, dass Sie Bischof sind.«

Ihre deutliche Ablehnung der katholischen Kirche bedeutete für die Zweitfrau des Königs ein hohes Risiko und erforderte sehr viel Selbstbewusstsein und großen Einfluss, denn Ludwig selbst genügte, wenn auch nicht aus tiefer Gläubigkeit, den christlichen Pflichten, was ihn, zumindest nach außen, zu einem frommen König machte. Aber für die Kirche war schon immer Einfluss wichtiger als Moral, und so störte sie weniger die Tatsache, dass der König von Frankreich neben seiner Ehefrau eine Zweitfrau hatte, als dass diese sich offen gegen die Institution aussprach. Vonseiten der Kirche gab es daher nicht wenige Versuche, die unchristliche Geliebte des frommen Königs zu beseitigen, aber alle endeten kläglich.

In einem Brief an die vertraute Gräfin de Breze, mit der sie häufig schriftliche Zärtlichkeiten austauschte (»Sagen Sie dem Maler van Loo, er soll die beiden kleinen Grübchen nicht vergessen, die Sie, wenn Sie lachen, so liebenswürdig machen; auch die rosafarbenen Lippen nicht, die ich so gerne küsse, und noch weniger die zärtlichen und rührenden Augen, die mir so gut sagen: ›Ich liebe Sie.‹«), beklagte sich Jeanne-Antoinette über einen solchen peinlichen Versuch:

»Ich habe immer viele Feinde gehabt; jetzt habe ich auch welche unter den Frommen, und diese sind vielleicht die schlimmsten unter allen. Ein heiliger Mann, von der Art, der wie ein Teufel aussieht und vielleicht auch ein teuflisches Herz hat, stellte sich gestern an den Weg, den der König nahm, als er aus der Messe zurückkam. Er fiel auf die Knie nieder und übergab dem König ein Bittschreiben, welches dieser wie gewöhnlich gnädig annahm und sich in mein Zimmer begab, um es zu lesen. Der Schluss davon lautete also: ›Ich kündige Ew. Majestät vonseiten Gottes an, dass Sie Ihre Mätresse einfach so schnell wie möglich fortschicken solle, sonst wird er seine rächende Hand über Ihr Königreich ausstrecken und Ihre Untertanen wegen der Schwachheit ihres Regenten strafen.‹ Diese Frechheit verdiente den Tod, oder doch wenigstens ein immerwährendes Gefängnis. Aber der beste Fürst bewies auch bei dieser Gelegenheit, dass er es war. Er ließ diesen Gesandten des Himmels kommen und tat weiter nichts, als dass er zu ihm sagte: ›Mein Freund, geht hin, lasst Euch eine Ader schlagen und Euer Gehirn in Ordnung bringen; denn ich sage Euch als Vertreter des gesunden Verstandes, dass Ihr ein Narr seid.‹

Ich für meine Person halte ihn für keinen Narren, sondern für einen gefährlichen Heuchler, der nicht von Gott, sondern von gewissen Leuten abgeschickt worden ist, die ich verachte und vor welchen ich mich nicht fürchte …«

Sie liebe, behauptete Madame d'Étioles an anderer Stelle, die Religion aufrichtig, es falle ihr aber immer schwerer, deren Diener zu lieben, besonders seit sie diese kenne.

Zwischen Ludwig XV. und Jeanne-Antoinette gab es von Anfang an ein besonderes Arrangement, und insofern unterschied sich ihr Verhältnis schon zu Beginn von den zahlreichen anderen Konkubinaten, die den König bereits nach ein paar Tagen oder Wochen langweilten (insgesamt sollen es etwa hundert gewesen sein).

Noch bevor es zu Komplikationen bei Hofe, die strenge Etikette betreffend, kommen konnte, stellte Ludwig seiner Auserwählten zwei junge Lehrmeister zur Verfügung, die geeignet schienen, der neuen Mätresse des Souveräns etwas von ihrer Klugheit, ihrer Contenance und ihren Umgangsformen zu vermitteln, mit anderen Worten: Ludwig wollte sich mit seiner schönen Beischläferin nicht blamieren, wenn er mit ihr außerhalb seines Schlafzimmers auftrat.

Ludwigs Befürchtungen waren weitgehend unbegründet, und so hatten die Lehrmeister Marquis de Gontaut und Abbé de Bernis mit ihrer Schülerin leichtes Spiel. Der Marquis, aus einem alten Adelsgeschlecht, gehörte zu den besten Freunden des Königs, und er hielt auch der Zweitfrau des Königs bis zum Ende die Treue. Abbé de Bernis hatte zwar redlich den Beruf des Pfarrers erlernt, er übte diesen jedoch so wenig aus wie Fleury, der Premierminister, einst sein Kardinalsamt. Zusammen stellten der Marquis und der Abbé das ideale Gespann dar, um eine Schöne, deren einziger Makel in ihrer bourgeoisen Herkunft lag, in die Gesellschaft des Hochadels einzuführen.

Es traf sich, dass ein paar Schlachten anstanden im Rahmen des österreichischen Erbfolgekrieges, und Ludwig XV. zog mit seinem Dauphin Louis in Richtung Niederlande. In der Zwischenzeit, Ludwig hatte vier Monate für den Feldzug veranschlagt, sollte Jeanne-Antoinette auf ihre hohe Aufgabe vorbereitet werden. Der König schrieb leidenschaftliche Briefe an die Geliebte, 80 in 60 Tagen. Am 11. Juli 1745 überbrachte ein reitender Bote des Königs einen Brief mit folgender Adresse: Madame la Marquise de Pompadour. Gemeint war Jeanne-Antoinette Le Normant d'Étioles. Ludwig XV. hatte seine Geliebte geadelt.

Wer bislang an den ernsten Absichten des Souveräns gezweifelt haben mochte, wurde nun eines Besseren belehrt. Mit dem Adelstitel für seine Geliebte zog Ludwig XV. einen Schlussstrich unter das bourgeoise Vorleben seiner Zweitfrau. Der Liaison mit dem König stand nun nichts mehr im Wege.

Dass Madame d'Étioles eine Marquise de Pompadour wurde, ist purer Zufall und nur einem alten Abbé zu verdanken, dem Letzten seines aus Limousin stammenden Geschlechts, der kurz zuvor gestorben war. Dem König stand nun das Recht zu, den Adelstitel samt Wappen und einer Eigentumsurkunde für den Pompadour'schen Landbesitz zu verleihen. Ludwigs Geberlaune mochte im eigenen Vorteil begründet sein, sie rührte zweifellos aber auch aus der gewonnenen Schlacht von Fontenoy, bei der die Franzosen die englisch-niederländisch-österreichischen Heere geschlagen hatten.

Zu Ludwigs ersten Amtshandlungen nach seiner Rückkehr aus dem Feld Anfang September 1745 gehörte die Inauguration seiner offiziellen Zweitfrau, der Marquise de Pompadour. Man war bei Hofe von vorausgegangenen Liaisons manches gewöhnt und erwartete bei der offiziellen Vorstellung seiner Geliebten eine Aneinanderreihung von Peinlichkeiten, Gesprächsstoff für viele Wochen in den ohnehin langweiligen Adelskreisen.

Doch die Marquise de Pompadour gab nicht den geringsten Anlass zu übler Nachrede, als sie der Königin, dem Dauphin, den Prinzen und Prinzessinnen und dem königlichen Hof vorgestellt wurde. Sogar Maria Leszczyńska trat der Konkurrentin mit freundlichen Worten gegenüber, und diese sprach laut, damit es alle hören und weitertragen konnten: »Madame, es ist mein leidenschaftlichster Wunsch, Ihnen zu gefallen!« Dann unterhielten beide sich über eine gemeinsame Bekannte, Madame de Sassenay.

Sieht man von dem abweisenden Verhalten des Dauphins einmal ab, der ihr hinter ihrem Rücken die Zunge herausgestreckt haben soll, so hatte sich die Marquise de Pompadour schon bei ihrem ersten offiziellen Auftritt in Versailles viele Sympathien erworben, zumindest bei den Herren.

Nach einer Art Flitterwochen in Ludwigs Lieblingsschloss Choisy, wo das Leben freizügiger ablief als in dem riesigen Versailles mit seinen tausend Bediensteten und Vorschriften (am königlichen Hof von Versailles war nahezu alles reglementiert, vom Aufnehmen des Löffels bis zur Kopfbewegung beim Grüßen), machte sich die Zweitfrau des Königs daran, ganz spezielle Aufgaben zu übernehmen. Es ging ihr in der Hauptsache darum, ihren Kritikern und jenen, die sie noch immer nicht für voll nahmen, zu beweisen, dass sie mehr war als nur ein Verhältnis seiner Majestät des Königs.

Die Königin wusste, dass sie im Bett mit der Pompadour nicht konkurrieren konnte – vielleicht war sie aber auch ganz froh, dass sie von den Ansprüchen ihres Ehemannes verschont blieb –, also mied sie jede Form von Eifersüchteleien. Jeanne-Antoinette ihrerseits hütete sich, der Königin zu demonstrieren, wie gefügig Ludwig in ihren Händen war, und damit unterschied sie sich von allen ihren Vorgängerinnen, insbesondere der verstorbenen Herzogin von Châteauroux, Marie-Anne de Nesle, die die Königin oft arrogant und von oben herab behandelt hatte. Und obwohl die Marquise einen erlesenen Geschmack in Sachen Mode hatte (das »Pompadour«, eine beutelartige Handtasche, ist ihre Erfindung), scheute sie sich nicht, bisweilen die Entwürfe von Maria Leszczyńska festlichen Kleidern nachzumachen – Zweitkleidung für die Zweitfrau.

Am Hof von Versailles wurde durchaus registriert, dass der König seiner Gemahlin Maria mit mehr Achtung gegenübertrat, seit seine Zweitfrau seine Sinne befriedigte. Dabei steckte hinter jeder einzelnen Aktion der Marquise eiskaltes Kalkül. Jeanne-Antoinette ging daran, sich eine Hausmacht aufzubauen, und sie begann dabei von oben. Hatte sie mit der vereinsamten Königin noch leichtes Spiel, so bereitete ihr der Dauphin größeres Kopfzerbrechen. Ludwig junior hasste die Konkurrentin seiner Mutter wie die Pest. Weniger aus moralischen Gründen, denn gegenüber den früheren Geliebten seines liebeshungrigen Vaters war der Dauphin ziemlich gleichgültig geblieben. Eine einleuchtende Erklärung ist diese: Kronprinz Louis liebte die attraktive Kokotte, jedenfalls entsprach sie mehr seinem Begriff von einer Traumfrau als jene Marie-Thérèse-Raphaële von Spanien, die ihm der Vater gnadenlos ins Bett gelegt hatte. Sollte Ludwig XV. seinen Sohn durchschaut haben, als er sagte: »Mein Sohn ist faul, sein Charakter ist polnisch, lebhaft und veränderlich; er besitzt keinen Geschmack; die Jagd, die Frauen bedeuten ihm nichts, er glaubt vielleicht an sein Glück, wenn er an meiner Stelle stünde ...«

Tatsache ist, der Dauphin ließ nichts unversucht, die Marquise de Pompadour der Lächerlichkeit preiszugeben. Doch für eine Pompadour war der junge Ludwig kein ebenbürtiger Gegner. Sie nahm ihn überhaupt nicht ernst, sodass er es bei offiziellen Anlässen mied, mit ihr auch nur ein Wort zu wechseln. Was wollte sie mit dem Dauphin, wenn sie den König hatte?

An die Marquise de Saussay, die sie zu ihren Vertrauten zählte, schrieb Madame de Pompadour im Jahre 1747 einen Brief, in dem sie sich über den Thronfolger und seine angeheiratete Spanierin lustig machte: »Wie gefällt Ihnen die neue Dauphine? Sie ist nicht schön, sie hat aber Verstand, Annehmlichkeiten und etwas, das noch mehr als die Schönheit gefällt. Ihr durchlauchtigster Gemahl ist gar zu fromm. Wir werden sehen, ob sie ihn nicht von dieser Krankheit kleiner Seelen befreien wird, die einen Fürsten immer zu einem Verfolger und seine Untertanen zu Schwärmern macht. Ich kenne keinen großen König, der fromm gewesen wäre; der gute Heinrich IV. war gewiss keiner. Wir wollen Gott und die Tugend lieben und die Frömmigkeit den Mönchen überlassen.

Die Dauphine hat einen deutschen Jesuiten mitgebracht, der Vater Crouß heißt und ihr Beichtvater ist. Er ist vielleicht das albernste und einfältigste Tier, das jemals aus dem deutschen Reiche hierhergekommen ist. Dabei hat sie ein übergroßes Vertrauen zu ihm, welches mich alles befürchten lässt ...«

Auch wenn die Zweitfrau des Königs von Frankreich damit rechnen musste, dass solche Bemerkungen publik wurden, so konnte sie sich ein loses Mundwerk leisten, ja sie erntete damit sogar Sympathie, weil dies so ganz gegen den Zeitgeist war. Nicht nur bei Hofe in Versailles, in ganz Frankreich war es üblich, dem Gegenüber von Angesicht Komplimente zu machen und ihm schon beim Weggehen ein Bein zu stellen.

Zwar genoss Jeanne-Antoinette jetzt den Ruhm einer Marquise de Pompadour, aber das hinderte sie nicht, sogar in Anwesenheit des Königs an ihre kleinbürgerliche Herkunft zu erinnern. Sie sei, schreibt der beste Chronist jener Jahre am Königshof, der Duc de Luynes, frei von jedem Hochmut, und jedermann in Versailles finde sie äußerst höflich. Nicht allein, dass sie über niemanden Schlechtes rede, sie dulde auch nicht, dass man in ihrer Gegenwart schlecht über andere rede. Kam ihr subversiver Hofklatsch zu Ohren, so hinderte sie nichts, weder das Alter noch das Ansehen, den Urheber zur Rede zu stellen.

Einer der Ersten, gegen den die Marquise de Pompadour einen regelrechten Privatkrieg führte, war der alte Jean-Frédéric Phélypeaux Comte de Maurepas. Maurepas, Sohn eines Ministers unter Ludwig XIV. und selbst seit Jahrzehnten Minister Seiner Majestät, gehörte zu den entschiedensten Gegnern der Pompadour, obwohl er mit dem König, den er seit Kindertagen kannte, gut Freund war. Er nannte Ludwigs Geliebte schon bei ihrer Ankunft »ziemlich gewöhnlich« und bezeichnete sie später als »Bourgeoise déplacée«, als eine Bürgerliche am falschen Platz. Seine scharfe Zunge war gefürchtet, und wegen seines großen Einflusses beim König wagte niemand, ihm Paroli zu bieten.

Irgendwann scheint der alte Comte de Maurepas eine anzügliche Bemerkung über Ludwig und seine Mätresse gemacht zu haben, jedenfalls kam es der Marquise zu Ohren. Darauf schrieb sie dem Minister einen geharnischten Brief: »Ich höre, Sie belustigen sich alle Tage bei ihren kleinen Soupérs nicht nur auf meine Kosten, was ja etwas sehr Geringes ist, sondern auch auf Kosten Ihres Herrn, den Sie in Ehren halten sollten. Sie bedienen sich dabei ebenso unbilliger als unanständiger Ausdrücke, die sich weder für Ihr Alter noch für Ihren Stand schicken. Wenn Sie nur mich angriffen, so würde ich Ihnen vergeben und Sie verachten, wenn sich aber ein Mann, indem er seinen Charakter und die Gesetze seiner Pflicht vergisst, untersteht, den besten Fürsten, der ihn mit Ehre und Wohltaten überschüttet hat, zu beleidigen, so erlauben Sie mir, Ihnen zu sagen, dass dies eine schändliche Niedertracht ist.

Bei allem Unrecht, das sie mir antun, werde ich doch nicht ungerecht sein. Ich werde ganz gern gestehen, dass Sie ein guter Minister sind und dass Sie dem König wohl gedient haben. Sie müssen es aber nicht dabei bewenden lassen, dass Sie ihm wohl dienen, sondern Ihre Pflicht und die Erkenntlichkeit verpflichten Sie auch, ihn zu ehren. Wenn er

Schwächen hat, so sind Sie sein Richter nicht, sondern er ist der Ihrige.

Entschuldigen Sie diese Erinnerung, die mehr wert ist als ein Kompliment ...«

Es gehörte eine gute Portion Mut dazu, den ältesten und einflussreichsten Minister Frankreichs so abzukanzeln, doch die Marquise wusste genau, wie weit sie gehen durfte. Sogar in politischen Dingen suchte der König jetzt ihren Rat, und mehr als einmal hatte Ludwig XV. Maurepas bei gegensätzlicher Auffassung zurechtgewiesen: »Tun Sie, was Madame verlangt!«

Ähnlich streng, aber korrekt ging die Marquise mit dem Außen- und Kriegsminister Marc-Pierre Graf d'Argenson um. »Ich liebe die Politik nicht«, schrieb sie 1747, also als sie gerade zwei Jahre in Versailles weilte, an den einflussreichen Politiker. »Weil ich sie aber wegen meines sonderbaren Schicksals lernen muss, so bitte ich Sie, in Zukunft mein Lehrer zu sein. Nach meiner Meinung hat man dazu nichts weiter nötig als viel Redlichkeit und gesunden Verstand ...«

An Jeanne-Antoinettes Gelehrigkeit ist nicht zu zweifeln. Denn schon ein Jahr nach diesem Lehrauftrag in Sachen Staatskunst wandte die Zweitfrau des Königs sich mit folgender Erkenntnis an den Außen- und Kriegsminister, und ihr Ton klingt staatsmännisch: »Der neue Schritt, den der König von Preußen getan hat, gefällt mir, aber ich wundere mich nicht darüber, er versteht sein Interesse ebenso gut als die Kunst, Krieg zu führen. Wir wollen das Unserige auch verstehen lernen. Ich habe es vorausgesagt, dass die Unterhandlungen mit den Schweden keinen Nutzen haben werden, und meine Prophezeiung ist eingetroffen. Die Schweden haben, indem sie ihre Freiheit bekamen, ihre Ehre verloren. Solange sie Sklaven ihrer Könige gewesen sind, sind sie der Schrecken des Nordens gewesen, nun, da sie frei sind, sind sie nichts mehr, was zu beweisen scheint, dass die Freiheit sozusagen eine Speise ist, die sich nicht für jeden Magen schickt. Sie schickt sich auch ebenso wenig für uns. Die Franzosen haben einen Herrn nötig, und sie sind glücklich, dass sie einen guten haben.«

Die Marquise de Pompadour hatte nicht nur Königin Maria Leszczyńskas Stelle eingenommen, sie vertrat auch den verstorbenen Kardinal, Premierminister und Ränkespieler André Hercule de Fleury in bewundernswerter Weise. Mit der ihr eigenen Dynamik und Entscheidungsfreude überrumpelte sie sogar den König, sodass schon bald die Runde machte, die wahren Entscheidungen würden nicht im Kabinett, sondern im Boudoir der Pompadour getroffen. Die Audienzen Ludwigs XV. gerieten bisweilen ins Hintertreffen zugunsten der Audienzen, die die Zweitfrau des Königs abhielt. Warum sollte man mit dem König verhandeln, wenn man wusste, dass die Pompadour die Entscheidungen traf?

Wäre Ludwig XV. ein stärkerer Herrscher gewesen, wäre es zu der ungeheuren Machtfülle, die Madame de Pompadour auf sich vereinigte, nie gekommen. Der Souverän stand im vierzigsten Lebensjahr, also auf der Höhe seiner Möglichkeiten, aber er war phlegmatisch, faul, interesselos, unpolitisch und Opfer seiner Leidenschaften. Eine intelligente Frau wie Jeanne-Antoinette de Pompadour wusste genau, dass sie den König so lange in der Hand hatte, solange sie in der Lage war, seine Triebe zu befriedigen.

Erste Ermüdungserscheinungen erkannte die Pompadour schon nach einem Jahr des Zusammenlebens, und das jagte ihr einen gehörigen Schreck ein. Was tun? Die Marquise war keineswegs von jenem heißblütigen Wesen, das ihr manche Geschichtsschreiber nachsagten, sie war eine emanzipierte Intellektuelle, für die Sex nicht mehr als ein Mittel zum Zweck bedeutete. Blättert man in ihren Briefen, so gewinnt der Leser den Eindruck, dass sie sogar zu Frauen und Tauben mehr Zuneigung empfand als zu Männern. Sie war keine

Femme fatale wie die Montez oder die Du Barry, auch wenn sie so aussah, in ihrem Innersten blieb Jeanne-Antoinette eine kühl beherrschte Frau, und jede sexuelle Ekstase forderte von ihr ein gewisses Talent als Schauspielerin.

Jeanne-Antoinette hatte jetzt die Fünfunddreißig überschritten und ängstigte sich, der König könnte sie gegen eine Jüngere eintauschen. Frauen, gestand sie einmal einer Freundin, stünden meist schon mit fünfzehn in ihrer Blüte, danach seien sie dem allmählichen Verfall preisgegeben. Nun ist eine Frau, eine Mätresse zudem, jederzeit in der Lage, die Jugend eines Körpers in den Schatten zu stellen: durch Leidenschaft und Raffinesse. Und da sie beides schwinden fühlte, flüchtete Jeanne-Antoinette sich in allerlei Elixiere und exotische Speisen, von denen Quacksalber behaupteten, sie erhöhten die Libido.

Ihr Frühstück bestand aus ambrierter Vanilleschokolade und scharf gewürzten Speisen, mittags gab es Selleriesuppe und pfundweise Trüffeln, abends das Gleiche und dazwischen ein geheimnisvolles Elixier, das zwar stank wie die Pest, dafür aber Wirkung zeigte. Nur ihre Kammerfrau, Madame du Hausset, und ihre Freundin, die Herzogin de Brancas, wussten von der Gewaltkur. Sie waren auch die Einzigen, denen die Pompadour ihre Sorge eingestand: »Die Männer legen so großen Wert auf gewisse Dinge, und ich bin zum Unglück eine so kalte Natur.« Sie konnte es nicht verwinden, als Ludwig einmal bei einem seiner abendlichen Besuche unverrichteter Dinge auf ihrem Kanapee einschlief und sich danach über sie lustig machte, in ihren Adern fließe Fischblut.

Anderen Damen hatte Ludwig XV. bei ähnlichen Gelegenheiten das Bett vor die Tür gestellt und sie mit einer hübschen Abfindung dorthin geschickt, woher sie gekommen waren. Dass dies mit der Marquise de Pompadour nicht geschah, zeigt, wie sehr sie sich bereits im Leben des Königs etabliert hatte. Seine Entscheidungsschwäche, seine Lethargie und zahllose unliebsame Regierungsgeschäfte wurden von der Mätresse des Souveräns aufgefangen, die Pompadour machte sein Leben leichter.

Für die Geliebte des Königs bedeutete dies jedoch hohen persönlichen Einsatz bis zur Selbstaufgabe. Ihr Tag begann, anders als bei Ludwig XV., in den frühen Morgenstunden und endete selten vor Mitternacht. Wie vom Fieber getrieben, jagte die Marquise de Pompadour von Termin zu Termin, von Entscheidung zu Entscheidung, um »zwischendurch« auch noch der Majestät, dem König, zu Willen zu sein. Kein Wunder, dass sie mehrere Fehlgeburten erlitt und ihr sehnlichster Wunsch, ein Kind des Königs zur Welt zu bringen, sich nicht erfüllte.

Ihre Tochter Alexandrine aus der Ehe mit Charles-Guillaume Le Normant d'Étioles wurde im Kloster *Zur Himmelfahrt*, einem Internat für höhere Töchter, erzogen. Allein die Tatsache, dass sie mit dem dreijährigen Kind schriftlich verkehrte, lässt Zweifel aufkommen, ob die Liebe, die sie dem Mädchen beteuerte, echt, ob dies nicht eher eine Redewendung war, derer sich Briefschreiber bedienten. Unter diesem Aspekt ist der folgende Brief an eine Dreijährige eher ungewöhnlich:

»An Mademoiselle Alexandrine. Wie befindet Ihr Euch, mein schöner Engel? Jedermann sagt mir, Ihr würdet Eurer Mutter Ehre machen, und mein Herz überzeugt mich davon. Eure Damen sind gar sehr mit Euch zufrieden, Sie können Euren Verstand und Eure Reize nicht genug loben. Fahret fort, Ihre zärtliche Sorgfalt und Bemühungen zu verdienen, wenn Ihr mir gefallen und Euch mit der Zeit Hochachtung erwerben wollt. Kommt kommenden Freitag mit Eurer kleinen Freundin, der Mademoiselle de Rossieres, zu mir. Der König liebt Euch wie seine Tochter und wird Euch liebkosen. Er redet oft mit mir von euch, ich zweifele nicht, dass er einmal bei Eurer Versorgung etwas Beträchtliches für Euch tun wird. Lebt wohl, mein liebes Kind, sorgt für Eure Gesundheit und liebt Eure Mutter so sehr, wie sie Euch liebt.«

In einem anderen Brief ermahnte die Marquise ihre Tochter aus gegebenem Anlass »sanftmütig, bescheiden und gesprächig« (!) zu sein. Offenbar befand sich das Kind in einer Trotzphase, ausgelöst durch die Übermutter, die für Alexandrine keine Zeit fand. Eindringlich brachte sie dem Kind nahe, dass es keine Prinzessin sei, auch wenn es wie eine Prinzessin erzogen werde. »Das Glück, das mich erhoben hat«, belehrte sie ihre Tochter, »kann sich ändern und mich zu der unglücklichsten Frau machen. In diesem Fall würdet Ihr wie ich gar nichts sein.«

Dieser Angst, von einem Tag auf den anderen »gar nichts zu sein«, begegnen wir von nun an immer häufiger, sie wird fast zwanghaft. Jeanne-Antoinette versuchte, dieser Furcht mit immer neuen Erfindungen und Sinnesreizen zu begegnen – nicht nur im Bett des Königs, auch an seinem Hof. Denn für Ludwig XV. gab es nur eine Sünde, die Langeweile. Die hatte den König in seinem bisherigen Leben oft anfallartig überfallen und in tiefe Depression gestürzt. Die Folge waren sexuelle Exzesse, die ihn zwar vorübergehend betäubten, aber nicht imstande waren, ihn von seiner Langeweile zu heilen. Die Monotonie des Luxus hatte Ludwig XV. so abgestumpft, dass es schwierig wurde, ihn mit irgendetwas zu erfreuen.

Nachdem die Marquise drei Jahre das Leben bei Hofe »genossen« hatte, kannte sie die Gefühle Ludwigs in Bezug auf Langeweile. Es war nicht so, dass es nichts zu tun gab, aber das, was sie tat, machte keine oder wenig Freude. »Ich für meine Person bin betrübt und glaube gewiss«, klagte sie ihrer Vertrauten, der Gräfin de Noailles, »dass, wenn auf der Welt ein Glück zu finden ist, man nicht an Höfen suchen muss.« Man treffe da nur falsche Vergnügungen und falsche Freunde an, die, indem sie einen umarmten, danach trachteten, einem das Leben zu nehmen.

»Nun sehe ich«, gestand Jeanne-Antoinette der Marquise de Foutenailles, »dass Könige ebenso weinen können wie andere Leute. Ich für meine Person weine oft über den Ehrgeiz, der mich hierhergeführt hat und hier auch noch zurückhält.« Und dann erzählte sie von einem afrikanischen König, der sich 500 Narren hielte, zu keinem anderen Zweck, als ihn, den Häuptling, zum Lachen zu bringen. Die Pompadour wörtlich: »Ludwig XV. hat 500 Affen, die alle Tage, wenn er morgens aufsteht, um ihn herum sind, es geschieht aber selten, dass sie ihn zum Lachen bewegen, er ist ebenso traurig und betrübt wie ich.«

Das Bild, das Versailles jahrhundertelang ausstrahlte, scheint falsch, jedenfalls bestätigen auch Höflinge und Minister, dass es in der pompösen Architektur, unter kostbaren Lüstern inmitten von wertvollem Mobiliar und tausendfachen Spiegeln ziemlich trist zuging. Bälle und Kostümfeste schafften es nur für kurze Zeit, Depressionen und Langeweile des Königs zu vertreiben. Damit Ludwig nicht der Frömmelei und damit dem Einfluss der Geistlichkeit verfallen konnte, ließ sich die Marquise de Pompadour immer neue Überraschungen einfallen, die ihr geeignet schienen, den Souverän aufzuheitern.

In Choisy, dem kleinen Schloss im Süden von Paris, traf sich die Tischgesellschaft, die meist aus einem oder zwei Dutzend Vertrauten des Königs und seiner Geliebten bestand, zu einem zwanglosen Empfang, und wenn die Marquise in die Hände klatschte und das Zeichen zum Soupér gab, öffnete sich der Boden des Saales auf geheimnisvolle Weise, und aus dem unteren Geschoss fuhr die reichgedeckte Tafel mit dampfenden Speisen und flackernden Kerzen nach oben.

In Crécy nahe Dreux hatte die Marquise ein kleines Schloss errichtet, in dem die ersten Skulpteure, Maler und Innenarchitekten des Reiches ihre Künste zeigen durften. Der gute Geschmack der Marquise war bekannt und ging sogar so weit, dass die Abendgesellschaften in dem »Cabinet d'assemblée« einer besonderen, einmaligen Kleiderordnung unterlagen. Damit die Harmonie der Farben in dem von Spiegeln, Kunstwerken und Bordüren glitzernden Etablissement nicht gestört wurde, verlangte die Marquise de Pompadour von allen geladenen Gästen den »Habit de Crécy«; Fräcke der Herren und Abendtoiletten der Damen mussten aus grünem Samt mit Goldstickerei gefertigt sein, und auch das nur von einem ausgesuchten Couturier. In ihrem »Petit Château«, einem weiteren Lustschloss der Pompadour zwischen Versailles und Saint Cloud, veranstaltete Jeanne-Antoinette Tafelrunden mit Schäferspielen, wie wir sie von Gemälden Bouchers kennen, lebende Bilder und Szenen aus der Sagen- und Nymphenwelt, bei denen Gäste, wie der junge Herzog von Ayen oder auch sie selbst, leichtbekleidet als Pan und Nymphe auftraten.

Seit ihrer Kindheit hatte Jeanne-Antoinette ein Faible fürs Theater. Sie hatte eine ausgezeichnete Schauspielausbildung genossen, war im Theater von Étioles aufgetreten, und kein Geringerer als Pierre Jélyotte von der Comédie Française hatte ihr Unterricht im Singen und Tanzen erteilt. Mit Zustimmung des Königs ging sie nun daran, in Versailles ein kleines intimes Theater einzurichten, das mehr Schauspielern, Musikern und Sängern Platz bot als Zuschauern. Das gesamte Parkett fasste nur vierzehn Plätze. Als Bühne wurde ein kaum genutzter Saal neben dem Münzkabinett ausgebaut, der sogar einen Zugang zu den »kleinen Gemächern des Königs« hatte, jenem verschwiegenen Appartement, in dem Ludwig XV. seinen Liebhabereien nachzukommen pflegte. Kein Geringerer als François Boucher malte die Kulissen. Aber das Pikanteste an dieser Institution war wohl das Ballett, die hübschesten kleinen Mädchen von Paris, im Alter zwischen neun und dreizehn. Hatten sie das Alter erreicht, schob die Pompadour sie ab zum Ballett der Pariser Oper.

Madame selbst trat meist in der Hauptrolle der Komödie auf – in der Hauptsache wurden Komödien gespielt wie Molières *Tartuffe* oder anspruchslose Stücke wie *La mère coquette* oder *Le père respecté*. An Opern oder dramatischem Schauspiel konnte Ludwig XV. überhaupt keinen Gefallen finden. Bedenkenlos hätte sich die Marquise für ihr intimes Theater die besten Schauspieler Frankreichs leisten können, und bisweilen tat sie das auch, aber als viel reizvoller erwies sich die Idee, Dilettanten aus dem höchsten Adel in anzügliche Kostüme zu stecken, anzüglich deshalb, weil die Rollen meist einen Bezug zum Charakter des Darstellers hatten.

Man könnte meinen, Madame de Pompadour hätte Mühe gehabt, Darsteller für ihr Privattheater zu finden. In Wahrheit war der Andrang so groß, dass die Prinzipalin ungelenke Tölpel wie den Herzog von Chartres, dem es zur Ehre gereicht hätte, neben der Zweitfrau des Königs auf der Bühne zu stehen, wieder nach Hause schickte. Auf dem Theaterzettel standen große Namen wie Jeanne-Antoinettes Freundin, die Herzogin de Brancas, die Marquise von Liory, die Gräfin d'Estrades, Madame de Marchais, aber auch Graf Maillebois, der Marquis d'Entraigues und die Herzöge de Duras, de Nivernois, d'Ayen und de Coigny. Als Schauspieldirektor fungierte der Herzog de la Vallière, und Abbé de la Garde, Jeanne-Antoinettes Bibliothekar, zwängte sich in den Souffleurkasten. Der Drang auf die Bühne der Marquise de Pompadour hatte vor allem zwei Gründe: Man konnte sich bei der allmächtigen Zweitfrau des Königs einschmeicheln und gleichzeitig beim Souverän in Erinnerung bringen.

Der Aufwand, der in diesem kleinen Theater betrieben wurde, übertraf den der Pariser Oper bei Weitem; denn während auf allen Bühnen der Welt Theaterkostüme und Talmischmuck getragen werden, legte die Pompadour größten Wert auf Originalität: Die Kostüme stammten von den besten Schneidern (unnötig zu sagen, dass sie nur aus den kostbarsten Materialien gefertigt waren), und für den (echten) Schmuck sorgten die renommiertesten Bijouteriehändler von Paris, allen voran Lazare Duvaux, Jeanne-Antoinettes bevorzugter Lieferant. Die Marquise schwärmte für funkelndes Gold und glitzernde Edelsteine, sie begeisterte sich am Leuchten von geschliffenen Spiegeln und Kristall, Porzellan war für sie kein Material, sondern eine Weltanschauung.

Ein Mann wie Duvaux, für den die erlesensten Goldschmieden und Manufakturen arbeiteten, konnte gar nicht genug Pretiosen herbeischaffen, um den Bedürfnissen der Pompadour nachzukommen. Denn die Marquise stattete nicht nur aus, sie sammelte auch, neben Gemälden vor allem Bijouterie. Niemand, nicht einmal der König wusste, was die Marquise de Pompadour für Schmuck und kostbare Goldschmiedearbeiten ausgab, und nur durch Zufall erfahren wir von einigen besonderen Stücken, etwa einer Kollektion Armbänder, Ringe und Petschafte mit geschnittenen Edelsteinen, die sie, die Zweitfrau, dem König testamentarisch zum Geschenk machte für seine Edelsteinsammlung.

In demselben Dokument erhielt der Marquis de Soubise einen Ring mit einem großen Aquamarindiamanten und einen weiteren mit einem geschnittenen Stein, die »Freundschaft« darstellend. Ein diamantbesetzter Kasten mit dem Porträt ihrer Tochter Alexandrine ging an Madame de Roure, die Marschallin von Mirepoix erhielt eine diamantgeschmückte Uhr, Madame de Chateaubriand eine mit Diamanten besetzte Dose mit dem Porträt des Königs; eine silberne, mit Diamanten besetzte Dose war für die Herzogin de Choiseul gedacht, eine weitere mit einem Diamantenschmetterling für die Herzogin de Gramont. Weil er sie gar so reizend fand, bekam der Herzog von Gontaut eine Dose aus Karneol und einen Ring von rosa und weißen Diamanten mit einem verschlungenen grünen Knoten, und Madame d'Amblimont wurde ein Smaragdgeschmeide übereignet. Da die Marquise de Pompadour diesen Nachtrag zu ihrem Testament noch am Tage ihres Todes diktierte, ist anzunehmen, dass es sich bei den erwähnten Schmuckstücken nicht einmal um die Besten gehandelt hat.

Ein Blick in die Bücher des Bijouteriehändlers Lazare Duvaux zeigt, was die Marquise allein für »Kleinigkeiten« ausgab.

23. Januar: *Für die Marquise de Pompadour:*
Ein Kronleuchter aus böhmischem Kristall,
in Lyraform mit acht Armen 550 Franc
27. Januar: *Feuerzeug aus vergoldeter Bronze,*
Huhn und Tauben darstellend, die Figuren
vergoldet; eine Garnitur Schaufeln und
Zangen für das Badezimmer 726 Franc
29. Januar: *Von der Marquise de Pompadour*
erhalten eine Verschreibung Collins auf
Herrn von Montmartel, dem ich die Quit-
tung übergeben, die Summe von 9000 Franc
9. März: *Eine antike Porzellanvase à jour,*
mit vergoldeter Bronze verziert 480 Franc
25. April: *Eine Gruppe aus Meißner Porzellan,*
»Sommer und Herbst« auf einer vergoldeten
Terrasse, an den Ecken mit vier Figuren und
einer Girlande von Vincenner Blümchen
geschmückt 720 Franc
5. Mai: *Ein kleiner lackierter, schwarz und*
braun geäderter Kasten, innen und außen mit
Goldverzierung graviert 372 Franc
8. Mai: *Ein Necessaire mit Inhalt aus Achatstein,*
die darin enthaltenen Utensilien mit Gold
verziert 408 Franc
Ein goldüberzogener Kristallflakon mit gol-
denem Verschluss 168 Franc

*Zwei Eier aus Jaspis und Achatstein, mit
ziseliertem Gold verziert, das Stück 168 Fr*   336 Franc
*Vier kleine goldene Käfige mit je einem
Vogel aus Email, das Stück 60 Fr*   240 Franc
7. Juni: *Ein Kronleuchter in Form eines Spring-
brunnens, gemalt und vergoldet, mit sechs
Armen und Meißner Porzellanfiguren und
mit einer Bergkristallpyramide, reichlich mit
Vincenner Blumen verziert*   1260 Franc

Für die immer aufwändigeren Theaterproduktionen erwies sich das »Theater der kleinen Gemächer« bald als zu klein. Nach 122 Vorstellungen ließ Jeanne-Antoinette deshalb die Treppenhalle und die anschließenden Gesandtschaftsräume im Nordflügel von Versailles zu einem größeren Theater mit beweglicher Bühne umbauen. Der Umbau verschlang 75 000 Franc, im Vergleich zu den Unterhaltskosten von jährlich 500 000 Franc noch ein billiges Unternehmen. Doch auch dieses Theater genügte den Ansprüchen der Pompadour nur kurze Zeit. Im Neubau ihres Schlosses Bellevue zwischen Sèvres und Meudon erdachte sich die Geliebte des Königs ein drittes Theater.

Bellevue war übrigens das einzige Schloss, das sie selbst bauen ließ. Mit Vorliebe kaufte die Pompadour alte Häuser und Schlösser auf und restaurierte sie nach ihrem eigenen Geschmack, sehr zum Vorteil der jeweiligen Immobilien übrigens, die durch die Neugestaltung ihren Wert vervielfachten. Auf diese Weise erwarb sie ein gutes Dutzend Immobilien, die der König zum Teil aus dem Staatsschatz, zum Teil aus seiner Privatschatulle bezahlte, was sie aber – wie im Fall des Schlosses Bellevue – nicht hinderte, diese dem König gegen bare Münze zu verkaufen.

Sie begann bescheiden: Zuerst erwarb Jeanne-Antoinette das Landhaus in Crécy, ihm folgte eine Villa in Montretout, darauf das Schloss von La Celle. Aus einem Brief an die Herzogin von Lützelburg vom 27. Februar 1749: »Sie glauben, wir reisen nicht mehr, Sie täuschen sich, wir sind beständig unterwegs. Choisy, La Muette, Petit Château und ein gewisses heimliches Versteck in der Nähe des Drachengitters in Versailles, wo ich mein halbes Leben verbringe ...« Das sind drei weitere Wohnsitze. Hinter dem »heimlichen Versteck« verbirgt sich die Eremitage, ein einstöckiger Gartenpavillon »acht Klafter lang und fünf breit«. Wenige Monate später an dieselbe Dame: »Der König hat mir die Wohnung des Herrn und der Frau von Penthièvre gegeben, die mir sehr bequem sein wird ...« Aber das war nicht genug.

In der Nähe der Tuilerien erwarb sie etwa zur selben Zeit das Stadtpalais des Comte d'Evreux, heute besser bekannt als Élysée-Palast. »Wissen Sie«, schrieb sie nicht ohne Stolz an die Gräfin de Breze, »dass ich das Hôtel d'Evreux gekauft habe? Ich muss doch wohl ein Haus in Paris haben, ich will es aber niederreißen und ein anderes, das mehr nach meinem Geschmack ist, bauen lassen. Man hält sich allenthalben über die Torheit zu bauen auf. Ich für meine Person billige diese vermeintliche Torheit sehr, welche so vielen armen Leuten Gelegenheit gibt, etwas zu verdienen. Ich finde kein Vergnügen daran, das Geld in meinen Kästen anzusehen, sondern es unter die Leute zu bringen. Ich glaube bestimmt, dass Sie ebenso denken wie ich. Lassen Sie uns allzeit lieben und die Niederträchtigkeit und den Neid verachten.«

Den Parisern ging die Bau- und Kaufwut der Marquise de Pompadour auf die Nerven. Es kam zum Eklat, als Handwerker der Marquise begannen, die Inschrift »Hôtel d'Evreux« abzuschlagen, um sie durch die neue »Hôtel de Pompadour« zu ersetzen, denn zur Vergrößerung des Parks hinter dem Evreux-Palais hatte Ludwig XV. eine öffentliche Anlage halbiert. Es fehlte nicht viel, und die Bauarbeiter wären von der Menge gelyncht worden. Militär zog auf und musste die Ruhe wiederherstellen.

Zu einer ähnlich gefährlichen Situation war es bei der Einweihung des Schlosses Bellevue gekommen. Der über dem Steilufer der Seine gelegene Prachtbau des Architekten Pierre Lassurance sollte mit einem großen Feuerwerk eingeweiht werden. Doch noch ehe die Pyrotechniker zu ihren Lunten griffen, meldeten reitende Boten der Polizei, auf dem gegenüberliegenden Ufer des Flusses hätten sich Tausende rebellierender Bürger versammelt, und der Polizeipräfekt empfahl, die Menschenmenge durch das Feuerwerk nicht noch mehr zu provozieren. So unterblieb das nächtliche Schauspiel.

Kaum der Rede wert waren drei weitere Besitzungen der Pompadour: Das Gestüt Saint Quen aus dem Besitz des Herzogs von Gesvres, Schloss Champs aus dem Besitz des Herzogs de la Vallière und Schloss Ménars, das sie nur zwei Mal für ein paar Tage bewohnt hat.

Auf der Suche nach einem einzigen Attribut, das alle Eigenschaften der Marquise de Pompadour zusammenfasst, findet sich der Begriff *unersättlich*. Die Marquise war unersättlich, was Reichtum anging, gesellschaftliche Anerkennung, Macht, Bewunderung, Schönheit und Luxus; nur das, was man von der Mätresse eines liebestollen Königs erwarten würde, war die Pompadour nicht – unersättlich, was die Liebe betraf.

Und gerade das versetzte die kühle Verstandesfrau in stete Unruhe. Sie wusste, wie der König mit einer Geliebten umging, die ihn langweilte. Und inzwischen wusste sie auch, wie der König mit einer Geliebten umging, die ein Kind von ihm bekam. Schon die Geburt *eines* Bastards hatte genügt, ihm alle Lust an einer Geliebten zu nehmen. Dass sie, die Marquise de Pompadour und Zweitfrau des Königs, während ihrer Verbindung mindestens drei Mal schwanger war, durfte Ludwig XV. nicht wissen. »Seit zwei oder drei Tagen«, schrieb der Herzog de Luynes, ein Höfling der Königin, am 2. April 1749, also vier Jahre nach dem Beginn der Liaison, »ist Madame de Pompadour unpässlich. Man sieht sie nicht. Heute erfuhr ich, dass sie eine Fehlgeburt hatte. Und wie man mir versichert, ist das mindestens die dritte, die sie, seit sie in Versailles ist, herbeiführt.«

In ihrem Unersättlichkeitsstress ging die Geliebte des Königs bis an die Grenzen physischer und psychischer Belastbarkeit. Die Folge: Im Alter von fünfunddreißig Jahren begann Jeanne-Antoinette auf erschreckende Weise zu altern. Und jeden Tag, wenn sie in den Spiegel blickte, sah sie sich dem Ende am Hofe des Königs von Frankreich näher. Ihre Haut war fahl und schlaff geworden. Sie magerte ab. Ihr Busen, von dem die Welt sprach, folgte dem gnadenlosen Gesetz der Schwerkraft. Ohnmachtsanfälle häuften sich. Es bedurfte allerlei Puder und Farben, um die dunklen Ränder, die ihre Augen rahmten, zu überdecken. Doch François Boucher und Carle van Loo malten sie so weiter, wie sie dem Idealbild des Königs entsprach. Jeanne-Antoinette indes war nicht töricht, sie kannte die Wahrheit, und die machte sie immer depressiver.

An Gabrielle d'Estrées, Ehefrau des rauhbeinigen Maréchal d'Estrées, der mit seiner Grande Armée den Deutschen übel mitspielte, schrieb sie 1754: »Ich sehe immer mehr und mehr ein, dass der Zustand der Könige und der Großen gar sehr traurig ist, und ich glaube, ein Stallknecht sei noch etwas glücklicher als sein Herr. Wie teuer muss man die Pracht, die Ehre und die prächtigen Kleinigkeiten, die der unwissende Pöbel aus Torheit beneidet, bezahlen! Was mich anbetrifft, so muss ich gestehen, dass ich, seitdem ich hier bin, noch nicht sechs angenehme Augenblicke gehabt habe …« Die glänzendsten Gesellschaften, so die Marquise weiter, verursachten ihr Kopfschmerzen, und wie der König empfinde sie bei den Festen Langeweile. Im Übrigen sei sie zu der Einsicht gelangt, dass in der Eitelkeit kein Glück zu finden sei.

Eine erstaunliche Einsicht der Madame de Pompadour, die sich zum ersten Mal Gedanken machte über die Bedeutung des Glaubens und der Kirche und zu dem Schluss kam: »Ich kann mir nicht denken, dass ihre Beichtzettel so sehr nötig sind, auch nicht, dass Gott einen ehrlichen Mann, der ohne ihre Pässe stirbt, verstoßen wird.« Die Marquise, für die jeder Pfaffenrock ein rotes Tuch war, beschäftigte sich von nun an immer mehr mit religiösen Fragen. Es schien, als hätte sie eine Ahnung, dass ihr nur ein kurzes Leben beschieden sein würde.

Angst vor dem Tod ist vielleicht auch die Triebfeder gewesen für ihre Unersättlichkeit, für ihre Ruhelosigkeit. Jedenfalls musste alles, was sie in Angriff nahm, schnell gehen. Der Gedanke, irgendeine Sache auf später zu verschieben, machte sie krank und ratlos, weil sie sich einfach nicht vorstellen konnte, jemals alt zu werden. Eine Pompadour mit fünfundsechzig? Jeanne-Antoinette de Pompadour zählte zu den Frauen, die in Gedanken die ewige Jugend gepachtet haben und daher nichts mehr fürchten als das Alter. Wie bei Königin Luise von Preußen blieb von der Marquise de Pompadour nur das Bild von Jugend und Schönheit. Dafür kasteite sie ihren Körper, dafür unterzog sie sich zeitraubender kosmetischer Behandlung.

Ihre Macht als Zweitfrau des Königs (sie war nicht nur mächtiger als die Königin, in mancher Hinsicht übertraf sie sogar den Einfluss Ludwigs XV.) hatte nun den Gipfel erreicht. Sie konnte schalten und walten, wie sie wollte, sie hielt alle Fäden in der Hand, sogar in politischen Entscheidungen, sodass viele Gesuche gar nicht mehr an den König, sondern direkt an sie gerichtet wurden. Einen kleinen Makel sah die Marquise freilich noch in ihrem gesellschaftlichen Ansehen, was ihre Vorgängerin Marie-Anne de Nesle, die Herzogin von Châteauroux, betraf. Jeanne-Antoinette wollte ebenfalls Herzogin werden.

Der König kam ihrem Wunsch umgehend nach und erhob sie am 12. Oktober 1752 in den Herzoginnenstand. Dieser Titel und Rang unterschied die Pompadour nun von allen anderen Damen des Hofes, er gestattete ihr einen eigenen Hofstaat, in der Oper eine eigene vergitterte Loge, wie sie nur der König besaß, in der Kirche eine eigene Empore und eigene Audienzen, bei denen sie den Ministern Frankreichs Lob und Tadel spendete wie eine strenge Lehrerin ihren Schülern. Sieht man von Richelieu, d'Argenson und Maurepas einmal ab, so wagte keiner jemals zu widersprechen. Jedenfalls nicht von Angesicht zu Angesicht.

Hinter ihrem Rücken jedoch hatte die Herzogin zunehmend Feinde. Majestätisch sprach die Pompadour nur noch im Pluralis majestatis. »Wir werden sehen«, wurde zu einem geflügelten Wort, mit dem sie Eingaben (an den König) ablehnend beschied. Es hatte sich eingebürgert, dass sie über alle Eingaben und Bittschriften befand. Der Phlegmatiker Ludwig XV. hatte nichts dagegen.

Die ungekrönte Königin nahm mehr und mehr die Aufgaben eines Premierministers wahr, allerdings mit dem Vorteil, weder dem König noch seiner Regierung Rechenschaft zu schulden. Mit Vorliebe zog sie die Fäden in Kreisen der Pariser Finanzwelt, die von den Brüdern Joseph Pâris-Duverney und Jean Pâris-Monmartel beherrscht wurde.

François Poisson, der Vater der Pompadour, hatte bei den Brüdern Pâris einst die Stellung eines Verwalters bekleidet, jetzt führte er dank des Einflusses seiner Tochter das beschauliche Leben eines Landedelmannes. Dabei blieb ihm genug Zeit, darüber nachzudenken, ob er, was von verschiedener Seite bezweifelt wurde, überhaupt der Vater von Jeanne-Antoinette war und nicht Joseph Pâris-Duverney – wie einige »Freunde« behaupteten, die Madame Louise-Madeleine Poisson, geborene de la Motte gut gekannt haben wollen. Dass Bruder Jean Pâris-Monmartel als Pate des Mädchens fungierte, könnte diese Behauptung stützen, im Übrigen handelte es sich um Gerüchte.

Die Pâris-Brüder – insgesamt waren es sogar vier, doch traten die beiden anderen nur selten in Erscheinung – waren mit unvorstellbarem Reichtum gesegnet. Sie konnten es sich leisten, Ministerposten auszuschlagen, die ihnen Ludwig XV. mehrfach andiente.

Um ihr schlechtes Image aufzupolieren, das sie in Adelskreisen genoss, versuchte sich die Marquise de Pompadour (der Herzoginnentitel setzte sich, obwohl rechtmäßig verliehen, nie durch) in Wohltätigkeit wie weiland Françoise d'Aubigné Marquise de Maintenon, die Geliebte und zweite Frau Ludwigs XIV. Diese hatte 1686 in Saint Cyr-l'École ein Internat für mittellose Adelstöchter gegründet und sich damit hohe Anerkennung erworben.

Madame Pompadour gründete ihrerseits ein Erziehungsheim und eine Militärschule für die armen Söhne adeliger Kriegsteilnehmer. Sie glaubte, sich damit patriotische Verdienste zu erwerben, aber mehr als 100 000 Franc wollte sie für das Unternehmen nicht aufbringen, den Rest, oder besser: den größeren Anteil forderte sie von Joseph Pâris-Duverney ein, den sie zärtlich »Dummchen« nannte. Korrespondenz zwischen der Pompadour und Pâris-Duverney vom 15. August 1755: »Nein, gewiss nicht, liebes Dummchen, ich werde nicht zu guter Letzt eine Einrichtung umkommen lassen, die den König unsterblich machen wird und seinen Adel glücklich und die der Nachwelt Kunde geben soll von meiner Anhänglichkeit an den Staat und an die Person Seiner Majestät. Ich habe Architekt Jacques Gabriel heute gesagt, er solle das Nötige tun, um in Grenelle die für das Werk nötigen Arbeiter wieder zu installieren. Mein Einkommen für dieses Jahr habe ich noch nicht erhalten, ich werde es ganz dafür verwenden, um den Arbeitern einen vierzehntägigen Lohn auszuzahlen. Ich weiß nicht, ob ich für die Bezahlung die nötige Sicherheit finden werde, aber ich weiß sehr wohl, dass ich mit Genugtuung 100 000 Franc für das Glück dieser armen Kinder wagen werde ...«

In besonderem Maße lag der Marquise de Pompadour das Schicksal ihres jüngeren Bruders Abel Poisson am Herzen. Abel war ein feiner Charakter, ein Künstlertyp und gewiss kein Ellbogenmensch. Die gebrauchte seine Schwester für ihn: Ohne sein Zutun hatte der »arme« Abel drei Mal den Namen zu wechseln. Zuerst wurde aus dem kleinbürgerlichen Poisson der Marquis de Vandière, danach der Marquis de Marigny und schließlich der Marquis de Ménars, und jeder Titel brachte ihn eine Stufe höher auf der Karriereleiter. Dabei legte Abel überhaupt keinen Wert auf Stand und Reichtum, er war schüchtern und bescheiden und wagte nur äußerst selten gegen die große, die allmächtige Schwester aufzumucken. Zum ersten Mal, als Jeanne-Antoinette eine Braut für ihn ausgekundschaftet hatte.

Die Voraussetzungen schienen ideal: Steinreiche Eltern, von hochedlem Stand, die bereits ihr Einverständnis bekundet hatten. Doch als Abel die Erwählte zum ersten Mal sah, machte er einen Rückzieher. Die sei dumm und stolz, meinte er, ohne sich über das Äußere der Braut auszulassen, und bat die Marquise, die in Aussicht genommene Heirat rückgängig zu machen. Nur einmal äußerte er einen Wunsch, gewiss keinen geringen, aber doch seinen Fähigkeiten angemessen: Er wollte Nachfolger seines Onkels Charles-François Le Normant de Tournehem werden.

Tournehem hatte nach seinem Posten als Direktor der Compagnie des Indes das Amt des Intendanten der königlichen Bauten bekleidet. Er erbat sich spontan, von seinem Posten zurückzutreten, schließlich war er ein alter Mann. Aber das mochte die Pompadour ihrem Onkel nicht zumuten, und sie schickte Bruder Abel zusammen mit dem

Architekten Charles-Nicolas Cochin, seinem Freund Jacques-Germain Soufflot und einem befreundeten Abbé auf eine ausgedehnte Italienreise zum Studium der dortigen Architektur. Den Duc de Nivernais, Frankreichs Botschafter in Rom, bat sie schriftlich, sich des »braven Jungen« anzunehmen.

Inzwischen hatte sich der Ruhm der Marquise de Pompadour bereits in ganz Europa herumgesprochen, sodass sich dem Bruder der mächtigen Geliebten des Königs von Frankreich alle Türen öffneten. Begeistert berichtete Abel seiner Schwester, dass er sogar vom Papst empfangen wurde. Darauf Jeanne-Antoinette: »Ich bin sehr erfreut, dass Sie der Heilige Vater so gut aufgenommen hat. Die Achtung, die man mir erweist, wundert mich nicht in jenem Lande, wo alle Welt meine Dienste nötig hat oder haben kann. Ich war erstaunt, dass das sogar bis Rom ging ...«

Tournehem starb kurz nach Abels Rückkehr aus Italien, aber es wäre verkehrt, daraus Schlüsse zu ziehen. Tournehem war alt und krank, und Jeanne-Antoinette hat ihren Oheim gern gehabt. Abel, der Marquis de Marigny, wurde neuer Intendant der königlichen Bauten, eine Aufgabe, der er mit Geschmack und Können nachkam. Die Marquise de Pompadour freilich sah sich einer neuen Aufgabe gegenüber, sie musste den jüngeren Bruder bei seiner verantwortungsvollen Tätigkeit beaufsichtigen. Zu ihrer Ehrenrettung sei gesagt: Sie tat es mit großem Einfühlungsvermögen. Alles, was Jeanne-Antoinette und Abel gemeinsam gestalteten, zählt zur besten Architektur jener Epoche. Und da Kunst bekanntlich glücklich, nur selten aber reich macht, sorgte sich die Zweitfrau des Königs mit großem Elan um das materielle Auskommen des Bruders. Sie schob ihm Immobilien und Pachtverträge zu, die den Marquis innerhalb weniger Jahre zu einem wohlhabenden Mann machten.

Und da war noch Alexandrine, ihre Tochter aus der Ehe mit Charles-Guillaume Le Normant d'Étioles. Die Marquise holte sie immer öfter aus dem Kloster der frommen Schwestern, damit sie sich an das aufwändige Leben am Hof von Versailles gewöhne. Der Mutter schwebte Großes mit ihrer Tochter vor. Als das Mädchen acht war, schrieb die Mutter der schönen Marquise de Boufflers, der Mätresse des Exilkönigs Stanislaus, dem Vater der Königin, einen Brief, und wann immer jemand mit der Boufflers ins Gespräch kam, ging es nur um ein Thema: Wer mit wem?

»… Um aber wieder auf das Heiraten zu kommen, ich habe eine große Tochter, die ich bald werde versorgen müssen. Dass soll mich belehren, dass ich alt werde, wenn mir auch die Eitelkeit und mein Spiegel das Gegenteil sagen. Was haben die Frauen für ein Schicksal? Sie leben, das heißt, sie gefallen nur höchstens fünfzehn Jahre. Ei, es ist wohl der Mühe wert, schön zu sein. Ein anderes Zeichen des Alters bei den Frauen ist, wenn ihr Herz fähig wird, Freundschaft gegen ihr eigenes Geschlecht zu hegen, denn die jungen Mädchen lieben weiter niemand als sich selbst. Ich finde dieses Zeichen auch bei mir. Ich liebe Sie und vielleicht ein halbes Dutzend andere mit einer Zärtlichkeit, deren ich nicht fähig zu sein geglaubt hätte. Die Freundschaft ist ein Vergnügen für alle Zeiten, aber im Alter ist sie etwas Notwendiges. Ich merke es auch, dass ich sie nötig habe, und das belehrt mich, dass ich an der Grenze stehe …«

Wie gesagt, als die Marquise de Pompadour diese Zeilen schrieb, war ihre Tochter acht Jahre alt. Mutter und Großvater nannten sie »Fan-Fan«. Die Mutter, verliebt in die Niedlichkeit des Mädchens, vermochte nicht ihre Entwicklung zu einem ernsthaften Menschen nachzuvollziehen, und als sie bemerkte, wie die Tochter groß wurde, erkaltete ihre Zuneigung. Jeanne-Antoinette zu ihrem Vater: »Ich finde sie längst nicht mehr so niedlich. Aber solange sie nicht abstoßend hässlich ist, soll es mir recht sein.«

Nach dem Wunsch der Pompadour sollte die Tochter mit einem Sohn des Königs von Frankreich verheiratet werden, zumindest mit einem unehelichen. Es gab da jenen verspotteten »Demi-Louis«, einen bildhübschen Jungen aus der Verbindung Ludwigs XV. mit seiner früheren Mätresse Pauline de Nesle Marquise de Vintimille. Er war elf und seinem Vater wie aus dem Gesicht geschnitten. Doch der hatte den Jungen, wie alle seine unehelichen Kinder, noch kein einziges Mal gesehen. Immerhin hatte ihn der König zum Grafen de Luc erhoben, und wenn sie ihren eigenen Werdegang betrachtete, so hätte der Verleihung der Herzogswürde an den unehelichen Sohn eigentlich nichts im Wege gestanden. Dachte die Pompadour.

Was musste sie tun, um vom König die Einwilligung zu der Verbindung zu erhalten?

Jeanne-Antoinette fasste folgenden Plan: Im Alter von zwölf Jahren durfte der kleine Graf de Luc nach Schloss Bellevue kommen, was für den Jungen und seinen Erzieher eine hohe Ehre bedeutete. »Zufällig« befand sich zur selben Zeit Alexandrine, die nunmehr zehnjährige Tochter der Marquise, auch auf Schloss Bellevue. Die beiden Kinder spielten im Feigengarten, da traf Ludwig XV. im Schloss ein. Wie üblich machten der König und seine Geliebte einen Spaziergang im Schlosspark. Im Feigengarten entdeckte Ludwig die beiden Kinder. Er kannte Alexandrine, brachte ihr sogar eine gewisse Zuneigung entgegen.

»Aber wer ist der wunderschöne Junge?«, fragte er.

»Der Comte de Luc«, erwiderte die Marquise, und sie fügte hinzu: »Würden sie nicht ein schönes Paar geben?«

Ludwig war irritiert und zog die Marquise fort.

»Aber seht doch!«, protestierte die Pompadour. »Ist der Junge seinem Vater nicht wie aus dem Gesicht geschnitten?«

Darauf wurde der König ärgerlich, er liebte es nun einmal nicht, mit unliebsamen Folgen seiner Hurerei konfrontiert zu werden, und er erwiderte fragend: »Sie kennen den Marquis de Vintimille, Madame?«

Damit war das Thema beendet. Was damals im Feigengarten von Schloss Bellevue geschehen war, vertraute die Marquise unter Tränen ihrer Kammerfrau Madame du Hausset an. »Diese beiden Kinder«, tobte die Pompadour, »sind füreinander geschaffen. Ludwig XIV. hätte den Jungen zum Duc du Maine erhoben. So viel verlange ich gar nicht. Ein Amt und der Herzogstitel sind für seinen Sohn herzlich wenig. Gerade weil er sein Sohn ist, ziehe ich ihn allen kleinen Herzögen des Hofes vor. Diese Beziehung würde einmal mein Glück bedeuten, und meine Enkelkinder würden einmal dem Großvater und der Großmutter gleichsehen.« Wenn Jeanne-Antoinette schon darunter litt, dass sie nie würde Königin werden können, so wollte sie sich wenigstens in der übernächsten Generation mit dem König von Frankreich vereinigt sehen. Und dies war auch der Grund für ihre Tränen, Tränen der Wut, weil sich ihre Pläne nicht erfüllten.

Der Nächste, dem die Marquise de Pompadour ihre Tochter andiente, war der mächtige Louis François Armand Duc de Richelieu, Marschall von Frankreich. Sein leiblicher Sohn trug trotz seiner Jugend immerhin schon den Titel Duc de Fronsac. Es muss die Zweitfrau des Königs viel Überwindung gekostet haben, ausgerechnet Richelieu, der zu ihren Intimfeinden bei Hofe zählte, um Zustimmung für die Verbindung mit ihrer Tochter zu bitten. Aber wenn es darum ging, für Alexandrine einen Mann von Stand zu finden, dann sprang die Pompadour über ihren eigenen Schatten. Sie versprach Richelieu das Blaue vom Himmel und sandte dem Herzog unter strengster Geheimhaltung folgenden Brief: »Ich glaube, mein Herr Herzog, es ist Zeit, mit Ihnen von einem Vorhaben zu reden, das ich schon seit langer Zeit im Kopfe gehabt und wovon ich Ihnen schon etwas gesagt habe. Der Herzog von Fronsac hat die Jahre erreicht, da Sie bald daran denken werden, ihn zu verheiraten. Meine Tochter steht in demselben Alter, und es würde mir lieb sein, wenn ich sie versorgen könnte. Wenn ein großes Vermögen und große Hoffnungen, Annehmlichkeiten, Verstand, Schönheit und tugendhafte Gesinnungen sie würdig machen können, sich mit Ihnen zu verbinden, so werde ich sie und auch mich für glücklich halten. Der König, der Sie liebt und hochschätzt, wird, anstatt sich zu widersetzen, diese Gelegenheit ergreifen, Ihr Haus mit neuen Wohltaten zu überschütten. Hierin besteht mein Geheimnis, welches mir entwichen ist, mein Herr Herzog, und ich erwarte Ihre Antwort.«

Der Duc de Richelieu, Höfling der Königin und ebenso reich wie einflussreich, machte sich über die Versprechungen der hergelaufenen Marquise lustig und schlug ihre Bitte ab. Nie wurde Jeanne-Antoinette so tief gedemütigt, so auf den Boden der Tatsachen zurückgeholt wie in der Antwort des alten Marschalls. Er war einer der wenigen, die nicht auf ihre Protektion angewiesen waren, der es sich leisten konnte, sich über einen Parvenü lustig zu machen. Leider ist sein abschlägiger Bescheid nicht im Wortlaut erhalten, weil die Pompadour Briefe Richelieus tagelang nicht beantwortete und mit Vorliebe auf ihrem Toilettentisch liegenließ. Dort dienten sie als Untersetzer für kosmetische Tinkturen oder als Probe für die Brennschere des königlichen Coiffeurs, und Jeanne-Antoinettes Sekretär konnte Richelieus obendrein schlecht geschriebene Briefe manchmal nur an dem für den Marschall typischen Duft von Ambra und Jasmin erkennen.

Richelieus Stellungnahme geht aus einem bitterbösen Antwortbrief hervor, den die Marquise dem Marschall zukommen ließ. Er ist in einem unverschämt freundlichen Ton gehalten, aber mit Gift und Galle geschrieben, und schon die Anrede ist für einen Mann vom Stande Richelieus eine Beleidigung: »Mein Herr, ich habe Ihren Brief und Ihre Entschuldigungen erhalten. Es ist eine höfliche, abschlägige

Antwort, die Sie mir mit vieler Geschicklichkeit annehmlich zu machen gesucht haben. Aber ich verstehe es. Sie sagen, weil Ihr Sohn die Ehre hätte, vonseiten seiner Mutter aus dem hohen Hause Lothringen abzustammen, so könnten Sie ohne die Einwilligung dieses Hauses in Angelegenheiten, die ihn betreffen, nichts tun. Vergeben Sie mir meine Verwegenheit, indessen muss ich Ihnen aber doch sagen, *dass es keine Gnade war, um die ich Sie bat, ich wollte Ihnen vielmehr eine erzeigen.* Meine Tochter besitzt alles, was den Ehrgeiz eines Fürsten befriedigen kann. Bei alledem aber ist sie doch nicht würdig, sich mit dem durchlauchtigten Herzog von Richelieu zu verbinden, sie muss Geduld haben. Ich schäme mich fast, dass ich aus Unvorsichtigkeit diesen Fehler begangen habe, ich sehe aber wohl, wir kennen einander nicht.«

Richelieu und Madame de Pompadour blieben Zeit ihres Lebens Todfeinde. Von Amt und Würden war es ihnen jedoch nur schwer möglich, sich gegenseitig aus dem Weg zu gehen. Mit Vorliebe verkehrten sie schriftlich miteinander und warfen sich Verbalinjurien an den Kopf wie ein zänkisches Ehepaar kurz vor der Scheidung.

Sie: »*Ich gestehe, ich habe oft das Unglück gehabt, mich zu irren, indem ich kleine ehrgeizige für verdiente Leute gehalten habe. Sie sind nicht der Einzige, der sich unter diesen befindet…*«

Er: »*Ich kann, Madame, die Hindernisse, die Sie mir täglich in den Weg legen, nicht mehr ausstehen…*«

Sie: »*Ein Mann, der ein wenig Achtung gegen sich selbst hat, sollte, anstatt damit zu prahlen, sich lieber für seine Erkenntlichkeiten schämen. Ich für meine Person schäme mich schon lange für Sie…*«

Er: »*Sagen Sie zu sich selbst, die Hand, die Sie dahin, wo Sie sich befinden, erhoben hat, könnte Sie auch wieder stürzen…*«

Sie: »*Sie haben mir einen sonderbaren Brief geschrieben, und Ihr Betragen ist seit einiger Zeit noch sonderbarer ...*«
Er: »*Wenn Ihr Gedächtnis so gut ist wie das meinige, so werden Sie sich erinnern, dass wir etwas ganz anderes verabredet hatten ...*«
Sie: »*... damit Ihre teure Tante uns nicht auffrisst, guten Abend, Herr Marschall.*«
Er: »*Gehen Sie mit mir aus Gerechtigkeit und Klugheit auf eine Art um, die ich niemals der Furcht zu danken haben möchte.*«

Mit dreizehn, so hatte es sich die Marquise de Pompadour in den Kopf gesetzt, sollte Alexandrine heiraten. Jetzt drängte die Zeit zur Verlobung. Der einzige Vater, der spontan zusagte, war der Duc de Chaulnes, mit dem Jeanne-Antoinette freundschaftliche Verbindung pflegte (»*mon cochon* – mein Schweinchen«). Des Herzogs Sohn trug trotz seiner Jugend bereits den Titel eines Duc de Picquigny, und er schien der Marquise als Lückenbüßer geeignet.

Zur Heirat kam es nicht mehr, denn Alexandrine starb unerwartet am 15. Juni 1754, im elften Lebensjahr. Todesursache: unbekannt. Einige Quellen sprechen von Blattern, andere von Konvulsionen, wieder andere von Fieber oder einem Blinddarmdurchbruch. Bestattet wurde Alexandrine in der Pariser Kirche der Kapuziner unter einer Grabplatte mit der Aufschrift: »Hier ruht Jeanne-Alexandrine, Tochter des Herrn Le Normant und der Jeanne Poisson, Marquise de Pompadour, Dame de Crécy.« Jeanne-Antoinettes Vater François Poisson erlitt einen Schock, als er vom Tode der Enkelin erfuhr. Er starb vier Tage später.

Die schonungslose Konfrontation mit dem Tod löste bei der Geliebten des Königs eine unerwartete Veränderung des Charakters aus. Die Zeit zu gefallen, meinte sie, sei nun vorbei.

Doch das bedeutete nicht, dass sie den König deshalb anderen Frauen überlassen hätte, vielmehr sah sie darin eine Entschuldigung, sich gehen zu lassen. Nur noch selten legte sie ihre kostbaren Roben an, die funkelnden Geschmeide, und immer häufiger sah man sie – was früher undenkbar gewesen wäre – ungeschminkt über die Korridore von Versailles huschen. Ihre Schönheit war verblüht, Komplimente, früher für sie wichtiger als Essen und Trinken, wurden immer seltener.

Als der Herzog von Bredford, ein Gesandter von der britischen Insel, ihr dennoch ein Kompliment machte, sie habe wunderschöne Augen, da fragte die Pompadour irritiert: »Meinen Sie mich?« Immerhin hatte das Kompliment zur Folge, dass die Marquise umgehend ihre Privatgemächer aufsuchte und ein rosafarbenes Kleid anzog, das sie schon Jahre nicht mehr getragen hatte. Sie fühlte sich wie ein junges Mädchen; aber nur kurze Zeit. Auf dem Rückweg zum Audienzsaal kam sie an einer Spiegelwand vorbei. Sie habe, gestand sie einer Freundin, ernsthaft gefragt, wer diese Frau im Spiegel sei, und zur Antwort erhalten: »Sie, Madame de Pompadour!« Da sei sie zurückgelaufen in ihre Gemächer und habe das rosafarbene Kleid ausgezogen und zertrampelt.

Zu ihrem Leidwesen gab es immer noch genügend Frauen in rosafarbenen Kleidern, die sich bei Hofe drängten, um dem König zu gefallen. Eine von ihnen war Madame de la Popelinière. Jeanne-Antoinette schrieb ihr folgenden geharnischten Brief: »Ich weiß, dass Sie sich seit einiger Zeit an der Spitze schöner Frauen befinden, die Anschläge auf des Königs Herz machen, Sie folgen ihm überall auf dem Fuße nach. Er trifft Sie immer wo im Hinterhalte an, Sie wollen ihn überraschen, worüber wir lachen, Sie tun jetzt noch mehr, Sie beleidigen mich durch einen Brief, in welchem man sowohl den Verstand als die Höflichkeit vermisst, gleich als ob ich das einzige Hindernis wäre, das Ihrem Ehrgeize im Wege steht … Sie sind die Frau eines reichen und geschätzten Mannes. Suchen Sie nur allein, ihm zu gefallen. Wenn Sie aber dem König mit aller Gewalt gefallen wollen, so arbeiten Sie ruhig an diesem schönen Plan, ohne sich gegen mich zu entrüsten, die ich weder die Ehre habe, Sie zu kennen noch Sie hochzuschätzen. Dies ist das erste Mal, dass ich mir die Freiheit nehme, an Sie zu schreiben, es wird aber auch das letzte Mal sein.« Die heißblütige Verehrerin des Königs wurde nie mehr am Hofe gesichtet.

Eine Frau, die eine ernsthafte Chance beim König haben wollte, bedurfte der Unterstützung vonseiten des Hofes. Insofern war die Comtesse d'Estrades eine echte Gefahr für die Marquise. Die Comtesse war eine Cousine ihres geschiedenen Mannes, und Jeanne-Antoinette hatte sie als ihre Hausdame angestellt. Sie konnte nicht ahnen, dass die Comtesse sich ausgerechnet in einen ihrer Intimfeinde verlieben würde, den Marquis d'Argenson. Der ließ kein Mittel unversucht, Madame de Pompadour aus dem Rennen zu werfen, und war sogar bereit, seine Geliebte zu opfern. Ein Versuch in Choisy, dem König beizuwohnen, während die Marquise de Pompadour krank darniederlag, misslang ebenso wie ein ähnliches Unternehmen ihrer blutjungen Cousine Madame de Choiseul in Fontainebleau. Madame de Choiseul und die Comtesse d'Estrades mussten den Hof verlassen. Noch gab es keine Frau, die der Pompadour das Wasser reichen konnte.

Weniger augenfällig als ihre äußere Nachlässigkeit war die religiöse Hingabe, deren die Marquise sich nun auf einmal befleißigte. Nicht selten beobachtete man sie kniend und laut betend am Grab ihrer Tochter – eine ungewohnte Haltung für eine Frau, von der die Leute redeten, sie stehe mit dem Teufel im Bunde. Noch ein paar Jahre zuvor hatte sie sich lustig gemacht über die Nonnen von St. Cyr, die von ihr eine Heiligenreliquie erbaten. Sie hatte die Bitte an den französischen Gesandten in Rom, den Duc de Nivernais, weitergeleitet mit der Bemerkung, am römischen Hofe habe man solches gewiss vorrätig. »Aber sehen Sie sich vor, dass Sie diesen guten Mädchen nicht einen Heiligen mit zwei linken Füßen schicken, wie sie Herr Olive, der Kapuziner, hat!«

Es gab viele Gründe, warum Madame de Pompadour ein Feind der christlichen Religion gewesen war, das heißt, ihr Angriffsziel war nicht die Religion an sich – diese nannte sie wahr, heilig und tröstend –, abschaffen müsse man nur die Missbräuche und im Besonderen die Pfarrer: »Es ist wahr, die meisten Pfaffen tun, was sie können, um die Kirche durch ihren Ehrgeiz und durch ihre Intoleranz zugrunde zu richten.«

Als Souverän machte Ludwig XV. stets gute Miene zum bösen Spiel, was den Umgang mit der christlichen Religion betraf. Mochte sein Handeln noch so amoralisch, noch so gottlos sein, so gab er nach außen den Anschein eines gottesfürchtigen Monarchen, ja bisweilen zeigte er sogar religiöse Anwandlungen und reuiges Verhalten. Zum Leidwesen der Marquise de Pompadour, die in ständiger Furcht lebte, Ludwig XV. könnte zu ihrem eigenen Nachteil zu sehr unter den Einfluss der Kirche, insbesondere der Jesuiten geraten.

Noch 1751 wetterte sie gegen die mittelalterlichen Bräuche des Fastens, gegen die Beichte und die dummen Predigten, die sie nur langweilten. Im Hinblick auf die Beichte schrieb sie dem alten Baron de la Brède et de Montesquieu, der sich mit philosophischen Schriften einen Namen gemacht hatte, wie könne man mit einem Unbekannten offenherzig reden, der uns vielleicht auslacht oder vielleicht ein größerer Sünder sei als wir.

Und was das zu jener Zeit ebenso beliebte wie gefürchtete Fasten betraf, so hatte die Pompadour darüber ihre eigene Meinung. Beliebt war das Fasten deshalb, weil sich ein armer Sünder durch Nahrungsverweigerung für einen, drei, fünf, sieben oder vierzehn Tage von allen Sünden freikaufen und damit in die ewige Glückseligkeit einkaufen konnte. Dieser naive Volksglaube kam nicht nur in den unteren Schichten an, auch in Adelskreisen wurde das Ablassfasten zum Anlass genommen, davor und danach erst recht über die Stränge zu schlagen. Das Fasten, meinte Jeanne-Antoinette, sei ganz gut gegen die Unmäßigkeit, doch bezweifelte sie, dass ein fastender Dieb Gott angenehmer sei als ein rechtschaffener Mensch, der zu Mittag gegessen habe.

Im Ablassjahr 1751 hatte Ludwig XV. Versailles für zwei Wochen verlassen, um fastend und in klösterlicher Abgeschiedenheit die Vergebung seiner Sünden zu erlangen. Die Jesuiten und andere Frömmler bei Hofe legten dem König nahe, auch nach erfolgtem Ablass nicht gleich nach Versailles oder auf Schloss Bellevue, wo die Pompadour sich in der Zwischenzeit aufhielt, zurückzukehren – aus moralischen Gründen, wie sie sagten. In Wirklichkeit hofften sie jedoch, der Souverän würde in dieser Zeit der Marquise untreu werden, und sie hielten sogar mehrere Gelegenheiten bereit. Aber ihre »frommen« Gebete wurden nicht erhört, die Marquise blieb, was sie war, die Zweitfrau des Königs. An Montesquieu: »Die Religion ist gut, nur ihre Diener sind oft böse. Es wird, wie man sagt, bald lächerlich, ein Christ zu sein.«

Später, als die Pompadour ihre Meinung änderte und ihre Frömmigkeit entdeckte, hörte sie deshalb nicht auf, die Pfaffen, insbesondere die Jesuiten als Drahtzieher eines Attentats hinzustellen, das am 5. Januar 1757 auf den König verübt wurde. Ein schwachsinniger Diener aus Artois hatte sich mit einem Messer auf Ludwig XV. gestürzt und diesen leicht verletzt. Es floss Blut, aber die Verletzung war keineswegs lebensgefährlich. Dennoch fiel der König in Ohnmacht, und die Königin ließ einen Priester mit der letzten Ölung kommen. Ein paar Tage lag der König danieder.

Am Hofe herrschte tatsächlich die Meinung, Ludwig würde das Attentat nicht überleben. Der Dauphin bereitete sich schon auf die Regierungsübernahme vor, und zwei Minister taten sich dabei mit großer Geschäftigkeit hervor, d'Argenson und Machault. Sie verboten der Zweitfrau des Königs den

Zutritt zu dessen Krankenzimmer, denn, so glaubten sie, dabei könne es zu irgendwelchen geheimen Absprachen kommen und ihre Tage seien ohnehin gezählt. Darüber kam es zum Eklat zwischen der Pompadour und dem Marquis d'Argenson, in dessen Verlauf Jeanne-Antoinette dem Marquis an den Kopf warf: »Sollte der König jemals gesund werden, wird einer von uns beiden den Hof verlassen, Sie oder ich!«

D'Argenson hatte den Lebenswillen des Königs und das Durchsetzungsvermögen seiner Zweitfrau unterschätzt. Ludwig XV. erholte sich schon nach wenigen Tagen, und d'Argenson und Machault wurden aus ihren Ministerämtern entlassen und vom Hof verbannt. Dabei mag ihre Preußenfreundlichkeit eine Rolle gespielt haben, die dem König schon lange ein Dorn im Auge war, aber die Marquise de Pompadour schuf endlich vollendete Tatsachen. Der Attentäter Robert François Damiens wurde übrigens rechtmäßig verurteilt und vor dem Hôtel de Ville in Paris auf grausame Weise zu Tode gefoltert.

Eines war der Marquise de Pompadour klar geworden während der elf Tage, die der hypochondrisch veranlagte König abgeschirmt von der Außenwelt zubrachte: Ohne Ludwig XV. war sie, die Geliebte, ein Niemand. Der Dauphin, der sich während jener elf Tage den Anschein gab zu regieren, hatte sie von oben herab behandelt wie eine Dienstbotin, die Höflinge hatten sich in nie gekannter Deutlichkeit geteilt in Freund und Feind, und das Volk hatte nächtelang vor ihren Fenstern gejohlt und mit unflätigen Parolen ihren Auszug gefordert.

In diesen Tagen, in denen die Pompadour in ihrem Boudoir ratlos auf- und abging, kam Jean-Baptiste de Machault und gab ihr den »freundschaftlichen« Rat, Versailles zu verlassen. Die genauen Umstände dieser Unterredung sind nie geklärt worden. Angeblich hatte Ludwig XV. (»Die Wunde ist tiefer, als sie glauben; sie geht bis zum Herzen«) den Marquis d'Argenson mit dieser Aufgabe betraut, doch soll dieser den Auftrag an Machault weitergegeben haben. Tatsache ist, jedenfalls wird das von Jeanne-Antoinettes Kammerfrau du Hausset bestätigt, die Marquise saß bereits auf gepackten Koffern und hatte alle Vorbereitungen getroffen, in ihr Stadtpalais nach Paris umzuziehen. Der Marschallin de Mirepoix, zusammen mit der Herzogin de Brancas ihre beste Freundin, ist es zu verdanken, dass sie dem »wohlgemeinten« Rat nicht nachkam. Es ist fraglich, ob sie, einmal aus dem Blickfeld des Königs, je wieder an den Hof zurückgekehrt wäre.

Die Pompadour blieb. Sie blieb und beobachtete die zunehmende Frömmelei des Königs, der sich auf wundersame Weise vom Tode errettet glaubte. Zwar folgte er ihrer Mutmaßung, der Attentäter sei Werkzeug der Jesuiten gewesen, bei denen Damiens einst Bediensteter gewesen sei – dies war der Grund für eine große Verhaftungswelle unter Mönchen und Pfarrern, Schriftstellern und Verlegern –, doch das konnte seine Bigotterie nicht bremsen, und vielleicht war diese mehr Anlass zu ihrer Bekehrung als ihre eigene Überzeugung.

Bisweilen geriet die zur Schau getragene Frömmigkeit des Königs und seiner Zweitfrau zur Posse, etwa wenn sie in der Hofkapelle nicht mehr die eigene Empore benutzte (die wurde zugemauert), sondern sich unter das Volk der Gläubigen mischte, ungeschminkt, versteht sich, und so gekleidet, dass nichts an eine Frau erinnerte. »Ich hatte den Mut, ihr zu sagen«, berichtete Abbé de Bernis, »dass sich kein Mensch durch diese Komödie täuschen lasse, alle hielten sie für eine Heuchlerin ...« Und der Duc de la Vallière meinte belustigt: »Ein Strahl der Gnade hat sie erleuchtet ... drei Mal pro Woche wird gefastet, ohne dass man sich viel abgehen lässt.«

Die Marquise de Pompadour machte den ernsthaften Versuch, in den Schoß der Kirche zurückzukehren, die sie ihr ganzes Leben lang der Lächerlichkeit preisgegeben hatte.

Pater de Sacy, den sie aus ihrer Jugendzeit kannte, sollte ihr dabei zur Seite stehen: Beichte, Kommunion, Sakramente. Doch dem Gottesmann genügten die reuigen Worte der verrufenen Marquise nicht. Er hielt ihr den Spiegel ihres Lebens vors Gesicht: Gewiss, sie sei zwar getauft, aber auch verheiratet, sie habe ihren Mann zugunsten eines anderen verlassen und unterhalte mit diesem ein ehebrecherisches Verhältnis. Um in den Genuss der Sakramente zu kommen, müsse sie zu ihrem angetrauten Ehemann zurückkehren.

Wie würde die Marquise de Pompadour darauf reagieren?

Der Jesuit war der Raffinesse der Marquise in keiner Weise gewachsen. Mit Staunen nahm er die Antwort der Pompadour zur Kenntnis: »Gut, wenn die Kirche es wünscht, kehre ich zu meinem Mann zurück.«

Jeanne-Antoinette war über die Verhältnisse ihres Ex-Ehemannes genau informiert. Der hatte mit einer Tänzerin der Pariser Oper sein Glück gefunden. Dieser Dame zuliebe hatte Le Normant d'Étioles sogar einen Gesandtenposten in Konstantinopel ausgeschlagen, den ihm seine Ex-Frau angeboten hatte. Sie konnte also beinahe sicher sein, dass Charles-Guillaume ihr Angebot, zu ihm zurückzukehren, ablehnen würde. Und so war der Brief, den sie ihrem Ex-Mann schrieb, eine Farce. Das lässt vor allem ihre Bekehrung zur Frömmigkeit fragwürdig erscheinen.

»An Monsieur Charles-Guillaume Le Normant d'Étioles.

Monsieur! Ich habe mein Unrecht eingesehen und will es wieder gutmachen. Der Hauptpunkt meines Fehltrittes existiert schon seit langem nicht mehr, und es handelt sich nur noch darum, auch den Schein aus der Welt zu schaffen. Das ist mein sehnlichster Wunsch. Ich bin entschlossen, durch mein künftiges Benehmen meine Vergangenheit vergessen zu machen. Nehmen Sie mich wieder bei sich auf. Sie werden sehen, dass ich einzig und allein danach bestrebt sein werde, die Welt durch die Einigkeit, in der ich mit Ihnen leben will, ebenso zu erbauen, wie ich ihr einst durch meine Trennung von Ihnen Grund zur Empörung gab.«

Natürlich zeigte sie den Brief dem Jesuiten de Sacy. Aber sie verschwieg ihren geheimen Auftrag an Charles de Rohan, Prince de Soubise. Soubise, ein langjähriger Freund und Verehrer der Pompadour, suchte Le Normant auf und teilte ihm mit, er sei weit entfernt, ihn in seiner Entscheidung beeinflussen zu wollen, doch müsse er, Le Normant, sich der Ungnade des Königs gewiss sein, falls er sich mit dem Gedanken trage, dem Anerbieten seiner Ex-Frau nachzukommen. Natürlich lehnte Le Normant ab. Damit stürzte er die Jesuiten in Ratlosigkeit. Sie zogen sich aus dem Fall zurück.

Nach außen hatte die Geliebte des Königs durch ihr geschicktes Taktieren an Ansehen gewonnen. Die Königin war so naiv, ihr ernsthafte Absichten zu unterstellen, jedenfalls widersetzte sie sich nicht der Ernennung der Zweitfrau zur Hofdame. Für die Pompadour bedeutete dies noch einen weiteren Sprung in ihrer Karriere. Als Palastdame Maria Leszczyńskas saß sie nun auf einer Stufe mit den höchsten Damen des Adels, sehr zu deren Leidwesen, die in Jeanne-Antoinette noch immer eine Hergelaufene, die Tochter eines zum Tode verurteilten Betrügers, sahen.

Begonnen hatte das Verhältnis zwischen Ludwig XV. und der Marquise de Pompadour als ein sexuelles; doch seit ihrem fünfunddreißigsten Lebensjahr verkehrten die beiden nur noch platonisch miteinander. Eigentlich hatte Jeanne-Antoinette damit ihre Rolle als Geliebte ausgespielt, aber sie wusste sich auf andere Art unentbehrlich zu machen. Wenn es schon ihr selbst nicht mehr gelang, den König zu verführen, dann sollten wenigstens alle neuen Liebschaften ihrer Kontrolle unterstehen. Sie wusste zu genau, dass Männer nichts mehr hassen als eine geifernde Geliebte und dass sie nichts mehr lieben als eine verständnisvolle Frau.

Madame de Pompadour hatte viel Verständnis. Sie kaufte im Auftrag des Königs ein kleines romantisches Haus. Das an der Rue Saint-Médéric von Versailles, abseits des königlichen Schlosses, im sogenannten Hirschpark gelegene Gebäude wurde von ihr zu einem Etablissement der besonderen Art eingerichtet. Unter Aufsicht einer Hofdame, die dort logierte, fanden sich die jüngsten und schönsten Mädchen des Landes ein, um dem König, so er Lust verspürte, eine Freude zu bereiten. Sie selbst waren nicht informiert, wer der feine Herr war, der ihnen bisweilen die Ehre gab, aber ihre Mütter. Hunderte Mütter dienten auf diese Weise der Marquise de Pompadour oder Ludwigs Kammerdiener Lebel ihre Töchter an in der Hoffnung, sie würden einen ähnlichen Aufstieg erlangen wie Madame. Den Schönen wurde nur gesagt, es handle sich um einen polnischen Landedelmann.

Nur die wenigsten Mädchen zwischen zwölf und fünfzehn Jahren waren allerdings so naiv, den offiziellen Verlautbarungen zu glauben. Die meisten wussten ganz genau, wem sie ihre – fürstlich bezahlte – Gunst schenkten. Die meisten Verhältnisse im Hirschpark dauerten zumeist nur kurz, andere mehrere Monate. Mit der Rente von 12 bis 15 000 Franc, die der König jedem Mädchen nach mehrfach gewährtem Vergnügen aussetzte, konnte man leben. Sah eine Mutterfreuden entgegen, wurde sie mit 100 000 Franc entlassen, zur damaligen Zeit ein ausreichendes Vermögen, um trotz Kind einen anständigen Mann zu finden. »Alle diese kleinen Mädchen«, bemerkte die Pompadour zu ihrer Kammerfrau du Hausset, »haben keine Erziehung, und sie entreißen mir den König nicht. Ich wäre nicht so ruhig, wenn ich sehen müsste, wie eine hübsche Frau vom Hofe ihn erobert.«

Die Zahlenangaben, mit wie vielen Mädchen Ludwig XV. sich auf diese Weise vergnügte, schwanken zwischen vierzig und ein paar hundert. Prostitution ist das einzige Gewerbe ohne Buchführung. Aber einige der jungen Damen blieben dennoch im Gedächtnis. Zu denen, die beim König den nachhaltigsten Eindruck hinterließen, gehörte eine vierzehnjährige Irin namens Murphy. Murphy war eine Entdeckung der Marquise de Pompadour, das heißt: Eigentlich hatte sie François Boucher entdeckt, als Malermodell. Die Marquise meinte jedoch, ein Mädchen von so atemberaubender Schönheit sei zu Höherem berufen. Dazu musste Murphy Boucher Modell stehen – als Madonna in einer »Heiligen Familie«.

Das Gemälde schenkte Madame de Pompadour der ahnungslosen Königin Maria Leszczyńska für ihr Boudoir, dann weihte sie den König in ihr Geheimnis ein. Ludwig XV. entbrannte zu Murphy in heftiger Zuneigung und trug sich mit dem Gedanken, das Mädchen als Nachfolgerin der Marquise zur offiziellen Mätresse zu machen. Murphy, ebenso keck wie schön, war weniger begeistert. »Sire, wie stehen Sie eigentlich mit Ihrer berühmten Alten?«, fragte sie ungeniert. Das brachte den König zum Lachen, und gewiss wäre aus den flüchtigen Begegnungen ein ernsthaftes Verhältnis geworden, hätte sie nicht eines Tages den König mit der Mitteilung überrascht: »Sire, Sie werden Vater!«

Wir kennen Ludwigs Abneigung gegen Bastarde. Mit dieser Mitteilung war das Verhältnis beendet. Für Murphy war es nicht umsonst und nicht vergeblich. Madame de Pompadour bestach einen Offizier des Regiments Beauvoisis mit 50 000 Franc, Murphy zu heiraten und ihr Kind als das seine anzuerkennen. Der Braut spendete Ludwig XV. 200 000 Franc Mitgift und eine komplette Aussteuer, er kam sogar für eine standesgemäße Erziehung in einem Kloster auf und setzte dem Kind eine Jahresrente von 8000 Franc aus. Ludwig XV. konnte nur deshalb so freigebig sein, weil er drei Steuereinnahmestellen unter der Bedingung vergeben hatte, die Hälfte des Tributs zur Finanzierung seiner Liebesabenteuer abzuliefern.

Mindestens ebenso teuer und nicht weniger gefährlich für Jeanne-Antoinette de Pompadour war Ludwigs Liaison mit Anne Coupier de Romans, einem Advokatentöchterlein aus Grenoble. Ihre Vergangenheit und die Umstände, wie sie an den Hof von Versailles gelangte, liegen im Dunkel. Die einen behaupten, der König habe das Kind wegen seiner Schönheit in Paris erziehen lassen mit dem Ziel, es zu seiner Mätresse zu machen. Nach anderen Quellen (Giacomo Casanova, *Histoire de ma vie*) soll sie der berühmte Frauenheld und Abenteurer Casanova aus Grenoble mitgebracht haben. Tatsache ist: Casanova hielt sich 1760 in Grenoble auf, anschließend reiste er nach Paris, er war mit Voltaire befreundet, der wiederum die Marquise de Pompadour zu seinen Bewunderern zählte.

Dennoch halten viele Angaben aus den Lebenserinnerungen Casanovas einer exakten Nachprüfung nicht stand. Anne nennt er einmal eine »schöne Brünette«, ein andermal bewundert er ihr schwarzes Haar. Selbstbewusst, wie es seine Art war, behauptete er, wenn Anne Coupier de Romans schon ihn abgewiesen habe (»Monsieur, seien Sie mein Freund und richten Sie mich nicht zugrunde«), dann sei sie nur noch eines Königs würdig, und so habe er sie mit nach Paris genommen.

Weil aber Anne sich zierte, griff er zu einer List. Casanova stellte der Mademoiselle ein Horoskop, wovon er, wie alle Welt wusste, eine Menge verstand, berichtete von wichtigen Ereignissen in ihrem Leben (die er bei ihrer Tante ausgeforscht hatte) und orakelte, sie werde, wenn sie nach Paris komme, die Geliebte des Königs werden. Anne packte ihre Sachen und verließ Grenoble mit Giacomo Casanova in Richtung Paris. Er habe, schreibt Casanova, sich damals mit dem Gedanken getragen, dass das Unternehmen auch für ihn zum großen Glück werden könnte, jedenfalls zweifelte er nicht an der Liebesglut, die Anne in Ludwig entfachen würde.

Der Fall belegt die Fragwürdigkeit von Horoskopen. In Paris bereitete es dem Frauenhelden und Lebenskünstler größte Schwierigkeiten, Anne auch nur in die Nähe des Königs zu bringen. Casanova war ratlos, und hätte Anne nicht mit Madame Vernier eine Tante in Paris gehabt – jede anständige Familie in Frankreich hat eine Tante in Paris –, wäre er schlicht gescheitert. Madame Vernier hingegen, Betreiberin eines Spielsalons, damals nicht weniger anrüchig als heute, wusste, wo man den König zu Gesicht bekam, und postierte sich mit ihrer schönen Nichte auf den Terrassen der Tuilerien. Der König kam, umringt von Höflingen, sein Auge fiel auf Anne Coupier de Romans, und er bat, Namen und Adresse der Kleinen ausfindig zu machen, um sie in seinen Hirschgarten zu bringen. Das aber lehnte Anne strikt ab. Sie sei zu einer Liaison bereit, ließ sie den König wissen, aber nicht als eine unter vielen. Wenn, dann nur im eigenen Hause, schließlich sei sie eine anständige Frau.

Anne Coupier de Romans war wohl siebzehn zu dieser Zeit und ganz schön raffiniert für ihr Alter. Um ans Ziel zu kommen, kaufte Ludwig XV. ihr ein Haus in Passy, stellte Dienerschaft und Fuhrpark und zahlte Anne ein respektables Sünden- und Nadelgeld. Die Marquise d'Urfé, die in jungen Jahren selbst mit dem König das Vergnügen hatte, schrieb: »Der König betet sie an.« Schließlich versetzte er sie in den Zustand guter Hoffnung, was ihm selbst wiederum äußerst missfiel.

Immerhin unterschied sich dieser »Fall« von allen bisherigen in einem wesentlichen Detail. Während Majestät sich bisher stets verabschiedet hatte, sobald er Nachwuchs erwartete, hielt er Anne – zumindest noch für ein paar Jahre – die Treue. Zur Taufe des Kindes am 14. Januar 1762, es war ein Junge, sandte er dem Pfarrer einen ebenso kurzen wie bestimmenden Brief: »Der Herr Pfarrer von Chaillot wird dem Kind der Mademoiselle de Romans bei der Taufe den Namen Louis-Aimé de Bourbon geben.«

Erst zu dieser Zeit will die Marquise de Pompadour von dem Verhältnis erfahren haben, das vier Jahre, von 1761 bis 1765, dauerte. Jeanne-Antoinette kannte Anne nicht. Vom Hörensagen wusste sie nur, dass sie sehr schön war, so schön wie sie selbst in jungen Jahren. Sie war jetzt vierzig, und ihr war klar, jeder Anflug von Eifersucht würde sie nur der Lächerlichkeit preisgeben. Schließlich verfügte sie über etwas, das der Dame aus Grenoble fehlte: Macht. Ihre Neugierde wuchs, sie musste die Frau sehen, die es geschafft hatte, ihr den König wegzunehmen. Von Madame du Hausset, ihrer Kammerfrau, hatte sie erfahren, dass Anne bei schönem Wetter mit dem kleinen Louis-Aimé im Bois spazieren ging. Bei nächster Gelegenheit lauerten die beiden Frauen der jungen Mutter auf. Sie hatten sich verkleidet, um nicht erkannt zu werden, und trafen Anne, als sie mit ihrem Kind auf einer Parkbank saß. Der Kommentar von Madame de Pompadour: »Man kann nicht anders sagen, Mutter und Kind sind sehr, sehr schön.«

Die Marquise und mit ihr jedermann bei Hofe waren überzeugt, Anne Coupier de Romans wäre die neue Pompadour, würde ihre Stelle einnehmen, und die Tage der Marquise seien gezählt. Ihre Tage waren in der Tat gezählt, aber nicht wegen der schönen Anne aus Grenoble. Die fiel bei Ludwig XV. in Ungnade, kein Mensch weiß, warum. Sie wurde zunächst in ein Kloster gesteckt. Louis-Aimé wurde in einem Internat erzogen, wurde Abbé und starb mit fünfundzwanzig Jahren. Anne musste den Marquis de Cavanac heiraten. Auch sie wurde nicht alt.

Und die Pompadour?

Sie lebte zurückgezogen auf Schloss Ménars. In der Öffentlichkeit sah man sie nur noch selten, zuletzt im Juni 1763 bei der Enthüllung eines Denkmals für Ludwig XV. auf der Place de la Concorde, die damals noch den Namen des Königs trug. Zum eigenen Ruhm hatte Ludwig XV. sich ein Reiterstandbild auf hohem Sockel fertigen lassen mit den Allegorien der Stärke, Gerechtigkeit, Klugheit und des Friedens an den vier Ecken. Allegorien sind meist Frauenpersonen, so auch an diesem Denkmal. Despektierlich meinten die Pariser, bei den Damen handele es sich keineswegs um die Sinnbilder für Stärke, Gerechtigkeit, Klugheit und Frieden, sondern um Abbilder der Marquise de Vintimille, der Comtesse de Mailly, der Herzogin von Châteauroux und der Marquise de Pompadour.

Die Pompadour mag gelächelt haben über diese Interpretation. Sie hatte viel Spott ertragen müssen in ihrem Leben, und dennoch hatte sie alles erreicht. Sie wusste seit geraumer Zeit, dass sie unheilbar krank war, sie litt an Schlaflosigkeit, Atemnot und starken Kopfschmerzen, sie aß kaum noch, magerte ab und spuckte Blut: Tuberkulose.

Ihr Testament beginnt mit den Worten: »Im Namen des Vaters, des Sohnes und des Heiligen Geistes. Ich, Jeanne-Antoinette Poisson, Marquise de Pompadour, geschiedene Gattin des Charles-Guillaume Le Normant, habe mein Testament gemacht und Bestimmungen meines letzten Willens getroffen, der seinem ganzen Umfang nach zur Ausführung kommen soll.

Ich befehle meine Seele Gott und flehe ihn an, Mitleid mit mir zu haben, mir meine Sünden zu verzeihen und mir die Gnade zu erweisen, dass ich bereuen und in einer seines Erbarmens würdigen Weise sterben kann, indem ich hoffe, seiner Gerechtigkeit vermittelst der Verdienste des kostbaren Blutes Jesu Christi, meines Heilandes, und durch die mächtige Beihilfe der Heiligen Jungfrau nebst aller Heiligen des Paradieses teilhaftig zu werden.

Ich wünsche, dass mein Körper zu den Kapuzinern des Vendômeplatzes ohne Zeremonien überführt und dort in der Gruft der Kapelle, die mir in ihrer Kirche bewilligt wurde, beerdigt werde ...«

Die Frömmigkeit in diesen Zeilen ist wohl ehrlich gemeint und ein Beweis für ihre Hinwendung zum Glauben gegen Ende ihres Lebens. Zum Haupterben ihres beträchtlichen Vermögens setzte die Pompadour ihren Bruder Abel Poisson, Marquis de Marigny, ein, sie vergaß aber nicht, ihr Personal mit großzügigen Schenkungen und Renten zu bedenken. Noch am Tage ihres Todes fügte sie dem Testament Ergänzungen an, sachlich wie ein Notar.

Sachlich und ohne Pathos war auch das Sterben der Marquise de Pompadour am Abend des 15. April 1764 in Versailles. Der Pfarrer von La Madeleine war der Letzte, der sie lebend sah. Als er ging, rief sie ihm nach: »Einen Augenblick, Monsieur, wir gehen gemeinsam!«, und starb.

Ludwig XV. weinte, er hatte seine Zweitfrau verloren, die ihm beinahe zwanzig Jahre die Treue gehalten hatte. Es gab viele, die ihren Tod betrauerten, doch die Massen freuten sich. Jeanne-Antoinettes Beerdigung in der Kirche der Kapuziner an der Seite ihrer Tochter ging in aller Stille vor sich. Ludwig XV. war nicht anwesend. Es schickte sich nicht für einen König, seine Geliebte auf ihrem letzten Weg zu begleiten. Die Kirche, in der die Marquise begraben wurde, hat die Zeit ebenso wenig überdauert wie ihre Schlösser.

Ihr früher Tod hinderte Madame de Pompadour daran, ihre Memoiren zu vollenden, an denen sie seit 1760 arbeitete und für die sie unzählige Dokumente gesammelt hatte. Es könnte aber noch einen anderen Grund haben, warum ihre Lebenserinnerungen nie herausgebracht wurden. In einem Brief der Marquise de Pompadour an die Gräfin de Baschi, ihre Schwägerin, mit der sie eine herzliche Freundschaft verband, sagte sie:

»Ich schreibe, Madame, ich beschmiere Papier, wie viele andere; ich mache Memoiren von meinem sonderbaren Schicksal und von Dingen, die ich gesehen habe, die noch viel sonderbarer sind. Meines Erachtens ist das eine sehr vernünftige Beschäftigung für eine Frau, welche die Jahre, worinnen man gefällt, fast zurückgelegt hat, und die sich darüber nicht grämt. Ich werde Wahrheiten sagen, die gewissen Leuten sehr unangenehm sein werden; ich will aber weder lügen noch Narren oder unartigen Leuten schmeicheln. Indessen werden diese Memoiren das Licht nicht eher erblicken, bis ich es nicht mehr sehen werde ...«

Es gab also nicht wenige, denen die schonungslose Offenlegung interner Vorgänge während der Regierung Ludwigs XV. äußerst unangenehm gewesen wären. Es heißt, die Spannung am Hofe des Königs sei nach dem Tod seiner Zweitfrau so groß gewesen, dass kein Höfling und kein Minister es wagte, von der Seite Ludwigs XV. zu weichen, aus Furcht vor Intrigen. Aber nicht nur auf ihre Memoiren müssen wir verzichten; sie hätten sicher ein genaueres Bild der Marquise de Pompadour gezeichnet. Selbst ihre Briefe, die 1772 erstmals in drei Bänden erschienen, sind mit Vorbehalt zu genießen. Sie wurden vor Drucklegung von dem Schriftsteller Barbé-Marbois bearbeitet, vor allem sprachlich geschönt. Authentische Quellen aus der Feder der Marquise sind von schlichtem Schreibstil, simpel in der Thematik, die sich in der Hauptsache mit ganz alltäglichen Dingen befasst, auf keinen Fall zeigen sie Jeanne-Antoinette als Muse der Philosophen und Künstler. Das wirft die Frage auf, ob die Pompadour wirklich so gebildet und kunstbegabt war, wie die Geschichtsschreibung sie hingestellt hat?

Einem Mann wie Voltaire, der mit den Königen diesseits und jenseits des Rheins gut Freund, aber auch gut Feind war, konnten die Motive der Marquise gleichgültig sein. Sie hatte ihm die wohldotierten Ämter eines Kammerherrn und Historiographen des Königs verschafft, die keinen großen Einsatz forderten. So ist sein Nachruf auch keine Ode an Klugheit und Bildung der Pompadour, sondern an ihre Großzügigkeit: »Ich war sehr betrübt über den Tod der Frau von Pompadour; ich war ihr zu Dank verpflichtet und beweise sie aus Erkenntlichkeit. Es ist höchst lächerlich, dass ein so alter Tintenkleckser wie ich, der kaum noch gehen kann, noch am Leben sein soll, und eine Frau von vierzig Jahren mitten in der schönsten Laufbahn der Welt stirbt.« Doch nicht nur Voltaire, viele Schriftsteller und Philosophen, die Ludwig XV. stets suspekt erschienen, verdanken ihr einen bedeutenden Teil ihrer Existenz: Jean-Jacques Rousseau, ihr Lehrer Prosper Jolyot de Crébillon, Montesquieu, Jean-François Marmontel, Jean-Baptiste d'Alembert und Denis Diderot.

Einer Zweitfrau flicht die Nachwelt keine Kränze. So schnell, wie sie gelebt hatte, wurde Madame de Pompadour vergessen. Nicht einmal der König trauerte lange um sie. Der Herzogin von Châteauroux hatte Ludwig XV. noch nachgeweint. Die Einzige, die das bedauerte, war die Frau, der sie den Ehemann geraubt hatte: Maria Leszczyńska. »Von der Verblichenen ist hier bei Hofe nicht mehr die Rede«, meinte sie wenige Tage nach dem Tod der Pompadour zu ihrem alten Freund, dem Parlamentspräsidenten Hénault, »als hätte es sie nie gegeben. Aber so ist sie nun einmal, die Welt, es ist nicht der Mühe wert, sie zu lieben.«

Auf die Frage, was die Marquise de Pompadour vor anderen Frauen auszeichnete, gibt es viele Antworten. Die treffendste gab ein Mann, der sie von Kindheit an kannte und von dem es heißt, er sei selbst in sie verliebt gewesen, Abbé François-Joachim de Pierre de Bernis: »Die Marquise«, meinte er, »besaß keines der großen Laster ehrgeiziger Frauen, sie hatte jedoch alle jene Nachteile und Fehler der Frauen, die von ihrer Schönheit und angeblichen Überlegenheit berauscht sind. Sie tat Böses, ohne schlecht zu sein, und Gutes aus Laune. In der Freundschaft war sie eifersüchtig wie in der Liebe, leichtfertig und unbeständig.«

VIII

Jeanne Du Barry – ein grausames Mätressenschicksal

*»Das Leben! Wenn mir das Leben geschenkt wird,
gebe ich der Nation all mein Vermögen!«*

Letzte Worte der Jeanne Du Barry, Geliebte Ludwigs XV.,
auf dem Weg zum Schafott

Die Marquise de Pompadour war schon fünf Jahre tot, als Marie-Jeanne Bécu, besser bekannt als »die Du Barry«, die Geliebte Ludwigs XV. wurde, eine hübsche kleine silberblonde Modistin, die ein bisschen lispelte und sich mit Hilfe zahlreicher galanter Abenteuer zur Gräfin hochgeschlafen hatte. Wenngleich mit unvergleichlicher Schönheit und großem politischem Einfluss ausgestattet (der sie schließlich den Kopf kosten sollte), blieb sie doch Zeit ihres Lebens im Schatten der Marquise de Pompadour.

Dabei ist ihre Karriere – wenn wir ihr einträgliches Liebesleben einmal so nennen wollen – viel spektakulärer als jene der Pompadour, die immerhin aus besseren Kreisen kam und nicht aus dem Kleine-Leute-Milieu der Provinz. Bis heute liegt vieles im Dunkel, was ihre Herkunft betrifft, und das beginnt schon mit Jeannes Geburt. Sie wird in jeder Chronik anders datiert.

Wer legt schon Wert auf das Geburtsdatum des unehelichen Kindes einer Putzmacherin aus Vaucouleurs, noch dazu wenn sich hinter dem Namen des angeblichen Vaters eine gewisse Peinlichkeit verbirgt: denn Jean-Baptiste Gomard de Vanbernier, so der Name des Vaters, war von Beruf Mönch und trug den Ordensnamen Frère Ange, Bruder Engel.

Diese unglücklichen Umstände ließen in Jeannes Mutter, die sich mehr schlecht als recht durchs Leben schlug, den Entschluss reifen, mit ihrem Kind nach Paris zu ziehen, wo ein Schicksal wie das ihre weit weniger Anlass zu Gerede gab als in der Provinz, wenn es nicht sogar ganz der Vergessenheit anheimfiel. Mutter Anne fand auch bald eine Stelle im Haushalt der Finanzbeamtenwitwe Renard. Aber ein Kind im Haus wollte diese nicht haben, und Jeanne kam für 30 Franc im Monat in ein Heim. Später, als es Jeannes Mutter besser ging – sie ehelichte einen Angestellten –, wurde das Mädchen in die Klosterschule von Sainte Aure in Paris geschickt, wo es eine anständige Ausbildung genoss und mit fünfzehn entlassen wurde.

Schon im Kloster war die Schönheit des Mädchens aufgefallen, aber als Jeanne im Konfektionsgeschäft Labille in der Rue Neuve-des-Petits-Champs eine Lehrstelle antrat, da suchten bald mehr Männer den Laden auf als modebewusste Damen, nur um das gut gewachsene Mädchen zu sehen. Jeanne machte allen schöne Augen, zuerst einem Küchenjungen, dem Bruder einer Schülerin aus dem Kloster, dann einem Grafen, den eigentlich nur ein Botengang zu Labille geführt hatte. Jeanne schlief mit jedem, der ihr ein paar billige Komplimente machte.

Am besten verstand sich ein leibhaftiger Graf auf Galanterien. Sein Name war Jean Du Barry, er stammte aus Lévignac bei Toulouse und hatte sich unter Zurücklassung seiner Ehefrau nach Paris abgesetzt, um die Welt zu erobern, genauer, die Halbwelt. In Paris nannte man den Grafen Du Barry nur »le Roué«, was soviel wie Lebemann bedeutet, aber auch Wüstling. Aber das bemerkte Jeanne erst, als es schon zu spät war, und wahrscheinlich hätte es ihr nicht einmal etwas ausgemacht. Jeanne war neunzehn, und ihr wurde nicht an der Wiege gesungen, dass eines Tages ein vornehmer gut gekleideter Graf mit guten Manieren ihr das Angebot machen würde, über sein Haus und sein Herz zu verfügen – auch wenn es sich bei dem vornehmen Herrn um einen Zuhälter handelte. Du Barry behängte Jeanne mit Schmuck und kostbaren Kleidern, führte sie ins Theater und, immer nur, um gesehen zu werden, in Vergnügungsetablissements, die ein Mann von Stand nur inkognito betrat.

Auf diese Weise wurde Jeanne Rançon, so hieß das Mädchen seit der Heirat seiner Mutter, stadtbekannt, jedenfalls in Kreisen, die auf Bekanntschaften dieser Art Wert legten. Aber den Roué störte die einfache Herkunft seiner Freudendame, von denen es in Paris Zehntausende gab. Nun hätte der Graf Du Barry Jeanne mit einem Federstrich zur Gräfin machen können, zur Freudengräfin sozusagen wie einst die Pompadour, aber dazu hätte er Mademoiselle Rançon heiraten müssen, und das ging nicht. Nicht, weil er nicht wollte, Du Barry hätte eine Nonne geheiratet, wenn es nur Geld gebracht hätte, aber der Graf war wie erwähnt schon verheiratet, seine Frau führte ein Landgut im Languedoc, wo die besten Rotweine wachsen. Aber da gab es noch einen – unverheirateten – Bruder mit Namen Guillaume. Den zitierte Jean eilends nach Paris und stellte ihn vor vollendete Tatsachen. Auf diese Weise wurde Jeanne am 1. September 1768 zur Gräfin Du Barry. Guillaume fuhr nach geleisteter Unterschrift wieder nach Hause, und die meisten Leute bemerkten gar nicht, dass der Graf an Jeannes Seite keineswegs der angetraute Ehemann war, sondern der Bruder.

Guillaume, der Stroh-(Ehe-)mann hatte seine Einwilligung zu dem Coup natürlich an finanzielle Bedingungen geknüpft, die ihm ein sorgenfreies Leben ermöglichten. Laut Ehevertrag musste Jeanne Du Barry für den gesamten Lebensunterhalt, Haus und Hof samt Dienerschaft und Equipagen, aufkommen, aber als gräfliche Kokotte war ihr Tarif auch bedeutend höher als der eines Freudenmädchens vom Pigalle. Zwar bewegte sich die Gräfin Du Barry nur noch in höchsten Kreisen – zu ihrer Kundschaft zählte sogar der Erzbischof von Narbonne, den sie als Nonne verkleidet zu beglücken pflegte –, aber dem Roué war das noch nicht genug. Am Hofe Ludwigs XV. gab es noch immer keinen Ersatz für die Marquise de Pompadour, und Jeanne Du Barry schien dem Grafen geeignet, diese Stelle einzunehmen.

Deshalb schickte er Madame Du Barry mit einer fadenscheinigen Bittschrift und einem Dekolleté, das nichts zu wünschen übrig ließ, zu einer der üblichen Audienzen nach Versailles, und wie erwartet nahm das Schicksal seinen Lauf. Der König beauftragte seinen ersten Kammerdiener Lebel, unter Wahrung größtmöglicher Diskretion einen Kontakt mit der reizenden Frauensperson herzustellen. Jeanne war am Ziel. Ironie des Schicksals: Kuppler Lebel starb wenige Wochen später, und Jeanne Du Barry bezog seine Wohnung in Versailles.

Das Verhältnis zwischen Ludwig XV. und Jeanne Du Barry war von Anfang an libidinös und geschäftlich. Der König war süchtig nach den Reizen der Du Barry, und diese war süchtig nach Geld. Liebe war zwischen dem Siebenundfünfzigjährigen und der Fünfundzwanzigjährigen nie im Spiel. Jeanne bezeichnete Ludwig als Egoisten, der niemanden lieben konnte außer sich selbst. Er habe, sagte sie einmal, die Langeweile zu einem königlichen Amt erhoben, und das Leben habe ihn mehr oder weniger angeekelt.

Doch die Großzügigkeit des Königs begeisterte sie. Es heißt, die Gräfin Du Barry habe für ihre erste Liebesnacht mit Ludwig XV. ein Schmuckstück für 160 000 Franc und eine Brieftasche mit 200 000 Franc erhalten. Für so viel Geld mimte Jeanne zärtliche Liebe. Geld und Geschenke häuften sich, weil die Du Barry, wie Ludwig XV. einem Freund gestand, ihm Freuden bereitete, die er bisher nicht gekannt hatte. Der Freund, es handelte sich um den Herzog von Noailles, meinte darauf kühl: »Da sieht man, dass Majestät noch nie Gast in einem anständigen Bordell gewesen sind.«

Noch mehr als die Marquise de Pompadour hatte Madame Du Barry Feinde am Hofe des Königs, allen voran die »Mesdames«, die altjüngferlichen Töchter Ludwigs XV. Von Regierungsseite stand der Du Barry der Herzog von Choiseul-Amboise entgegen, der alte Günstling der Madame Pompadour und Cousin des Königs. Étienne François Choiseul wollte nicht begreifen, dass Ludwig XV. die Erinnerung an die Pompadour so mit Füßen trat, dass er in aller Öffentlichkeit verkündete, die Du Barry sei viel besser als die Pompadour, und dass er dem hergelaufenen Freudenmädchen Schlösser schenkte wie einst der Pompadour. Choiseul fädelte die Heirat des Dauphins ein, des späteren Ludwig XVI., mit Erzherzogin Marie-Antoinette von Österreich und zog sich den Unwillen der Du Barry zu, die nun auf einmal damit begann, Politik zu machen. Am 24. Dezember 1770 entließ Ludwig XV. seinen Staatssekretär Choiseul und schickte ihn nach Chanteloup in die Verbannung. Von jenem Tag an traten selbst jene, die Madame Du Barry bisher für ein harmloses Königsflittchen gehalten hatten, der neuen Geliebten Ludwigs XV. mit großem Respekt gegenüber.

Jeanne Gräfin Du Barry trat in die Fußstapfen der Marquise de Pompadour. Doch im Gegensatz zu dieser duldete die Du Barry keine Nebenbuhlerinnen, sie nahm das Exklusivrecht am König für sich in Anspruch. Damit dieser nicht mehr auf dumme Gedanken kam, verkaufte sie das verrufene Haus im Hirschpark, in dem Ludwig XV. seit vielen Jahren die Liebesfreuden mit jungen Mädchen genossen hatte, für 16 000 Franc. Jeanne selbst nahm es mit der Treue gegenüber dem König allerdings nicht so genau. Sie schlief mit ihrem

Kammerdiener, einem Jugendfreund, und ließ ihn, als das Verhältnis publik zu werden drohte, mit 10 000 Franc abfinden, damit er Frankreich für immer verlasse.

Ludwig XV. war der Du Barry hörig. Er tat, was sie verlangte, und nahm ihr auch nicht übel, wenn sie ihn in aller Öffentlichkeit anschrie: »Sie sind der allergrößte Lügner der Welt!«, nur weil Majestät einem ihrer Wünsche nicht sofort nachgekommen war. Jean, ihr Zuhälter-Schwager, der sich stets in einiger Entfernung hielt, und »Chon«, ihre bucklige Schwägerin und Kammerfrau, wachten über jeden ihrer Schritte und verfolgten jede fremde Äußerung mit Argwohn, um sie sofort Jeanne zuzustecken. So wurden die fünf Jahre an der Seite Ludwigs XV. gewiss keine glücklichen, jedoch sehr erfolgreiche Jahre. Erfolg und Reichtum waren der Gräfin Du Barry stets wichtiger als Glück.

So unvermittelt, wie Jeannes Aufstieg begonnen hatte, begann auch ihr Abstieg. Man schrieb den 27. April 1774. Nach einem Jagdausflug mit Jeanne kehrte Ludwig XV. fiebernd zum Kleinen Trianon zurück, der noch für die Pompadour errichtet worden war. Am folgenden Tag war das Gesicht des Königs mit roten Pusteln übersät, am nächsten Tag die Handrücken und Arme. »Der König hat die Blattern!«, ging der Ruf durch das Schloss von Versailles, wohin man ihn inzwischen gebracht hatte. Die Gräfin Du Barry wich nicht von seiner Seite.

Am 4. Mai, nachdem sechs Ärzte, fünf Chirurgen und drei Apotheker zu der Erkenntnis gelangt waren, dass keine Hilfe mehr möglich sei, führte der König mit seiner Zweitfrau, die ihm die letzten Jahre versüßt hatte, ein langes Gespräch und bat sie schweren Herzens, Versailles zu verlassen. Mochte er auch noch so skandalös gelebt haben, sterben wollte er, wie es sich für einen verwitweten König von Frankreich gehörte – allein. Am 10. Mai 1774, kurz vor 16 Uhr, ereilte ihn das Schicksal.

Die Gräfin Du Barry hatte sich zur Herzogin d'Aiguillon auf Schloss Rueil zurückgezogen. Dort erfolgte die von Ludwig XVI. veranlasste Verhaftung. Jeanne wurde in polizeilichen Gewahrsam genommen und im Kloster Pont-aux-Dames bei Meaux gefangengehalten. »Die Kreatur sitzt im Kloster«, berichtete Marie-Antoinette, die neue Königin, ihrer Mutter Maria Theresia, »und alle, die mit diesem Skandal zu tun hatten, wurden vom Hof gejagt.«

Als Jeanne Du Barry nach einem Jahr im Kloster entlassen und auf ein Schloss in der Nähe von Arpajon geschickt wurde, da schien sich alles zum Guten zu wenden. Zwei Jahre nach dem Tod des Königs gestattete Ludwig XVI. der einstigen Todfeindin sogar die Rückkehr auf ihr Schloss Louveciennes, wo sich auch ihre alten Freunde und Liebhaber wieder einfanden.

Mit zwei Männern gleichzeitig unterhielt Jeanne Du Barry jahrelang eine *ménage à trois*, mit Lord Henry Seymour und dem Herzog von Brissac, beide ansehnliche Kavaliere im besten Alter und beide verheiratet. Aber verheiratet war die Du Barry auch. Kam der eine abends, bestellte sie den anderen für den nächsten Morgen. Seymour erfuhr zuerst von dem Nebenbuhler und drängte auf eine Entscheidung. Jeanne entschied sich für den Herzog von Brissac. Dieses Verhältnis dauerte zwölf Jahre. Es endete im Sturm der Französischen Revolution, die die Adelsherrschaft des Ancien régime durch die Herrschaft des Bürgertums ersetzte.

Nun wünschte die Gräfin Du Barry, sie wäre jene Jeanne Vaubernier geblieben, als die sie zur Welt gekommen war. Aber die Zeit lässt sich nicht zurückdrehen. Ihre Verbindung zum Herzog von Brissac, den Ludwig XVI. noch zum Oberbefehlshaber seiner Garde gemacht hatte, trug auch nicht dazu bei, ihren Namen in Vergessenheit geraten zu lassen. Sie galt weniger als die Ex-Geliebte Ludwigs XV. denn als die Geliebte des Royalisten Brissac. Der wurde am 31. Mai 1792 verhaftet. An einem Tag im September tauchte eine Horde

Revolutionäre vor Schloss Louveciennes auf. Sie trugen auf einer Stange den abgeschlagenen Kopf eines Mannes. Die Augen waren ausgestochen. Als Jeanne dem Pöbel mutig entgegentrat, warfen ihr die Männer den Kopf vor die Füße. Es war der Kopf Brissacs.

Jeanne Du Barry musste um ihr Leben fürchten, deshalb floh sie nach England, wo bereits viele Royalisten im Exil lebten, und dabei beging sie eine Unvorsichtigkeit: Sie nahm Briefe an französische Exilanten mit nach England. Später wurde diese Gefälligkeit ausgeplaudert und Jeanne nach ihrer freiwilligen Rückkehr nach Frankreich als Agentin verhaftet. Das war am 22. September 1793, die Du Barry war gerade fünfzig Jahre alt.

Zwei Wochen später, so lange dauerten die Ermittlungen, stand sie vor dem Revolutionstribunal im großen Saal des alten Parlaments.

Richter Dumas begann die Verhandlung: »Sie heißen?«

»Jeanne Vaubernier.«

»Alter?«

»Zweiundvierzig.« Jeanne log. Sie machte sich jünger, als sie in Wirklichkeit war. Sogar in dieser lebensbedrohenden Situation brachte sie es nicht fertig, die Wahrheit zu sagen: Sie war eine Frau von fünfzig Jahren. Aber diese Lüge war der letzte Triumph der Du Barry.

Die Verhandlung endete, wie nicht anders zu erwarten. Revolutionsankläger Fouquier-Tinville forderte die Todesstrafe. Richter Dumas fällte das Urteil: »Tod durch die Guillotine«.

Auf einem zweirädrigen Karren wurde Jeanne Du Barry zum Schafott gebracht. Ihr Haar war kurz geschoren. Sie schrie: »Das Leben! Das Leben! Wenn mir das Leben geschenkt wird, gebe ich der Nation all mein Vermögen!«

Die Rufe der Du Barry verhallten ohne Mitleid.

IX

Die lasterhaften Frauen Napoleons III.

> »*Im Parterre habe ich diese Blonde, Madame
> de La Bédoyère. Ich möcht Sie loswerden. Im ersten Stock
> befindet sich die rotblonde Gräfin Castiglione,
> zweifellos sehr schön, aber harmlos und ohne Geschmack.
> Sie langweilt mich. Im zweiten Stock sitzt wieder
> eine Blonde, Madame de Walewska.
> Sie verfolgt mich auf Schritt und Tritt.
> Was soll ich tun?«*

Napoleon III. an seine Cousine Mathilde, mit der er mehr
als ein verwandtschaftliches Verhältnis pflegte

Paris, Ende des 19. Jahrhunderts. Seit Jahren waren die schmalen, hohen Fensterläden des vornehmen Hauses Place Vendôme 26 nicht mehr geöffnet worden, und nur die wenigsten kannten das Geheimnis. Hinter den geschlossenen Läden verbarg sich in völliger Dunkelheit Contessa Virginia di Castiglione. Sie kämpfte mit Anfällen geistiger Umnachtung, der Einsamkeit und der Furcht vor Menschen. Eine alte Frau als Dienerin und zwei altersschwache, fette Hunde waren ihre einzige Ansprache. Alles war schwarz in diesen Räumen, das Mobiliar, die Vorhänge, sogar die Laken des Bettes, in dem sie die Tage verbrachte.

Wenn die Gaslaternen an der Place Vendôme aufflammten, dann kam es bisweilen vor, dass die alte Gräfin in ein weites, schwarzes Gewand schlüpfte, das Gesicht mit einem

Schleier verhüllt, und wie ein Gespenst aus dem Haus trat, um zur Rue de Rivoli zu hetzen, die ausgefransten Säume ihres Kleides über das Pflaster schleifend. Kam ihr ein Mensch entgegen, so suchte Virginia im Dunkel eines Hauseingangs Schutz oder sie verschwand auf die andere Straßenseite wie ein Phantom.

Die schwarze Gräfin vegetierte in dem Wahn, abartig hässlich zu sein. Sie hatte panische Angst vor Spiegeln, in ihrer Wohnung waren alle reflektierenden Gerätschaften abgehängt oder zerstört; aus demselben Grund verbot sie die Verwendung von silbernen Tabletts. Virginia litt heftiger, als je eine Frau unter ihrer Erscheinung gelitten hatte. Dabei war es noch nicht so lange her, da galt sie als die schönste Frau Europas, vermutlich auch die teuerste, vor allem aber war sie die Geliebte eines bedeutenden, verheirateten Mannes: Charles Louis-Napoleon Bonaparte, in die Geschichte eingegangen als Napoleon III.

Dieser dritte Napoleon, Neffe des großen Bonaparte, hatte schwer zu tragen an seinem schwachen Verstand und dem starken Charakter seiner Frau Eugénie. Die Frauen im Allgemeinen interessierten ihn mehr als Politik, jedenfalls war Napoleon III. als Politiker weniger erfolgreich denn als Liebhaber, was freilich weniger an seinen erotischen Fähigkeiten lag. Der Kaiser setzte große Summen ein, wenn es um die Erfüllung seiner Begierden ging, und Geld spielte auch eine bedeutende Rolle in seinem Verhältnis zu Virginia di Castiglione.

Als sie sich zum ersten Mal begegneten, war Napoleon III. gerade frisch verheiratet und auf dem Höhepunkt seiner Macht. Seit seinem siebenten Lebensjahr hatte er mit der Mutter im Schweizer und deutschen Exil gelebt und war nach erfolglosen Putschversuchen in Frankreich zu lebenslanger Haft verurteilt worden. Ihm gelang jedoch die Flucht nach England, von wo er ein Plebiszit betrieb, das ihn schließlich zurück nach Frankreich brachte. Das zweite Kaiserreich (»Second Empire«) unter Napoleon III. dauerte von 1852 bis 1870, war jedoch weniger von ihm selbst geprägt als von seiner Frau Eugénie de Montijo, der blonden Tochter eines spanischen Grafen.

Von Typ und Charakter war Eugénie das völlige Gegenteil von Napoleon: schön, klug, ehrgeizig und von politischer Leidenschaft. Mehrmals führte sie in Abwesenheit des Kaisers sogar die Regentschaft. Das alles genügte jedoch nicht, um Napoleon III. so sehr an sich zu binden, dass dieser auf weitere Frauen verzichtet hätte. Im Gegenteil, Eugénie, deren Ziele meist denen Napoleons diametral entgegenstanden, trieb den Kaiser regelrecht in die Arme anderer Frauen. Aber das ist nur eine Erklärung, wahrscheinlicher ist, dass der feiste Franzosenkaiser polygam veranlagt war und keine Rücksicht nahm auf den Familienstand der Frauen.

Napoleon III. hatte Eugénie nur deshalb geheiratet, weil sie von Adel und eine anständige Frau war, eine Kombination, die um die Mitte des 19. Jahrhunderts durchaus nicht selbstverständlich war. Seine Leidenschaft aber gehörte eigentlich jenen unanständigen Frauen aus der Halbwelt, die für Geld taten, wonach er verlangte, und beinahe hätte er eine solche auch geehelicht, wäre da nicht plötzlich Eugénie aufgetaucht. Aber der Reihe nach.

Zwei Putschversuche gegen König Louis Philippe endeten kläglich und in Festungshaft, wo der Bonaparte im Kampf gegen lebenslängliche Langeweile das Kerkermeistertöchterlein Eleonore zwei Mal erfolgreich schwängerte, bevor er sich in der Kleidung eines Maurers nach England aus dem Staub machte. Er liebte die Engländer, noch mehr freilich die hageren Engländerinnen, die ihn meist um einen Kopf überragten. Nein, Louis-Napoleon war gewiss kein Mann von Schönheit. Ein dicklich-untersetzter Leib auf viel zu kurzen Beinen, eine hohe Stirn mit seitlich gekämmtem strähnigem

Haar, im Gesicht eine lange, fleischige Nase und ein Bart, der kein Vorbild kannte und wenig Pflege.

Dass ausgerechnet Miss Harriet Howard, eine der meistgeliebten Damen der Londoner Gesellschaft, an ihm Gefallen fand, mag mit dem großen Namen des kleinen Mannes in Verbindung stehen, denn Männer hatte Harriet genug. Major Mountjoy Martyn blieb keineswegs der Einzige, wohl aber jener, welcher, weil verheiratet, in das Verhältnis am meisten investierte, sodass das ärmliche Mädel vom Land über ein Haus am Berkley Square, stattliche Equipagen und über allerbeste Garderobe verfügte. In Harriets Haus am Berkley Square nahm Louis-Napoleon Logis bis zu seiner Rückkehr nach Frankreich, und es schien eine ausgemachte Sache, dass der Bonaparte und Harriet Howard eine Ehe eingingen, zumal Harriet, in Frankreich angekommen, die Erziehung ihres eigenen unehelichen Kindes und der beiden vom Kronprätendenten im Gefängnis gezeugten Kinder übernahm.

Der Bonaparte finanzierte seiner Geliebten ein Stadthaus samt Hintereingang in der Rue du Cirque. Aber lange ließ sich die liederliche Liaison natürlich nicht geheim halten, zumal Harriet auch Wert darauf legte, den kleinen Napoleon nach Saint-Cloud zu begleiten, wo ihr eine diskrete Wohnung zur Verfügung stand. Das war nur recht und billig, denn Harriet Howard, die sich mit ihrem freudenspendenden Gewerbe ein Millionenvermögen erworben hatte, unterstützte die politischen Pläne »ihres Prinzen« mit riesigen Geldsummen. Sie ließ sich nicht davon abhalten, für Louis-Napoleon Londoner Immobilien, Silber und Schmuck zu verkaufen. Hätte sie geahnt, wie schlecht der Bonaparte, kaum durch einen Staatsstreich Kaiser von Frankreich geworden, ihr die Großzügigkeit vergelten würde, sie hätte sich weniger freigebig verhalten.

Aber die Franzosen sahen in der ebenso stolzen wie schönen Engländerin nur eine Dame aus dem Volk – um es dezent auszudrücken –, und sie waren zwar bereit, dem Kaiser eine Geliebte aus diesen Kreisen zuzugestehen, aber eine Ehefrau – niemals! Vor allem Napoleons Cousine Mathilde, von westfälischer Herkunft, gab sich Mühe, dem neuen Franzosenkaiser eine heiratsfähige Frau zu vermitteln, schließlich war der Bonaparte schon fünfundvierzig Jahre alt. Cousine Mathilde wurde fündig und fädelte zusammen mit Napoleon ein Komplott ein, um Harriet Howard vor vollendete Tatsachen zu stellen.

Louis-Napoleon war in jeder Hinsicht, vor allem aber was Frauen betraf, ein Feigling, er war sprung- und launenhaft und entschuldigte sein Gehabe allzu leicht mit einem Magenleiden. In Wahrheit brachte er nicht den Mut auf, seiner Geliebten, die ihn immerhin mit mehr als fünf Millionen Franc auf seinem Weg zum Kaiser unterstützt hatte, ins Gesicht zu sagen: Du bist die ideale Geliebte, aber leider keine Frau zum Heiraten. Stattdessen fädelte er eine abenteuerliche Geschichte ein. Harriet sollte mit Napoleons Kabinettschef Moquard nach London reisen, um dort einen Erpresser ausfindig zu machen. Angeblich hatte der Mann Napoleon mehrfach Briefe geschickt und sein Schweigen über gewisse Affären der Harriet Howard angeboten. Natürlich war Harriet zuallererst daran interessiert, den Gauner dingfest zu machen. Aber nach den Plänen des Kaisers und seiner Cousine sollte Harriet, nachdem sie Frankreich verlassen hatte, nie mehr dorthin zurückkehren.

An nahezu alles hatten die beiden gedacht, nur nicht an das Wetter. Winterstürme peitschten den Kanal so heftig, dass die Schifffahrt unmöglich wurde. Und so wartete Harriet Howard im Januar 1853 in Le Havre tagelang auf die Überfahrt nach England. Napoleon wähnte seine Geliebte längst auf der Insel und gab seine Verlobung mit Eugénie de Montijo y Kirkpatrick, Gräfin von Teba, bekannt. Alle Zeitungen brachten das Ereignis auf der ersten Seite.

Als Harriet die Nachricht las, fiel sie ein wenig in Ohnmacht, dann aber reiste sie nach Paris zurück. Dort traf sie ein zweiter schwerer Schlag: Ihr Haus war vom Keller bis zum Dach durchwühlt. Es fehlte nichts, außer den Briefen, die Napoleon ihr geschrieben hatte. Harriet bekam einen Schreikrampf und schickte einen Boten zum Élysée-Palast, der Kaiser solle umgehend in der Rue du Cirque erscheinen. Napoleon III. folgte aufs Wort. Er kannte die resolute Engländerin nur zu gut und fürchtete einen noch größeren Skandal, wenn er ihrem Befehl nicht Folge leistete.

Für die Unterredung der beiden gibt es keine Zeugen, aber Napoleon III. machte seiner Geliebten bedeutende Zugeständnisse, versprach ihr sechs Millionen Franc (die jedoch in etwa jener Summe entsprachen, mit der sie Louis-Napoleon gefördert hatte), dazu den Titel einer Gräfin von Beauregard (das gleichnamige Schloss gehörte ihr ohnehin schon), und schließlich sollte ihr unehelicher Sohn Martin Constantin diesen Titel erben. Napoleons Großzügigkeit besänftigte Harriet so sehr, dass es noch am selben Abend zu einem Schäferstündchen auf dem roten Sofa der Ex-Geliebten kam, und man einigte sich, nach Hochzeit und Flitterwochen mit Eugénie »durchaus freundschaftlich miteinander zu verkehren«.

Natürlich wusste Harriet Howard um ihre Fähigkeiten in Liebesdingen, eine hergelaufene spanische Prinzessin musste sie bei Gott nicht fürchten. Für sie war es nur eine Frage der Zeit, wann Napoleon für immer auf ihr rotes Sofa zurückkehren würde. Und tatsächlich passierte das schneller als erwartet. Es dauerte keine zwei Monate, da begann die Spanierin an ihrem Leben bei Hofe herumzumäkeln. Außerdem ging Eugénie der sexbesessene Gemahl auf die Nerven, der »immer nur das eine wollte«.

Harriets Stunde war gekommen. Sie hatte sich für die Zeit des Umbaus ihres Schlosses Beauregard mit Erlaubnis des Kaisers in Versailles einquartiert, sich mit grünlivrierter Dienerschaft (wie der Kaiser) umgeben und jeden seiner Schritte beobachtet. Nach einer Truppenparade fuhr sie mit ihrer Kutsche vor und zog den überraschten Kaiser in ihre Equipage. Napoleon III. blieb nichts anderes übrig, als sich, um nicht erkannt zu werden, während der Fahrt durch Versailles seiner Paradeuniform zu entledigen und sich in mitgebrachte bürgerliche Kleider zu werfen. Das anschließende traute Tête-à-Tête – denn nur dafür hatte Harriet die Posse inszeniert – endete mit einem handfesten Krach zwischen dem Kaiser und seiner Gemahlin. Ganz Frankreich tuschelte darüber, für Harriet Howard aber, die abgefundene Gräfin, blieben fortan die Salons der feinen Gesellschaft verschlossen.

Napoleon meinte, eine vornehme Heirat – und sei es nur eine Scheinheirat – würde Harriets Ansehen heben. Das entsprach durchaus der gängigen Auffassung jener Zeit. Aber im viktorianischen England fand sich kein Mann von höherem Adel, der den Mut aufbrachte, eine Frau von so schlechtem Ruf zu ehelichen. Ein drei Jahre jüngerer Lord aus Cornwall erklärte sich schließlich bereit, gegen Aussetzung einer lebenslangen Leibrente, die übel beleumdete, aber äußerst attraktive Miss zu ehelichen. Der junge Mann hatte nicht einmal etwas dagegen, unverbindlich seinen ehelichen Pflichten nachzukommen. Das aber wollte Harriet nicht. Die am 15. Mai 1854 geschlossene Scheinehe sollte den Schein wahren, mehr nicht.

Zwar hatte sich Miss Harriet Howard nun zur Lady Trelawny gemausert, doch ihre Hoffnung, als feine Dame Zugang zur feinen Gesellschaft zu finden, erfüllte sich nicht. Die Eheschließung geriet sogar nachträglich zum Skandal, als die Eltern des käuflichen Hochzeiters vom Tun ihres Sohnes erfuhren und der skandalösen Schwiegertochter die Tür vor der Nase zuschlugen. »Anständige Frauen«, klagte Harriet, »weigern sich, mich zu empfangen, und ihre unschuldigen Töchter sehen mich als die letzte Nutte!«

Harriets Stern begann zu sinken. Auch in Frankreich, wohin sie schon bald in Begleitung ihres Mannes Lord Clarence Trelawny zurückkehrte, blieb sie geächtet. Auch wenn sie sich auf Schloss Beauregard mit zahlreicher Dienerschaft und dem Luxus eines gräflichen Haushalts umgab, die vornehme Gesellschaft mied sie wie den Bauch von Paris, und sogar der Kaiser zog sich von ihr zurück. Der Grund dafür lag im zunehmenden Einfluss der Kaiserin Eugénie, die nicht nur die Politik, sondern auch das Leben ihres Mannes zunehmend vereinnahmte.

Ihr Scheingemahl Clarence Trelawny kehrte unverrichteter Dinge nach Cornwall zurück, und es wurde still um Harriet. Zehn Jahre lebte sie auf ihrem stolzen Schloss, aber niemand kümmerte sich um die verstoßene Mätresse des Kaisers. Als sie am 9. August 1865 an Krebs starb, stellte sich heraus, dass sie den Titel Gräfin von Beauregard nicht einmal zu Recht geführt hatte. Angeblich hatte Napoleon III. vergessen, das Adelsdekret zu unterschreiben. An der Fassade von Schloss Beauregard sah man aus Gips geformt die Symbolfigur ihres Lebens, einen flüchtenden Amor.

Je strenger Kaiserin Eugénie mit Napoleon III. umging, je mehr sie ihn in Feldzüge und Kriege verstrickte, je mehr sie sich politisch von ihm entfernte, desto heftiger hielt der Franzosenkaiser Ausschau nach anderen Frauen, die nun, da er in die Jahre kam, immer jünger sein mussten. Noch zu Lebzeiten Harriets hatte Napoleon III. Geschmack an einer jungen Kokotte aus der Provinz gefunden, die früher in einer Fabrik in Nantes ihr Brot verdient hatte, ein hartes Brot. Schon mit sechzehn, in Nantes, hatte sie festgestellt, dass ein junges, ausnehmend hübsches blondes Mädchen sein Geld auch mit weniger Anstrengung verdienen konnte, wenn es den Männern ein bisschen schöntat. Dafür hängte Julie Lebœuf, so hieß die lebenslustige junge Dame, ihren Fabrikjob an den Nagel, wenig später verabschiedete sie sich aus der Provinz, um nach Paris zu ziehen, wo – wie man hörte – Liebhaber für gleiche Leistung weitaus höhere Honorare zahlten. Vor allem in Militärkreisen wurden die Namen und Adressen von Damen wie Julie weitergereicht.

Wie alle Halbseidenen ließ Julie sich in Pigalle nieder, aber wie nur wenige von ihnen machte sie, dank der Protektion eines stadtbekannten Beaus und Zuhälters, einen steilen Aufstieg, der erst im Schlafzimmer des Kaisers endete. Ihr Beschützer und Geliebter Gramont befand zunächst einmal, dass eine Dame, die ihre körperlichen Vorzüge für Geld verkaufte, nicht Fräulein Rindfleisch (Lebœuf) heißen durfte. Julie betrachtete ihr Treiben durchaus als Kunst – was zahllose Männer bestätigten –, also stand ihr auch ein Künstlername zu. Fortan nannte sich die temperamentvolle Blondine Marguerite Bellanger. Bei ihren Kunden hatte sie bald einen Spitznamen weg: Margot la Rigoleuse – Margot der Scherzkeks, denn Julie alias Marguerite alias Margot verrichtete ihre Dienste stets mit guter Laune und einem Scherz auf den Lippen.

Marguerites Beschützer dachte lange nach, wie man das vielgeliebte Mädchen dem Jahrmarkt der Kokotten entziehen und nur noch in allerbesten Kreisen verkehren lassen könnte. Von Napoleon III. war bekannt, dass er einen eigenen »Service de femmes« unterhielt, der den kleinen Kaiser mit Gespielinnen versorgte. Majestät pflegte seine Schäferstündchen in einem unscheinbaren Haus in der Rue du Bac zu nehmen, das bei Anwesenheit des Kaisers scharf bewacht wurde, weniger aus Furcht vor Attentätern als aus Angst vor Napoleons Gemahlin Eugénie, die ihren Mann mehr als einmal bei einem Seitensprung ertappt hatte. Gramont fädelte eine Geschichte ein, wie sie Guy de Maupassant nicht besser hätte erfinden können.

Marguerite Bellanger stand eines Tages im strömenden Regen, als der Kaiser die Allee zu seinem Schloss Saint Cloud entlanggefahren kam. Das durchnässte Mädchen dauerte ihn, und er warf ihm im Vorbeifahren eine Regenplane zu, ohne zu ahnen, dass er sich damit bereits in den Fängen von Margot la Rigoleuse verstrickt hatte. Tags darauf erschien die Kokotte herausgeputzt und unter Zurschaustellung all ihrer Reize in Saint Cloud und wünschte den Kaiser zu sprechen. Sie ließ sich nicht abweisen und behauptete, sie müsse Napoleon ein Paket mit persönlichem Besitz übergeben. Die Sache klang einleuchtend, denn die Dame entsprach genau dem kaiserlichen Frauentyp, und wer weiß, was Napoleon bei der Schönen nach einem heimlichen Schäferstündchen vergessen haben mochte. Marguerite wurde vorgelassen.

Als sich die Tür von Napoleons Kabinett in Saint Cloud wieder öffneten, war es Abend und Margot la Rigoleuse am Ziel ihrer Wünsche. Fürs Erste ließ der Kaiser der Geliebten eine fürstliche Summe überweisen, damit sie nicht mehr auf den Liebeslohn anderer angewiesen war. Die ersten Rendezvous der beiden fanden im Haus an der Rue du Bac statt, bald aber richtete Napoleon Marguerite eine pompöse Villa auf dem Land in Passy ein, es blieb nicht die einzige. Wo immer Napoleon III. sich gerade aufhielt, ob in Saint Cloud, in Vichy, Biarritz oder Compiègne, stets lebte Margot la Rigoleuse in einem Haus in der Nähe des Kaisers – drei Jahre lang.

Napoleons Gemahlin Eugénie war viel zu sehr mit sich selbst beschäftigt, als dass sie das liederliche Verhältnis zur Kenntnis nahm oder nehmen wollte. Deshalb entging ihr auch die Vaterschaft ihres Gatten: Am 24. Februar 1864 brachte Marguerite Bellanger ihren Sohn Charles zur Welt. Bei einem der zahlreichen Kuraufenthalte in Vichy, bei dem wie stets die Zweitfrau des Kaisers anwesend war, diesmal jedoch auch Eugénie, kam es zum öffentlichen Eklat, bei dem der Zufall Regie führte. Beim Lustwandeln des Kaiserpaares im Kurpark von Vichy kam ein kleines Hündchen angelaufen, jaulte, winselte und bellte derart vor Napoleon, dass Eugénie die Frage stellte: »Kennen Sie dieses Tierchen?«

Natürlich kannte Napoleon den Hund. Er gehörte Marguerite. Aber was sollte er antworten? »Nein!«, beteuerte der Franzosenkaiser. »Was weiß ich, wem der Kläffer gehört.«

Da trat Margot la Rigoleuse hinter einem Busch hervor und erklärte die Zuneigung des Kläffers. Es dauerte nicht lange, und die beiden Frauen lagen sich in den Haaren. Napoleon zeigte sich geständig, sogar reumütig, aber es half alles nichts. Eugénie reiste ab, begab sich zur Kur nach Bad Schwalbach und machte keinerlei Anstalten, jemals wieder von dort zurückzukehren.

Napoleon III. aber war zu schwach, um ohne Eugénie weiterregieren zu können. Deshalb schickte er weinerliche Briefe nach Bad Schwalbach und bat seine Frau flehentlich, zu ihm zurückzukehren. Eugénie kam zurück. Aber von jenem Tag an führte *sie* das Regiment. Sie fällte politische Entscheidungen auch gegen den Willen des Kaisers, und sie drang darauf, dass Napoleon sein Verhältnis mit Margot la Rigoleuse beendete. Denn entgegen den Beteuerungen ihres Mannes verkehrte dieser noch immer mit dem liederlichen Frauenzimmer.

Anfang 1865 suchte Eugénie wutschnaubend Marguerite Bellanger in deren Haus in der Rue du Bac auf. Der Kaiser war zufällig und zu seinem Glück einmal nicht anwesend, aber das hatte seinen Grund: Lakaien seines Sicherheitsdienstes, die zum Schutz seiner außerehelichen Aktivitäten eingesetzt waren, hatten tags zuvor Seine Majestät in bedenklichem Zustand ohnmächtig nach Hause gebracht. Dabei hatte sich herausgestellt, dass Napoleon im Bett der wilden Marguerite einen Schwächeanfall erlitten hatte.

»Madame!«, schrie Eugénie die eingeschüchterte Kokotte an. »Sie bringen den Kaiser um; er ist siebenundfünfzig, und sein Gesundheitszustand nicht der beste!« Und dann machte die Kaiserin der Geliebten ein hohes finanzielles Angebot für den Fall, dass Margot la Rigoleuse aus dem Leben Napoleons III. verschwände.

Marguerite Bellanger alias Julie Lebœuf verschwand. Die Chronisten schweigen über die Summe, die dafür gezahlt wurde. Tatsache ist, dass die wilde Kokotte ein Schriftstück unterzeichnete, in dem Napoleons Vaterschaft an dem kleinen Charles geleugnet wurde. Und Tatsache ist auch, dass sie – gewiss ohne Not und wohl eher aus Veranlagung – ihre Tätigkeit als Freudenmädchen wieder aufnahm. Immerhin war Margot la Rigoleuse erst fünfundzwanzig.

In Paris gab es damals eine Reihe von Kokotten, die damit warben, mit dem Kaiser geschlafen zu haben. Zu ihnen gehörte auch Contessa Virginia di Castiglione. Die eingangs erwähnte Gespielin Napoleons III., die im Wahn endete, hatte sich mit ihrem Plappermaul um ihre Stellung als Zweitfrau gebracht, sodass sie nun zusammen mit Marguerite Bellanger dem Geschäft mit der Liebe nachging. Doch während Margot la Rigoleuse nach einigen Jahren in den starken Armen eines preußischen Junkers landete, der sie ehelichte, kam Virginia über ihr Schicksal nicht hinweg. Im Bewusstsein, eine abgelegte Geliebte des Kaisers zu sein, begegnete Virginia den Männern zunehmend mit jenem Hass, der zum Sadismus führt. Wer glaubte, dies hätte das Ende ihrer Geschäfte bedeutet, sah sich getäuscht. Männer, die von der Gräfin Castiglione erniedrigt und gequält werden wollten, rannten ihr das Haus ein und zahlten astronomische Summen für ihre Dienste. Ihre ungewöhnlichen sexuellen Praktiken, die sie, wie sie betonte, jedoch immer selbst diktierte, forderten bisweilen so großen körperlichen Einsatz, dass sie danach drei Tage das Bett hüten musste. Der steinreiche Marquis de Herfort, sagt man, habe ihr eine Million Franc für solch eine Liebesnacht geboten.

Kaiserin Eugénie konnte das Treiben der Gräfin Castiglione nicht verborgen bleiben, und das musste sie peinlich berühren. Schließlich war sie es gewesen, die Virginia und Napoleon zusammengeführt hatte. Ihre Ehe mit Napoleon war damals noch keine drei Jahre alt, als die Contessa vom König von Piemont, mit dem sie auch schon das Lager geteilt hatte, nach Paris geschickt wurde mit dem Ziel, den Franzosenkaiser zu becircen, er möge sich für die Einigung Italiens verwenden. Victor Emmanuel wusste um die Schwächen Napoleons und schickte ihm die schönste Frau seines Reiches. Sie war zwar seit kurzem verheiratet, doch der König sah darin keinen Hinderungsgrund, zumal es in der Ehe zwischen dem alternden Grafen Francesco di Castiglione und der damals gerade siebzehn Jahre alten Virginia schon nach vier Wochen zu kriseln begonnen hatte.

Virginia war der Ruf unbeschreiblicher Schönheit vorausgeeilt, als sie mit Ehemann und einem halben Dutzend Equipagen Gepäck in Paris ankam. Napoleons Cousine Mathilde arrangierte ihr zu Ehren eine feine Abendgesellschaft, bei der es zu argen Rempeleien unter den vornehmen Gästen kam, weil ein jeder der piemontesischen Schönheit möglichst nahe sein wollte. Auch Napoleon und Eugénie gaben der Gräfin die Ehre, der Kaiser zeigte sich jedoch nur in Maßen entzückt und bemerkte, die Gräfin sei zwar schön, aber offensichtlich fehle es ihr an Geist. Da Napoleon, was Frauen betraf, den Geist zuallerletzt berücksichtigte, darf man wohl annehmen, dass er von Anfang an für Virginia entbrannt war und jene abfällige Bemerkung nur machte, um vor Eugénie bestehen zu können.

Nach drei Jahren Ehe glaubte Eugénie offenbar noch den Worten ihres Gemahls, jedenfalls hatte sie keine Bedenken, die lebenslustige Gräfin Castiglione zu einem Sommernachtsfest in Villeneuve-l'Etang einzuladen. Dabei kam es zum Skandal: Der Kaiser nahm Virginia bei der Hand und bestieg mit ihr eines der lampiongeschmückten Boote, die am Ufer eines Teiches lagen. Er ruderte mit der schönen Gräfin zu einer verschwiegenen Insel, von der sie erst im Morgengrauen zurückkehrten, in ziemlich zerknitterter Kleidung – wie es hieß. Eugénie spuckte Gift und Galle, denn die geladenen Gäste, darunter viele ausländische Diplomaten, wurden, ohne es zu wollen, Zeugen des kaiserlichen Ehebruchs und meldeten das Ereignis in alle Hauptstädte Europas.

Virginia genoss ihren Ruf als Geliebte des Kaisers, auch wenn sie wusste, dass sie nicht die einzige war. Virginia di Castiglione lebte nicht, sie inszenierte, ja zelebrierte ihr Leben, trug die teuersten Garderoben, die neueste Schminke, den kostbarsten Schmuck, darunter ein Smaragdkollier mit dem schönsten Stein, den es in Frankreich gab, ein Geschenk des Kaisers. Bewusst setzte sie den Reiz ihrer wohlgeformten Brüste ein, die sie nicht, wie ein Augenzeuge berichtete, dekolletiert zur Schau trug, sondern entblößt und nur von leichtem Flor bedeckt. Es versteht sich von selbst, dass Virginia sich auf diese Weise alle Frauen zu Feinden machte, während die Männer ihr zu Füßen lagen. Trotz großzügiger Zuwendungen durch Napoleon III. forderte ihr Lebensaufwand immense Summen, und obwohl Graf Francesco di Castiglione kein armer Mann war, trieb Virginia ihren Gemahl an den Rand des Ruins. Geld war es schließlich auch, das für Francesco den letzten Ausschlag gab, sich von Virginia scheiden zu lassen.

Die Gräfin von Castiglione war von sich und ihrer Schönheit so eingenommen, dass sie sich nicht vorstellen konnte oder sich vorstellen wollte, Napoleon III. könnte ihrer jemals überdrüssig werden. Dabei dauerte seine Leidenschaft für die Schöne aus Piemont nicht länger als ein Jahr. Wenig später klagte er seiner Cousine Mathilde, mit der er mehr als ein verwandtschaftliches Verhältnis pflegte, die Drängelei in einem jener Häuser, die er als Absteige erworben hatte: »Im

Parterre habe ich diese Blonde, Madame de La Bédoyère. Ich möchte sie loswerden. Im ersten Stock befindet sich die rotblonde Gräfin Castiglione, zweifellos sehr schön, aber harmlos und ohne Geschmack. Sie langweilt mich. Im zweiten Stock sitzt wieder eine Blonde, Madame de Walewska. Sie verfolgt mich auf Schritt und Tritt. Was soll ich tun?«

Napoleon trennte sich von allen dreien. Virginia traf das mit besonderer Härte. Sie war allzu sehr auf den Kaiser fixiert. Die Gräfin Castiglione glaubte ernsthaft, sie habe durch ihr Auftreten in Frankreich Italien geeint und das Papsttum gerettet. Das gab sie zwar der Lächerlichkeit preis, hinderte aber keinen ihrer Verehrer, Virginia mit Lüsternheit zu verfolgen. Fortan liebte das Vögelchen, das aus dem Nest des Kaisers gefallen war, nur noch für gutes Geld. Den Preis trieb ein durchbrochenes Nachthemd in die Höhe, das die Gräfin Castiglione während zärtlicher Stunden mit dem Kaiser auf dem Landsitz Compiègne am linken Ufer der Oise getragen hatte. Sie zeigte es wie eine Reliquie. In ihrem »Nachthemd von Compiègne« wollte Virginia auch begraben sein. Doch dieser Wunsch wurde ihr nicht erfüllt. Sie starb im Alter von zweiundsechzig Jahren 1899 in Paris.

X

Katharina Schratt, die Frühstücksfrau des Kaisers

*»Ich werde morgen, Dienstag, den 15.,
um 1 Uhr auf dem Parterre sein und zähle
die Stunden bis dahin.«*

Franz Joseph, Kaiser von Österreich-Ungarn,
an Hofschauspielerin Katharina Schratt

Sie hatten beide denselben Masseur, die gleichen Gewichtsprobleme, und sie versuchten diese mit den gleichen unvernünftigen Kuren zu lösen. Begann die eine eine Milchkur, folgte die andere ihrer Empfehlung. Eine Kissinger Wasserkur der einen war Anlass für die andere, es ihr gleichzutun. Beide gerieten sie in eine Abhängigkeit von den damals gebräuchlichen Schwitzkästen, und eine jede äußerte sich begeistert über Sand- und Sonnenätherkuren. Ja sie ähnelten sich sogar in ihrem Äußeren, obwohl sie im Innersten völlig anders geartet waren. Und das muss es wohl gewesen sein, was Seine Apostolische Majestät, Kaiser Franz Joseph von Österreich-Ungarn, dazu gebracht hat, über viele Jahre eine Ehe zu dritt zu führen. Das mag ungewöhnlich erscheinen bei einem frommen Kaiser, wird aber beinahe absurd durch die Zustimmung, die dieses Dreiecksverhältnis vonseiten der Ehefrau, Kaiserin Elisabeth, erfuhr.

Über kaum ein Herrscherpaar ist ein so falsches Bild verbreitet worden wie über Kaiser Franz Joseph und Sisi. Vom verliebten Kaiser und seiner zärtlichen Ehefrau, die sich für die sterbende Donaumonarchie opferte, kann keine Rede sein. Franz Joseph war ein kontaktscheuer, krankhaft geiziger, von seinem Sexualtrieb gehetzter, zutiefst verunsicherter Biedermann, Sisi war eine ursprünglich volkstümliche, von steter Ruhelosigkeit getriebene, eigensinnige, gebildete, von Bulimie und seelischer Vereinsamung geplagte Frau, die lieber allein in ihrem Bett schlief, als es zu teilen. Unvereinbare Gegensätze einer Horrorehe.

Franz Joseph und Sisi versuchten ein jeder auf seine Weise aus dieser Ehe auszubrechen, der Kaiser, indem er zahlreiche Verhältnisse unterhielt, die Kaiserin, indem sie das Reisen und Alleinsein zur exzessiven Lust erklärte – zu Hause sah man sie selten. Dass eine Frau dem Herrscher eine *Maîtresse en titre*, also eine offizielle Zweitfrau und Beischläferin, ins Bett legte, entsprach dem Absolutismus des 17. bis 18. Jahrhunderts und wurde zu jener Zeit nicht als verrucht oder unmöglich empfunden. Die Prüderie der späten Donaumonarchie verbot das jedoch von selbst, und so gesehen war Sisis Bemühen, Franz Joseph eine Geliebte anzudienen, höchst unzeitgemäß, äußerst schändlich, und niemand durfte davon Kenntnis haben.

Es darf bezweifelt werden, ob Kaiserin Elisabeth um alle Bettgeschichten Seiner Apostolischen Majestät wusste – raffinierter als Franz Joseph war sie zwar, aber die Gedichte über »die Treue langer Jahre« ihres Gemahls sind wohl nichts anderes als eine idealisierte Verklärung schöner Gedanken. Schon 1875, Franz Joseph war noch nicht einmal fünfundvierzig Jahre alt, fing der Kaiser ein Verhältnis mit einer Sechzehnjährigen an. Sie war frisch verheiratet, doch für den Kaiser, der der jungen Frau mit Vorliebe morgens um sechs im Kammergarten des Schlossparks Schönbrunn begegnete, stellte dies kein Hindernis dar. Er bezahlte sie fürstlich (Frauen gegenüber war der krankhafte Geizhals Franz Joseph ungemein großzügig), und dafür nahm er, was er brauchte – meist morgens, vor dem Frühstück.

Aus dem Tagebuch der damals gerade sechzehnjährigen Anna Nahowski:

»*8. Mai 1875*

Mein Mann sein Leichtsinn macht Fortschritte. Er drängt mich, dass ich mich zerstreue, damit ich ihm keine Vorwürfe machen kann. Um auf meinen Spaziergängen nicht so viel von Männern belästigt zu werden, wähle ich die Morgenstunden und nehme mir mein Dienstmädchen mit, das ich schon von meiner Kindheit an kenne und die meine einzige Gesellschaft ist, und mit der ich sprechen kann wie es mir ums Herz ist.

Unter andern Wegen gingen wir auch nach Schönbrunn. Um 6 Uhr früh waren wir im Park u. begegneten einen Offizier der bei meinen Anblick verwundert auf mich starrte u. sich nicht satt sehen konnte u. unzählige Male nach mir sich drehte. Mein Dienstmädchen sagte mir dies sei der Kaiser. Wirklich frug ich und alles Blut drängte sich zum Herzen. Der Kaiser, auf den ich einen großen Eindruck gemacht haben muss, suchte mich von allen möglichen Seiten zu begegnen ...

... Zu Hause keine Ruh, fort denk ich an diese Begegnung, Tag und Nacht steht das Bild des Kaisers mit seinem Lächeln vor mir! Soll ich wieder nach Schönbrunn gehen? Hundertmal sagte ich nein! Und ebenso oft, ja! Und ich ging. Ich sah ihn de. 13. 14. 15. 16. 17. 18. 19. Doch das Wettlaufen hat aufgehört. Er begegnete mir immer einige Male, grüßte mich immer zuerst, doch Er war ruhiger ...

15. Juli führte er mich in einen abgeschlossenen Teil des Parks, ›Tirolergarten‹ genannt, den ich mit einer Bangigkeit betrat, da Er der Lini mit einer Handbewegung bedeutete zurückzubleiben, und sagte, warten Sie hier. Er führte mich zu einer Bank, wir setzten uns. Er wurde nicht müde mich zu bewundern, und zu küssen, wurde immer stürmischer; ich bekam Angst hier mit Ihm allein, und bat Ihn mich wieder hinaus zu lassen. Er tröstete mich, es geschehe mir nichts, und bat mich, lassen Sie mich, ich bin so glücklich! Er sagte, dies seien seine glücklichsten Stunden, doch ich blieb standhaft, bat Ihn mit aufgehobenen Händen mich zurück zu führen, was Er auch mit einen Seufzer, wobei Er mir die Kette, welche Er mir von Hals genommen, wieder befestigte, und mir mein Kleid am Rücken wieder schloss. Er nahm Abschied für längere Zeit.«

Um zu sehen, wo die schöne Frau Anna wohnte, blies Kaiser Franz Joseph zu einem Manöver, dessen Weg gerade an ihrem Haus am Schlosspark vorbeiführte. Ende September trafen sie sich wieder zum »gewöhnlichen Spaziergang« im Tiroler Garten des Schlosses, und bei dieser Gelegenheit verriet Anna dem Kaiser, dass ihr Mann sie wieder einmal verlassen habe, einer Begegnung bei ihr zu Hause also nichts im Wege stünde.

Aus Annas Tagebuch Ende September:

»... Beim Abschied hielt Er mich noch zurück und sagte: Wenn ich komme, werden Sie das lästige Mieder nicht haben. – Wenn Sie es wünschen, werde ich keines anziehen, – Wissen Sie was, fuhr Er fort, wenn Sie mich lieb haben, erwarten Sie mich im Bett. Das war mir aber doch zu weit gegangen, gerade Ihm gegenüber wollte ich standhaft sein, wollte mir derartiges nicht zu schulden kommen lassen. Nie, nein da müsste ich vollkommen gesichert sein, unab-

hängig. Ich wurde verlegen, konnte nicht gleich Antwort finden. Dann aber sagte ich, das geht doch nicht, Majestät, ich muss Ihnen ja die Türe öffnen. Nach langen hin und her reden gab Er sich zufrieden.«

Auch Anna gab sich zufrieden und dem Drängen des Monarchen nach, zumal Majestät meist mit einem braunen Umschlag mit Geld zu kommen pflegte. Zudem war das Verhältnis auch geeignet, ihr durch die gescheiterte Ehe angegriffenes Selbstvertrauen aufzurichten. Die Geliebte des Kaisers von Österreich-Ungarn zu sein bedeutete für eine Achtzehnjährige eine Auszeichnung.

Die Aufzeichnungen in ihrem Tagebuch mögen schlicht, ja kindlich erscheinen, aber Anna wusste genau, was sie tat. Obwohl sie ihrem Tagebuch anvertraute, sie hänge mit Leib und Seele am Kaiser, bemerkte sie kein einziges Mal, dass sie Franz Joseph liebe. Sie wusste, »dass es früher oder später ein End' haben wird«, und deshalb suchte sie – mit Billigung ihres kaiserlichen Liebhabers – nach einem Mann, den sie lieben konnte. Sie fand ihn auch, er hieß Franz, und sie wurde schwanger.

»... Es ist Herbst. Ich setze mich zum Schreibtisch und schreibe einen Brief an den Kaiser, worin ich ihn bitte mir zu gestatten, dass ich heirate, aber nur dann, wenn Er mir seine Gunst nicht entzieht! Denn Nichts in der Welt würde mir die ersetzen! Ich geb Ihm auch darin bekannt wer derjenige ist, den ich heiraten will. Schon beim nächsten Besuch gebe ich Ihm den Brief mit der Bitte um Antwort. –

Nach zwei Tagen kam der Kaiser. Ich lag zu Bette um meinen Zustand zu verbergen. Es ist kalt und es regnete schon die ganze Nacht. Der Kaiser kam total durchnässt zu mir, setzte sich auf den Bettrand und sagte: Ich habe überlegt, es ist das Beste für Sie, wenn sie heiraten. Eine größere Summe werde ich Ihnen zum Frühjahr mitbringen ...«

Der Kaiser hielt Wort. Eines Morgens um vier Uhr früh, der Zeit, die Franz Joseph für den außerehelichen Beischlaf favorisierte, kam der Monarch mit einem »umfangreichen Couvert«. Inhalt: 50 000 Gulden – eine ungeheure Summe, wenn man bedenkt, dass ein Durchschnittsgehalt zu dieser Zeit bei 100 Gulden lag.

Mit neunzehn Jahren heiratete Anna Nahowski nach ihrer Scheidung von dem Seidenfabrikanten Heuduk zum zweiten Mal. Ehemann Franz, ein k.u.k. Beamter der privilegierten Südbahngesellschaft, akzeptierte das Verhältnis mit dem Kaiser nicht ohne Bedenken, doch die durch die Liebschaft erzielten Einkünfte seiner jungen Frau ermöglichten ihm ein sorgenfreies Leben. Vierzehn Jahre »diente« Anna (Anna fasste das kaiserliche Verhältnis wirklich als Dienen auf) dem Monarchen als Zweitfrau. Sie erwirtschaftete dabei ein respektables Einkommen.

Im Jahre 1884 kauften die Nahowskis sogar ein stolzes Anwesen gegenüber dem Schlosspark Schönbrunn, Maxingstraße 46 – wie praktisch. Die Villa kostete 15 000 Gulden und verschlang für die Renovierung noch einmal die gleiche Summe, doch dafür war es dem Kaiser fortan ein Leichtes, beinahe regelmäßig »zum Frühstück« zu erscheinen.

Natürlich war es kein Zufall, dass Franz Nahowski von der privilegierten Südbahngesellschaft mehrmals in die entferntesten Orte des Streckennetzes versetzt wurde, was ihn jedoch nicht hinderte, unverhofft zu Hause zu erscheinen und seiner Frau Eifersuchtsszenen zu machen, vor allem, als das erste Kind kam, dessen Vaterschaft Franz Nahowski anzweifelte. Kaiser Franz Joseph oder besser: der habsburgische Familienfonds übernahm später den Unterhalt für insgesamt drei Kinder Annas. Eine Tochter, Helene, wurde die Ehefrau des Zwölfton-Komponisten Alban Berg.

Für Annas Kinder hat sich Franz Joseph nie interessiert. Zuneigung oder Liebe empfand er nicht, übrigens auch nicht zu Anna. Die beiden pflegten ein rein sexuelles Verhältnis. Aber noch während dieses Verhältnis andauerte, begann der Monarch sich neu zu orientieren, vermutlich deshalb, weil Anna, wie sie in einem Brief schrieb, »zu viel mit meinen Kindern und im Häuslichen beschäftigt« war. Franz Joseph bat Anna schriftlich, nicht mehr im Schlosspark Schönbrunn spazieren zu gehen, weil er sich jetzt dort öfter mit der Kaiserin ergehe und eine Begegnung verräterisch wäre.

In Wirklichkeit turtelte der Kaiser seit Sommer 1886 dort mit der Hofschauspielerin Katharina Schratt, diesmal jedoch mit Billigung seiner Ehefrau Sisi. Sisi hatte diese Verbindung, die ein Leben lang dauern sollte, eingefädelt, und sie wusste sehr wohl, was sie tat.

Die exaltierte Kaiserin empfand die pompöse Wiener Hofburg mit ihren 1400 Räumen seit jeher als Gefängnis, und sie entwischte, wann immer sich Gelegenheit dazu bot. In der Ferne musste Sisi sich nicht der Zudringlichkeiten des Kaisers erwehren, die sie zutiefst verabscheute. Eine diskrete Geliebte konnte sie vielleicht von beidem erlösen, von ihrer Anwesenheitspflicht und von ihrer ehelichen Pflicht. Elisabeth kultivierte ihre Einsamkeit. Das einzige Interesse, das sie mit ihrem Mann verband, die Jagd und das Reiten, hatte sich längst verflüchtigt. Stattdessen weinte die Kaiserin mutterseelenallein die Natur an und redete mit toten Dichtern. Sie bewunderte ihre eigene Schönheit derart und mit solcher Inbrunst, dass sie den Spiegel zum besten Freund erkor, sich täglich in ihre Kleider einnähen ließ, damit keine Falte des Gewandes ihr Aussehen verunstaltete, und ein drohendes Fältchen im Gesicht ließ sie an sich, an Gott und der Welt zweifeln.

Dagegen der spröde, mäßig gebildete, bodenständige Kaiser Franz Joseph. Seine fünfundfünfzig Jahre, davon siebenunddreißig als erfolgloser Regent, und die Barttracht im Gesicht verliehen ihm das Aussehen eines alten Mannes. Er lebte, was seinen Lebensstil betraf, wie ein Spartaner, genügsam, asketisch, Frühaufsteher (3 Uhr 30) mit exakt durchgeplantem Tagesablauf, und blieb am liebsten zu Hause, es sei denn, es ging auf die Jagd. Mehr als dreißig Jahre waren Franz Joseph und Elisabeth schon verheiratet, die Ehe hatte drei Kinder – »hervorgebracht« ist wohl das richtige Wort; aber sie bestand nur noch auf dem Papier und weil es sich gehörte.

Im Jahre 1883 kam es zu einer folgenschweren Begegnung, die das Leben Kaiser Franz Josephs bis an sein Ende umkrempeln sollte. Die Schauspielerin Katharina Schratt, seit vier Jahren mit dem verschuldeten ungarischen Playboy Nikolaus Kiss von Itebbe verheiratet und Mutter eines Sohnes, war im Alter von dreißig Jahren und auf dem Höhepunkt ihrer beruflichen Karriere an das k.u.k. Hofburgtheater engagiert worden und sollte nun traditionsgemäß dem Kaiser vorgestellt werden, der dieses Theater finanzierte.

Franz Joseph hatte schon seit langem ein Auge auf die attraktive Darstellerin mit den rotblonden Haaren und der tiefen Stimme geworfen – jedenfalls hatte die Kaiserin diesen Eindruck.

Allerdings war der Kaiser nicht der Einzige: Männer von Adel und Vermögen, auch solche, denen das eine wie das andere zu eigen war wie dem Grafen Wilczek, umgarnten die Diva mit Komplimenten und Einladungen, zumal ruchbar geworden war, dass Katharina sich von ihrem verschwenderischen Ehemann getrennt hatte.

Katharina hatte für den Empfang beim Kaiser extra Hofknicks, Verhaltenslehre bei Hofe und vornehme Konversation gelernt, wobei ihr ein leibhaftiger Hofrat namens Schulz zur Seite stand. Doch zur Anwendung kam nur der Hofknicks, weil Seine Majestät, geübt im Umgang mit schüchternen jungen Frauen, die Initiative ergriff und die »gnädige Frau« bat, Platz zu nehmen. Das aber lehnte Katharina Schratt entrüstet ab, und auf Befragen des Kaisers erwiderte sie, sie setze sich nicht, der Schulz habe es verboten. Die drollige Art der hübschen Schauspielerin gefiel Franz Joseph, und als Majestät sich nach ihrem Befinden am Hofburgtheater erkundigte, und als Katharina von der Vornehmheit der Kollegen berichtete und dem Souffleur, den man eher für einen Grafen halten konnte, da lachte Franz Joseph laut heraus, was er schon lange nicht mehr getan hatte. Majestät waren beeindruckt – oder, wie der Monarch stets zu sagen pflegte: »Es war sehr schön, es hat uns sehr gefreut.«

Bei aller Schüchternheit – die vielleicht sogar gespielt gewesen sein mag – war der Schratt nicht entgangen, dass sie dem Kaiser nicht ganz gleichgültig geblieben war. Jedenfalls fasste sie schon wenige Wochen später den Mut und ersuchte Franz Joseph um eine weitere Audienz, die umgehend gewährt wurde. Es handelte sich um eine äußerst delikate Angelegenheit, bei der die Schauspielerin dem Kaiser ihre katastrophalen finanziellen Verhältnisse offenbarte. Denn obwohl Katharina als Burgschauspielerin im Jahr (mit Kleidergeld und anderen Vergünstigungen) beinahe 8000 Gulden verdiente (nach heutigen Verhältnissen knapp 60 000 Euro), sah sie sich nicht in der Lage, die durch das aufwändige Leben ihres Mannes angehäuften Schulden abzutragen. Katharina bat den Kaiser, sich in einer Finanzangelegenheit, bei der es um eine Entschädigung vonseiten des Staates ging, für sie zu verwenden. Franz Joseph erklärte den ungarischen Ministerpräsidenten Kolomán Tisza für zuständig in dieser Sache, aber von Stund an wusste er, was »die gnädige Frau« am nötigsten hatte.

Die folgende Begegnung von Kaiser und Schauspielerin beim Industriellenball 1885 mag vielleicht noch zufällig gewesen sein, aber es fiel allgemein auf, dass die beiden sich lange auf der Estrade des Ballsaales unterhielten. Danach häuften sich die Begegnungen, wobei ohne Zweifel Kaiserin Elisabeth die Fäden zog. Am 17. August, am Vorabend seines fünfundfünfzigsten Geburtstages, den er wie stets in der Bad Ischler Kaiservilla verbrachte (die Kaiservilla bestand im Wesentlichen aus zwei Gebäudeflügeln, von denen der eine Franz Joseph, der andere Elisabeth vorbehalten war), wurde im Theater ein Stück so recht nach dem Herzen des Monarchen gegeben: Ferdinand Raimunds *Der Verschwender*. In den Hauptrollen der damals sehr berühmte Alexander Girardi und – Katharina Schratt.

Acht Tage später traf sich im mährischen Schloss Kremsier, dem Palast des Erzbischofs von Olmütz, Kaiser Franz Joseph mit dem russischen Zaren Alexander III. auf Vermittlung Bismarcks, der bestrebt war, das schwache Dreikaiserbündnis zu festigen. Die mährische Stadt Kremsier schien mehr geeignet, den Zaren vor Attentätern zu schützen, als das brodelnde Wien. Zar Alexander kam mit Frau und Sohn und hundertköpfigem Gefolge, Kaiser Franz Joseph wurde – und das löste Staunen aus – von Elisabeth begleitet, die solche Auftritte hasste. Doch hinter Sisis Anwesenheit verbargen sich zwei Geheimnisse. Der Kaiser hatte Elisabeths Anwesenheit nahezu erbettelt und ihre Zusage nur unter der Bedingung erhalten, dass sie danach allein auf eine mehrmonatige Reise zu den griechischen Inseln gehen durfte, ein angesichts der Balkankrise nicht ungefährliches Vorhaben. Doch es gab noch einen anderen Grund, warum Elisabeth in Kremsier anwesend sein wollte: Katharina Schratt.

Die Balkanpolitik, das Hauptthema des Kaisertreffens, war so brisant, dass Franz Joseph zur Auflockerung des Treffens künstlerische Darbietungen arrangieren ließ, Harfenmusik und Theaterszenen, dargebracht von den Stars des Burgtheaters Charlotte Wolter, Frl. Wessely, Adolf Sonnenthal und Katharina Schratt.

Aus dem *Illustrierten Wiener Extrablatt* vom 26. August 1885:

»Die Kaiser-Entrevue in Kremsier

Selten hat eine Theater-Vorstellung einen so glänzenden Verlauf gehabt, als das théâtre paré, *welches gestern abends im Lehensaale des erzbischöflichen Schlosses stattfand. Vor Ankunft des Hofes lenkte sich das Interesse den russischen Würdenträgern zu, deren hohe Gestalten und ausdrucksvolle Mienen ihnen ein besonderes Gepräge geben ...*

Nach einem kurzen Harfen-Präludium begann die Vorstellung. Frau Wolter und Frl. Wessely waren auf der Szene und führten den Schluss des ersten Aktes der Sappho *auf. Das hoheitsvolle Spiel der großen Tragödin übte mächtigen Eindruck. Nachdem die Szene beendet, gab der Zar selbst das Signal zum Beifall, doch applaudierten nur die allerhöchsten Persönlichkeiten, wie es der Hofsitte entspricht, und nicht nur Händeklatschen, sondern auch mit Zurufen: ›Sehr schön‹, ›Bravo!‹, ›Ausgezeichnet!‹, gaben die Majestäten ihr Urteil ab ...*

Die frohe Stimmung steigerte sich beim Lustspiel ›Er experimentiert‹. Die Herrschaften lachten herzlich über Sonnenthal's und Baumeister's flottes Spiel, insbesondere über die vollendete Darstellung der Frau Schratt, die einen wirklichen Triumph feierte.«

Wenn es nicht längst geschehen war, dann verliebte sich Seine Apostolische Majestät, Franz Joseph I., Kaiser von Österreich-Ungarn, an diesem Abend des 25. August 1885 unsterblich in die Schauspielerin Katharina Schratt. Er bat sie und die anderen Schauspieler zum Soupér, was einem Skandal gleichkam, über den sich vor allem der sonst so liberale Kronprinz Rudolf mokierte. Aber der wusste zu dieser Zeit noch nicht, dass sich zwischen seinem Vater und der Schauspielerin etwas anbahnte, das man in bürgerlichen Kreisen schlicht als Verhältnis bezeichnete. Vor allem ahnte er nicht, dass dies mit Billigung seiner Mutter geschah, ja, dass sie sogar die treibende Kraft war in dieser Affäre.

Es kam an diesem Abend in Kremsier zu einem längeren Gespräch zwischen Elisabeth und Katharina, das keineswegs mit einer Szene endete, im Gegenteil. Wie es scheint, kamen die beiden Frauen an diesem Abend zu einer stillschweigenden Vereinbarung zwischen Ehefrau und künftiger Zweitfrau. Weder die Kaiserin noch die Schauspielerin haben je über den Inhalt dieser Unterredung gesprochen. Doch es kann kein Zweifel bestehen, dass sich die beiden an jenem 25. August arrangierten; denn von jenem Tag an ließ Elisabeth keine Gelegenheit verstreichen, ihren Mann und die Schauspielerin zusammenzubringen. Um den Schein zu wahren, zeigte sich die Kaiserin bisweilen mit beiden. Das sollte glauben machen, dass sie mit der Schratt befreundet war. Das Unternehmen Schratt war von Sisi generalstabsmäßig geplant und lief unter dem Codewort »Kriegsminister«. Hinter diesem Wort verbarg sich Katharina Schratt.

Elisabeth und Franz Joseph waren sich natürlich bewusst, dass das Verhältnis des österreichisch-ungarischen Monarchen zu einer Burgschauspielerin (Schauspielerinnen standen auch oder gerade in Wien in zweifelhaftem Ruf und hatten das Image von Callgirls für den niederen Adel) geeignet sein konnte, ihn vom Thron zu stürzen. Hinzu kam, dass Franz Joseph – im Gegensatz zu Sisi, die mehr den Ungarn zugetan war – beim Volk äußerst beliebt war. Aber eine Liebschaft mit einem Frauenzimmer vom Theater hätte das Volk dem Kaiser nie verziehen.

Deshalb mussten sie sich allerhand einfallen lassen, und nicht selten geriet dieses Versteckspiel zur Posse à la Nestroy. Ist es schon ungewöhnlich genug, wenn eine Kaiserin dem

Kaiser ein Bild seiner Angebeteten schenken will (wobei es sich keineswegs um ihr eigenes Konterfei handelt), so ist die Geschichte, wie Sisi das anstellte, noch ungewöhnlicher. Sisi hatte eine Freundin (soweit sie überhaupt jemals eine Freundin hatte), die erste Hofdame Ida von Ferenczy. Ida sollte bei dem Hofmaler Heinrich von Angeli, einem Künstler in der Tradition Xaver Winterhalters, vorsprechen und ein Porträt von Katharina Schratt in Auftrag geben. Angeli stammte aus Ödenburg und hatte sich mit virtuosen Historienbildern einen Namen gemacht, bevor er um 1870 begann, den gesamten europäischen Hochadel modisch-chic zu porträtieren. Von Angeli gemalt zu werden bedeutete, zu den Oberen Zehntausend in Europa zu gehören, und dies kam einer Schauspielerin sicher nicht zu.

Adel-Maler Angeli bat deshalb die Schauspielerin Katharina Schratt in sein Atelier, erklärte, er habe den Auftrag eines englischen Lords, dessen verblichene Lady in Öl zu porträtieren, und sie, Frau Schratt, sei der Lady wie aus dem Gesicht geschnitten. Katharina willigte ein, saß dem Maler einige Male Modell und wurde am 21. Mai 1886 zum letzten Mal in das Atelier des Künstlers bestellt, um den geheimnisvollen Auftraggeber kennenzulernen. Da trat der Kaiser hinter einem Paravent hervor …

Die Begegnung in Angelis Atelier verwirrte Katharina. Es war die erste ganz private Begegnung mit dem Kaiser, und sie machte deutlich, dass Franz Joseph sich ernsthaft für sie interessierte und – vielleicht noch wichtiger – dass dies mit Billigung der Kaiserin geschah. Zwei Tage später gab ein Bote in Katharinas Wohnung ein Päckchen ab. Es enthielt einen Smaragdring und den folgenden handgeschriebenen Brief:

»Meine gnädige Frau,
ich bitte Sie, beifolgendes Andenken als Zeichen meines
innigsten Dankes dafür anzunehmen, dass Sie sich der

Mühe unterworfen haben, zu dem Angeli'schen Bilde zu sitzen. Nochmals muss ich wiederholen, dass ich mir nicht erlaubt hätte, dieses Opfer von Ihnen zu erbitten, und dass daher meine Freude über das teure Geschenk nur umso größer.

Ihr ergebener Bewunderer.«

Bei ihrem Zusammentreffen im Maleratelier hatte die Schauspielerin verraten, dass sie gedenke, ihre Ferien am Wolfgangsee zu verbringen, nahe der kaiserlichen Sommerresidenz in Bad Ischl. In der Aufregung aber hatte der verliebte Monarch vergessen, wo die Schauspielerin absteigen wollte. Er schickte einen Boten und fragte schriftlich an:

»Wie heißt das Haus oder Villa?

Wie lange geht man zu Fuß von St. Wolfgang dahin?

Werden Sie Anfang Juni schon dort sein oder erst später hinkommen?«

Die Antworten bat Franz Joseph dem Boten auf einem »Stückerl Papier« mitzugeben, und Katharina folgte der Bitte. Sie hatte für die stolze Summe von 700 Gulden, etwa 5000 Euro, eine Sommersaison lang die Villa Frauenstein »mit Seebad, Kielboot, Tisch- und Glasservice und Kücheneinrichtung für sechs Personen« gemietet. Der Besitz gehörte einer Ex-Soubrette am Linzer Stadttheater, die das Haus von einem Liebhaber als Abfindung erhalten hatte. Heruntergekommen wie das Verhältnis war auch das Haus. Zwar verfügte es über fließendes Wasser, aber aus den Holzrohren plätscherte auch Frosch- und Krötenlaich, und zu den Sommerfrischlern im Haus gesellten sich Salamander und Eidechsen. Der Schratt gefiel es – romantisch nannte man das damals.

Kaum angekommen, kündigte der Kaiser seinen Besuch für den nächsten Tag an »ungefähr um ½ 9 Uhr früh« zum Frühstück. Franz Josephs bevorzugte Zeit für Seitensprünge.

Doch vorerst konnte davon noch nicht die Rede sein. Zwar verlief die Begegnung viel weniger steif, als Katharina Schratt erwartet hatte, aber das war nicht so sehr das Verdienst des Kaisers als ihr eigenes; denn die Schauspielerin plapperte in ihrer unbefangenen Art munter vor sich hin und erzählte Dinge, die man in Gegenwart eines Monarchen nicht sagt. Das aber gefiel dem Kaiser ungemein, vor allem all die Belanglosigkeiten und Ratschereien, über die die Schauspielerin zu berichten wusste und die der Hofstab von Seiner Majestät penibel fernhielt. Später ging das so weit, dass Franz Joseph sich bei Frau Schratt brieflich erkundigte, ob irgendein Schauspieler eine Hühneraugenoperation hinter sich gebracht habe oder nicht. Zudem sprach die berühmte Schratt in (einem fürchterlichen) Badener Dialekt – Majestät waren entzückt.

In diesem Sommer hatte sich auch die Kaiserin Elisabeth in Bad Ischl eingefunden, wo sie sich meist langweilte, während der Kaiser spazieren oder auf die Jagd ging. (In der Ischler Kaiservilla sind die Trophäen von mehr als 10 000 (!) Hirschen, Rehen und Gemsen aufgehängt, die der Monarch im Laufe seines Lebens erlegte.) Aber offensichtlich gehörte es zu ihrem Plan, sich selbst als Schratt-Freundin zu zeigen, bevor die Liaison ihres Gemahls mit der Schauspielerin öffentlich wurde.

Wenig später erschien Kaiserin Sisi mit ihrer sechzehnjährigen Tochter Marie Valerie ebenfalls bei Katharina Schratt in Frauenstein, ganz privat und ohne höfische Begleitung – auch ohne Geld übrigens, sodass sich die Kaiserin für eine Dampfschifffahrt auf dem Wolfgangsee bei der Schauspielerin Geld für den Fahrschein ausleihen musste. Natürlich zur Freude zahlreicher Sommerfrischler, die die Szene amüsiert verfolgten und die Nachricht verbreiteten, Kaiserin Elisabeth und Hofburgschauspielerin Schratt seien befreundet.

Wenn Kaiserin und Schauspielerin sich in der Folgezeit begegneten, dann fanden diese Begegnungen meist zusammen mit Kaiser Franz Joseph oder aber in aller Öffentlichkeit statt. Nach offiziellem Sprachgebrauch war Frau Hofburgschauspielerin Schratt mit dem *Kaiserpaar* befreundet.

In Wirklichkeit machte sich Sisi sowohl über ihren brunftigen Ehemann als auch über die auserwählte Zweitfrau lustig. Nach den ersten Frühstücksbegegnungen im Sommer 1886 schrieb die Kaiserin in ihr geheimes Tagebuch ein schwärmerisches Gedicht über das Salzkammergut. In der letzten Strophe erinnerte sie an einen indischen König, der eine Kuh über alles liebte, und damit bekommen die Reime der Kaiserin eine bitterböse Bedeutung:

»... *Da weckt sie lautes Rasseln*
Im Tal aus ihrer Ruh';
Der König Wiswamitra
Kehrt heim von seiner Kuh.
O König Wiswamitra,
O welch ein Ochs bist du.«

So verschlüsselt die Gedanken der Kaiserin auch sein mögen, so eindeutig sind sie. Elisabeth nahm ihren Ehemann schon lange nicht mehr ernst. Sechzehn Jahre zuvor hatte sie mit ihm zum letzten Mal das kaiserliche Bett geteilt. Seitdem war sie froh, wenn er eigene Wege ging, und es wäre ihr sicher willkommen gewesen, wenn sich die Schratt und der Kaiser schon nach den ersten Zusammenkünften in Frauenstein zusammen vergnügt hätten. Doch von Sex war zwischen den beiden vorerst nicht die Rede. Aus zwei Gründen: Der Kaiser wie auch die Schauspielerin pflegten noch eine alte Beziehung, Franz Joseph das Verhältnis mit Anna Nahowski, Katharina jenes mit Hans Graf Wilczek. Graf Wilczek verehrte die Schauspielerin mindestens ebenso leidenschaftlich wie der Kaiser. Seine Eifersucht hatte krankhafte Züge, und er überhäufte seine Angebetete mit Briefen – »mein Katherl« –, in denen es immer nur um das eine Thema ging, sie, Katharina, dürfe ihn nicht verlassen, sie habe ihm ewige Treue geschworen.

Die Schauspielerin und der Kaiser wussten von Anfang an von der Bindung des anderen, doch für beide schien es nur eine Frage der Zeit, wann sie diese Beziehungen aufgeben und nur noch füreinander da sein würden. Zweifellos bedeutete Katharina Schratt für Franz Joseph sehr viel, sogar die Kaiserin sprach von einer Seelenbindung der beiden, und so benahm sich der Monarch beinahe wie ein schüchterner Primaner, dem es genügte, nur in ihrer Nähe zu sein.

Zurück in Wien suchte Seine Majestät sofort bei Anna Zerstreuung, vergaß aber nicht, brieflich mitzuteilen, dass er alt sei und aus diesem Grund künftig nicht mehr so häufig kommen werde. Ob Anna von der Nebenbuhlerin wusste, ist unbekannt, aber Frauen fühlen das, und sie ahnte wohl, dass ihr Verhältnis zu Ende ging. Deshalb beeilte sich Anna, sich beim Kaiser für eine neue Anstellung ihres Mannes einzusetzen. Franz Joseph, früher mindestens alle zwei Wochen bei Frau Nahowski »zu Gast«, kam nun nur noch einmal im Monat.

Die Lage auf dem Balkan spitzte sich zu, und der Kaiser war von den Regierungsgeschäften stark in Anspruch genommen. Ihm blieb kaum Freizeit, doch es fiel auf, dass sich seine Besuche im Hofburgtheater häuften. Franz Joseph versäumte kein Stück, in dem Katharina Schratt auftrat, und er ließ es sich nicht nehmen, jede Vorstellung der berühmten Mimin zu kritisieren. Kritisieren ist freilich zu hart ausgedrückt – der Kaiser erging sich in Lobpreisungen ihres Talents und ihres Äußeren. Nur einmal verstieg er sich zu der Bemerkung, in Hosenrollen gefalle sie ihm gar nicht, worauf die Schratt eine bereits annoncierte Rolle als Kadett zurückgab.

Im folgenden Winter kam es zwischen den beiden zu keiner persönlichen Begegnung, obwohl der Kaiser die Schauspielerin oft mehrmals auf der Bühne sah. Es schien, als hätte Franz Joseph Bedenken, die vorerst platonische Beziehung in Wien publik zu machen. Dafür wurden häufig Briefe und Geschenke ausgetauscht. Katharina übersandte Fotografien, die der Monarch in seinem Schlafzimmer aufhängte (das Angeli-Porträt hatte im Schlafzimmer seiner Linzer Villa einen Ehrenplatz gefunden), und ein Zigarettenetui, das Franz Joseph so kostbar wurde, dass er sich weigerte, es in Gebrauch zu nehmen, aus Furcht, er könnte es in seiner Zerstreutheit irgendwo liegenlassen und nicht wiederfinden.

Des Kaisers Geschenke waren von einer Großzügigkeit, die Staunen hervorruft angesichts eines Mannes, der selbst bei Kälte einen Mantel ablehnte mit der Bemerkung, so bleibe der Kragen des Sakkos geschont. Der Kaiser überhäufte den Bühnenstar vor allem mit Schmuck, den die Schratt jeweils am folgenden Abend auf der Bühne zu tragen pflegte, und er fand lobende Worte für eine Haarschleife aus Diamanten, die von der Theaterfriseuse Schwerdtner auf vollkommenste Weise in Katharinas Frisur eingearbeitet worden war, oder ein goldenes Armband, das die Schauspielerin auf der Bühne mit einer eleganten Bewegung vorzeigte.

Besorgt zeigte sich der Kaiser um den guten Ruf seiner Angebeteten. Auf einem großen Faschingsball, bei dem sie beide anwesend waren, vermied Franz Joseph es peinlich, sich Katharina zu nähern, obwohl er nichts sehnlicher wünschte, weil er sie ein halbes Jahr nicht gesprochen hatte. Aber, so entschuldigte er sich brieflich, dies hätte nur üble Nachrede zur Folge gehabt, denn er sei von allen Seiten mit Operngläsern beobachtet und von Zeitungsleuten verfolgt worden.

Außerdem klagte der Kaiser (im Übrigen nicht zu Unrecht), Katharina Schratt lebe auf zu großem Fuße. Deshalb übersandte er ihr brieflich namhafte Geldbeträge als »Kleidergeld« mit der dringenden Bitte, nie mehr Schulden zu machen, denn von ihren finanziellen Talenten sei er, im Gegensatz zu den schauspielerischen, »noch nicht« überzeugt. Diese nicht unbedeutenden Geldgeschenke (der Kaiser hatte zum Beispiel auch die Miete für die Sommerfrische in Frauenstein übernommen) sollten jedoch absolut geheim bleiben, und deshalb verlangte Franz Joseph, dass Katharina seine Zuwendungen in ihren Briefen mit keinem Wort erwähnen dürfe. Vermutlich wusste nicht einmal die Kaiserin davon.

Die aber bekam Bedenken, ob das von ihr eingefädelte Verhältnis überhaupt zum Tragen kam, und sie arrangierte am 1. März 1887 im Park von Schönbrunn eine »zufällige Begegnung«, die den von seinen Gefühlen ohnehin gebeutelten Monarchen in solche Verzückung versetzte, dass er bald darauf im fernen Ungarn, wohin ihn die Regierungsgeschäfte riefen, schmachtende Briefe an die Allerliebste schickte. Darin gestand er ein, dass er einen Teil seiner kostbaren Zeit damit verbrachte, in den nachgesandten Zeitungen aus Wien nach ihrem Namen zu suchen.

Obwohl sich der Kaiser alle Mühe gab, die Burgschauspielerin nicht zu kompromittieren, obwohl alle Korrespondenz zwischen ihm und der Kaiserin die Schratt betreffend, wie erwähnt, unter dem Codewort »Kriegsminister« ablief, obwohl er die Angebetete nie in ihrer Wiener Wohnung in der Nibelungengasse besucht hatte, kam das Verhältnis allmählich ins Gerede.

Vor allem die teuren Geschenke, die Franz Joseph der Schauspielerin gemacht haben sollte, wurden zum Tagesgespräch in Wien, und natürlich erfuhr auch Anna Nahowski davon. Sie hatte den Kaiser schon ein halbes Jahr nicht mehr gesehen, und dass dieser die Neue mit Schmuck überhäufte, während sie selbst nur eine kleine Anstecknadel geschenkt bekommen hatte, machte Anna wütend. Sie provozierte den Kaiser, indem sie mit ihrem Mann eine Burgtheater-Vorstellung besuchte, in der Katharina Schratt auftrat und Franz Joseph natürlich anwesend war. Dem entging dieser Auftritt nicht, er verstand die Geste sehr wohl zu deuten und sprach, um einen Skandal zu vermeiden, bei Anna vor, die üblichen Floskeln gebrauchend, er sei halt schon alt und seine sexuellen Bedürfnisse verkümmerten. Anna gab Franz Joseph die Anstecknadel zurück und erklärte, überall in der Stadt könne man hören, dass Majestät mit der Diva ein Verhältnis habe. Franz Joseph stritt das glattweg ab und beteuerte, es handele sich um nichts weiter als um eine Freundschaft zwischen dem Kaiserpaar und der Burgschauspielerin: »Frau Schratt ist eine sehr anständige Frau!« Auch wenn Anna und der Kaiser sich danach noch einige Male trafen (»Nur zum Zweck, Sie zu sehen«), so war das Verhältnis der beiden zerbrochen.

Zu dieser Zeit hatten Kaiser Franz Joseph und Katharina Schratt noch nicht miteinander geschlafen. Das geht aus der umfangreichen Korrespondenz der beiden hervor. Doch sollte sich diese Situation im Laufe des Jahres 1888 ändern, und es war die Vierunddreißigjährige, die ihren siebenundfünfzigjährigen Liebhaber dazu aufforderte.

Es begann mit einem »verbrecherischen Brief«, den sie, mehrfach versiegelt, einem anderen Brief beilegte, der den Kaiser im ungarischen Schloss Ofen erreichte. Sie bat dabei um Nachsicht, ja um Gnade für ihren Gefühlsausbruch, in dem sie den Kaiser ihren Oberengel nannte und ihm ihre Liebe gestand. Dabei muss sie wohl ganz offen erklärt haben, dass sie nichts sehnlicher wünschte, als zu Seiner Majestät ins Bett zu steigen.

Der kompromittierende Brief, den Franz Joseph lange Zeit des Nachts unter seinem Kopfkissen aufbewahrte und den er selbst einen »gefährlichen Brief« nannte, ist nicht erhalten. Er war zu indiskret und sollte wohl auch nach dem Tode Katharina Schratts niemandem zu Gesicht kommen.

Erhalten ist jedoch die Antwort des Kaisers *vom selben Tag*, in der Franz Joseph Katharinas Schreiben als »Gedanken-Brief« bezeichnet – was immer man sich darunter vorzustellen hat.

Franz Josephs Antwort auf den Antrag der Schauspielerin ist einer der längsten von über 500 Briefen, die der Monarch mit seiner Angebeteten wechselte. Er ist im Folgenden in gekürzter Form wiedergegeben. Weggelassen sind die Passagen, die sich mit dem neuesten Theater- und Ballklatsch und dem Ausblick von seinem Schreibzimmer befassen:

»Ofen den 14. Februar 1888.
Meine gnädige Frau,
heute Früh erhielt ich zu meiner großen Freude Ihren lieben, guten, langen Brief vom 12., für welchen ich Ihnen wärmstens und innigst danke. Der beigeschlossene Gedanken-Brief macht mich unendlich glücklich, und wenn ich nicht wüsste, dass Sie mir gegenüber immer wahr sind, könnte ich an den Inhalt desselben kaum glauben, besonders wenn ich in den Spiegel sehe und mein altes, runzliches Gesicht mich aus demselben anblickt. Auf ihre beiden so hübsch gedachten und geschriebenen Briefe zu antworten, wird mir sehr schwer, denn ich bin im Schreiben sehr ungeschickt und kann auch nicht lange nachdenken, da Sie eine baldige Antwort wünschen und es auch mich drängt, meinen Gefühlen Luft zu machen.

Auch diese Zeilen werden einer strengen Zensur nicht entsprechen, und wenn Sie dieselben verbrennen würden, wäre es gewiss das Beste; wenigstens versprechen Sie mir, sie gut zu verwahren, damit nie ein fremdes Auge sie erblicke.

Dass ich Sie anbete, wissen Sie gewiss, oder fühlen es wenigstens, und dieses Gefühl ist auch bei mir in steter Zunahme, seit ich so glücklich bin, Sie zu kennen.

So, jetzt haben wir uns gegenseitig ausgesprochen, und das ist vielleicht gut, denn es musste einmal heraus.

Dabei muss es aber bleiben, und unser Verhältnis muss auch künftig das Gleiche sein wie bisher, wenn es dauern soll, und das soll es, denn es macht mich ja so glücklich. Sie sagen, dass Sie sich beherrschen werden, auch ich werde es tun, wenn es mir auch nicht immer leicht wird, denn ich will nichts Unrechtes tun, ich liebe meine Frau und will ihr Vertrauen und ihre Freundschaft für Sie nicht missbrauchen. Da ich für einen brüderlichen Freund zu alt bin, so erlauben Sie, dass ich Ihr väterlicher Freund bleibe, und behandeln Sie mich mit derselben Güte und Unbefangenheit wie bisher. Ihren Gedanken-Brief werde ich als teures Kleinod und als Beweis Ihrer Liebe aufbewahren, bewahren Sie mir den Platz, den ich in Ihrem vergrößerten Herzen einnehme. Besten Dank für mein Avancement zum Ober-Engel; ich werde trachten, mich dieser neuen Würde würdig zu zeigen. Auch für Ihr Gebet am vorigen Sonntage meinen innigsten Dank ...

Nun muss ich schließen mit der Bitte, dass Sie mir wegen meiner Sprache nicht böse seien. Ich bete Sie an, das darf ich aber künftig nicht mehr sagen, heraus ist es aber doch, und nun bitte ich, dass Sie mich auch künftig wie bisher gern behalten und mich als Ihren treuesten Freund betrachten. Ihr treu ergebener Franz Joseph.«

Dieser Brief des Kaisers in seiner dozierenden Gestelztheit mutet beinahe an, als habe ihn Franz Joseph nur zum Schein geschrieben, als hätte er befürchtet, die verführerische Einladung der Hofschauspielerin und seine überglückliche Zustimmung könnten durch irgendeine Indiskretion publik werden, und möglicherweise resultiert daraus auch eine gewisse Zurückhaltung in seiner Antwort. Bei der Prüfung der *gesamten* Korrespondenz des Kaisers fällt jedoch auf, dass in diesem Antwortschreiben an Katharina Schratt ein Satz vorkommt, den er früher nur einmal gebrauchte – seiner Frau Elisabeth gegenüber: »Ich bete Sie an ...«

Franz Joseph betete diese Schauspielerin wirklich an, und es scheint, als hätte deren Gefühlsausbruch ihn überrascht und verwirrt. Es muss den erzkonservativen Monarchen verunsichert haben, dass Katharina die Initiative ergriffen hatte und nicht er, der Kaiser. Katharina machte sich auch sogleich bittere Vorwürfe, dass sie jenen »gefährlichen« Brief abgeschickt habe, sie fühlte sich vor den Augen Seiner Majestät als »Verführerin«.

Darauf der Kaiser: »Wie oft ich den gefährlichen Brief schon gelesen habe, weiß ich gar nicht.«

Und eine Woche später: »Der Parfum-Tropfen in Ihrem gestern erhaltenen Brief verbreitete einen köstlichen Duft, den ich mit Entzücken aufsog.«

Einerseits redete der verliebte Monarch mit erhobenem Zeigefinger, er wolle nichts Unrechtes tun und ihre Freundschaft nicht missbrauchen, andererseits stimulierte er das geliebte Wesen mit immer neuen Liebesbeweisen. Überhaupt ist das Verhalten des Kaisers in den folgenden Monaten nur schwer nachvollziehbar; denn nach seiner Rückkehr nach Wien besuchte er zuerst Anna Nahowski, bevor er Katharina zum Spaziergang im Schönbrunner Park traf. Diese Vorgänge wiederholten sich mehrmals in dieser Reihenfolge – bis es Ende April erneut zum Eklat kam.

Anna warf Franz Joseph vor, nicht nur mit ihr, sondern auch mit Katharina ein intimes Verhältnis zu pflegen, was der Kaiser jedoch leugnete. Anna glaubte ihm nicht, vor allem als er beteuerte, er habe diese Frau »noch niemals mit nur einem Finger« berührt. Das war natürlich eine maßlose Übertreibung und für die Nahowski Beweis genug, dass der Kaiser sie anlog.

Die Frage, ob Katharina Schratt von dem intimen Verhältnis Franz Josephs zu Anna Nahowski Kenntnis hatte, kann nach den vorliegenden Briefen ebenso wenig geklärt werden wie die Frage, ob der Kaiser von Katharinas intimen Liebhabern wusste. Der Monarch war nämlich keineswegs der Einzige, dem diese ihre Gunst erwies. Zwar eifersüchtelte er in seinen Briefen immer wieder über den Grafen Wilczek und den Prinzen Ferdinand von Sachsen-Coburg, die in der Wohnung der Schauspielerin ein- und ausgingen, aber man kann sich schwer vorstellen, dass dem Kaiser bekannt war, dass diese Herren mit ihr bisweilen auch das Bett teilten.

Die leicht üppige Erscheinung Katharina Schratts, gegen die die Mimin immer wieder in Karlsbad mit Wasserkuren ankämpfte, hatte schon früher Männer jeden Alters gereizt, und sie war noch keine neunzehn gewesen, als ihr der Schauspieler Leopold Greve mehrere Heiratsanträge machte. Das Mädchen aus Baden bei Wien, wo die Eltern ein Papierwarengeschäft betrieben, hatte jedoch abgelehnt. Es hatte damals nur das eine im Kopf, es wollte eine große Schauspielerin werden. Für dieses Ziel hatte Kathi, wie sie damals genannt wurde, auf einen anständigen Schulabschluss verzichtet und lieber Sprechunterricht genommen bei Burgschauspieler Eduard Kierschner von der Wiener Theater-Akademie.

Anton Ascher, der Direktor des Carltheaters, war schon beim ersten Vorsprechen von der Ausstrahlung der jungen Elevin so begeistert gewesen, dass er sich erhob, auf Katharina zutrat und sie aufforderte, ihn zu küssen. Da bekam es das Mädchen mit der Angst zu tun und rief: »Ich bitt', ich möcht' fortgehen!«, und es ließ sich auch durch Entschuldigungen des Theaterdirektors, er sei von ihrem Spiel einfach verzückt gewesen, nicht beschwichtigen. Weinend wiederholte Kathi: »Ich bitt', ich möcht' aussi!«

Diese Szene schilderte Katharina Schratt Jahre später als Burgschauspielerin in einem Beitrag für das Feuilleton der *Schönen blauen Donau*, einer erbaulichen Zeitschrift, wie es viele gab in dieser Zeit. Immerhin genügte der Gefühlsausbruch Aschers, Theaterdirektoren Zeit ihres Lebens mit großer Reserviertheit und Spannung gegenüberzutreten. In diesem Fall verzichtete sie auf ein Engagement in Wien und löste für sich und ihre Mutter ein Billet nach Berlin, wo sie sofort am Königlichen Schauspielhaus als jugendliche Naive engagiert wurde. Als Theaterkritiker der Berliner *Presse* lobte Theodor Fontane die Darstellerin in höchsten Tönen und meinte, auch er könne sich dem Zauber dieser Erscheinung nicht entziehen. Kaiser Wilhelm war von ihr angeblich so begeistert, dass eine Zeitung schrieb, er habe an Fräulein Schratt »einen Narren gespeist«.

Zurück in Wien kam es zu einem regelrechten Kult um Kathi, zumal sie am dortigen Stadttheater auf Anraten des Theaterdirektors Laube von der jugendlichen Naiven zur komischen Charakterdarstellerin wechselte. Jeden Abend wartete eine Menschenschlange, bis die Schratt nach der Vorstellung aus dem Theater kam. Kathi genoss den frühen Ruhm in vollen Zügen und wandte wenig Zeit auf für die Auswahl ihrer Verehrer, und als ihr der k.u.k. Konsulatsbeamte Nikolas Kiss von Itebbe, ein wenig attraktiver, aber mit seinem Monokel sehr aristokratisch aussehender Ungar, einen Heiratsantrag machte, gab sie ihm ihr Jawort. Dies geschah im selben Jahr, in dem Kaiser Franz Joseph und Kaiserin Elisabeth Silberhochzeit feierten.

Eine Nichte Katharinas meinte später, eine Liebesheirat sei das nicht gewesen damals, vielmehr habe die Schratt in dem aus einer steinreichen Familie stammenden Aristokraten Nikolaus von Kiss eine Hoffnung gesehen, die hohe Verschuldung ihres Vaters, der schon das eigene Haus verpfändet hatte, abzubauen. Sie muss aus allen Wolken gefallen sein, als auf der Hochzeitsreise, die nach Holland führte, Gläubiger aus Wien auftauchten und von Herrn von Kiss längst fällige Schulden einforderten. Doch der vornehme k.u.k. Konsulatsbeamte war pleite.

Schon wenige Wochen später erfolgte die Trennung der beiden, und gewiss hätte Katharina sich scheiden lassen, wäre da nicht bereits ein Sohn (»Toni«) unterwegs gewesen. Der Bub sollte einen Vater haben. Deshalb wurde die Ehe auch nie geschieden und endete erst mit dem Tod von Nikolaus von Kiss im Jahre 1908. Für ihre Verbindung mit dem Kaiser sollte der frühe Tod des Konsulatsbeamten – von Kiss starb mit sechsundfünfzig Jahren – noch von Bedeutung sein.

Eines hatte Katharina Schratt aus diesem Abenteuer gelernt: Sie beurteilte Männer nie mehr nach ihrem äußeren Erscheinungsbild, sondern vor allem nach ihrem Bankkonto. Jedenfalls war kein Mann, der von nun an in ihrem Leben eine Rolle spielte, verschuldet oder arm, und das war auch notwendig; denn so gut sie es verstand, mit Männern umzugehen, so katastrophal ungeschickt war sie im Umgang mit Geld. Auf einen einfachen Nenner gebracht, gab Katharina Schratt stets viel mehr Geld aus, als ihr zur Verfügung stand.

Für jede andere Frau hätte dies in einer Katastrophe geendet. Nicht für die Schratt. Schließlich zählte sie einen Grafen, einen König, ja einen Kaiser zu ihren Liebhabern, und jeder ließ es sich zur Ehre gereichen, ihre Schulden zu begleichen.

Noch heute werden in Wiener Archiven zahlreiche Gagenpfändungen, Schuldverschreibungen und Mahnschreiben, ausgestellt auf den Namen Katharina Schratt, aufbewahrt. Die Schauspielerin empfand ihren chronischen Geldmangel, der vor allem deshalb staunen macht, weil sie zu den bestbezahlten Bühnenstars in Europa gehörte, keineswegs als verwerflich. Sie bemühte sich auch nicht, ihre immer häufigeren finanziellen Engpässe geheimzuhalten. So konnte es schon vorkommen, dass die Hofburgschauspielerin Schratt eine Soirée, bei der nur höchste Kreise zugegen waren, absagte mit der Begründung, sie habe nichts anzuziehen, all ihre Abendkleider seien gepfändet.

Für Wiens Modisten war die Schratt ein Albtraum, einerseits die beste Einnahmequelle, zum anderen aber auch die größte Schuldnerin. Dass letztlich all ihre Außenstände beglichen wurden, dafür sorgte ihr einnehmendes Wesen, das auch vor dem Bankdirektor Eduard Palmer nicht Halt machte. Der überließ ihr eines Tages eine nach heutiger Kaufkraft sechsstellige Summe als unverzinsliches Darlehen (!). Hinter dieser für einen Bankier höchst ungewöhnlichen Großzügigkeit verbergen sich zwei Geheimnisse. Man sollte sie kennen, bevor ein ähnliches Ansinnen Schule macht: Eduard Palmer war Finanzberater Seiner Majestät des Kaisers und – ein Verehrer der Schratt.

Was ihre Verehrer vor der »Kaiserzeit« betrifft, so stand der stattliche Graf Wilczek, ein hochgewachsener gertenschlanker, stets nach der neuesten Mode gekleideter Lebemann, an erster Stelle. Wer diesem Mann im mondänen Wien begegnete, konnte sich nur schwer vorstellen, dass sich hinter dieser geckenhaften Erscheinung ein äußerst gebildeter Forschungsreisender verbarg, dessen Namen eine Insel im Nördlichen Eismeer trägt. Diesen Wilczek betrachtete Kaiser Franz Joseph ein Leben lang als größten Rivalen, und das ließ er den Grafen bei allen offiziellen Begegnungen merken. Doch er war nicht der Einzige.

Ferdinand I., König von Bulgarien, etwas dicklich und mit spärlichem Haupthaar und damit weit weniger attraktiv als der weltreisende Graf Wilczek, wurde durch Katharina Schratt zum Theaternarr. Er reiste von Bulgarien an, um ins Burgtheater zu gehen (wo man dem Schwerenöter allerdings noch andere Verhältnisse nachsagte). Franz Joseph nannte den Nebenbuhler, der sogar jünger war als Katharina, verächtlich den »Bulgaren« und machte sich über dessen Operettenorden lustig, die der Monarch bei jedem Anlass zu tragen pflegte. Einmal verging ihm allerdings das Lachen – als er erfuhr, dass Ferdinand I. sich zur selben Zeit in Karlsbad aufhielt, während Katharina Schratt dort wieder einmal eine Trinkkur absolvierte. Mit Ferdinand hatte die Schratt zweifellos ein Verhältnis; mit ihm verband sie aber auch eine lebenslange Freundschaft, die sogar den Tod des Kaisers überdauerte.

Und dann gab es da noch Alexander Girardi, ein Gott unter den Schauspielern der damaligen Zeit. Zusammen mit Girardi erspielte Katharina Schratt ihre größten Theatererfolge. Die beiden traten auch während der Sommersaison, wenn der Kaiser im Salzkammergut weilte, gemeinsam im Ischler Kurtheater auf. Girardi war es auch, der das Wiener Fiakerlied 1885 weltberühmt machte. Es heißt, die Schratt und Girardi hätten sich sehr geliebt, und Girardi-Sohn Anton behauptet, sie seien sogar verlobt gewesen. Doch über die Gründe, warum die Verbindung auseinanderging, gibt es nur widersprüchliche Gerüchte. Tatsache ist, Girardi stürzte sich bald danach der Schauspielerin Helene Odilon in die Arme, einer Marilyn Monroe der Belle Epoque, der die Männer zu Füßen lagen. Sie trieb Girardi mit ihren Affären zum Wahnsinn, zuletzt mit Bankier Albert Baron Rothschild. Um der von seiner Frau Helene veranlassten Einweisung ins Irrenhaus zu entgehen, flüchtete Girardi in der Maskerade eines Hausierers zu Katharina Schratt. Diese setzte sich beim Kaiser dann dafür ein, ein Gemeingefährlichkeits-Gutachten, das von Dr. Julius Wagner-Jauregg ausgestellt worden war, zu überprüfen und für nichtig erklären zu lassen. Das geschah. Später kam es zu mehreren Begegnungen zwischen Alexander Girardi und Kaiser Franz Joseph.

Ende 1888 muss es zum ersten intimen Kontakt zwischen dem Kaiser und der Schauspielerin gekommen sein. Sisi hatte das eingefädelt. Das platonische Hin und Her zwischen den beiden – süße Briefe, Spaziergänge und Laubentreffs im Park von Schönbrunn – frustrierte die Kaiserin. Obwohl Franz

Joseph bis Jahresende der Anna Nahowski noch ein paar Mal begegnete und ihr und den Kindern zu Weihnachten Geschenke machte (mit den Geschenken für Katharina Schratt waren diese allerdings nicht vergleichbar), war das Verhältnis der beiden doch beendet. Für einen Kaiser sind die Möglichkeiten zum Seitensprung beschränkt, und selbst ein Mann, der über 1400 Zimmer verfügte, hatte Schwierigkeiten, ein geeignetes Liebesnest zu finden. Da kam die Kaiserin zu Hilfe.

Seit zwanzig Jahren schon diente ihr die ungarische Gesellschafterin Ida von Ferenczy, keine Dame von hohem Adel, aber bei der Kaiserin stand sie in hohem Ansehen und beim Kaiser im Sold als »Vorleserin«. Tatsächlich konnte Sisi mit Ida über alles reden. Ida wohnte Ballhausplatz 6, 2. Stock, in Sichtweite der Wohnung des Kaisers. Dort trafen sich von nun an Kaiser Franz Joseph und Katharina Schratt.

Es gibt keinen Beweis für Intimitäten der beiden in dieser Wohnung, aber es gibt Hinweise. Die Anrede in seinen Briefen wechselte von einem Tag auf den anderen von »Meine liebe gnädige Frau« zu »Meine liebe teuerste Freundin«, und die »Attacken« des Kaisers wurden heftiger: »Ich werde morgen, Dienstag, den 15. (Januar 1889), um ein Uhr auf dem Parterre sein und zähle die Stunden bis dahin.« Oder: »Auf Wiedersehen heute Abend von Weitem und Montag und Dienstag von Nahem« (26. Januar 1889). Sogar von ihren Strumpfbändern ist in einem Brief die Rede (24. Mai 1889).

Die amourösen Treffen in Idas Wohnung fanden jeweils um elf Uhr vormittags und »auf Bitten« oder sogar »auf Befehl« der Kaiserin statt. Um diesen wichtigen Termin einhalten zu können, beschleunigte oder beendete Franz Joseph Audienzen und offizielle Termine. In der Wohnung Ida von Ferenczys traf auch die Nachricht vom Selbstmord des Kronprinzen Rudolf ein.

Der stärkste Hinweis, dass Franz Joseph und Katharina etwas miteinander hatten, kommt jedoch von anderer Seite. Man weiß, dass der Kaiser viele Jahre lang, und zwar ziemlich regelmäßig alle vierzehn Tage, bei Anna Nahowski jenen sexuellen Bedürfnissen nachkam, die ihm Kaiserin Elisabeth versagte. Damit war nun Schluss. Da Seine Majestät aber weder impotent noch von Elisabeth beglückt worden sein dürfte, und da keine anderen Damen bekannt geworden sind, kommt nur Katharina Schratt in Frage.

Kaltschnäuzig zog sich der sonst so erzkonservative Monarch bei Anna aus der Affäre: Am 14. März 1889 lud der kaiserliche Vermögensverwalter Baron Friedrich von Mayr »Ihre wohlgeborene Frau Anna Nahowski« in sein Büro in der Hofburg vor, überreichte ihr einen Umschlag mit 200 000 (!) Gulden und ließ sie eine Erklärung unterzeichnen, dass sie, Anna Nahowski, über die intime Beziehung zum Kaiser ein Leben lang schweigen werde. Anna starb 1931 mit einundsiebzig Jahren. Ihr Dienstmädchen Lini Lechner erhielt 1000 Gulden unter der gleichen Auflage.

Dass Katharina Schratt von dem Verhältnis mit Anna wohl nichts wusste, wurde deutlich, als sie auf die Suche nach einem Haus in der Nähe von Schönbrunn ging und pikanterweise bei Nahowski anfragen ließ, ob das Haus gegenüber dem Botanischen Garten nicht käuflich sei, gegen einen guten Preis, versteht sich. Es war nicht. Aber nur ein paar Häuser weiter, Maxingstraße/Ecke Gloriettegasse wurde sie fündig. Bezahlt wurde die Villa vom Kaiser.

Damit hatte die Schratt ihr Ziel erreicht. Mit ihrem Haus am Schönbrunner Schlosspark war die Schauspielerin nach außen als Freundin des Kaiser*paares* anerkannt, tatsächlich nahm Katharina sogar die Rolle der Zweitfrau ein. Zwar hob Franz Joseph in seinen Briefen immer wieder die Freundschaft und Zuneigung der Kaiserin zu Katharina Schratt hervor, aber diese Anmerkungen scheinen beabsichtigt und gekünstelt (entweder weil der Kaiser wusste, dass seine Briefe auch von anderen gelesen wurden, oder weil er sich vor der Nachwelt rechtfertigen wollte. Ihm war bewusst, dass Katharina all seine Briefe aufhob).

Tatsache ist, dass Kaiserin Elisabeth und die Burgschauspielerin Schratt nicht miteinander korrespondierten. Was sie sich mitzuteilen hatten, geschah auf dem Umweg über den Kaiser, sogar wenn die beinahe zum Skelett abgemagerte Sisi der »armen dicken Schratt« – wie sie Katharina hinter vorgehaltener Hand zu nennen pflegte – Ratschläge zur Verminderung des Lebendgewichtes übermittelte und sich süffisant nach dem Erfolg erkundigte: »Die Kaiserin würden auch die Kilos und Grammes interessieren.« Darüber hinaus hatten Katharina und Sisi sich wenig zu sagen.

Zwischen dem Kaiser und Katharina wuchs die Vertrautheit so sehr, dass Majestät sogar über die Menstruationstage unterrichtet wurden, die im kaiserlichen Sprachgebrauch zur »stillen Woche« deklariert und mit blumigen Worten der Anteilnahme begleitet wurden. Franz Joseph glaubte, dass man sich in Wien und Bad Ischl, wo die Schratt inzwischen in einem neuen Feriendomizil, Villa Felicitas, logierte, an die ungewöhnliche Beziehung zu dritt gewöhnt hatte. Bei offiziellen Anlässen, vor allem aber im Ausland war sich der Kaiser des pikanten Verhältnisses durchaus bewusst, und er suchte jeden öffentlichen Auftritt zu vermeiden. Bei einem Frühlingsaufenthalt des Kaiserpaares in Cap Martin hatte die Schauspielerin schon ihren Besuch angekündigt, als Franz Joseph sie wieder auslud mit der Bemerkung, es wimmele dort von Neugierigen und hohen Herrschaften, und man müsse befürchten, dass ihre Beziehung boshafter Kritik unterzogen würde.

Seit Kaiser Franz Joseph für sie (und die Schulden ihres Ehemannes Nikolaus) aufkam, pflegte Katharina Schratt den Winter, meist von Februar bis April, an der französischen

Riviera zu verbringen. Sie war eine Spielernatur, und Monte Carlo mit seinem weltberühmten Casino war Gift für die Diva. Oft verspielte sie schon wenige Tage nach ihrer Ankunft ihre gesamte Barschaft, die dazu dienen sollte, die Miete für die Villa und einen Mietwagen mit Kutscher zu bezahlen. Dann sandte sie demütige Briefe an ihren kaiserlichen Gönner, und der brachte die Sache in Ordnung. Obwohl ihn die Spielleidenschaft der Schratt anwiderte, wurde Franz Joseph nie laut. Die jeweiligen Burgtheaterdirektoren wies er an, dem Star so viel Erholungsurlaub zu gewähren, wie er fordere.

Nur wenige hatten Einblick in das wahre Verhältnis der beiden, und jene, die wussten, welche Posse sich da abspielte zwischen dem alten, gutmütigen, beinahe hörigen Monarchen und der exaltierten Schauspielerin, waren dem Kaiser gewogen und schwiegen. In Wahrheit nahm Katharina den Kaiser aus wie eine Weihnachtsgans. Sie kaufte – natürlich ohne die Rechnung zu begleichen – Kunst und Antiquitäten, obwohl sie so gut wie nichts davon verstand. Dabei kam ihr zugute, dass der Kaiser zwar spartanisch-sparsam, ihr gegenüber aber äußerst großzügig war, wobei ihm jedes Verhältnis zum Geld abging. Gefragt, was ein für Katharina Schratt bestimmtes Schmuckstück nach seiner Schätzung kosten könnte, entgegnete der Monarch, na ja, fünfzig Kronen werde es schon wert sein. Gekostet hat es 80 000 Kronen.

Der schwerste Schicksalsschlag traf den achtundsechzigjährigen Kaiser Franz Joseph am 10. September 1898: Kaiserin Elisabeth, auf Kur in der Schweiz, wurde am Genfer See von einem Anarchisten erdolcht. Der letzte Brief des Kaisers an seine Frau, abgeschickt am selben Tag, erreichte Sisi nicht mehr. Er war auf Ungarisch unterzeichnet: »Adieu, schöner, guter, süßer Engel. Dein Kleiner.«

Die Redewendung scheint ungewöhnlich, wenn man das distanzierte Verhältnis der beiden kennt, sie war es aber nicht.

Franz Joseph verwendete sie in allen seinen Briefen. Seine Worte sind sicher ehrlich gemeint und zeigen nur das besondere Verhältnis, das der Monarch gegenüber seiner Ehefrau, die von ihm seit über zwei Jahrzehnten nichts mehr wissen wollte, entwickelt hatte. Franz Joseph hatte Elisabeth mehr als geliebt, er hatte sie angebetet, und bei dieser Haltung spielten weder Neurosen noch ihre konstante Verweigerung eine Rolle.

Man hätte meinen können, nach dem Tode der Kaiserin wäre nun der Weg für die Zweitfrau frei geworden. In der Tat suchte Franz Joseph in seiner Isolierung Wärme bei Katharina Schratt. Doch gerade in dieser Situation wuchsen die Intrigen, und ihr Verhältnis, das früher nur wenig Gesprächsstoff abgegeben hatte, wurde nun auf einmal zu einem Thema der Gesellschaft. Der Kaiser mit einer Schauspielerin? Gott bewahre!

Die Diskussionen in der Umgebung Franz Josephs gingen so weit, dass Tochter Marie Valerie, die der Schratt nun, anders als in ihren jungen Jahren, reserviert gegenüberstand, allmählich einsah, dass die Schauspielerin für den in immer tiefere Depressionen fallenden Vater die einzige Hoffnung war. Sie machte den Vorschlag, der siebzigjährige Vater solle Elisabeths verwitwete Schwester Mathilde (»Tante Spatz«) heiraten. Dann sei das Verhältnis wieder das alte und die Schratt nur »die Freundin von Papas Frau«.

Natürlich waren Elisabeth und Katharina Schratt alles andere als Freundinnen gewesen. Diese Freundschaft hatten sie aus den erwähnten Gründen nur vorgespielt. Es wäre schwer vorstellbar, dass Freundinnen sich in einem langen Leben keinen einzigen Brief schrieben; schwer vorstellbar, dass eine Freundin im Testament eben gerade mit einer Brosche bedacht wird, während die »Vorleserin« Ida Ferenczy wertvolle Schmuckstücke erbt; schwer vorstellbar, dass eine Freundin in heimlichen Gedichten aufs Übelste verunglimpft wird (»arme dicke Schratt«, »seine Kuh«, »sie schnürt den Bauch sich ins Korsett, dass alle Fugen krachen«). Nein, hinter der »Freundschaft« stand die Absicht der Kaiserin, ihren Mann loszuwerden. Denn, wie Tochter Marie Valerie bestätigte, für Elisabeth bedeutete jede Begegnung mit ihrem Mann ein Opfer.

Das nun auf einmal pikant gewordene Verhältnis zwischen dem Kaiser und der Schauspielerin musste in der Folgezeit eine Reihe von Spannungen aushalten. Sie begannen, wie so oft in der Geschichte, mit einem Orden. Zum 50. Regierungsjubiläum am 2. Dezember 1898 hatte Elisabeth noch zu Lebzeiten den Elisabeth-Orden gestiftet. Er sollte besonders verdienten Damen der Gesellschaft verliehen werden. Nun auf einmal behauptete die Schauspielerin – und niemand konnte ihr das Gegenteil beweisen –, die Kaiserin habe ihr diesen Orden versprochen. Nach Elisabeths Tod sah sich Franz Joseph in der unglücklichen Lage, diesen Orden zum ersten Mal zu verleihen. In Anbetracht der peinlichen Situation hielt er es nicht für angebracht, ihn gerade Katharina Schratt an die begehrte Brust zu heften. Der Kaiser erwählte Gräfin Irma Sztáray, Elisabeths Hofdame, in deren Armen die Kaiserin gestorben war.

Katharina wurde von der Entscheidung »aufs Schmerzlichste« berührt. Sie hätte sich gewünscht, schrieb sie verbittert, dass Majestät für sie das gleiche Interesse an den Tag gelegt hätten wie für die Gräfin Sztáray. Hinzu kam, dass der Kaiser ihren Abschied vom Burgtheater unterzeichnet hatte. Katharina Schratt war über Vertragsverhandlungen so erzürnt gewesen, dass sie dem Theaterdirektor entgegenhielt, unter den gegebenen Umständen wolle sie lieber kündigen. Was die Diva nicht erwartet hatte: Die Kündigung wurde angenommen und erreichte die Schauspielerin im Stuttgarter Hotel Marquardt.

»Aufgrund einer Ermächtigung SEINER DURCH-LAUCHT des ERSTEN OBERSTHOFMEISTERS vom 25.d.Mts. Z. 8456 wird die von der Hofschauspielerin Frau Katharina Schratt s.z. eingebrachte Kündigung ihres Engagement-Vertrages angenommen und wird demnach Frau SCHRATT mit 7. Oktober d.J. aus dem Verbande des Hofburgtheaters scheiden.

Ihre Aktivitätsbezüge werden eingestellt und wird ihr vom 1. Oktober 1900 angefangen das ihr s.z. zugesicherte Ruhegehalt jährlicher 12 000 Kronen bei der Hoftheaterkasse flüssig gemacht. Auch ist ihr daselbst für die Zeit vom 1. bis 7. Oktober die Differenz zwischen ihrer Pension und der Aktivitätsbezüge zu erfolgen.

Hiervon ist Frau SCHRATT mittels Dekretes zu verständigen.

Wien, am 27. September 1900.

Der Leiter der k.u.k. General-Intendanz der k.k. Hoftheater.«

Die Pension hätte durchaus zum Leben gereicht, aber nicht für den Aufwand, den die Theaterdiva trieb. Sie entfloh der Gegenwart, bereiste Europa von Italien bis England, lebte auf den Kanarischen Inseln, sogar in Südamerika, während Franz Joseph sich alle Mühe gab, ihre jeweilige Adresse ausfindig zu machen, um die »heißgeliebte Freundin« auch weiterhin mit seinen Briefen zu bedenken. Der Briefwechsel wurde zunehmend einseitig, nur ab und zu schickte die Schratt ein Telegramm. Wenn Kaiser Franz Joseph der »verehrungswürdigen Freundin« eine Depesche schickte, benützte er den Decknamen MEGALEOTIS als Absender und Unterschrift.

Franz Joseph vereinsamte mehr und mehr und verfiel in Depressionen. Tochter Valerie berichtete, der Vater habe ihr unter Tränen erklärt, die Schratt sei nur deshalb fortgegangen, weil »ihre Stellung keine richtige« sei.

Nun wurde der unglückliche Kaiser zum Gesprächsstoff für die Illustrierten. Sogar Gesellschaftsblätter in Amerika beschäftigten sich mit dem Thema, und zum Hohn erschien in der *Neuen Freien Presse* in Wien unter anderem das folgende Inserat: »Kathi, kehre zurück – alles angeordnet – zu Deinem unglücklich verlassenen Franzl.«

Während Katharina Schratt durch die Welt reiste, verbrachte Franz Joseph die Abende allein zu Hause. Das Burgtheater oder andere Bühnen interessierten ihn nicht mehr, schon gar nicht die Oper. Dafür ließ er alle Zeitungen besorgen, in denen die Schratt Interviews gab und ihr Verhältnis zum Kaiser rechtfertigte. Einen Bericht im *Berliner Lokalanzeiger* kommentierte er in einem Brief, sie habe mehr gesagt, als gut und nützlich sei. Eine Woche später entschuldigte er sich jedoch für diese Bemerkung, der Artikel habe auch viel Wahres und Richtiges enthalten. Die Absicht in Katharinas Verhalten ging auf: Der Kaiser von Österreich-Ungarn kuschte vor ihr wie ein Hund.

Wenn Katharina Schratt in diesem Jahr der Trennung überhaupt die Verbindung aufrecht hielt, so stand ein handfestes Interesse vonseiten der Schauspielerin dahinter. Franz Joseph musste nach wie vor ihre Rechnungen begleichen, die, weil die Diva auch auf Reisen an Personal gewöhnt war, erheblich gewesen sein müssen. Dass ausgerechnet Vermögensverwalter Hawerda zwischenzeitlich immer wieder die Verbindung hielt, mag nur Beweis für die Großzügigkeit des Monarchen auch in dieser Krisensituation sein.

Am 19. Juni 1901, Katharina war nach Wien zurückgekehrt, brachte Hawerda Franz Joseph die Nachricht, der Kaiser dürfe sie tags darauf in ihrem Haus in der Gloriettegasse besuchen, wie in alten Tagen. Es kam zur Versöhnung. Nach Bad Ischl, wo sie zusammen die schönsten Tage verbracht hatten, kam die Diva zunächst jedoch nicht, und der Kaiser schlich mutterseelenallein um die Villa Felicitas in Erinnerung seines Glücks.

Erst als Franz Joseph es schon nicht mehr zu hoffen wagte, erschien Katharina im Salzkammergut. Für den alten Kaiser war das Glück vollkommen. Vielleicht ahnte er, dass hinter der Versöhnung weniger Liebe als materielle Interessen steckten, vielleicht verdrängte er aber auch diese Einsicht, sodass er selbst nicht an das Schändliche glaubte. Er war dieser Frau, die sich inzwischen durch beachtliche Körperfülle auszeichnete, verfallen. Und davon konnte ihn nichts abbringen.

Gerade in dieser trüben Zeit kam es zu einer unfreiwilligen Begegnung zwischen seiner alten Geliebten Anna und dem Kaiser. Es sind die letzten Eintragungen in ihrem Tagebuch. Sie sind nachträglich angefügt, und sie wirken rührend in ihrer Traurigkeit:

»Es war im Jahr 1902. Ich komme mit meinen Kindern Anna und Helene von der Stadt und gehe die Maxingstraße hinauf nach Hause. Ein wunderbarer Trapp, den ich nur zu gut kannte, ließ mich nach rückwärts schauen. Der Kaiser im offenen Wagen allein kam uns nach. Sah mich und die Kinder freundlich an und setzte sich sofort in eine andere Stellung, um den Kopf nach rückwärts gedreht nach uns zu sehen, bis Er in die Gloriettegasse einbog. – In den Zeiten, wo ich verkehrte mit Ihm, war solch eine Begegnung immer ein Zeichen für mich, den nächsten Tag zu kommen.

Was soll das heute? Nach so langer Zeit – Ich soll kommen? Nach sechzehn Jahren – wo meine Kinder erwachsen sind! Wenn ich morgen nach Maxing ginge – aber wie hinauskommen allein, dass es niemand weiß. – Um 4 Uhr am nächsten Morgen bin ich wach, schöner Tag, sinne und stehe am Fenster, die Kleider liegen bereit. Ich bringe es nicht über mich; der Kampf zu entsagen war zu groß. Es ist vorbei – – Ich bin mutlos, feige, die Flügel gebrochen. Ich wende mich vom Fenster ab, lege mich in mein Bett und weine. –«

In der Tat hat das jahrlange Verhältnis mit dem Kaiser Annas Leben nachhaltig beeinflusst, im guten wie im schlechten Sinn. Im guten, weil ihr die Abfindung des Monarchen ein gutbürgerliches Leben ermöglichte, wie sie es sonst nie hätte führen können. Im schlechten Sinn, weil die ungewöhnliche Rolle, die sie zu »spielen« hatte, wenig geeignet war, Ruhe in ihr ohnehin chaotisches Leben zu bringen. Zwei Totgeburten erwähnte sie in ihrem Tagebuch wie Arztbesuche. Von den Vätern der Töchter Carola, Anna und Helene und dem Sohn Franz spricht sie nicht.

Nur ihrem ersten Kind, das zwei Monate nach der Geburt starb, gesteht sie den Seidenbandfabrikanten Johann Heuduk als Vater zu – »ein großer Lump und Kartenspieler«. Mit vierzehneinhalb Jahren bereits, sagte Anna, habe ihre Mutter den Heuduk für sie auserwählt. Die Folge: Anna war schon geschieden, als andere Mädchen ihres Alters erst ans Heiraten dachten. Den Eisenbahnangestellten Franz Nahowski heiratete sie aus freien Stücken, vielleicht, weil sie ihn, gewiss weil er sie liebte. Doch dieser Nahowski hatte nicht die Persönlichkeit, auch nicht die Intelligenz, eine Frau wie Anna, die mit Seiner Majestät, dem Kaiser, schlief, fest an sich zu binden. Der Sohn Franz litt an Schizophrenie, von den Töchtern war eine schöner als die andere – wobei Helene (sie starb erst 1976) eine gewisse Ähnlichkeit mit Kaiser Franz Joseph nicht abzusprechen war. Anna Nahowski starb am 23. März 1931. Ihr Versprechen, über ihr Verhältnis mit dem Kaiser Stillschweigen zu bewahren, hielt sie ein, und Tochter Helene, die die versiegelten Aufzeichnungen ihrer Mutter übernahm, verfügte, diese erst drei Jahre nach ihrem eigenen Tod zu öffnen. Vielleicht dachte sie, Anna Nahowski habe in diesen Aufzeichnungen Franz Joseph als ihren Vater genannt. Doch dazu war Anna viel zu zurückhaltend.

Ganz anders die Schauspielerin Katharina Schratt. Sie wusste nun, dass sie sich gegenüber dem Kaiser praktisch alles erlauben konnte. Verfolgt man den Briefwechsel zwischen Franz Joseph und Katharina aus jenen Jahren kritisch, so wäre durchaus vorstellbar gewesen, dass der Kaiser, hätte er seine Geliebte im Bett mit einem anderen angetroffen, der Schratt ein besonders großes Kollier geschenkt hätte – als Entschuldigung für seine Indiskretion.

Mit gewisser Raffinesse, die Außenstehende jedoch schnell als Plumpheit entlarvten, versuchte die beleidigte Diva – dass sie nicht Kaiserin werden konnte, hatte sie jetzt eingesehen – das Beste aus ihrer Situation herauszuholen. Das Beste war Geld. Sie ging ein Scheinengagement ein, zumindest setzte sie das Gerücht in Umlauf, sie werde in New York Theater spielen, und zwar für ein astronomisches Honorar und für längere Zeit. In Wien geriet das Gerücht zur Sensation. Vergleichbares hatte es bisher nicht gegeben. Fürst Eulenburg machte sich in einem Schreiben an den deutschen Kaiser Wilhelm lustig über die Ankündigung und höhnte, man dürfe nun auf den Riesenplakaten in New York das Bild des Kaisers Franz Joseph neben dem der Schratt erwarten. Im Übrigen gab der Fürst seiner Hoffnung Ausdruck, Seine Apostolische Majestät würde die Gefahr erkennen und das Honorar der Amerika-Tournee lieber auf die Promenaden in Schönbrunn umlegen, welche nach wie vor stattfänden.

In seiner Angst, abermals alleingelassen zu werden, schien der alte Kaiser zunächst wie gelähmt und außerstande, Katharina umzustimmen. Aber er kannte die Schratt und wusste genau, wie er sie von ihren Plänen abbringen konnte. Und so kaufte der Kaiser der nunmehr fünfzigjährigen Schauspielerin ein vornehmes Mietshaus in Wiens teuerster Gegend, der Mariahilferstraße. Die Einnahmen aus diesem Objekt sollten »finanzielle Ordnung« in die chaotischen wirtschaftlichen

Verhältnisse der Schratt bringen – ein frommer Wunsch, der sich nicht erfüllte, obwohl das Objekt nach Schätzung des Fürsten Eulenburg mit einer Million Kronen zu Buche stand.

Zuwendungen dieser Größenordnung waren nicht geeignet, sich Freunde in der Gesellschaft zu schaffen. Es waren jedoch nicht die kleinen Leute, die Untertanen des Kaisers, die der Diva mit Neid begegneten, sondern die feine Gesellschaft, vor allem die Familie. Tochter Valerie bangte um ihr Erbe, und aus der Sympathie, die sie früher Vaters Freundin entgegengebracht hatte, wurde Verachtung.

Das Maß war voll, als Katharina nach zweijähriger Abstinenz von der Bühne ein großes Comeback ankündigte. Sie hatte zuletzt mit großem Erfolg im Theater an der Wien gastiert, nun wollte sie im Deutschen Volkstheater die Hauptrolle in einem Lustspiel von Franz von Schönthan spielen. Das Stück trug den Titel *Die Kaiserin*, und dieser Titel war es wohl auch, der die Diva besonders reizte. Nach den ersten Bühnenbesprechungen kamen Intendanz und Hauptdarstellerin jedoch überein, das Lustspiel in *Maria Theresia* umzubenennen, um keinen Skandal zu provozieren.

Doch den hatte die Diva eingeplant, denn auch die Umbenennung des Stückes veränderte die Rolle der Landesmutter in diesem Lustspiel nicht. Der Kritiker Karl Kraus nannte das den »Gipfel der Geschmacklosigkeit«, und irgendwie erinnerte die Situation in verblüffender Weise an *Professor Unrat* und den *Blauen Engel*. Nur dass es sich hier nicht um einen armen Studienrat handelte, dem eine unbekannte Tingeltangel-Tänzerin zum Amüsement einer Kleinstadt auf der Nase herumtanzt, sondern um einen berühmten Bühnenstar, der den Kaiser von Österreich-Ungarn vor aller Welt vorführte. Vor allem entsprang *Professor Unrat* der Phantasie des Schriftstellers Heinrich Mann. Kaiser Franz Joseph, dem das Gleiche widerfuhr, war Realität, bittere Realität.

Welcher Teufel ritt diese Frau, als sie dem ohnehin skandalträchtigen Stück noch eine besondere Pikanterie verlieh, indem sie die Bühnenausstattung aus ihrem Privatbesitz bestritt und dem staunenden Publikum präsentierte? Auf dem silbernen Theaterzettel stand zu lesen: »Die neuen Dekorationen stammen aus dem Atelier des Malers des Deutschen Volkstheaters Franz Schallud, die Möbel aus dem k.u.k. Hof- und Kammerlieferanten Sando Járay, die Kostüme von dem österreichischen Kostümatelier Alexander Blaschke und Co. und die Silberwaren aus der k.u.k. Hof-Metallwarenfabrik M. Hacker, Wien.« In Wirklichkeit spielte die Schratt in ihren eigenen Kleidern (Geschenke des Kaisers), in ihrem eigenen Mobiliar, das sie auf die Bühne bringen ließ (Geschenke des Kaisers), und behangen mit ihrem eigenen Schmuck (Geschenke des Kaisers).

Natürlich wollte es sich das Wiener Publikum nicht entgehen lassen, die Pretiosen Seiner Majestät einmal aus nächster Nähe zu bewundern. Über deren Wert kamen wilde Gerüchte in Umlauf, und die meisten mögen übertrieben gewesen sein. Doch es steht außer Zweifel, dass die Schratt Schmuckstücke besaß, die dem Gegenwert mehrerer Häuser entsprachen. Ob Publicity-Gag oder nicht – angeblich saßen in jeder Vorstellung mehrere Detektive, und trotzdem soll ein wertvolles Schmuckstück abhanden gekommen sein.

In der Zeitschrift *Die Fackel* wetterte Karl Kraus:

> *»Die Sensation verlief programmgemäß. Die in und außerhalb der Volkstheaterkasse etablierte Agiotage feierte Orgien, die gewiss nicht im Kunstwert Schönthan'schen Schaffens und in der schauspielerischen Anziehungskraft der Frau Schratt begründet sind. Frecher Reklameeifer, der noch ein Übriges tun zu müssen glaubte, ließ verkünden, der Kaiser werde der Premiere beiwohnen ... Was Wien an Schäbigkeit der Gesinnung und Noblesse der Erscheinung,*

an Glanz und Schwindel aufzuweisen hat, war erschienen, um dem seltenen Spektakel beizuwohnen, und die Zeitungen verliehen dem Abend eine besondere Weihe, indem sie ausnahmsweise auch die Zuschauer aufzählten und Individuen, deren Anwesenheit schon bei gewöhnlichen Premieren unangenehm auffällt, besonders hervorhoben ...«

Weniger kritisch und mehr aus dem Herzen des pp. Publikums schrieb am 25. Oktober 1903 die *Österreichische Illustrierte Zeitung*:

»Aber alles ist nur auf eines gespannt, den Moment, wo die Kaiserin die Bühne betreten wird. Man kündigt sie laut an, und da ist sie endlich. Nicht imposant, nicht blendend, im ersten Moment sogar einen müden, nervösen Zug um den Mund, den man früher nicht an ihr kannte; aber dann, wie sie die wärmeren, die Gemütstöne anschlagen darf – eine siegreiche Künstlerin. Sogar der prachtvolle Schmuck hat ein wenig enttäuscht, in dieser Welt des Scheins machen Simili-Brillanten, die man beliebig groß machen lassen kann, beinahe mehr Effekt. Doch allmählich beginnt es uns zu erfreuen, dass an unserer Kathi manches nicht so blendend, aber dafür echt ist – ihr Schmuck, ihr Herz und ihr natürliches Spiel.«

Noch enthusiastischer drückte sich der Linzer Schriftsteller und Dramaturg am Burgtheater Hermann Bahr aus. Er, der Herz und Sinn des Österreichers um die Jahrhundertwende analysierte wie kaum ein Zweiter, beschrieb die Schratt in dem Theaterstück auf folgende Weise – und vielleicht beschreibt er dabei genau jene Eigenschaften, die den Kaiser der k.u.k. Monarchie so faszinierten, dass er sein eigenes Selbstwertgefühl hintanstellte:

»*Und das ist das große Geheimnis der Schratt, die jetzt in der Gunst der Stadt neben Girardi steht: weil an ihr die Wienerin sich selbst zu erblicken glaubt, wie sie ist oder doch gern wäre, und weil an ihr der Wiener seine liebsten Wünsche anmutig behaglich erfüllt sieht ... man hat sie noch kaum erblickt, und schon ist das Ohr betört, so freundlich klingt uns diese helle und resche Stimme an, in der alle kleinen Teufel der Wiener Laune lauern, gutmütiger Spott, Verschlagenheit und unsere böse Lust am Frotzeln, alle bereit, bunt durcheinander loszufahren. Aber jetzt schlägt sie die Augen auf, fern und still, wie ein weit weg glitzernder Stern, Augen einer Melusine, die sich nach dem tiefen Wasser sehnt, verträumt, unirdisch, entrückt, zu denen nun der fröhlich-gesprächige Mund eigentlich gar nicht passt, um den es, sehr weltlich, sehr irdisch, hausfraulich verständig, von tätiger Entschlossenheit und munterer Verwegenheit blitzt ... Die Schratt ist vielleicht die letzte Meisterin der alten Wiener Kunst des Plauschens, in der noch einmal alle guten Geister unserer gemütlichen Eleganz versammelt sind ...*«

Das Lustspiel *Maria Theresia* lief die ganze Herbstsaison 1903 bis Ende des Jahres. Warum ausgerechnet über diesen wichtigen Abschnitt im Verhältnis zwischen Kaiser und Diva kein Briefwechsel existiert, gibt Anlass zu unterschiedlichsten Spekulationen.

Möglichkeit 1: Die kritische Situation in Ungarn nahm den Monarchen so in Beschlag, dass er zum Briefeschreiben keine Zeit fand. Dies scheint jedoch sehr unwahrscheinlich, weil der Kaiser in anderen aufregenden Situationen nie zu schreiben vergaß. Sogar am Tag, als die Ermordung seiner Frau Elisabeth gemeldet wurde, griff Franz Joseph zur Feder.

Möglichkeit 2: Über das provozierende Lustspiel und die noch provozierenderen Umstände kam es zwischen den beiden zum Eklat, und die dabei ausgetauschte Post war nicht gerade für die Nachwelt geeignet – sie wurde vernichtet. Diese Theorie ist wahrscheinlicher.

Hinzu kommt, dass Katharina Schratt mit dem männlichen Hauptdarsteller in dem Lustspiel, Viktor Kutschera, ein heimliches Verhältnis unterhielt, so heimlich jedenfalls, dass Kaiser Franz Joseph davon nichts wusste. Die Situation konnte nicht verwirrender sein. Nicht nur, dass die Schratt ja noch immer verheiratet und gleichzeitig mit dem Kaiser liiert war, der zehn Jahre jüngere Viktor Kutschera hatte ebenfalls Frau und zwei Kinder. Das Verhältnis der beiden Hauptdarsteller, heißt es, sei ein sehr inniges gewesen.

Aber auch ohne das Wissen um den Nebenbuhler hatte sich das Verhältnis des Kaisers zu der Schauspielerin abgekühlt. Früher hätte er alle Hebel in Bewegung gesetzt, um eine Ägypten-Reise Katharinas zu verhindern. Nun ließ er sie reisen. Auch als sie um die Versetzung ihres Mannes Nikolaus Kiss, der seit geraumer Zeit in Tunis Dienst tat, bat, reagierte Franz Joseph entgegen bisheriger Gewohnheit und ließ die »liebe gute Freundin« wissen, er habe in diesen schweren Zeiten Wichtigeres zu tun, als sich um die Versetzung eines Diplomaten zu kümmern.

Erst im folgenden Jahr durfte Kiss nach Wien zurückkehren, bereits von schwerer Krankheit gezeichnet. Er starb am 20. Mai 1909 nach einer Herzattacke. Wie nicht anders zu erwarten, hielt sich die kaiserliche Anteilnahme in Grenzen. Franz Josephs Kondolenzschreiben ist zwar höflich, lässt jedoch – wenn man zwischen den Zeilen liest – die einfachsten Anstandsregeln außer Acht.

»*den 21. Mai 1909*
Meine liebe, gute Freundin,
nur wenige Zeilen, um Ihnen meine herzlichste Teilnahme an dem Tode des armen Kiss auszusprechen. Trotz allem

wird es Ihnen doch nahe gehen und jedenfalls Ihre Nerven angreifen. Mich hat das doch schneller als erwartet eingetretene Ereignis gestern recht traurig gestimmt.
Ich glaube, dass Sie kaum dazu aufgelegt sein werden, morgen, wie verabredet, bei mir zu speisen, frage mich aber doch um Ihre Befehle an, die ich bitte, mich wissen zu lassen. Mit den herzlichsten Grüßen
Ihr Sie innigst liebender
Franz Joseph.«

Nun waren sie beide verwitwet, der Kaiser und die Diva. Und das gab natürlich abermals zu Spekulationen Anlass. Drei Jahrzehnte dauerte ihr Verhältnis schon, und es hatte den Tod beider Ehepartner überdauert. Was lag näher als eine Legalisierung ihres Verhältnisses?

Es gibt zwei Antworten, warum Kaiser Franz Joseph seine Zweitfrau Katharina Schratt nie geheiratet hat. Zum einen ging er, als diese Möglichkeit erstmals zur Debatte stand, auf die Achtzig zu, sie war fünfundfünfzig, und ihr Verhältnis hatte sich aufgrund der Eskapaden der Diva merklich abgekühlt. Andererseits zeigte sich Franz Joseph – zumindest nach außen hin – als ein Monarch von äußerster Korrektheit, verhaftet im Traditionsbewusstsein der Habsburger. Es erschien daher unmöglich, dass der Kaiser, der schon bei seinen Kindern und in der Verwandtschaft auf eine standesgemäße Heirat bedacht war, unstandesgemäß, ja ganz und gar bürgerlich heiratete.

Insofern sind die Recherchen des Wiener Schriftstellers Georg Markus fragwürdig (weil unbeweisbar), dennoch verdienen sie, erwähnt zu werden. Markus will entdeckt haben, dass Kaiser Franz Joseph und Katharina Schratt um das Jahr 1910 eine so genannte Gewissensehe eingingen. Nach dem Verständnis der katholischen Kirche ist dies eine gültige, aber aus dringenden Gründen geheimgehaltene Heirat.

Fünfundzwanzig Jahre nach dem angeblichen Ereignis gingen der Wiener Medizinstudent Otto Wagner und die blutjunge Edeltraut Dobrucka ohne Wissen der Eltern ebenfalls eine solche Gewissensehe ein. Die Zeremonie fand am 30. Juni 1934 in der Andreaskapelle des Erzbischöflichen Palais statt. Ein Freund der jungen Brautleute, August Maria Knoll, fungierte als Trauzeuge. Vom Pfarrer wurde der Akt in das für solche Trauungen bereitgehaltene Buch eingetragen, von den Eheleuten und dem Zeugen unterzeichnet. Dabei wollen Wagner, seine eben angetraute Frau und Knoll auf einer der vorangehenden Seiten folgenden Eintrag gelesen haben: «Franz Joseph von Habsburg-Lothringen + Katharina Kiss de Itebbe, geb. Schratt.»

Alle Beteiligten fühlten sich damals zu absolutem Stillschweigen verpflichtet – was ihre Entdeckung eher glaubhaft als unglaubwürdig macht. Jedenfalls schlug keiner in irgendeiner Weise aus seinem Wissen Kapital. Erst nach einem halben Jahrhundert erzählten die Beteiligten, was sie damals im Jahre 1934 gesehen hatten. Der Trauzeuge erzählte es seinem Sohn und seinem Schüler, einem Universitätsprofessor, die heimlichen Eheleute berichteten es ihren Kindern, einem Wiener Chirurgen und einer Fachärztin. Auch diese zogen aus diesem Wissen keine Vorteile, und die Frage, warum sie diese Aussage gemacht haben, bleibt unbeantwortet.

Das Trauungsbuch, das allein den Beweis liefern könnte, ist verloren gegangen. Entweder kam es in den Kriegswirren abhanden, oder wurde es vernichtet, entweder um den Nazis kein Material für Erpressungen in die Hand zu geben oder weil das Haus Habsburg, das mit der katholischen Kirche stets sehr eng verbunden war, den Skandal vertuschen wollte? Völlig von der Hand zu weisen ist die geheime Eheschließung des Kaisers mit seiner jahrzehntelangen Zweitfrau jedenfalls nicht.

Bei kritischer Betrachtung der Fakten und Dokumente aus den Jahren nach dem Tode von Katharinas Ehemann Nikolaus wird eine geheime Gewissensehe jedoch eher unwahrscheinlich. Gerade in dieser Zeit – das zeigen die erhaltenen Briefe deutlich – verflachte das Verhältnis. Man gewinnt den Eindruck, der alte Kaiser habe sich aus dem viele Jahre andauernden Abhängigkeitsverhältnis gelöst. Zwar unterzeichnete er manche Briefe immer noch als »Ihr Sie innigst liebender Franz Joseph«, aber das ist in der vielhundertfachen Wiederholung zur Floskel geworden, genauso wie die Anrede »Theuerste Freundin«. Beide blieben übrigens Zeit ihres Lebens beim »Sie«, was damals, auch wenn man bereits das Bett miteinander teilte, keineswegs ungewöhnlich war. Seine Ehefrau Sisi hingegen redete Franz Joseph nur mit »Du« an. Dass er bei dem »Sie« gegenüber Katharina Schratt geblieben ist, stellt die angebliche Gewissensehe doch eher in Frage.

Schicksalsbeladen und tragisch wie sein Leben zeigte sich auch Kaiser Franz Josephs Ende. Er musste zusehen, wie sein Riesenreich zerfiel, er musste die Ermordung des Thronfolgers Erzherzog Franz Ferdinand und seiner Frau, der Herzogin von Hohenberg, erfahren und den Beginn des Ersten Weltkrieges, in dem Österreich-Ungarn und die k.u.k. Monarchie zugrunde ging. Sein Volk hat dem Kaiser nie verziehen, dass er den Thronfolger nicht in der Kapuzinergruft beerdigen ließ, wie es einem Habsburger zukam. Franz Ferdinand hatte wohlweislich für sich und seine nicht standesgemäße Frau in Artstetten ein Doppelgrab erworben, wohin die Särge nach einem Trauerakt in der Wiener Augustinerkirche per Bahn expediert wurden.

Eine Bronchitis leitete im November 1916 das Ende des letzten Kaisers von Österreich-Ungarn ein. Mit der Schratt hatte Franz Joseph zwar noch Verbindung, aber das Verhältnis der beiden lag auf Eis. Den letzten Brief – jedenfalls ist keiner jüngeren Datums erhalten – hatte der Kaiser seiner ehemaligen Geliebten eineinhalb Jahre zuvor geschrieben, ein paar nichtssagende Zeilen »in diesen schweren Zeiten«. Zwei Tage vor dem Tod Franz Josephs am 19. November, einem Sonntag, hatten sich die beiden in seinem Arbeitszimmer in Schönbrunn noch einmal getroffen, am Dienstagabend starb der Kaiser.

Obersthofmeister Fürst Montenuovo übermittelte die Nachricht telefonisch. Thronfolger Karl bat Katharina Schratt wenig später in die Privatgemächer des Kaisers, wo dieser auf seinem alten Eisenbett aufgebahrt lag. Katharina legte zwei weiße Rosen in seine Hände. An der Beerdigung durfte sie nicht teilnehmen. Die Diva unternahm auch keinen Versuch, diese Order zu umgehen, schließlich war sie im Leben des Kaisers nur die Geliebte gewesen, und für die Geliebte sah das k.u.k. Protokoll keinen Platz vor.

Von Katharina Schratt hörte man erst nach der kaiserlichen Testamentseröffnung bei Dr. Teltscher. Kaiser Karl, der Nachfolger, seine Familie, der Hof und ganz Wien warteten gespannt, was Franz Joseph seiner ehemaligen Geliebten wohl zugedacht hatte. Dann der Schock: Der Name Katharina Schratt kam im Testament des Kaisers überhaupt nicht vor.

Schließlich wandte sich die Zweitfrau an Kaiser Karl und fragte an, wovon sie nun leben solle. Der neue Obersthofmeister Prinz Hohenlohe plädierte für eine Rente, aber Karl meinte nach Rücksprache mit Franz von Hawerda, dem Generaldirektor des habsburgischen Familienfonds, die Zuwendungen, welche die Ex-Schauspielerin in den letzten dreißig Jahren von Kaiser Franz Joseph erhalten habe, reichten aus, ihr einen sorgenfreien Lebensabend zu sichern.

Die Worte des jungen Kaisers klangen hartherzig, doch muss man wissen, dass die Schratt dank ihrer Position als Zweitfrau Franz Josephs in besseren Verhältnissen gelebt hatte als manches Familienmitglied der Habsburger. Nach vorsichtigen Schätzungen hat Kaiser Franz Joseph in seine Geliebte umgerechnet 25 Millionen Euro investiert – es kann aber auch viel mehr gewesen sein. Größter Posten ist eine Abfindung vom November 1911 in Höhe von 15 Millionen Euro (2,5 Millionen Kronen), dazu Immobilien, die Villa in der Gloriettegasse und das Stadtpalais Kärntner Ring 4 gegenüber der Oper, außerdem Schmuck und antikes Mobiliar (immerhin von so großem Wert, dass Katharina Schratt aus dessen sukzessivem Verkauf noch vierundzwanzig Jahre gut leben konnte), dazu unzählige Geldgeschenke unbekannter Höhe (für und auf Auslandsreisen), Schuldbegleichungen für sie und ihren Mann Nikolaus Kiss sowie Mietzahlungen in Wien und im Salzkammergut.

Nach Ablehnung einer weiteren Apanage durch Kaiser Karl brach die Verbindung zwischen der Diva und der Familie Habsburg ab. Katharina Schratt lebte bis 1940. Sie lebte zurückgezogen von der Öffentlichkeit, so wie sie es in drei Jahrzehnten mit Kaiser Franz Joseph gewöhnt war. Ihre Immobilien waren mit Hypotheken belastet, und im Dorotheum, Wiens renommiertestem Auktionshaus, tauchten noch viele Jahre in unregelmäßigen Abständen Kostbarkeiten auf – Liebesgaben eines weltfremden Kaisers an seine Geliebte.

Literaturhinweise

I
Die tödliche Liebe der Mary Vetsera

Louise Prinzessin von Coburg, *Throne, die ich stürzen sah*, Wien 1926

Marie Luise Gräfin Larisch-Wallersee, *Meine Vergangenheit*, Leipzig 1937

Die Larisch über Kronprinz Rudolfs Mutter Elisabeth: *Maria Freiin von Wallersee, Meine Vergangenheit*, Berlin 1913

Stephanie von Belgien, *Ich sollte Kaiserin werden*, Leipzig 1935

Margutti über Kronprinz Rudolf: *Albert Freiherr von Margutti, Vom alten Kaiser*, Wien 1921

II
Wilhelmine von Lichtenau und ihre Geister

Urkunden zu Wilhelmines Leben: Berthold Adolf Haase-Faulenroth, *Gräfin Lichtenau*, Berlin 1934

Zitate von Wilhelmine: *Apologie der Gräfin Lichtenau. Von ihr selbst entworfen*, Leipzig und Gera 1808

Friedrich von Cölln, *Vertraute Briefe über die inneren Verhältnisse am preußischen Hofe seit dem Tode Friedrichs II.*, Amsterdam und Köln, 6 Bände, 1807 (1–2), 1808 (3–5), 1809 (6)

Auszüge aus den Pseudoerinnerungen der Wilhelmine Rietz bei: Berthold Adolf Haase-Faulenroth, *Gräfin Lichtenau*, Berlin 1934

Bekenntnisse der Gräfin Lichtenau, ehemaligen Madame Rietz, nach: Sonja Schnitzler (Hg.), *Die Mätresse Wilhelmine, Spottschriften wider die schöne Gräfin Lichtenau*, Berlin 1991

III
Rivalinnen: Charlotte von Stein und Christiane Vulpius

Richard Friedenthal, *Goethe – Sein Leben und seine Zeit,* München 1963

Marcel Brion, *Johann Wolfgang von Goethe, Dichterfürst und Universalgelehrter,* München 1982

Klessmann Eckart, *Christiane,* Zürich 1992

IV
Teresa und der Vater von Maigret

Aus Simenons Tagebüchern: Fenton Bresler, *Georges Simenon,* München 1985

V
Lola Montez: Der König und die Tänzerin

Ludwig an von der Tann: nach Erich Pottendorf, *Lola Montez,* Wien 1955

Lola Montez, *Memoiren 1,* Frankfurt 1986

Ludwig I., König von Bayern, *Gedichte des Königs,* München 1829, 1839, 1847

Das Feuilleton aus dem »Warschauer Kurier« wurde übernommen aus: Erich Pottendorf, *Lola Montez,* Wien 1955

Luise von Kobell, *Unter den vier ersten Königen von Bayern,* München 1894

Lola Montez, *Memoiren 2,* Frankfurt 1986

Brief der Restregierung an Ludwig nach: Erich Pottendorf, *Lola Montez,* Wien 1955

Der Brief von Justinus Kerner nach: Erich Pottendorf, *Lola Montez,* Wien 1955

A. Papon, *Lola Montez, Memoiren in Begleitung vertrauter Briefe Sr. Majestät des Königs Ludwigs von Bayern und der Lola Montez,* Stuttgart 1849

Lolas Busen-Rezept: Wilhelm Kristl, *Lola, Ludwig und der General,* Pfaffenhofen 1979

VI
Konstanze von Cosel, die vergessene Geliebte

Hermann Schreiber, *Die ungekrönte Geliebte*, München 1992
Gabriele Hoffmann, *Constantia von Cosel und August der Starke*, Bergisch Gladbach 1984

VII
Das Geheimnis der Marquise de Pompadour

Briefe der Marquise von Pompadour, München 1927
Alfred Leroy, *Madame de Pompadour und ihre Zeit*, Zürich 1938
Gertrude Aretz, *Die Marquise von Pompadour und der Hof Ludwigs XV.*, Wien 1937
Georg Chr. Stephany, *Briefe der Marquise von Pompadour*, München 1913

VIII
Jeanne Du Barry – ein grausames Mätressenschicksal

Paul Frischauer, *Die geheimen Denkwürdigkeiten der Gräfin Du Barry*, Wien 1924

IX
Die lasterhaften Frauen Napoleons III.

Renée Madinier, *Die Damen der Könige*, Wien 1967

X
Katharina Schratt – die Frühstücksfrau des Kaisers

Friedrich Saathen, *Anna Nahowski und Kaiser Franz Joseph*, Wien 1986
Brigitte Hamann, *Meine liebe, gute Freundin. Die Briefe Kaiser Franz Josephs an Katharina Schratt*, Wien 1992, S. 18

Jean de Bourgoing, *Briefe Kaiser Franz Josephs an Frau Katharina Schratt*, Wien 1949

Brigitte Hamann, *Kaiserin Elisabeth. Das Poetische Tagebuch*, Wien 1984

Franz Josephs Antwort auf Katharinas »gefährlichen Brief« nach Brigitte Hamann, *Meine liebe, gute Freundin! Die Briefe Kaiser Franz Josephs an Katharina Schratt*, Wien 1992

Haus-, Hof- und Staatsarchiv, Wien

Hermann Bahr über die Schratt: Nach Georg Markus, *Katharina Schratt*, Wien 1982, S. 205

»*Seine Bestseller sind Reiseführer in die Vergangenheit.*«

FOCUS

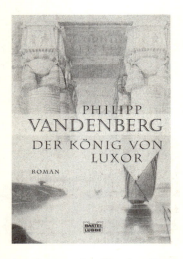

Philipp Vandenberg
DER KÖNIG VON LUXOR
Roman
672 Seiten
ISBN 978-3-404-14956-4

In einem mitreißenden Roman erzählt Erfolgsautor Philipp Vandenberg die abenteuerliche Lebensgeschichte von Howard Carter. Der verspottete Amateur-Ausgräber stieg auf zum »König von Luxor«. Doch er fand ein tragisches Ende und nahm ein großes Geheimnis mit ins Grab.

Das größte Abenteuer der Archäologie gerät bei Vandenberg unversehens zur schönsten Liebesgeschichte des vergangenen Jahrhunderts – einer Geschichte, die den Geist der ausgehenden Kolonialzeit atmet und bis in die aufregenden zwanziger Jahre reicht.

Bastei Lübbe Taschenbuch